福建省社会科学规划项目博士文库

中国跨国公司自主知识产权培育研究

以制造业跨国公司为例

CULTIVATING INDEPENDENT
INTELLECTUL PROPERTY
RIGHTS OF CHINESE
TRANSNATIONAL CORPORATION

TAKE MANUFACTURING MNCS AS A CASE

封泉明／著

社会科学文献出版社
SOCIAL SCIENCES ACADEMIC PRESS (CHINA)

出版说明

为了鼓励福建省青年博士在学术和科研领域勇于进取，积极创新，促进学术水平进一步提高，更好地发挥青年社科人才的作用，进而提升福建省社会科学研究总体实力和发展后劲，经福建省哲学社会科学规划领导小组同意，2016年继续实施福建省社会科学规划项目博士文库计划，资助出版福建省社会科学类45岁以下青年学者的博士学位论文，推出一批高质量、高水平的社科研究成果。该项目面向全省自由申报，在收到近百部博士学位论文的基础上，经同行专家学者通讯匿名评审和评审委员会全体会议审议，择优资助出版部分博士学位论文。

福建省社会科学界联合会拟与社会科学文献出版社继续联手出版博士文库，力争把这一项目打造成为福建省哲学社会科学的特色品牌。

福建省社会科学规划项目博士文库
编辑委员会

主　任：张　帆
副主任：林　辉　冯潮华　王日根
委　员：（按姓氏笔画排列）
　　　　刘小新　陈　飞　唐振鹏
　　　　黄茂兴　黄新宪

内容摘要

知识产权具有多重属性，既是平等主体的知识财产权，也是权利主体控制的、可以货币衡量的并能为其带来效益的无形资产，还是政府关于知识资源的归属、创造、运用、保护和管理的相关制度或规则。20世纪90年代以来，经济发展的日益知识化使代表技术发展水平和创新成果商业化专用权的知识产权，成为企业发展的战略资源和核心竞争力的关键要素。而经济发展的全球化，则使知识产权成为政治、经济、科技和文化之国际交流与合作的重要内容，进而又使知识产权国际公约成为各国经济竞争的基本规则。在这种发展趋势中，发达国家及其跨国公司利用国际知识产权规则，不断将自身知识资源优势转化为知识产权优势，并进一步转化为市场竞争优势。特别是国际金融危机爆发以来，发达国家跨国公司更加重视知识产权创造，纷纷加大研发投入，强化核心或关键技术上的知识产权布局，力图通过强化知识产权优势来化解危机，并抢占未来经济发展和市场竞争的先机。与此同时，发达国家跨国公司还在我国进行知识产权跑马圈地，加快在中国国内市场的知识产权经营。而从我国来看，20世纪90年代以来，越来越多的中国企业进行了海外拓展，并且经过多年努力，部分中国跨国公司的知识产权拥有量快速增长，运用知识产权参与市场竞争的能力逐步提高，但从总体上看，中国跨国公司在知识产权数量和质量方面，均不能满足企业发展需要，特别是在核心技术的知识产权拥有上，包括优秀中国跨国公司在内的我国企业普遍较为缺乏。这种状况，使中国跨国公司在经营中往往遭到发达国家跨国公司的知识产权伏击而处于被动状态。因此，中国跨国公司加强自主知识产权培育，冲破发达国家及其跨国公司在知识产权上的打压，就成为其进一步发展并取得竞争优势的一个关键环节。

本书以经济知识化和全球化不断交互融合、深化发展为背景，从发达国家与发展中国家之间的跨国公司在知识产权控制方面的竞争态势入手，研究中国跨国公司自主知识产权培育问题。在具体的研究进程中，这一问题被细分为中国跨国公司自主知识产权培育的原因、重点、路径、存在的问题、面临的挑战、国际经验借鉴、促进措施等一系列子问题。本书的研究目的是：使人们在对中国跨国公司，尤其是制造业跨国公司，为什么要培育自主知识产权、怎样培育自主知识产权以及培育什么样的自主知识产权有比较深刻认识的基础上，积极采取行动，进行重点领域关键核心技术知识产权储备，形成具有自主知识产权的名牌产品，不断提升中国跨国企业的品牌价值和中国制造的国际形象。本书的研究遵循了以下思路：理论平台的搭建，主要是对中国跨国公司自主知识产权培育进行理论分析；实证研究，基于权威数据对中国跨国公司自主知识产权培育的客观现实进行调查分析；设计论证，在上述基础上探讨中国跨国公司自主知识产权培育的企业层面和国家层面的促进措施。

概括地说，本书的研究内容可分为四个大的方面：第一，中国跨国公司自主知识产权培育的理论分析和实践依据；第二，中国跨国公司自主知识产权的现实境遇；第三，中国跨国公司自主知识产权培育的路径选择；第四，中国跨国公司自主知识产权培育的企业层面和国家层面的促进措施。这四个方面的内容，共分为七章，第一章是导论，第二章至第七章是本书的主体部分。第一章阐述了本书的选题背景及思路，对中国跨国公司与自主知识产权这两个概念进行了界定，回顾并梳理了与本书相关的学术研究成果，概述了本书在内容上的结构安排。第二章是中国跨国公司自主知识产权培育的理论分析。笔者综合运用马克思主义经济学、产业经济学和管理学、知识经济学及国际经济学等学科中的相关基础理论，深入、系统、全面地分析了中国跨国公司自主知识产权培育的原因。第三章是中国跨国公司自主知识产权培育的实践动因。笔者指出，全球知识产权发展态势使中国跨国公司自主知识产权培育刻不容缓，外国跨国公司知识产权滥用迫使中国跨国公司加快培育自主知识产权，实践中自主知识产权创新使中国跨国公司获得了重大的市场发展，推动中国跨国公司培育自主知识产权是我国创新型国家建设的迫切要求。第四章是中国跨国公司自主知识产权培育面临的问题与挑战。笔者先总体分析了中国跨国公司在自主知识产权数量、质量、品牌国际知名度以及海外知识产权布局等几方面的基本状况，再阐述了中国跨国公司在培育自主知识产权过程中存在的一系列问题，最后揭示了由这些问题所带来的种种挑战。第五章是中国跨国公司自主知识产权培育的国际经验借鉴。笔者先以国外制造业跨国公司为例，介绍并分析了国外知名跨国公司培育企业自主知识产权的经验和启示；接着又介绍和分析了国外政府支持本国企业培育自主知识产权的经验和启示。第六章是中国跨国公司自主知识产权培育的重点。笔者指出了高新技术领域世界级开创性发明专利、国际知名自主品牌和战略性新兴产业国际专利是中国跨国公司自主知识产权培育的重点。第七章是当前进一步推动中国跨国公司自主知识产权培育的对策与建议。笔者既阐述了中国跨国公司自主知识产权培育的基本原则，又指出了中国跨国公司自主知识产权培育的路径选择，还提出了中国跨国公司进一步培育自主知识产权的促进措施。

关键词：中国跨国公司；自主知识产权；培育

目 录

第一章　导论 ………………………………………………………… 001

　　第一节　研究背景及意义 ………………………………………… 001
　　第二节　国内外研究现状 ………………………………………… 017
　　第三节　研究主题和方法 ………………………………………… 054
　　第四节　主要创新点 ……………………………………………… 058

第二章　中国跨国公司自主知识产权培育的理论分析 ……………… 060

　　第一节　马克思主义相关理论分析 ……………………………… 060
　　第二节　产业经济学和管理学理论分析 ………………………… 074
　　第三节　20世纪70年代以来的知识经济理论分析 ……………… 101
　　第四节　国际直接投资理论分析 ………………………………… 108

第三章　中国跨国公司自主知识产权培育的实践动因 ……………… 121

　　第一节　中国跨国公司产品的市场分析
　　　　　　——以部分知名制造业跨国公司为例 ……………………… 121
　　第二节　中国跨国公司自主知识产权培育的实践紧迫性 ……… 132

第四章　中国跨国公司自主知识产权培育面临的问题与挑战 ……… 152

　　第一节　中国跨国公司自主知识产权发展的基本情况 ………… 152
　　第二节　中国跨国公司自主知识产权培育面临的问题 ………… 169
　　第三节　中国跨国公司自主知识产权培育中遇到的挑战 ……… 182

第五章　中国跨国公司自主知识产权培育的国际经验借鉴 …… 195

　　第一节　国外知名跨国公司自主知识产权培育经验
　　　　　　——以制造业跨国公司为例 …………………… 195
　　第二节　国外政府支持本国企业培育自主知识产权的主要经验 …… 211

第六章　中国跨国公司自主知识产权培育的重点 ………… 223

　　第一节　高新技术领域世界级开创性发明专利 ……………… 224
　　第二节　国际知名自主品牌 …………………………………… 231
　　第三节　战略性新兴产业国际专利 …………………………… 237

第七章　当前进一步推动中国跨国公司自主知识产权培育的对策与建议
………………………………………………………………… 245

　　第一节　中国跨国公司自主知识产权培育的基本原则 ……… 245
　　第二节　中国跨国公司自主知识产权培育的路径选择 ……… 251
　　第三节　中国跨国公司自主知识产权培育的促进措施 ……… 279

附录一 ……………………………………………………………… 329

附录二 ……………………………………………………………… 334

参考文献 …………………………………………………………… 342

致　谢 ……………………………………………………………… 359

第一章
导论

第一节 研究背景及意义

一 研究背景

(一) 具有国际竞争力的中国跨国公司是中国制造转向中国创造的关键支点

通过积极开展对外贸易和引进外资,中国深深地融入了国际分工体系。凭借对模块化生产技术的掌握和丰富的劳动力资源,中国成为跨国公司全球生产体系的加工制造基地,中国制造业也因此取得了巨大的进步。从国内看,改革开放以来,中国制造业发展迅速。2015年,中国工业增加值为274278亿元,占GDP的40.5%。[①] 从国际比较来看,中国制造业占世界的比重,在1990年为2.7%,居全球第九位;到2000年上升至6.0%,居全球第四位;2007年达到13.2%,居全球第二位;2010年为19.8%,跃居全球第一位。2013年,中国制造业产出占全球的比重达到20.8%,连续4年保持世界第一大国地位。在500余种世界主要工业产品中,中国有220多种产量位居世界首位。[②] 从这些统计数据来看,可以说,

---

[①] 数据来源:中华人民共和国国家统计局:《2015年国民经济和社会发展统计公报》,http://www.stats.gov.cn/tjsj/zxfb/201602/t20160229_1323991.html,最后访问日期:2016年2月29日。

[②] 《〈中国制造2025〉解读之二:我国制造业发展进入新的阶段》,中华人民共和国工业和信息化部网,2015年5月19日,http://www.miit.gov.cn/n11293472/n11293832/n11294042/n11481465/16595200.html,最后访问日期:2016年3月2日。

中国是世界制造业大国。但是从对外技术依存度、劳动生产率、国际品牌数等指标来看，中国却只是制造大国，远非制造强国。目前，我国在核心技术和关键技术上的对外依存度高达50%，高端产品研发70%的技术需要引进，关键零部件的80%需要进口，一些重要芯片的进口比例甚至是100%，其花费远超过原油进口。① 2013年，我国的芯片进口总额达到了2313亿美元，同比增长了20.5%。② 技术上的受制于人，一方面使得中国工业产品的档次不高、知名度和美誉度较差，在品牌咨询公司Interbrand发布的2010年全球最佳品牌排行榜上，中国无一品牌上榜，更甚的是，一些国家和地区的消费者将中国产品视为低质廉价的代名词；另一方面也导致中国制造业企业的劳动生产率低。据统计，中国制造业企业的劳动生产率只有美国的4.38%、日本的4.37%和德国的5.56%，中国制造业的增加值率仅为26.23%，比美国低22.99%、比日本低22.12%、比德国低11.69%。③ 技术依存度、劳动生产率、国际知名品牌数等数据充分地反映了：中国制造业企业缺乏核心技术，不能生产关键设备和元器件，工业设计严重依赖其他国家，品牌国际竞争力不强。这些因素相互作用，使中国制造业企业的赢利能力低下。2009年以来，中国制造业企业入围中国企业500强的数量持续减少，而在2010年中国企业500强营业收入的增长幅度首次低于10%。④ 2015年中国制造业企业500强的利润增幅较2014年下降了5.57个百分点，而且在这些制造业企业中，六成企业年利润额少于10亿元，利润额超过100亿元的企业只有8家；另外，还有46家企业处于亏

---

① 数据来自《经济参考报》2015年12月22日，第3版。对外技术依存度是目前各国普遍采用的一个衡量一国技术对外依赖程度的指标，既可以从对外技术贸易角度表示，也可以从科学技术经费支出结构角度表示。从科学技术经费支出结构角度表示技术依存度，有两种方法，一是"技术依存度＝技术引进经费/R&D经费支出"，二是"技术依存度＝技术引进经费/（技术引进经费＋R&D经费支出）"。也有一些人用技术引进和技术许可的费用之和与整个研究开发和引进技术费用的比例来测量技术依存度。
② 《〈中国制造2025〉解读之四：我国建设制造强国的任务艰巨而紧迫》，中华人民共和国工业和信息化部网，2015年5月19日，http://www.miit.gov.cn/n11293472/n11293832/n11294042/n11481465/16595213.html，最后访问日期：2016年3月2日。
③ 胡迟：《论"后金融危机时代"我国制造业的转型升级之路——以2010年中国制造业500强为例》，《经济研究参考》2010年第65期，第3~11页。
④ 李丹阳：《2010年中国企业500强营收增幅放缓 企业自主创新能力亟待提高》，《中国证券报》2010年9月6日，第1版。

损状态,与 2014 年相比,亏损企业数多了 15 家。①

另外,随着我国新劳动合同法的实施、能源价格形成机制的改革和人民币的升值,这些因素——工人工资上升、原材料价格上涨、汇率上浮——使中国制造的成本大幅上升。与此同时,中国制造的外部形势也日趋严峻。概括地说,经历 2008 年国际金融危机的阵痛之后,制造业重新成为全球经济竞争的制高点,各个发达国家纷纷制定了本国以重振制造业为核心的再工业化战略(见表 1-1)。

表 1-1　部分发达国家再工业化战略

发布国	发布时间	战略名称	主要内容	战略目标
美国	2011 年	美国先进制造业伙伴关系计划	创造高品质制造业工作机会以及对新兴技术进行投资	提高美国制造业全球竞争力
美国	2012 年	美国先进制造业国家战略计划	围绕中小企业、劳动力、伙伴关系、联邦投资以及研发投资等提出五大目标和具体建议	促进美国先进制造业的发展
美国	2013 年	美国制造业创新网络计划	计划建设由 45 个制造创新中心和一个协调性网络组成的全国性创新网络,专注研究 3D 打印等有潜在革命性影响的关键制造技术	将美国打造成世界先进技术和服务的区域中心,持续关注制造业技术创新,并将技术转化为面向市场的生产制造
德国	2013 年	德国工业 4.0 战略实施建议	建设一个网络:信息物理系统网络;研究两大主题:智能工厂和智能生产;实现三项集成:横向集成、纵向集成与端对端的集成;实施八项保障计划	通过信息网络与物理生产系统的融合来改变当前的工业生产与服务模式;使德国成为先进智能制造技术的创造者和供应者
法国	2013 年	"新工业法国"战略	解决能源、数字革命和经济生活三大问题,确定 34 个优先发展的工业项目,如新一代高速列车、重载飞艇、建筑物节能改造、智能纺织等	通过创新重塑工业实力,使法国处于全球工业竞争力第一梯队
日本	2014 年	日本制造业白皮书	重点发展机器人、下一代清洁能源汽车、再生医疗以及 3D 打印技术	重振国内制造业,复苏日本经济

---

① 杨曦:《中国制造 500 强,弱在哪?总体盈利能力未有大改观》,《人民日报》2015 年 8 月 24 日,第 10 版。

续表

发布国	发布时间	战略名称	主要内容	战略目标
英国	2015年	英国制造业2050	推进服务+再制造（以生产为中心的价值链）；致力于更快速、更敏锐地响应消费者需求，把握新的市场机遇，可持续发展，加大力度培养高素质劳动力	重振英国制造业，提升国际竞争力

资料来源：中华人民共和国工业和信息化部网，http://www.miit.gov.cn/n11293472/n11293832/n11294042/n11481465/16595208.html。

这些国家的再工业化战略表明，制造业业已开始向发达国家回流。比如，苹果电脑公司已开始在美国本土设立工厂进行生产。越南、墨西哥、柬埔寨、印度等一些发展中国家，开始大力发展中低端制造业，依靠资源和劳动力价格低等比较优势，以更低的成本承接劳动密集型产业的转移。为了寻求更高的利润，一些跨国企业开始直接到新兴国家投资设厂，有的则计划将工厂从中国迁出。这样一来，中国制造业既面临着发达国家"高端制造业回流"，又面临着发展中国家"中低端制造业挤兑"的威胁。这种双向夹击所导致的结果之一，就是中国制造业企业的订单减少，利润如刀片一样薄，有的代工企业甚至是零利润或负利润。由此，中国制造向中国创造转型升级就成为必然。然而，由于中国制造是在"两头在外"的道路上成长起来的，再加上发达国家跨国公司对中国企业在技术上实施控制，绝大多数中国制造业企业的技术自主创新能力比较弱。① 在这种情况

---

① 衡量企业创新能力的一个关键指标是企业的研发强度。企业研发强度是指企业研发费用在企业销售收入中所占的比重。在我国，企业研发投入明显不足。全国政协常委、经济委员会副主任、工业和信息化部原部长、中国工业经济联合会（简称工经联）会长李毅中指出：我国规模以上工业企业研发投入大致占销售收入的比重为0.9%，而国外企业一般是2%~3%。即使是先进行业、优秀的中国企业，与国外同行比也有差距。比如华为，其研发投入占销售收入的8.9%，但美国同行思科的研发投入占14%，微软占14.6%；东风二汽的研发投入占销售收入的2.1%，而日本丰田占3.6%，德国大众占5.2%。在《中国制造2025》规划中，规模以上工业企业的研发投入占销售收入之比到2020年将达到1.26%，2025年将达到1.68%，逐渐接近国际水平。参见李毅中《我国研发投入仍然不足 使用效率也有待提高》，中国经济网，2015年6月8日，http://finance.ce.cn/rolling/201506/08/t20150608_5582361.shtml，最后访问日期：2016年3月8日。反映企业创新能力高低的另一个重要指标是专利申请数和专利授权数。根据国家知识产权局的统计数据，2012年，在我国34.4万家规模以上工业企业中，曾申请专利的企业所占的比重只有12.2%，而这其中只有45.4%的企业获得了专利授权。

下，加快培育一批中国自己的跨国公司并形成国际竞争力，就成为中国产业突破发达国家跨国公司俘获式全球价值链的必然选择。① 因为历史和现实一再证明，任何国家的产业要在世界上处于先进水平，都少不了一些具有国际竞争力的跨国公司。没有 IBM、微软、英特尔等跨国巨头，就没有美国 IT 业的辉煌；同样，没有松下、东芝、富士通等跨国企业，也就没有日本半导体产业的发达。跨国公司是技术创新的主导者，是重大产业的领导者，是新兴产业形成的推动者，是产业重组的承担者与推动者，是企业制度变革的示范者。② 中国经济结构、产业结构的优化与调整，自主创新战略的实施和国际分工地位的提升，需要中国跨国公司的支撑。

（二）拥有知识产权优势是跨国公司具有国际竞争力的必备条件

经典跨国公司理论认为，跨国公司在进行对外直接投资时，会因其对经营环境的不熟悉、对消费者偏好的不了解、对市场信息的不灵通和由文化差异导致的不理解等因素而带来经营成本的增加和经营风险的增大，因此，跨国公司要取得对外投资的成功，必须具备能够化解海外经营风险的优势。虽然经典跨国公司理论中的不同流派对跨国公司在海外投资中需要什么样的优势有不同认识，但各派都重视专利、技术秘密、商标等不同形式的知识产权。垄断优势理论的元勋金德伯格认为，商标、销售技术和专利、专有技术可分别带来产品市场和生产要素市场不完全的优势。③ 金德伯格的后继者凯夫（R. E. Caves）指出：跨国公司可以通过技术优势使其产品的实物形态（质量、包装等）产生差异，也可以通过商标、品牌等使其产品在消费者心理上产生差异。④ 弗农后期的产品周期理论认为：在以创新为基础的寡占阶段，跨国公司应加大创新投入，以维持自身的垄断地位；在创新优势消失的成熟寡占阶段，跨国公司应以规模经济替代创新，保持优势地位；在规模经济优势不再的老化寡占阶段，跨国公司应以广告、商标等实现产品的差异化，建立新的进入障碍。⑤ 内部化理论的代表

---

① 刘志彪：《从融入全球价值链到构建国家价值链：中国产业升级的战略思考》，《学术研究》2009 年第 9 期，第 59~68 页。
② 徐强：《从跨国公司的全球角色透视中国跨国公司的国家责任》，《经济研究参考》2005 年第 82 期，第 16~21 页。
③ 滕维藻：《跨国公司概论》，人民出版社，1991，第 311 页。
④ 滕维藻：《跨国公司概论》，第 313 页。
⑤ 滕维藻：《跨国公司概论》，第 324~326 页。

人物巴克利和卡森认为，知识产品——技术、专利、信息、经营技能和诀窍等，是内部化优势的重要内容。邓宁的国际生产折中理论认为，专利、技术、商标和技能等各种无形资产是跨国公司所有权优势的重要来源。

现代信息技术和互联网的发展以及政府管制的放松，使跨国公司的经营环境越来越呈现动态性和不确定性。面对产品生命周期的日益缩短、电子商务的兴起以及越来越多的发展中国家和地区的中小企业加入跨国企业的行列，跨国公司不断进行业务重组，剥离非核心业务，实行归核化发展战略。通过外包途径，跨国公司舍弃了那些传统的竞争力弱的业务，重点发展知识密集性业务。在以信息化、全球化为特征的动态性经营环境中，以专利、技术秘密、品牌等知识产权为核心的无形资产，成为跨国公司获取持续竞争优势的关键因素。为了在全球竞争中取得成功，跨国公司越来越基于学习和创新来获取知识产权。特别是金融危机之后，跨国公司研发投入的强度非但没有减弱，反而大大加强，以期通过创新来化解危机对企业的影响。比如，2010年巴斯夫的全球研发预算达到13.8亿欧元。[①] 正因为对知识产权非常重视，那些国际上知名的跨国公司，无不是知识产权中的翘楚（见表1-2）。

表1-2　2009年部分跨国公司PCT国际专利申请量

单位：件

企业名称	所属国	申请数量
松下电器	日本	1891
罗伯特·博世公司	德国	1586
皇家飞利浦电子公司	荷兰	1295
高通公司	美国	1280
爱立信公司	瑞典	1240
LG电子公司	韩国	1090
NEC公司	日本	1069
丰田汽车公司	日本	1068
夏普株式会社	日本	997
西门子公司	德国	932
富士通有限公司	日本	817

---

① 王志乐：《2011跨国公司中国报告》，中国经济出版社，2011，第9页。

续表

企业名称	所属国	申请数量
巴斯夫公司	德国	739
3M创新产业公司	美国	688
诺基亚公司	芬兰	663
微软公司	美国	644

资料来源：王正志：《中国知识产权指数报告2009》，知识产权出版社，2010，第134页。

手握大量知识产权的发达国家跨国公司，针对企业内外的不同实际情形，纷纷采取不同的知识产权策略，以进一步巩固、充实、提高自己的国际竞争力。一方面，发达国家跨国公司利用自己及其政府的超强实力，将知识产权与国际贸易捆绑在一起，力推知识产权的全球化和保护的统一化，确保自己的知识产权资产不被觊觎，构筑知识产权壁垒，保护国内市场；另一方面，发达国家跨国公司又积极开展知识产权国际贸易，或基于知识产权进行对外直接投资，以取得知识产权提升国际竞争力所带来的货币收益和资本收益。

随着中国对外投资的增长，[1] 中国跨国公司的发展也十分迅速。从表1-3可以看到，中国跨国公司的数量和实力较之以前都得到了很大的提升。但是与发达国家跨国公司相比，绝大多数中国跨国公司的海外投资，是在技术、专利、品牌、管理等不具优势的前提下开展的。从表1-4、表1-5可以看出，发达国家的跨国公司在以知识产权为核心的无形资产方面实力雄厚。因知识产权劣势，中国跨国公司母公司与其子公司之间知识产权关联弱而缺乏知识、战略、资源和管理上的相互依存和支援，从而不能像真正意义上的跨国公司那样，会因新的子公司的成立而增强国际竞争力。[2] 从国际化指数——国际化指数=（企业海外资产/总资产+海外销售额/总销售额+海外雇员人数/公司总雇员人数）/3×100%——来看，中

---

[1] 根据商务部统计的数据，2014年中国对外直接投资净额达到1231.2亿美元，与2013年相比增长了14.2%。截至2014年底，中国1.85万家境内投资者在国（境）外共设立对外直接投资企业2.97万家，分布在全球186个国家（地区），对外直接投资累计净额为8826.4亿美元。参见中华人民共和国商务部等编《2014年度中国对外直接投资统计公报》，中国统计出版社，2015。

[2] 夏先良：《后危机时代中国加强海外知识产权投资与合作》，《国际贸易》2011年第3期，第30~35页。

国跨国公司的国际化指数低于世界平均水平（见表1-6）。①

表1-3 1995年以来中国进入世界《财富》500强的企业数

单位：家

年份	企业数
1995	4
1996	6
1997	6
1998	8
1999	11
2000	12
2001	13
2002	12
2003	16
2004	18
2005	23
2006	30
2007	35
2008	43
2009	54
2010	69
2011	78
2012	95
2013	100

资料来源：陈静：《中国跨国公司在全球价值链中的制约因素与升级途径》，《亚太经济》2015年第2期，第79~84页。

表1-4 1999年全球专利申请排名前10的企业

单位：件

排名	企业名称	所属国	申请数量
1	西门子公司	德国	1348
2	飞利浦公司	荷兰	824
3	宝洁公司	美国	757

---

① 陈静：《中国跨国公司在全球价值链中的制约因素与升级途径》，《亚太经济》2015年第2期，第79~84页。

续表

排名	企业名称	所属国	申请数量
4	爱立信公司	瑞典	690
5	罗伯特·博世公司	德国	680
6	3M 公司	美国	460
7	BASF 公司	德国	446
8	松下电器产业公司	日本	339
9	杜邦公司	美国	326
10	摩托罗拉公司	美国	321

资料来源：中国网，2000 年 10 月 16 日，http://www.china.com.cn/economic/txt/2000-10/16/content_5007812.htm，最后访问日期：2016 年 3 月 2 日。

表 1-5　2010~2014 年世界排名前 15 的专利卖家

单位：件

排名	卖家	2014 年上半年 交易数量	2014 年上半年 专利数量	2010 年至 2014 年上半年 交易数量	2010 年至 2014 年上半年 专利数量
1	国际商业机器公司	12	1066	57	6111
2	美国电话电报公司（AT&T）	4	69	35	405
3	诺基亚	3	22	30	940
4	联合安全信托公司	4	349	29	704
5	赛普拉斯半导体公司	2	207	29	441
6	高智公司	5	115	27	673
7	惠普	3	1430	25	2742
8	IPG 光子（IPG Photonics）	0	0	21	850
9	松下	10	1903	20	2112
10	德尔福公司	3	25	20	266
11	恩智浦	4	141	19	843
12	创新管理科学（Innovation Management Sciences）	0	0	19	64
13	威瑞森通讯	1	14	18	298
14	Acacia	2	6	18	194
15	施乐公司	1	1	16	252

续表

排名	卖家	2014年上半年		2010年至2014年上半年	
		交易数量	专利数量	交易数量	专利数量
	其他卖家（2461）	318	5483	3326	51535

资料来源：中华人民共和国知识产权局网，http：//www.sipo.gov.cn/gwyzscqzlssgzbjlxkybgs/zlyj_zlbgs/1062596.html。

表1-6 2009~2013年度中国入围世界100强非金融类跨国公司

年份	除中国外的TNI中位数（a）	中国入围公司的TNI中位数（b）	中位数比（a/b）	中国入围公司名称
2009	57.8	35.5	1.63	中信集团 中远集团
2010	65.1	23.2	2.81	中信集团
2011	67.6	23.2	2.91	中信集团
2012	66	34	1.94	中信集团 中远集团
2013	65.7	28.2	2.33	中信集团 中远集团 中国海洋石油总公司

注：TNI是"Trans-nationality Index"（国际化指数）的缩写。
资料来源：陈静：《中国跨国公司在全球价值链中的制约因素与升级途径》，《亚太经济》2015年第2期，第79~84页。

（三）自主知识产权在中国的发展

随着经济知识化、全球化的深入发展，知识产权既是国家发展和企业经营的战略性资源，也是国家和企业在竞争中运用的长矛与在防御中运用的盾牌；而中国政府和中国企业因自身知识产权资源量少、质次以及对知识产权制度运用的能力和水平比较低，而频频遭受发达国家及其跨国企业的知识产权打压和刁难。自主知识产权在中国日渐兴起，既引起了政府的高度重视，也受到了学者的日益关注，更是饱受国外知识产权欺凌之企业的强烈企求。针对知识经济和经济全球化时代的特点，著名马克思主义学者程恩富提出了以自主核心技术和自主品牌为核心的知识产权优势理论。[①]

---

① 程恩富：《比较优势、竞争优势与知识产权优势理论新探》，《求是学刊》2004年第6期，第73~78页。

第一章 导论

另一学者郭民生，对知识产权优势理论进行了补充，之后又提出了知识产权经济的理论。① 时任国务院总理温家宝在十一届全国人大一次会议上所做的政府工作报告中强调，要鼓励自主知识产权和自主品牌产品出口。2008年，我国政府专门出台了《国家知识产权战略纲要》，要求到2020年自主知识产权的数量和质量能够支撑起创新国家的建设并引领经济、社会、文化的发展和进步。受2008年国际金融危机的冲击，一些没有自主知识产权的企业减产、停产甚至倒闭；相反，拥有自主知识产权的企业，不仅发展没有受到多大的影响，反而逆势而上。例如，拥有自主知识产权优势的朗科公司于2008年3月向美国PNY和多家跨国公司出售专利许可、收取专利费，2008年，朗科的闪存销售量同比增长20.6%，移动硬盘销售量同比增长154%。② 这种情况促使国家知识产权局在2009年专门印发了《关于促进企业运用知识产权应对金融危机的若干意见》的通知，强调要积极引导企业充分利用自主知识产权、自主品牌的优势抑制产品出口的下滑，促进企业外需市场的稳定；要加大企业知识产权工作力度，制定专门扶持措施及其他各项措施等。同年，国资委在国务院公报上发布了《国资委关于加强中央企业知识产权工作的指导意见》，该《意见》强调，"中央企业要把知识产权工作作为'转危为机'的重要手段，主动进行技术、产品转型升级，努力打造知名品牌，掌握具有自主知识产权的核心技术，增强中央企业核心竞争能力和抵御各类风险能力，实现可持续发展"。③ 为了促进知识产权与经济的融合，从而转变经济发展方式，2011年国家进一步强调："鼓励企业利用知识产权参与市场竞争，支持有条件的企业实施'走出去'战略，参与国际标准的制定，大力培育知识产权优势企业。"④

基于以上三个背景，笔者将本书选题定为：中国跨国公司自主知识产

---

① 郭民生：《知识产权优势理论探析》，《学术论坛》2006年第2期，第16~23页。
② 陶凯元：《知识产权是应对国际金融危机的利器——广东省知识产权优势企业应对金融危机研究报告》，载国家知识产权局办公政策室研究处编《优秀专利调查研究报告集》，知识产权出版社，2010，第88页。
③ 国务院国有资产监督管理委员会：《国资委关于加强中央企业知识产权工作的指导意见》，中华人民共和国中央人民政府网，2009年4月22日，http://www.gov.cn/gongbao/content/2009/content_1481662.htm，最后访问日期：2016年3月10日。
④ 中华人民共和国知识产权局：《国家知识产权事业发展"十二五"规划》，中华人民共和国知识产权局网，2011年10月14日，http://www.sipo.gov.cn/gk/fzgh/，最后访问日期：2019年1月15日。

权培育研究——以制造业跨国公司为例。选题的具体思路就是以下几个因素：（1）经过改革开放40多年的成长，一些中国企业已具备"走出去"进行跨国投资的能力和实力；（2）一些研发和销售高度依赖海外订单的出口企业，因受金融危机的影响，迫切需要通过对外投资办厂或构建自主营销渠道来绕开贸易壁垒或降低劳动力成本，以破解生存困境；（3）金融危机致使海外资产价格大幅下降，给了一些致力于摆脱国内市场饱和、关键资源缺乏等因素羁绊的中国企业海外投资的绝好机遇；（4）部分志存高远的中国企业，已意识到不能仅仅被动适应全球化，而应主动顺应全球化，积极进行海外发展——会促使中国跨国公司如雨后春笋般发展；（5）在知识产权国际化环境下，企业要进行国际化运营，就必然要具有国际知识产权资产，然而面对国外知识产权"大鳄"、"海盗"及壁垒，中国企业的海外知识产权纠纷是"剪不断、理还乱"，"别是一番滋味在心头"，中国跨国公司若不想为知识产权而犯愁，就必须要拥有自主知识产权的核心技术，只有拥有自主知识产权，中国跨国公司才能以戈止戈，阻止源自国外的知识产权攻击。中国跨国公司要拥有自主知识产权，就离不开自己的培育。因为世界上绝大部分核心技术之知识产权都掌握在发达国家跨国公司手中。核心技术知识产权对于发达国家跨国公司而言，是战略性资源，具有稀缺性，是其获取持续竞争优势的关键保障，不可替代。俗话说：国之重器，不可示之于人。对于这样一种能给自己带来重大利益和持续竞争优势的战略武器，跨国公司肯定不会轻易示之于人，会千方百计地加以保护、控制。当前发达国家跨国公司已从原来的商品输出、资本输出发展过渡到知识产权输出，不仅有资本垄断，而且伴有知识产权垄断。[①] 中国跨国公司要想从发达国家那里获得核心技术知识产权，无异于与虎谋皮。任何一个发达国家跨国公司，都不可能让自己的撒手锏成为中国跨国公司用来对付自己的竞争工具。即使发达国家跨国公司愿意转让核心技术之知识产权，也会因为国际知识产权转移市场的不完全性以及信息的不对称性等，使中国跨国公司接受不利于自己的转让协议。进一步来说，即使国际知识产权转移市场是一个完全市场，不存在信息不对称的情况，但如果中

[①] 程恩富：《超越世界霸权，建立全球经济政治文化新秩序》，《绿叶》2010年第1期，第143~148页。

国跨国公司没有形成自己的自主研发平台，也会因为自己的核心技术之知识产权识别能力和引进核心技术之知识产权谈判能力有限，而使引进成本过高或者引进不适用，进而导致自己在市场竞争中处于不利境地。之所以以制造业跨国公司为本书的研究重点，主要有以下几方面原因。

其一是因为缺乏核心技术已成为中国制造业发展的最大软肋。一方面，智能制造方兴未艾，信息技术与制造业的深度融合，正在促进生产方式、产业形态和商业模式的变革，网络众包、协同设计及大规模个性化定制等正在重塑产业价值链体系；另一方面，在快速发展态势下，全球化运营已成为中国制造业发展的必然趋势和重大战略选择，这就要求中国制造业必须从以加工制造环节为主走向研发、设计、市场营销、品牌培育等高端环节，而目前中国制造业发展的最大软肋之一，就是缺乏拥有自主知识产权的核心技术，因此，要发挥制造业对我国经济的支撑作用，就必须要支持在先进制造技术上拥有自主知识产权的中国企业，使之发展成为具有全球竞争力的跨国公司。

其二是因为跨国公司在自主知识产权培育方面具有相应的优势。（1）培育自主知识产权需要投入大量的资金、仪器、实验设备和技术人员，高技术水平自主知识产权的创造更需要大量的人、财、物的投入，而跨国公司在这方面具有优势；（2）跨国公司占据了较大的市场份额，这为自主知识产权培育中研发成本的分担和降低提供了有利的条件；（3）跨国公司的知识产权创造规模庞大，项目多，公司可以通过知识产权的运营获得规模经济和范围经济所产生的利益。马克思很早就在《资本论》中指出了企业规模的经济效益。他说："工业企业规模的扩大，对于更广泛地组织许多人的总体劳动，对于更广泛地发展这种劳动的物质动力，也就是说，对于使分散的、按习惯进行的生产过程不断地变成社会结合的、用科学处理的生产过程来说，到处都成为起点。"[①] 与马克思一样，美国经济学家萨缪尔森也认识到规模的经济效益的重要性。他指出："规模收益递增非常重要，它可以解释，为什么我们购买的许多物品都是由大公司制造的——如卡尔·马克思在一个世纪以前所着重指出的那样。"[②]

---

① 《马克思恩格斯文集》第5卷，人民出版社，2009，第723~724页。
② 〔美〕保罗·萨缪尔森：《经济学》上册，中国发展出版社，1993，第62页。

其三是因为制造业跨国公司的行业集中度高,其行为是跨国公司理论研究的典型对象。跨国公司理论有很多流派,如由"跨国公司理论之父"海默所创立并经其导师金德尔伯格发展而成的"垄断优势理论"、雷蒙·弗农的产品周期理论、日本学者小岛清的比较优势理论、巴克利和卡森的内部化理论以及邓宁的折中理论等,都是以制造业跨国公司作为分析对象的。

其四是因为新一轮的科技革命正在全球范围内酝酿,而制造业又恰恰是创新的主阵地(见表1-7)。众所周知,发明专利是技术创新的结果。从表1-7可以看出,属于C类的制造业所申请的发明专利较之其他产业占有绝对的优势。

表1-7 中国2010~2014年大类产业发明专利授权分布

单位:件

	产业类别	数量
A	农业	7953
	林业	5290
	畜牧业	1405
	渔业	1722
	农、林、牧、渔,服务业	2242
B	煤炭开采和洗选业	88
	石油和天然气开采业	1522
	黑色金属矿采选业	102
	有色金属矿采选业	145
	非金属矿采选业	340
	开采辅助活动	1282
	其他采矿业	2
C	农副食品加工业	15613
	食品制造业	19904
	酒、饮料和精制茶制造业	8611
	烟草制品业	792
	纺织业	10862
	纺织服装、服饰业	3529
	皮革、毛皮、羽毛及其制品和制鞋业	3769

续表

产业类别		数量
C	木材加工和木、竹、藤、棕、草制品业	7292
	家具制造业	2777
	造纸和纸制品业	8322
	印刷和记录媒介复制业	11530
	文教、工美、体育和娱乐用品制造业	11613
	石油加工、炼焦和核燃料加工业	6354
	化学原料和化学制品制造业	180253
	医药制造业	80597
	化学纤维制造业	10404
	橡胶和塑料制品业	32232
	非金属矿物制造业	28431
	黑色金属冶炼和压延加工业	4070
	有色金属冶炼和压延加工业	8346
	金属制品业	46865
	通用设备制造业	143539
	专用设备制造业	170777
	汽车制造业	18554
	铁路、船舶、航空航天和其他运输设备制造业	10099
	电气机械和器材制造业	127665
	计算机、通信和其他电子设备制造业	200833
	仪器仪表制造业	106116
	其他制造业	3159
	废弃资源综合利用业	4311
	金属制品、机械和设备修理业	5236
D	电力、热力生产和供应业	3270
	燃气生产和供应业	1978
	水的生产和供应业	14988
E	房屋建筑业	4553
	土木工程建筑业	7773
	建筑安装业	3702
	建筑装饰和其他建筑业	2202

续表

产业类别		数量
I	软件和信息技术服务业	37534
O	机动车、电子产品和日用产品修理业	459

资料来源：国家知识产权局规划发展司编《2010－2014 年我国国民经济各行业发明专利授权状况报告》，《专利统计简报》2015 年第 21 期。

二 研究意义

对中国跨国公司自主知识产权培育问题进行深入研究，既有重要的实践意义，也有较高的理论价值。从实践意义来看，一方面，对本课题内容的深入了解有利于中国跨国公司的发展和国际竞争力的提升。在知识经济和经济全球化不断深入发展的进程中，知识产权日益成为企业进行跨国经营并获得持续发展的战略性资源，日益成为企业提升国际竞争力的关键要素。然而，与发达国家的跨国公司相比，中国跨国公司是知识产权的后来者。无论是在知识产权的数量上，还是在知识产权的质量上，中国跨国公司都无法与发达国家跨国公司相提并论。由此中国跨国公司在企业经营中，经常因发达国家的知识产权壁垒或其跨国公司的知识产权大棒，而处于被动状态。因此，研究中国跨国公司的自主知识产权培育问题，弄清楚培育中国跨国公司自主知识产权存在的障碍及其解决办法，进而促进形成中国跨国公司自主知识产权培育的良好生态环境，对推动中国跨国公司自主知识产权创新和跨国发展具有重要的意义。另一方面，研究本课题也有利于促进我国经济发展方式的转变和对外开放水平的提高，有利于我国产业结构的调整、升级和创新型国家的建设。

从理论价值来看，历史经验证明，在任何一项改革中，无论是企业层面的还是国家层面的，理论探讨或理论准备都是其成功实施的必要组成部分。而中国跨国公司培育自主知识产权，不仅涉及中国跨国公司企业本身在经营理念、组织结构和体制、机制方面的改革，也涉及中国政府在法律制度、司法和行政执法体制以及财政税收制度、金融制度、政府采购制度等方面的改革。这样一项重大的改革实践，少不了理论的支撑和指导。然而目前学术界关于中国跨国公司自主知识产权培育问题的深入、系统的研究成果还未曾见到。又由于与西方发达国家跨国公司相比，中国跨国公司的自主知识产权培育面临着特殊的环境和问题，并不能照搬照抄发达国家跨国公司知识产权培育的经验，也不能搬照国外的知识产权理论。国外知识产权理论大多数是有关知识产权保护、知识产权价值评估、知识产权运营等方面问题的，而中国跨国公司更需要的理论指导是如何在知识产权全球化背景下发展自主知识产权。因此，加强对中国跨国公司自主知识产权培育问题的研究，有着重要的理论意义。

第二节 国内外研究现状

一 国内外中国跨国公司研究现状

（一）国外有关中国跨国公司的研究

国外对于中国跨国公司的专门研究不多，现有研究成果所关注的主要问题有以下几方面。第一，中国跨国公司为什么要进行对外投资，即它的动机和意图是什么。芮淮川和乔治（George S.）探讨了中国跨国公司对外直接投资所要达到的目标：获取战略资源以抵消其竞争劣势，发挥其独特的所有权优势，在充分利用制度激励的同时最大限度地减少体制上的束缚。[①] 崔林（Lin Cui）和江福明（Fuming Jiang）的研究表明：中国跨国公司在对外投资中运用的是以资源、体制一体化为基础的国际商业战略。从资源角度看，中国跨国公司对外直接投资是为了资产开发与资产充实，同时，交易成本和战略意图对中国跨国公司的所有权决定有重大影响；从制度角度而言，当进行海外投资时，中国跨国公司会调整它们的进入战略以获取东道国规范性调节制度上的合法性。[②] 在邓平（Ping Deng）看来，中国跨国公司对外直接投资的动机主要是寻求战略资源和提高能力，这类资源寻求型对外直接投资的根本原因是战略的需要。[③] 第二，中国跨国公司在美国的直接投资。2008年的金融危机之后，中国跨国公司在美直接投资

[①] H. Rui, G. S. Yip, "Foreign Acquisitions by Chinese Firms: A Strategic Intent Perspective," *Journal of World Business* (2008): 213 – 226.

[②] Lin Cui, Fuming Jiang, "Behind Ownership Decision of Chinese Outward FDI: Resources and Institutions," *Asia Pac J Manag* 27 (2010): 751 – 774.

[③] Ping Deng, "Outward Investment by Chinese MNCs: Motivations and Implications," *Business Horizons* (2004): 8 – 16.

迅速增长。美国的一些研究者开始对其进行了专门的研究。研究者探讨的问题主要包括但不限于以下几个方面：中国跨国公司在美投资的历史与趋势；中国跨国公司直接投资在美国所引起的反应及其面临的机遇和挑战；中国跨国公司在美国直接投资应该采取的形式；美国政府对中国跨国公司直接投资的担心及其主要理由等。何伟（Wei He）和马乔里（Marjorie）在2008年考证了中国跨国公司在美国直接投资的演进史，发现最早在美国进行直接投资的中国跨国公司是中国银行（1981年），其后福耀玻璃及万向也先后在美国投资。他们认为：美国目前是中国跨国公司对外直接投资的理想目标地，而美国对此的反应是两种截然相反的态度——兴奋紧张与恐惧；中国跨国公司在美投资面临着政治领域中责任的外生性、文化、市场营销和技术等方面的挑战；中国跨国公司直接投资要很好地进入美国，应避免涉及敏感的技术，并展开游说活动。[1] 史蒂芬·格罗波蒙（Steven Globerman）和丹尼尔·夏皮罗（Daniel Shapiro）认为，日益增长的中国直接投资已引起美国政策制定者的担心，担心主要基于政治和经济安全的考虑。中国跨国公司直接投资被批评主要源自两个理由，一是基于进入模式本身，一些评论家认为入境收购带来的收益比新投资少；二是害怕美国公司被中国国有跨国公司出于非商业目的收购，这种收购对于美国经济的价值是值得怀疑的；中国跨国公司在美国未来的投资形式更多是并购而不是新的投资，没有证据显示，来自中国跨国公司新的直接投资会对美国的经济更有益。[2] 第三，利用数学模型的方法，对中国跨国公司对外直接投资的模式、进入方式及海外并购成功或失败的因素进行了实证分析。在《下一阶段中国经济的发展：对外直接投资？》这篇文章中，刘小慧（Xiaohui Liu）、特雷弗·巴克（Trevor Buck）等提出了一个问题，中国跨国公司的对外直接投资是一种具有中国特色的独特的经济发展道路与政策改革，还是遵循一种普遍的模式——邓宁的投资发展道路的假设，抑或是对该假设的完善与改进呢？他们认为，外生性测试揭示需要使用GMM估计而不是简单的回归分析方法进行分析，因为经济发展与对外直接投资是复

---

[1] Wei He, Marjorie A. Lyles, "China's Outward Foreign Direct Investment," *Business Horizons* 51（2008）：485-491.
[2] Steven Globerman, Daniel Shapiro, "Economic and Strategic Considerations Surrounding Chinese FDI in the United," *Asia Pacific Journal of Management*（2009）：163-183.

杂和相互依存的关系。他们假定一国的对外直接投资水平与该国的发展阶段（通常以人均国内生产总值来衡量）、人力资本投资、出口及外商直接投资呈正相关关系，并由此得出了对外直接投资的变量函数——对外直接投资 $=f$（出口、人力资本存量、外商直接投资、人均国内生产总值），并认为这个模型适用于任何国家。[①] 张建宏（Jianhong Zhang）和周郝红（Haohong Zhou）等分析了从1982年到2009年这一期间1324起中国跨国公司海外并购案，得出了有助于中国公司海外并购成功的因素：目标国的制度环境不好；目标产业对该国的安全性非常敏感；收购企业是国有企业。另外，东道国的制度会缓和企业层面两种因素的效果：学习经历和国家所有权。[②] 范笛和克里斯·尼德兰等通过回顾发达国家关于全球整合与本土响应范式的相关研究，探究了三种国际业务战略的决定因素，指出中国跨国公司开拓并实施国际业务战略时如何协调国际整合和本土响应是一个值得研究的问题。[③]

（二）国内有关中国跨国公司的研究

从总体上看，国内对中国跨国公司研究的状况，可用这几个词来描述：规模小、时间长、一个主题、多层次展开。"规模小"是指专门将中国跨国公司作为研究对象的成果不多。如谈萧用"凤毛麟角"、[④] 杨清用"不充分"[⑤] 来概括这种状况。用"中国跨国公司"作为检索词，在中国知网中对1980～2015年的论文按照篇名进行精确检索，所得的结果是267篇文章。不能否认，以这种方式检索，肯定会有遗漏，而且遗漏的数量也许会不少；但从这种有遗漏的数据，可透视出中国跨国公司的研究规模与其研究本身所具有的重大意义还有很大的差距。"时间长"是指对中国跨国公司的研究从改革开放初一直持续到现在，时间跨度大。早在1988年，应世昌就在《世界经济研究》第4期发表了《美国"第二经济"现状剖

[①] Xiaohui Liu, Trevor Buck, "Chinese Economic Development, the Next Stage: Outward FDI?" *International Business Review* (2005): 97-115.

[②] Zhang, J. et al., "Completion of Chinese Overseas Acquisitions: Institutional Perspectives and Evidence," *International Business Review* (2010): 226-238.

[③]〔澳〕范笛、克里斯·尼德兰等：《全球整合与本土响应范式对中国跨国公司的启示：未来的一个研究领域》，《学海》2013年第4期，第5～14页。

[④] 谈萧：《中国"走出去"发展战略》，中国社会科学出版社，2003，第5页。

[⑤] 杨清：《中国跨国公司成长研究》，人民出版社，2009，第6页。

析——兼谈组建中国跨国公司的必要性》一文。从20世纪80年代一直到现在,学界对中国跨国公司的研究持续不断,随着中国跨国公司实践的不断发展,研究成果也越来越多。这些研究成果的共同主题是——促进中国跨国公司的发展。这一研究主题是从这几个层次展开的:发展中国跨国公司的原因或意义,中国跨国公司发展的现实状况分析,如何打造或培育中国的跨国公司。

研究者认为发展中国跨国公司的主要目的是:提升中国的国际竞争力,提高开放型经济水平,实现中国的技术进步,整合全球资源为我所用等(鲁桐、[1] 徐强、[2] 刘志彪[3]等)。黄仁伟认为发展中国跨国公司的主要目的是,形成中国在全球产业链分工中的主导地位。[4] 李雪欣认为,在科学技术日新月异的经济全球化时代,跨国公司因其是文化、信息、知识交流的使者和技术、资金流动与商品服务交易的载体,而成为时代发展的主体;对中国而言,发展一大批具有自身特色的跨国公司,可以更好地参与国际竞争,以实现中国从经济大国向经济强国的转变。[5]

对于中国跨国公司发展的现状,研究者归纳为起步晚、规模小、发展迅速、竞争力弱(王晋、[6] 宋亚非、[7] 胡景岩[8]等)。隆国强归纳了中国跨国公司存在的一系列问题:一是支撑跨国公司发展的制度不完善,二是同类跨国公司之间存在恶性竞争,三是缺乏高端核心竞争力,四是公司治理结构易遭歧视和误解,五是东道国社会环保意识提升对中国跨公司形成挑战。[9] 卢进勇、杜奇华认为,从联合国贸易与发展组织出版的《世界投资

---

[1] 鲁桐:《"走出去":培育具有国际竞争力的中国跨国公司》,《求是杂志》2002年第10期,第48~49页。
[2] 徐强:《从跨国公司的全球角色透视中国跨国公司的国家责任》,《经济研究参考》2005年第82期,第16~21页。
[3] 刘志彪:《从融入全球价值链到构建国家价值链:中国产业升级的战略思考》,《学术月刊》2009年第9期,第59~68页。
[4] 黄仁伟、张幼文:《以开放促改革 全球化新趋势与对外开放新阶段》,上海社会科学出版社,2014。
[5] 李雪欣:《跨国公司新论》,经济管理出版社,2014。
[6] 王晋:《我国跨国公司存在的问题及对策》,《理论前沿》2001年第3期,第11~12页。
[7] 宋亚非:《我国跨国公司的发展方略》,《财经科学》2005年第2期,第181~187页。
[8] 胡景岩:《新形势下的中国企业对外直接投资》,《宏观经济研究》2005年第7期,第3~8页。
[9] 隆国强:《打造世界水平的中国跨国公司》,人民出版社,2013。

报告》来看，中国跨公司虽然尚处初期发展阶段，但发展潜力巨大。① 王勇主要从治理方面研究了中国跨国公司存在的问题——治理目标混乱，治理股权不合理，激励与约束机制不完善，信息披露制度不完善，对代理的理解不到位，盲目套用代理管理机制。② 陈静从全球价值链的视角，考察了中国跨国公司的现实状况；她发现，虽然进入全球价值链的中国跨国公司的数量在不断增加，实力也日益增强，但是企业通常规模不大，赢利能力较弱，同时由于嵌入全球价值链的程度不高价值链地位较低；她认为，中国跨国公司要在全球价值链中升级，受到四类因素的制约，一是来自价值链高端的低端锁定压力，二是同层次的竞争压力，三是俘获型价值链的制约，四是企业家精神的缺乏。③

对于如何打造或培育中国跨国公司，不同研究者从不同角度进行了分析。从战略角度出发，有人分析了中国跨国公司发展的总体战略规划、成长战略、布局战略、品牌营销战略、投资合作战略等。④ 有人从国际产业转移角度，分析了中国跨国公司的发展战略，认为在以要素分工为基础、以跨国公司为主体、以价值链的拆分与整合为依据的国际产业转移背景下，中国跨国公司发展的战略选择是：以民营企业为依托，发展中小跨国公司；提高品牌的美誉度、忠诚度和知名度，发展世界级品牌；构建跨国战略联盟；实施知识管理。⑤ 有人认为在跨国公司重要且日益出现新的变化的背景下，中国跨国公司的发展战略是：在国家的扶持下，以大型企业为龙头，多层次参与，并以中国国内经济为后盾，进军全球500强梯队。⑥ 文洁认为，培育中国的跨国公司应注意战略管理；他界定了培育中国跨国公司战略管理的内涵，分析了培育中国的跨国公司要加强战略管理的原因，探讨了在培育中国跨国公司的过程中具体实施战略管理的对

---

① 卢进勇、杜奇华、杨立强：《国际经济合作》，北京大学出版社，2013。
② 王勇：《跨国公司治理研究》，中国法制出版社，2012。
③ 陈静：《中国跨国公司在全球价值链中的制约因素与升级途径》，《亚太经济》2015年第2期，第79~84页。
④ 石建勋：《战略规划中国跨国公司：理论·案例·对策·方案》，机械工业出版社，2004。
⑤ 苗青：《国际产业转移与中国跨国公司的发展战略》，《价格月刊》2005年第8期，第12~13页。
⑥ 吴文武：《跨国公司与经济发展——兼论中国的跨国公司战略》，《经济研究》2003年第6期，第38~44页。

策。① 陈怀超、范建红从组织合法性的视角出发，探讨了制度距离对中国跨国公司进入战略的影响；他们认为，制度距离越远，中国跨国公司选择的进入战略越应是并购而非绿地，是合资而非独资。② 而李辉、吴晓云则从文化距离的视角研究了中国跨国公司的全球适应战略。在二位研究者看来，文化差异使中国跨国公司在海外发展中碰到了许多经营问题，文化距离与中国跨国公司的价格适应性、产品适应性、促销适应性和渠道适应性四种全球营销战略呈正相关性。③ 叶广宇、姚化伟等专门研究了中国跨国公司的海外非市场战略，指出企业规模与技术资源和搭桥战略具有紧密的联系，而成长性则与公司的海外非市场战略没有关系。④

从经营角度剖析，陈小强分析了中国跨国公司经营中存在的几个主要问题——经营发展模式、所有权结构、进入方式、进入的行业和地区、组织结构、国际市场的组织。⑤ 吴晓云提出中国（高端）跨国公司在国际经营时，应坚持"全球导向—渐进式"的原则，实施新型出口营销战略（要有全球思维，凭借自身优势灵活地融入全球价值链）、新型多国营销战略（在全球理念指导下，变革组织结构以实现跨国的信息分享和协调，适应东道国的环境并积累技能，然后将适应性战略升级为标准化加适应性的混合战略）和全球营销战略（有针对性，以标准化为主导，价值链配置与协调下的竞争整合）。⑥ 叶广宇等分析了中国跨国公司海外经营时需要母国支持的原因及相关政策措施。⑦ 在他看来，中国跨国公司之所以需要母国支持，是全球化背景的迫切要求，受传统文化中民族情绪的影响，是提高国

---

① 文洁：《培育中国的跨国公司必须高度重视战略管理》，《海南大学学报》2007年第4期，第427~430页。
② 陈怀超、范建红：《制度距离、中国跨国公司进入战略与国际化绩效：基于组织合法性视角》，《南开经济研究》2014年第2期，第99~117页。
③ 李辉、吴晓云：《文化距离视角下中国跨国公司的全球适应性战略》，《商业研究》2015年第9期，第108~115页。
④ 叶广宇、姚化伟等：《资源、成长性与中国跨国公司海外非市场战略》，《管理学报》2011年第3期，第380~387页。
⑤ 陈小强：《中国跨国公司经营论》，中国财政经济出版社，2005。
⑥ 吴晓云：《中国跨国公司"全球导向—渐进式"国际经营战略思考——以97家中国跨国公司营销战略的实证资料为依据》，《财经论丛》2008年第3期，第84~90页。
⑦ 叶广宇：《中国跨国公司海外经营的母国支持分析》，《改革与战略》2009年第2期，第46~47页。

家竞争力的现实需要,是降低跨国经营风险的必然要求。母国则在创造规避海外政治风险的国际条件、政策指导和信息服务、金融财政外交等方面支持中国跨国公司的海外发展。李雪欣分析了中国跨国公司的经营主体、经营环境、经营模式选择、市场运作和相应的组织制度等。① 林康、林在志认为,中国政府应当加强对中国跨国公司的管理和服务。从宏观上讲,应当从战略高度制定企业的国际化政策,帮助中国跨国公司提高对外投资竞争能力;从微观上讲,主要应当加强对公司模式、企业资产和人员的规范和管理。②

从对外投资角度看,江小涓从发展中国对外投资的趋势与特点出发,研究了中国跨国公司成长的重要意义和发展前景。③ 尹贤淑在对我国对外投资现状进行分析的基础上认为,在现有形势下,应加快对外投资,以培育我国的跨国公司。④ 傅劲锋、张运鹏考察了中国跨国公司对外投资的现状、投资动机(获取自然资源,寻求先进技术、市场进入机会、产业多元化、战略意图)、特点(需要审批,主力是大型国有企业,政府扮演主要角色,被吸引的,并不追求成本最小化和产量最大化,外汇管制和贸易壁垒的驱使等)和投资策略(稳住对发达国家的投资,扩大对发展中国家的投资,创立新企业和并购等投资方式)。⑤ 王利华研究了中国跨国公司对外直接投资的区位选择问题。⑥ 冯华、辛成国从国家和区域、交易、公司三个层面分析了中国跨国公司的对外直接投资策略,通过整合宏观和微观方面的数据,他们发现:中国跨国公司投资区域广泛但更青睐亚洲和发达国家,投资方式以绿地投资为主,投资主体以民营公司为主。⑦

---

① 李雪欣:《中国跨国公司论》,辽宁大学出版社,2002。
② 林康、林在志:《跨国公司经营与管理》,对外经济贸易大学出版社,2014。
③ 江小涓:《我国对外投资和中国跨国公司的成长》,《经济研究参考》2002年第73期,第19~31页。
④ 尹贤淑:《中国对外直接投资现状及其发展趋势分析》,《中央财经大学学报》2009年第4期,第63~67页。
⑤ 傅劲锋、张运鹏:《中国跨国公司对外直接投资动机和策略分析》,《华南农业大学学报》2008年第1期,第50~55页。
⑥ 王利华:《中国跨国公司对外直接投资区位选择研究》,博士学位论文,华东师范大学,2009。
⑦ 冯华、辛成国:《中国跨国公司对外直接投资的多层面分析》,《东岳论丛》2015年第10期,第170~174页。

除了以上三个主要研究视角以外，研究者还从并购、文化整合、成长、差异化培育模式、风险控制和治理等角度，对中国跨国公司展开了研究。谈萧认为培育中国跨国公司，政府和企业之间要形成合力，中国跨国公司的培育既有制度上的优势，也存在法律制度上的障碍，应当从投资法律法规的完善方面加快中国跨国公司的培育。[①] 刘增科分析了中国跨国公司差异化培育的两种模式——政策诱导型和市场自主成长型，探讨了差异化培育模式的约束条件与政策框架，并对此进行了实证分析。[②] 周新军认为两个因素——制度平台的缺乏与中国跨国公司的海外挫折——之间存在正相关性，并利用比较分析方法探讨了中国国有跨国公司的"公司治理"问题。[③] 陈琪探讨了中国跨国公司实行混合产权的原因及模式选择问题。[④] 杨清对中国跨国公司成长的条件、成长的基础、成长点和路径及政府的促进政策等问题进行了研究。[⑤] 张宇分析了中国跨国公司存在的宏观、中观和微观三个方面的风险，认为中国跨国公司风险存在的主要原因是缺乏科学的风险管理文化、治理结构不规范、内部审计不到位和风险管理方法落后，并在此基础上提出了应对措施——培育风险管理文化、改进公司治理结构、强化内部审计、建设风险管理系统等。[⑥] 孙国辉、韩慧林从公司品牌形象和国家品牌形象对购买意向的影响入手，分析认为中国跨国公司在海外经营当中应该注重品牌的构建。他们认为，公司品牌形象和国家品牌形象对购买意向具有显著的正向影响，而全球消费文化和产品卷入度则对这种影响具有调节作用。全球消费文化发挥的是正向调节作用，产品卷入度发挥的是反向调节作用。[⑦]

---

① 谈萧：《中国跨国公司培育的法经济学分析及立法政策》，《国际贸易问题》2006 年第 4 期，第 123~128 页。
② 刘增科：《中国跨国公司差异化培育模式选择》，《学术交流》2006 年第 6 期，第 122~125 页。
③ 周新军：《中国跨国公司治理：模式比较与路径选择》，《经济研究参考》2006 年第 37 期，第 2~10 页。
④ 陈琪：《中国跨国公司的产权制度创新及其模式选择》，《江汉论坛》2007 年第 8 期，第 74~76 页。
⑤ 杨清：《中国跨国公司成长研究》，人民出版社，2009。
⑥ 张宇：《中国跨国公司风险管理的内部问题分析》，《国际经济合作》2009 年第 8 期，第 22~27 页。
⑦ 孙国辉、韩慧林：《公司品牌形象和国家品牌形象对购买意向的影响——基于中国跨国公司的实证分析》，《经济管理》2015 年第 4 期，第 84~94 页。

（三）本书对中国跨国公司的理解

本书所指的中国跨国公司是这样的企业：(1) 组成这个企业的实体设立在中国和中国以外的国家或地区，而不论这些实体的所有制形式和活动领域；(2) 这个企业拥有一个共同的经营决策体系，各决策中心彼此之间能够相互协调一致行动并实施共同的战略；(3) 这些实体通过股权或其他方式而紧密地联结在一起，彼此间可相互施加重大影响，并一起分享知识和资源，共同承担风险和责任。中国跨国公司具有这样几个特征：其一，以中国为主要基地，在母公司统一管理、指挥下进行海外投资经营活动；其二，以公司的整体利益为出发点，在全球范围内展开竞争；其三，母公司对海外子公司能够进行实际控制，控制形式可以是股权或者合同等。这个定义不包括在中国设立，但由外国人控制、到中国境外去投资经营的企业。[①] 按照《中华人民共和国公司法》的规定，由外国人控制、在中国境内设立的企业，属于中国的企业法人；但这样的中国企业法人，其技术创新成果的所有权属于它位于国外的母公司，对我国经济结构和产业结构的优化、升级没有实质性的作用。本书所考察的中国跨国公司，主要是指我国大陆（内地）范围内的跨国企业，并没有包括台湾、香港和澳门等地区的中国跨国公司。

从历时态来说，中国跨国公司在新中国成立之初就已经出现了。在改革开放以前的30年时间内，为了配合国家的对外贸易往来活动，一些贸易类的中国企业开始到海外进行直接投资。它们在巴黎、伦敦、纽约等著名港口和国际大都市设立了分支机构。改革开放以后，在中央充分利用国际资源和积极开拓国际市场的精神的指导下，中国跨国公司较之以前得到了快速发展。改革开放以后，中国跨国公司在海外设立的第一家合资企业是

---

① 本书中跨国公司的定义，参照了原联合国跨国公司委员会1983年的报告《世界发展中的跨国公司》中有关跨国公司的定义。对于跨国公司的认识，国内外并无统一的认识，笔者在界定中国跨国公司时，之所以参照原联合国跨国公司委员会1983年的定义，是基于这样的考虑：(1) 它涵盖面广，强调跨国公司内部一体化运作，是一个集广度和深度于一体的概念；(2) 它在世界上的认可度较高，大多数国家都比较认同这个定义；(3) 它强调跨国公司母子公司或机构之间知识、资源的共享和责任的分担。对于跨国公司的不同定义，可以参见南开大学国际经济研究所滕维藻教授主编的《跨国公司概论》（人民出版社，1991）一书，该书在第8~14页详细论述了跨国公司四类不同的定义，并分析了各类定义的优缺点。

"京和股份有限公司"——它是北京市友谊商业服务总公司和日本东京丸一商事株式会社在东京联合创立的。此后,中国其他类型的企业如船舶、金融、经济技术咨询服务、建筑等也分别开始在海外开展直接投资活动。1986年之后,中国跨国公司呈现出加速发展的趋势。主要表现在:一是涉及的企业类型增加了,除了原有的经贸类企业以外,工业企业、商贸物资企业、科技企业和金融保险企业等也纷纷加入海外投资的行列中;二是对外直接投资领域进一步拓宽,服务业、工农业生产加工以及资源开发等产业内不同行业的中国企业都开始在海外开展经营活动;三是海外直接投资企业在数量上得到了增长,截至1992年底,中国约有1360家非贸易类企业、2600家贸易类企业,在120多个国家和地区开展海外投资活动,投资总额达40多亿美元。从1993年到1998年,中国跨国公司的发展速度开始放缓,主要原因是国家为了从宏观层面上实现经济软着陆,开始对新增海外投资进行严格控制,并对以往海外投资进行整顿。在这6年时间内,新增中国跨国公司约为1500家。1999年以来,在国家积极实施"走出去"战略的推动下,中国跨国公司的发展开始进入一个新的阶段。[①] 特别是2008年国际金融危机爆发后,中国跨国公司进入快速发展期。根据商务部统计的数据,截至2014年底,中国1.85万家境内投资者在国(境)外共设立对外直接投资企业2.97万家。

通过回顾中国跨国公司的发展历程,我们可以发现中国跨国公司的以下几个特点。第一是对外直接投资进入快速增长阶段。根据商务部《2014年度中国对外直接投资统计公报》的数据,自2003年中国有关部门权威发布年度数据以来,中国对外直接投资实现连续12年增长,2014年对外直接投资流量是2002年的45.6倍,2002～2014年的年均增长率高达37.5%。第二是企业境外投资行业比较集中。从行业分布来看,中国境外企业主要集中于批发和零售业、制造业、租赁和商务服务业,累计数量近1.88万家,占到境外企业总数的63.2%。其中租赁和商务服务业近8800家,占到中国境外企业总数的29.5%;制造业6100多家,占总数的20.6%。[②]

---

① 参见卢进勇、杜奇华《国际经济合作》,对外经济贸易大学出版社,2014,第127～128页。
② 参见中华人民共和国商务部等编《2014年度中国对外直接投资统计公报》,中国统计出版社,2015。

第三是发达经济体成为中国跨国公司海外投资的首选目标市场。2014年，流向发达经济体的投资为238.3亿美元，较上年增长了72.3%，其中对欧盟直接投资额为97.87亿美元，同比增长116.3%；对美国投资额为75.96亿美元，同比增长96.1%；对澳大利亚投资额为40.49亿美元，同比增长17.1%。2014年，中国对欧盟、美国、澳大利亚的投资均创历史新高。①第四是对外并购投资显著增加。从表1-8可以看出，2008年以后，中国企业的海外并购总体上明显增长，其中2008年、2012年、2013年和2014年增长数额较大。2014年，中国企业海外并购的十大目的地，从并购金额来看，分别是秘鲁、美国、中国香港、澳大利亚、加拿大、意大利、开曼群岛、德国、法国和荷兰。2014年中国企业的海外并购涉及的行业众多，其中制造业并购176起，并购金额达118.8亿美元，同比分别增长29.5%和16.2%，联想集团收购摩托罗拉手机业务、IBMX86服务器业务，东风汽车公司收购法国标致雪铁龙集团14.1%股份的单项并购金额均在10亿美元以上；电力/热力/燃气和水的生产与供应业并购18起，并购金额达93.1亿美元，为2013年的26.6倍，国家电网公司以26.3亿美元收购意大利存贷款能源公司35%股权的项目是本领域的最大金额并购项目；农/林/牧/渔领域并购43起，并购金额达35.6亿美元（是上年的6倍），其中中粮集团公司以15亿美元收购了来宝农业有限公司51%的股权。第五是投资主体日益多元化。有限责任公司是中国企业海外投资最为活跃的主体，共有12459家企业，占总数的67.2%；私营企业1528家，占8.2%；国有企业1240家，占6.7%。②

表1-8 2004~2014年中国对外直接投资并购情况

年份	并购金额（亿美元）	同比（%）	比重（%）
2004	30.0	—	54.5
2005	65.0	116.7	53.0
2006	82.5	26.9	39.0
2007	63.0	-23.6	23.8

---

① 参见中华人民共和国商务部等编《2014年度中国对外直接投资统计公报》。
② 参见中华人民共和国商务部等编《2014年度中国对外直接投资统计公报》。

续表

年份	并购金额（亿美元）	同比（%）	比重（%）
2008	302.0	379.4	54.0
2009	192.0	-36.4	34.0
2010	297.0	54.7	43.2
2011	272.0	-8.4	36.4
2012	434.0	—	31.4
2013	529.0	21.9	31.3
2014	569.0	7.6	26.4

注：2012~2014年并购金额包括境外融资部分，比重为直接投资占当年流量的比重。
资料来源：中华人民共和国商务部等编《2014年度中国对外直接投资统计公报》。

以上所述，反映中国跨国公司的发展取得了很大的成绩，但同时不可忽视的是，中国跨国公司还存在一些迫切需要解决的问题。

一方面是中国跨国公司的国际化水平较低。这主要表现在：（1）大型跨国公司数量较少，从表1-9可知，2015年财富世界500强中位列前100名的非金融类中国跨国公司只有9家，而且大多为资源类的垄断企业；（2）跨国经营时间短，经验不足，跨文化经营决策和管理水平不高，国际贸易和国际财会知识相对缺乏，不精通东道国的法律和语言；（3）2014中国跨国公司100大的平均跨国指数仅为13.60%，不仅远远低于2014世界跨国公司100大的平均跨国指数（64.55%），而且也远远低于2014发展中国家跨国公司100大的平均跨国指数（54.22%）；[①] 从表1-10可知，即使到了2015年，也只有中国中化集团公司、浙江吉利控股集团有限公司、广东省航运集团有限公司、宁波均胜电子股份有限公司四家企业达到了2014发展中国家跨国公司100大的平均跨国指数水平。2015年，除了浙江吉利控股集团有限公司以外，没有一家中国跨国公司达到2014世界跨国公司100大的平均跨国指数64.55%的水平。即使在2015年财富世界500强排行榜中排名第2位的中国石油化工集团公司这样的大型跨国公司，其跨国指数也仅为25.09%，远远低于世界平均水平。

---

① 参见中国企业500强网，http://www.cec-ceda.org.cn/c500/chinese/content.php?id=156&t_id=1。

表1-9 进入2015年财富世界500强排行榜前100名的中国跨国公司

排名	上年排名	公司名称中英文	营业收入（百万美元）	总部所在城市
2	3	中国石油化工集团公司（SINOPEC GROUP）	446811.0	北京
4	4	中国石油天然气集团公司（CHINA NATIONAL PETROLEUM）	428620.0	北京
7	7	国家电网公司（STATE GRID）	339426.5	北京
18	25	中国工商银行（INDUSTRIAL & COMMERCIAL BANK OF CHINA）	163174.9	北京
29	38	中国建设银行（CHINA CONSTRUCTION BANK）	139932.5	北京
36	47	中国农业银行（AGRICULTURAL BANK OF CHINA）	130047.7	北京
37	52	中国建筑股份有限公司（CHINA STATE CONSTRUCTION ENGINEERING）	129887.1	北京
45	59	中国银行（BANK OF CHINA）	120946.0	北京
55	55	中国移动通信集团公司（CHINA MOBILE COMMUNICATIONS）	107529.4	北京
60	85	上海汽车集团股份有限公司（SAIC MOTOR）	102248.6	上海
71	—	中国铁路工程总公司（China Railway Engineering）	99537.9	北京
72	79	中国海洋石油总公司（CHINA NATIONAL OFFSHORE OIL）	99262.2	北京
79	80	中国铁道建筑总公司（CHINA RAILWAY CONSTRUCTION）	96395.2	北京
87	122	国家开发银行（China Development Bank）	89908.4	北京
94	98	中国人寿保险（集团）公司（CHINA LIFE INSURANCE）	87249.3	北京
96	128	中国平安保险（集团）股份有限公司（PING AN INSURANCE）	86021.8	深圳

表1-10 2015中国100大跨国公司及跨国指数

排名	公司名称	海外资产（万元）	海外收入（万元）	海外员工（人）	跨国指数（%）
1	中国石油天然气集团公司	90562165	272995616	1636532	27.32
2	中国石油化工集团公司	85712364	288993429	897488	25.09
3	中国海洋石油总公司	48107196	61159992	114573	35.61
4	中国中信集团有限公司	34684147	34088735	179288	18.62

续表

排名	公司名称	海外资产（万元）	海外收入（万元）	海外员工（人）	跨国指数（%）
5	中国中化集团公司	25510368	49682919	55349	57.03
6	中国远洋运输（集团）总公司	19654990	16933575	75675	42.39
7	中国铝业公司	17922980	28000752	158096	14.47
8	中国五矿集团公司	15584385	32275663	110261	25.03
9	国家电网公司	11159936	209136337	946871	1.58
10	中国兵器工业集团公司	10552008	40428489	250138	23.62
11	中国交通建设集团有限公司	9621532	37042234	150727	12.22
12	中国航空工业集团公司	9130734	38638266	562038	8.62
13	浙江吉利控股集团有限公司	8305092	15395264	42968	68.91
14	中国海运（集团）总公司	8288801	8306535	40598	28.91
15	中国联合网络通信集团有限公司	8124580	28965300	283458	4.85
16	海航集团有限公司	7595546	15801958	113089	12.98
17	中国电力建设集团有限公司	7164325	26500259	201066	29.33
18	中国建筑股份有限公司	7028980	80002875	247672	6.58
19	中国化工集团公司	6665346	25763136	99247	24.50
20	兖矿集团有限公司	5502677	11239819	91060	12.52
21	宝钢集团有限公司	5413689	29774301	133069	12.39
22	潍柴控股集团有限公司	5376268	12665954	77239	30.74
23	中国华能集团公司	5189987	29206174	136349	4.04
24	中国铁道建筑总公司	4954574	59393519	297035	4.70
25	北京首都创业集团有限公司	4812206	2378289	21071	11.97
26	TCL集团股份有限公司	4170583	10102868	73485	31.25
27	中国铁路工程总公司	4061007	61329911	297216	4.18
28	大连万达集团股份有限公司	3937988	24248000	113161	11.72
29	中兴通讯股份有限公司	3727616	8147128	75609	31.73
30	中国有色矿业集团有限公司	3691009	18765549	56691	24.37
31	中国外运长航集团有限公司	3621620	9145576	62003	17.59
32	金川集团股份有限公司	3583222	20041403	32680	17.81
33	中国电子信息产业集团有限公司	3576772	20385155	129330	20.80
34	中国冶金科工集团有限公司	3532776	22062626	154032	6.75

续表

排名	公司名称	海外资产（万元）	海外收入（万元）	海外员工（人）	跨国指数（%）
35	中国移动通信集团公司	3332737	66253831	274347	2.11
36	中国航空集团公司	2892209	10720489	78560	15.70
37	光明食品（集团）有限公司	2764680	12092831	136405	11.24
38	鞍钢集团公司	2739111	16150972	218900	6.99
39	中国通用技术（集团）控股有限责任公司	2351646	17049315	40450	8.51
40	中联重科股份有限公司	2145247	6370001	20314	9.86
41	绿地控股集团有限公司	2124132	26195510	9300	2.41
42	武汉钢铁（集团）公司	2052090	14615513	94596	9.85
43	中国电力投资集团公司	2043593	18112678	127611	1.19
44	河北钢铁集团有限公司	1947293	28061555	142217	6.94
45	中国黄金集团公司	1812858	12133863	51196	8.55
46	首钢总公司	1764877	18290392	139422	8.01
47	海信集团有限公司	1707846	9804851	53930	12.25
48	广东粤海控股集团有限公司	1580133	1444585	10659	9.65
49	万向集团公司	1502849	12878896	26989	26.72
50	中国能源建设集团有限公司	1382171	18682856	174755	7.49
51	中国南车集团公司	1363235	12132061	112329	7.10
52	中国机械工业集团有限公司	1342944	24474888	124768	12.39
53	广东省广晟资产经营有限公司	1289231	4223059	38359	14.84
54	中国大唐集团公司	1286610	18587307	100082	1.32
55	北京汽车集团有限公司	1262490	31156065	112159	3.42
56	神华集团有限责任公司	1253211	32490059	259868	0.91
57	青建集团股份有限公司	1203518	4685183	12048	22.61
58	中国电信集团公司	1193022	38291973	454292	1.44
59	山东如意科技集团有限公司	1047228	4306943	24673	38.45
60	江苏沙钢集团有限公司	1042521	24851875	40037	4.11
61	国家开发投资公司	958471	11262010	81107	7.92
62	美的集团股份有限公司	933360	14231097	108120	15.85
63	上海汽车集团股份有限公司	849506	63000116	91155	1.28

续表

排名	公司名称	海外资产（万元）	海外收入（万元）	海外员工（人）	跨国指数（%）
64	广东省广新控股集团有限公司	841251	7004680	24944	18.92
65	广东省航运集团有限公司	757191	376332	6104	56.05
66	渤海钢铁集团有限公司	756818	23406168	67151	2.76
67	云南建工集团有限公司	714675	4206833	18407	4.96
68	中国重型汽车集团有限公司	706021	6831274	43454	6.05
69	四川长虹电子集团有限公司	682576	9315491	71001	7.25
70	马钢（集团）控股有限公司	667847	6915216	48452	3.26
71	正泰集团股份有限公司	653754	3511777	26761	11.94
72	徐州工程机械集团有限公司	651190	8081463	26293	10.82
73	中国大连国际经济技术合作集团有限公司	623481	380135	2198	50.47
74	白银有色集团股份有限公司	614071	4626898	16778	12.10
75	北京建工集团有限责任公司	609436	3361206	20555	9.20
76	卧龙控股集团有限公司	607313	2312521	13140	35.47
77	铜陵有色金属集团控股有限公司	583956	13636199	28158	4.97
78	中国恒天集团有限公司	556009	4639003	54922	13.78
79	陕西煤业化工集团有限责任公司	550767	17662201	130463	0.80
80	浙江龙盛控股有限公司	485600	3016131	10261	22.53
81	深圳市中金岭南有色金属股份有限公司	415279	2460871	10221	24.30
82	山东钢铁集团有限公司	403600	11599587	99635	1.84
83	雅戈尔集团股份有限公司	395273	5897962	45852	27.74
84	黑龙江北大荒农垦集团总公司	392797	13587686	544779	6.67
85	宁波均胜电子股份有限公司	383540	707709	6389	63.43
86	新疆特变电工集团有限公司	381827	4453073	21400	7.08
87	天津聚龙嘉华投资集团有限公司	378340	1743425	10748	41.59
88	新疆生产建设兵团建设工程（集团）有限责任公司	332463	2627551	16288	26.77
89	中国华信能源有限公司	330482	21399476	21568	12.97
90	上海华谊（集团）公司	325163	6392687	26325	3.32
91	陕西有色金属控股集团有限责任公司	314499	10544213	45262	2.08

续表

排名	公司名称	海外资产（万元）	海外收入（万元）	海外员工（人）	跨国指数（%）
92	山东高速集团有限公司	307925	4350349	24863	2.30
93	云天化集团有限责任公司	292879	7077201	32203	11.13
94	中国建筑材料集团有限公司	279569	25042872	176854	0.95
95	上海建工集团股份有限公司	279398	11366168	28789	2.63
96	广西柳工集团有限公司	279042	1371682	18317	12.95
97	新华联集团有限公司	277754	5698917	43089	2.95
98	重庆轻纺控股（集团）公司	273193	2469003	27720	13.76
99	重庆对外经贸（集团）有限公司	270459	1624748	6421	31.65
100	云南冶金集团股份有限公司	266704	4656058	34687	1.92

注：跨国指数按照（海外营业收入/营业收入总额＋海外资产/资产总额＋海外员工/员工总数）/3×100% 计算得出。

资料来源：卢进勇、李建明、杨立强主编《中国跨国公司发展报告》，对外经济贸易大学出版社，第323~328页。

另一方面是中国跨国公司缺乏高端核心竞争力。改革开放以来，中国企业的发展主要是基于低成本生产要素的优势，进行国际品牌代工生产，无核心技术，缺乏自主品牌和国际销售渠道，开展自主创新的时间短，在研发投入强度和创新能力上均明显低于发达国家跨国公司。

二 国内外自主知识产权研究现状

（一）国外有关自主知识产权的研究

国外一般只讲知识产权，不讲自主知识产权，因为国际社会认为知识产权是一种私权，属于法定的权利主体，权利人对于其自身的合法权利，没有所谓的自主与不自主之说。中国之所以提出自主知识产权概念，一方面是因为发达国家跨国公司频频向中国企业提起知识产权诉讼，并利用知识产权规则对自己的技术严加保护和控制，使中国企业的自主发展受到限制；另一方面是因为发达国家不断利用知识产权问题向中国政府施压。对于中国为解决自己所遇到的特殊问题而提出来的自主知识产权概念，以美国为首的发达国家及其跨国公司是不理解的。当中国政府宣布实施自主知识产权产品采购政策时，在以美国为首的发达国家提议下，世界贸易组织还专门召开了会议来审查中国的自主知识产权政策"是否违反 WTO 有关国民待遇的规定"。由于自主知识产权是中国语境下的一个概念，因此国外对自主知识产权的研究，从笔者利用 Springerlink、Google 学术搜索等检索工具进行查寻的结果来看，还没有发现相应的成果。笔者所使用的检索方法是：用"Independent intellectual property rights"或"native intellectual property rights"作为检索词，在 Springerlink 和 Google 学术搜索中进行检索；用"Independent intellectual property rights review"或"native intellectual property rights review"作为检索词在 Google 学术搜索中进行检索。用"Independent intellectual property rights"作为检索词在 Springerlink 中得到的检索结果是：Search results for "independent intellectual property rights" with no filters（没有搜索到自主知识产权）；用"native intellectual property rights"作为检索词，在 Springerlink 中进行检索，所得结果一样，也是 Search results for "independent intellectual property rights" with no filters。用"Independent intellectual property rights review"作为检索词，在 Google 学术搜索中进行检索，得到 689000 条结果。笔者查寻了其中的 1~1000 条，没有发现这 1000 条结果中有研究自主知识产权的。通过 Google 学术搜索所查寻到的研究成果，大多是有关知识产权的。根据笔者所掌握的有限资料来看，国外对知识产权的研究，主要集中在以下几个方面。

第一，对知识产权价值评估的研究。戈登·史密斯（Gordon V. Smith）和罗素·帕尔（Russell L. Parr）在其著作《知识产权价值评估基础》中，详细介绍了知识产权价值评估的常用方法（成本法、市场法和收益法）和早期阶段技术价值评估中确定困难数据时所应用的扩展与预测模型，并阐述了知识产权开发战略和如何计算知识产权侵权损失的问题。美国的韦斯顿·安森也阐述了对知识产权（商标、品牌、商业秘密、技术秘密、专利、版权）如何在许可协议、销售、合并、破产或重组、诉讼等条件下进行价值评估。[①]

第二，对知识产权与对外直接投资的研究。艾米·乔斯林·格拉斯（Amy Jocelyn Glass）和卡马尔·萨格（Kamal Saggi）利用自己建立起来的产品生命周期和自主创新、模仿及对外直接投资关系的模型，分析了知识

---

① 〔美〕韦斯顿·安森著《知识产权价值评估基础》，李艳译，知识产权出版社，2009。

产权保护、模仿、创新和对外直接投资之间的关系。他们认为,加强知识产权保护仅仅是使跨国公司不用担心被模仿而感到安全;增加模仿难度会产生资源浪费,而模仿会减少外国直接投资,也不利于创新;大量的资源用于模仿会排挤外国直接投资;外国直接投资减少在使发展中国家资源更加稀缺的同时,也会抑制发达国家的创新活动。[1]

第三,对知识产权全球化的研究。美国学者苏姗·K.塞尔考察了《与贸易有关的知识产权协议》(TRIPs)的诞生过程,介绍了TRIPs的体系、制度和机构以及在后TRIPs时代国际上围绕知识产权的相互博弈。该学者认为TRIPs是发达国家具有影响力的跨国公司,在本国政府的帮助下,将反映私人利益的知识产权规则与WTO的贸易规则相挂钩,力推全球统一的、高水平的知识产权保护的措施。[2]

(二) 国内有关自主知识产权的研究

自主知识产权概念在中国一经提出,就成为一个非常流行的词,频频现身官方文件、学术论文、新闻报道之中。学术界也对自主知识产权问题进行了研究。概括起来,国内对自主知识产权问题的研究主要集中在以下几个方面。

其一,对自主知识产权的释义。研究自主知识产权问题,首先应该厘清自主知识产权的含义。目前,国内研究者主要是采用下定义和从把握关键要素入手这两种方法来把握自主知识产权概念的内涵的。采用下定义的方法来把握自主知识产权内涵的各研究者,是从各自不同的视角来对自主知识产权进行释义的。归纳起来,主要有以下几种。首先是公权的视角。国内首位从此角度认识自主知识产权的学者是芦琦教授,她认为自主知识产权是由某一疆域范围内的本国人(公民和法人)作为知识产权的权利主体,对其自主研发的诸如计算机软硬件和网络信息产品等类的知识产品所享有的一种专有权利;正确认识自主知识产权,既要把握住它形成的根本前提条件是主权的单一性和主体对主权的依附性,也要注意它具有的主体

---

[1] Amy Jocelyn Glass, Kamal Saggi, "Intellectual Property Rights and Foreign Direct Investment," *Journal of International Economics* 2 (2002): 387–410.

[2] 〔美〕苏姗·K.塞尔:《私权、公法——知识产权的全球化》,董刚译,中国人民大学出版社,2008。

本土化、权属域内化、权利集成化和私权公权化的特点。① 这一观点刚一提出，便立刻在学术界引起了知识产权是否具有公权属性的讨论。一些学者认为知识产权具有公权的性质，② 但大部分学者坚持知识产权是私权的传统观点。③ 其次是权利主体的视角。持这一视角的研究者认为自主知识产权是中国公民或法人在中国境内依法取得的技术创新成果的所有权或使用权。该观点特别强调技术创新活动必须是在中国公民或法人的主导下完成的。比如，科技部、国家发改委和财政部认为"产品具有自主知识产权是指，申请单位经过其主导的技术创新活动，在我国依法拥有知识产权的所有权，或依法通过受让取得的中国企业、事业单位或公民在我国依法拥有知识产权的所有权或使用权"。④ 最后是是否受到其他权利人制约的视角。在这一视角下，研究者认为，自主知识产权必须是知识产权人对于其技术创新成果能够独立自主地支配、行使，不受他人知识产权的制约和限制；不受制约是指，在一项发明创造中，其主体部分、关键部分是自己自主研发的，是不可替代的，涉及他人的知识产权不是不可替代的，而是存在多种替代技术。在他人有效专利基础上进行改进创新所取得的改进型专利，不能称为自主知识产权，因为权利人需经在先专利人的允许，才能不受限制地使用其自己的专利，因此，只有原始创新才能形成自主知识产权。⑤ 这种自主知识产权的观点，实际上是强调权利人对其知识产权必须拥有完整的、无瑕疵的所有权。

通过把握关键要素来理解自主知识产权内涵的学者认为，因自主知识产权内涵丰富、复杂，难以对其下一个准确且无误的定义。采取把握关键

---

① 芦琦：《论"自主知识产权"及其法律保护》，《上海市政法管理干部学院学报》2000年第2期，第47~52页。
② 冯晓青、刘淑华：《试论知识产权的私权属性及其公权化趋向》，《中国法学》2004年第1期，第61~68页；李永明、吕益林：《论知识产权之公权性质——对"知识产权属于私权"的补充》，《浙江大学学报》2004年第4期，第60~67页。
③ 吴汉东：《关于知识产权私权属性的再认识——兼评"知识产权公权化"理论》，《社会科学》2005年第10期，第58~64页；刘春田：《知识产权法》，法律出版社，2009，第19页。
④ 科学技术部、国家发展和改革委员会、财政部：《国家自主创新产品认定管理办法（试行）》，浙江政府采购网，2006年12月28日，http://www.zjzfcg.gov.cn/new/sysej/255607.html。
⑤ 李顺德：《正确理解和使用"自主知识产权"》，《科学新闻》2008年第7期。

要素的方法来理解自主知识产权内涵的研究者也有不同的研究角度。一种是从语义和逻辑的角度来分析自主知识产权的丰富内涵。基于这种视角的研究者[1]认为,自主知识产权首先应该是有效的知识产权,它必须符合知识产权时间性和地域性要求;其次,自主知识产权的权利主体是中国的权利人,不包括在中国注册的由外国人控制的法人,自主是指中国权利人拥有知识产权的用益权或者处分权。另一种是从建设创新型国家和实施国家知识产权战略的大的宏观背景下来理解自主知识产权的。从这种视角进行研究的学者[2]认为,自主知识产权是衡量我国自主创新能力的关键性识别标识,是鼓励技术创新的政策导向和国家知识产权战略的组成部分。不过,该学者对自主知识产权的认识是不断深化的,2001 年,他的自主知识产权观点与上述科技部的观点基本相同,所不同的是,他认为自主知识产权可以从其他国家自然人、法人或非法人单位那里购买而得。[3] 还有一种是从概念定义的基本原理和法解释学角度来阐述自主知识产权内涵的,运用这种方法的研究者主张应从概念设定的目的和提出的背景出发去揭示自主知识产权的实质。根据资本控制、实际控制和住所地等复合标准,研究者认为自主知识产权就是中国的自然人或法人最终控制的专利权、非专利技术等知识产权。[4]

其二,目前我国存在的自主知识产权问题及其产生的原因和应对对策。学术界对我国存在的自主知识产权问题的认识基本上是一致的:数量有限、水平不高、国际竞争力弱。在探究自主知识产权问题产生的原因时,有研究者认为,中国自主知识产权发展方面存在的问题不是发达国家对知识产权的强保护,发达国家的企业在中国申请的专利大部分已经过期,中国发展自主知识产权的最大障碍是自主创新能力低。[5] 资料显示,我国企业的研发费用高于科研机构和高校,企业已渐渐成为自主创新的主体,但在国家奖励的科技项目中企业所完成的比例很低,这主要是由于企

---

[1] 张勤:《论自主创新与自主知识产权》,《知识产权》2010 年第 6 期,第 5~17 页。
[2] 陈昌柏:《再论自主知识产权问题——兼评龙芯购买美普思专利事》,《科技与法律》2009 年第 4 期,第 28~31 页。
[3] 陈昌柏:《自主知识产权理论及其实践意义》,《科技与法律》2001 年第 2 期,第 27~29 页。
[4] 林秀芹:《自主知识产权概念辨析》,《厦门大学学报》2009 年第 1 期,第 122~128 页。
[5] 陈昌柏:《自主知识产权管理》,知识产权出版社,2006,第 57 页。

业长期依赖低成本扩张的发展模式，导致产品附加值的科技含量低。① 要改变中国自主知识产权发展落后的现状，关键在于通过自主研发的途径提高自主研发能力。在开放经济条件下，通过购买、合资等方式，中国的自主研发能力非但不会提高，反而会减弱甚至丧失。在提高自主研发能力方面，国家应该通过产业政策、税收、财政支持等途径促使企业提高自己的研发能力。② 我国拥有自主知识产权的产品，其品牌价值低、附加值不高和国际竞争力不强的根源在于企业自主创新能力低，要提高企业自主创新能力关键在于企业要增强创新主体意识、加强创新能力建设、强化创新激励机制、培育企业创新文化、整合利用外部技术资源；政府应该加大对共性技术的投入和供给，促进以企业为主导的产学研合作，优先采购国内企业的产品和服务，实行税收抵免政策，加强对创新成果的激励，加大对引进技术消化吸收的支持，平衡国内企业与外资企业的税负。③

其三，自主知识产权的重要性及发展战略。我国经济发展虽然取得了巨大的进步，却日益面临缺乏自主知识产权、严重依赖外来技术和外资的"拉美化"增长所导致的"自主知识产权瓶颈"。在知识经济时代，知识产权是一项战略资源。有学者研究发现，企业自主知识产权名牌对于企业市场竞争优势的形成有着重要促进作用。④ 冯晓青教授专门研究了企业知识产权战略的相关问题——企业知识产权战略的意义、制定、内容与实施。⑤ 随着国家知识产权战略的出台，学术界针对知识产权战略所需要的人才、文化环境、政策措施等问题进行了一定的研究。有学者则从国别比较的角度，研究了中国自主知识产权发展的国际经验，李以学、王君研究了韩国促进知识产权产业化的经验，韩国知识产权产业化的模式是在技术引进基础上以政府为主导、以企业为主体的自主研发；韩国知识产权产业化的措施是鼓励创造，采取多种方法加速知识产权的交易，培育知识产权交易市

---

① 韩中和：《增强自主知识产权为主导的企业核心竞争力》，《国际商务研究》2005年第3期，第58～60页。
② 路风：《发展我国自主知识产权汽车工业的政策选择》，北京大学出版社，2005。
③ 王一鸣：《关于提高企业自主创新能力的几个问题》，《中国软科学》2005年第7期，第10～14页。
④ 黄永春、杨晨：《企业自主知识产权名牌的竞争效应的理论分析》，《科技管理研究》2007年第7期，第144～146页。
⑤ 冯晓青：《企业知识产权战略》，知识产权出版社，2005。

场，建立完善的知识产权产业化保障体系。① 美国、日本与欧盟等国家促进知识产权发展的战略、措施也有学者研究。② 比如，王正志归纳总结了德国将企业作为国家知识战略主体的基本经验。德国企业知识产权体制的主要特点是：（1）企业重视以获取知识产权为目的的技术研发；（2）政府针对本国企业的特点制定相应的知识产权法律和政策；（3）德国企业的知识产权管理体制虽然模式不一但趋于集中，同时德国企业非常重视法律服务在企业知识产权战略中的作用；（4）德国企业的知识产权战略服务于企业经营发展的总体战略。

其四，自主知识产权的形成、保护、应用与管理。对于自主知识产权的形成，学者一般认为，可以通过创新，也可以通过购买等方式形成。刘和东运用时间序列动态均衡关系分析法对知识产权保护与企业自主创新的关系进行了实证分析。③ 另外，顾海波和杨志祥等也对自主创新与知识产权之间的关系进行了研究。④ 韩玉雄、李怀祖则运用 Ginarte2Park 方法对我国知识产权的保护水平进行了定量分析。⑤

自主知识产权的应用具有非常重要的意义，研究者对这一问题的研究主要是从自主知识产权的开发、运营、产业化等方面展开的。李军波认为，企业自主知识产权的开发具有投入大、研发难、极易被模仿等特点，企业对自主知识产权开发的积极性不高；促进企业开发自主知识产权是建设创新型国家的重要方面，可以利用税收激励的手段使企业加强对自主知识产权的开发。⑥ 财政部财政科学研究所课题组研究了我国自主知识产权

---

① 李以学、王君：《韩国促进自主知识产权成果产业化的经验》，《经济纵横》2007 年第 12 期，第 66 ~ 69 页。
② 童有好：《促进自主知识产权发展的国际经验》，《世界标准化与质量管理》2008 年第 8 期，第 48 ~ 52 页；王正志：《中国知识产权指数报告》，知识产权出版社，2010。
③ 刘和东：《知识产权保护与企业自主创新关系的实证统计与决策》，《统计与决策》2008 年第 16 期，第 125 ~ 127 页。
④ 顾海波：《论科技自主创新的知识产权保护》，《长白学刊》2007 年第 5 期，第 71 ~ 74 页；杨志祥：《论企业自主创新与知识产权保护》，《学术论坛》2007 年第 9 期，第 113 ~ 116 页。
⑤ 韩玉雄、李怀祖：《关于中国知识产权保护水平的定量分析》，《科学学研究》2005 年第 6 期，第 377 ~ 382 页。
⑥ 李军波：《促进我国企业自主知识产权开发政策研究——一个税收激励的视角》，《科学管理研究》2007 年第 6 期，第 113 ~ 116 页。

成果产业化政策的现状、存在的问题及其原因，在借鉴促进自主创新成果产业化财政政策国际经验的基础上，提出了促进我国自主知识产权成果产业化财政政策的基本思路和政策建议。[①] 课题组认为，自主知识产权产业化指的是中国人（包括自然人和法人两部分）的知识产权成果的商品化和规模化应用；当前自主知识产权产业化率低，其原因是：（1）自身质量不高；（2）知识产权保护不力；（3）项目成果主体与利益相关者之间的关系没有理顺；（4）制度和政策设计方面存在缺陷。为了提高自主知识产权成果的产业化率，政府一要完善相关法律法规、优化产业化的法律环境，二要设立专项基金、加大财政支持力度，三要实行自主创新成果优先采购、优惠采购，四要加强自主创新智力成果转化的金融支持等。熊春红、肖海研究了知识产权应用的证券化形式，主要内容包括知识产权证券化的内涵、发达国家在知识产权证券化方面的经验及其对于我国的启示。[②] 还有一部分学者以资本化为切入点研究了自主知识产权的应用。不过，不同研究者有着不同的思路。如杨延超依据马克思主义政治经济学的基本理论，从知识产权所能"解放"的劳动量和劳动时间的角度来阐述知识产权的价值，并在此基础上进一步分析了"货币资本—知识产权资本—商品资本—货币资本"的运动规律，从而揭示了知识产权实现价值增量的秘密。可以说，这是在新的历史条件下对马克思主义政治经济学的运用和发展。[③] 而陈静则是从知识产权资本化的特征及条件入手，探讨知识产权资本化价值评估的影响因素，进而构建了其认为科学合理的知识产权资本化价值评估模型。[④] 这两种研究方法形成了鲜明的对比。然而，对于知识产权资本化的提法也有人持质疑态度。苏喆认为，从劳动价值论的角度来说，知识产权具有价值，作为劳动成果的知识产权价值并不需要用资本化来体现；以转让、许可、质押、信托等形式来实现知识产权价值的是直接的资本运作，而这是知识产权作为财产权利的流转和利用形式，并不需要冠以知识产权资本化

---

① 财政部财政科学研究所课题组：《促进我国自主知识产权成果产业化的财政政策研究》，《经济研究参考》2007年第22期，第30~48页。
② 熊春红、肖海：《知识产权证券化的国际借鉴与路径依赖》，《改革》2009年第8期，第30~48页。
③ 杨延超：《知识产权资本化》，法律出版社，2008。
④ 陈静：《知识产权资本化的条件与价值评估》，《学术界》2015年第8期，第90~99页。

的头衔;知识产权资本化的理论基础是功利论,可功利论本身会给知识产权资本化带来难以解决的悖论:一是对公共利益最大化的追求可能牺牲权利人的合法利益,二是经济需求只是创造者多元的价值需求之一而不是全部,知识产权资本化也只是激励方式中的一种,因而存在替代品,三是知识产权资本化可增加社会总福利的正当性理由缺乏经验支持,四是知识产权资本化会导致创造者精神权利的空置化。[1]

财产权利流转和利用对自主知识产权管理具有非常重要的意义,陈昌柏教授对该问题进行了深入的研究。在其论著中,陈教授首先论述了自主创新的理论和模式,对自主知识产权的认定做了深入探讨;其次分析了各国政府的知识产权政策和非政府组织的知识产权服务体系,对各国企业的知识产权管理模式进行了比较分析;最后对知识产权联盟、遗传资源和民间文学艺术的知识产权保护进行了研究。[2] 知识产权管理研究主要包括高校、科研院所知识产权管理研究和企业知识产权管理研究这两个方向。高校、科研院所是我国科学研究的重要组成部分,而且实力也颇为强劲。高校和科研院所的知识产权管理对于我国建设创新型国家具有重要作用。韩兴研究了高校知识产权管理中的标准化问题。他认为,高校知识产权管理的标准化,除了可以提升我国的知识产权管理水平以外,还是促进我国科技创新成果转化的关键。在分析了高校知识产权管理标准化的作用以后,他进一步从理论上分析了高校知识产权管理标准化的内容、目标和任务,并在此基础上提出了提高我国高校知识产权管理标准水平的建议。需要指出的是,他分析了促进学生科技成果转化中的知识产权管理问题。虽然高校知识产权管理研究是知识产权管理研究的一个方向,但并不是知识产权管理研究中的重点,知识产权管理研究的重点方向是企业知识产权管理研究,这或许是由企业是市场的主体,且其在推进知识产权成果转化中发挥着极其重要的作用而导致的。也正是由于这个缘故,企业知识产权管理研究的成果数量要明显多于高校知识产权管理研究的成果数量。在企业知识产权管理研究方面,河海大学知识产权研究所所长杨晨教授是一个比较突出的代表。[3] 她认为,应该

---

[1] 苏喆:《知识产权资本化悖论解析及其矫正》,《贵州社会科学》2014年第2期,第156~160页。
[2] 陈昌柏:《自主知识产权管理》,知识产权出版社,2006。
[3] 杨晨:《用知识产权管理赢得竞争优势——知识产权管理理论与实务》,科学出版社,2008。

用知识产权管理来赢得企业的竞争优势。在其专著中,杨教授在分析当前国际知识产权管理的发展趋势和我国知名企业知识产权战略管理实践的基础上,进一步解析了知识产权管理学的基本原理,以及不同层次的知识产权管理效应、体系,尤其是对企业知识产权管理的行为、动机和战略等问题进行了深入的阐述。

除对自主知识产权的形成、应用和管理等内容进行专门化的研究以外,还有一些学者对自主知识产权的创造、应用或管理进行了综合化的研究。这方面的代表之一是浙江工商大学的胡峰教授。胡教授在国际化的视角下,以自主创新作为切入点,研究了企业自主知识产权的形成、战略和产业化的问题。在胡教授看来,知识产权在经济全球化和贸易自由化条件下的产业竞争中具有重要地位和作用,是争夺世界市场的制高点,也是中国制造业突破成长困境并增强国际竞争力的关键;面对发达国家及其跨国公司的知识产权霸权,必须构建全方位的知识产权发展战略。基于这种见解,胡教授具体研究了:(1)中国动漫产品生产企业如何提高原创能力;(2)基于企业家社会网络的纺织品跨国代工企业的动态能力提升机制;(3)情境知识转移视角下的高新技术集群内企业获取知识的理论机理;(4)浙江省高新技术企业以及中国体育产品制造企业自主知识产权的形成机制与产业化模式。[①] 这些内容从表面看没有内在的联系,却有着共同的主题。林秀芹和刘铁光两位教授则研究了自主知识产权、技术创新、研发投资及相关法律制度之间的关系。他们认为,促进我国拥有自主知识产权的技术开发是建设创新型国家的关键;为了促进自主知识产权的创造和运用,必须完善宏观方面的法律机制。在这种认识的基础上,两位学者阐发了自己在促进自主知识产权技术创新的政府 R&D 投资体制及相关法律机制方面的具体设想。就研究思路来讲,他们是这样来展开其论证的:首先厘清自主知识产权的概念以及 R&D 投入与技术创新和知识产权法之间的关系;其次从国别比较角度分析了中国政府 R&D 投资体制在促进技术创新上遇到的问题;最后从如何更好地促进企业的技术创新的角度,分析了应当如何完善我国专利制度、产学研合作以及企业孵化器法律机制。[②]

---

① 胡峰:《从自主创新到自主知识产权:国际化的视角》,华东理工大学出版社,2011。
② 林秀芹、刘铁光:《自主知识产权的创造、运用与法律机制》,厦门大学出版社,2012。

无论企业是加强自主知识产权的管理还是应用，其目的之一就是要提高企业自身的自主知识产权能力。正所谓临渊羡鱼，不如退而结网。企业的自主知识产权能力问题，是自主知识产权研究的一个重要方面。武汉大学经济与管理学院夏清华教授，专门研究了中国企业如何培养和提高自主知识产权能力的问题。她认为，企业的自主知识产权能力，是企业对知识产权进行创造、保护、管理和运用的综合能力。在其著作中，她着重研究了我国企业的知识产权运用和管理能力。在她看来，我国企业要提升这两种能力，必须综合运用知识产权战略、技术标准化战略、企业研发成果商业化战略、专利联盟战略和品牌战略等；与此同时，国家也应在税收、金融和投入等方面给予大力支持。[①]

自主知识产权，就其内容而言，包含自主品牌，而企业品牌和企业专利技术之间是相互作用、相互促进的。李明星研究了品牌创新与企业知识产权的协同战略。通过观察，他发现，把知识产权制度与市场、贸易结合起来是发达国家推行知识产权战略的基本做法，其目的从表面上看是强调对智力成果的保护，但实际上强化知识产权保护并不是目的本身，而只是促进知识产权创造和应用的手段。由此他认为，知识产权的创造和应用必须落实在企业竞争力和市场占有率的提升上；这种要求也使我国企业知识产权战略研究的重点应以品牌创新为主导，大力培育自主知识产权产业，并由此促进知识产权经济的发展。他的研究为企业实现技术优势和知识产权优势向品牌优势和市场优势的转变，提供了具有一定实用价值和指导作用的决策咨询建议。

（三）本书对自主知识产权的认识

通过对以往研究文献的梳理，可以发现自主知识产权是一个多学科的概念，涉及法学、经济学、管理学等，内涵非常丰富，要对其下一个简单明了的定义，难度较大。但是，如果能够注意以下几个方面，则可以比较完整地理解自主知识产权的内涵。

其一是把握好自主知识产权与知识产权的关系。自主知识产权属于知识产权的范畴，具有知识产权的内涵和特性。也就是说，自主知识产权是知识产权的子集，如果不是知识产权，也就谈不上所谓的自主知识产权。

[①] 夏清华：《中国企业自主知识产权能力建设研究》，武汉大学出版社，2010。

一般说来，知识产权是人们对自己的智力创新成果和经营标识及信誉所依法享有的专有权利。取得这种权利，最重要的条件是智力成果应具有法律所规定的新颖性。以专利为例，我国专利法规定，申请专利的发明或者实用新型要满足新颖性的标准，必须不同于现有技术，同时也没有任何单位或者个人就同样的发明或实用新型在申请日以前向专利局提出过申请。因此，在理解自主知识产权的时候，必须要清楚智力创新成果是否具有知识产权法所规定的新颖性。除了新颖性要求以外，自主知识产权还必须具有知识产权的时间性和地域性的特点。时间性是指知识产权没有超过法律保护的有效期限，并且没有发生致使知识产权在法定期限内失效的事件。比如，发明专利的有效期是20年，但如果在这期间，权利人没有缴纳专利维持费，那么这项专利权就是无效的，也就不是自主专利了。地域性是指按照一国法律获得承认和保护的知识产权，其法律效力只限于该国。也就是说，在中国获得承认和保护的知识产权，未必在日本就有法律效力，除非该项知识产权的申请在日本获得了批准。因此，在谈论自主知识产权的时候，必须明确其法律效力的地域范围。同时，也必须注意，称一项知识产权为自主知识产权，并不是说，这项知识产权一定要获得中国政府的授权。比如，当我们谈论的是德国市场上的自主知识产权时，只要这项知识产权获得了德国知识产权法的承认和保护，无论其是否获得了中国相关规定的承认，这项知识产权对于中国致力于在德国发展的企业来说仍然是自主知识产权。

此外，自主知识产权在类别上与知识产权也是一样的。知识产权的类别，从广义上说，包括著作权、商标权、专利权、商号权、商业秘密权、邻接权、地理标记权、植物新品种权、集成电路布图设计权等，广义的知识产权所包括的内容与知识产权国际公约《与贸易有关的知识产权协定》所划定的知识产权范围大体相当；从狭义上说，主要包括著作权、专利权和商标权，狭义的知识产权即通常所说的传统意义上的知识产权，主要是由文学产权（包括著作权以及与著作权相关的邻接权）、工业产权（主要包括专利权和商标权）两部分组成。文学产权是有关文学、艺术及科学作品的创作者和传播者对自己原创性作品及其传播媒介的受法律保护的权利。工业产权中的工业是一个综合性概念，统合了工业、商业、农业、林业以及其他产业。因此，工业产权是与产业有关的具有现实经济意义的产权。

既然自主知识产权属于知识产权范畴，那么自主知识产权也是一种不同于传统物权的特殊权利范畴。有形物的"所有权原则上是永恒的，随着物的产生与毁灭而发生与终止；但知识产权却有时间限制。一定对象的产权在每一瞬间内只能属于一个人（或一定范围的人——共有财产），使用知识产品的权利则不限人数，因为它可以无限地再生"。[1] 正是由于知识权的客体——知识产品，不具有物质形态，不占据一定的空间，所以自主知识产权的权利人不能像占用传统物权那样占有知识产权。占有知识产权，从实质上来说，是权利人在一定期限内，独自占有创新性知识的商业化的运用权。这种独占性的使用权，与传统物权的所有权一样，具有排他性和绝对性。正是基于知识产权的这种特点，国外一些研究者干脆把知识产权称为垄断权或独占权。具体地说，一方面不会对同一项知识产品授予两个属性相同的知识产权，另一方面也不允许非权利人对该项知识产品进行应用，除非他得到了权利人的许可。如果非权利人对一项已经获得专有权的知识产品的使用没有法律依据，那么其行为就会被定性为非法，从而被贴上仿制、假冒或剽窃的标签。

从来源上说，知识创新成果的这种专有权来源于封建特许权。换句话说，也就是知识产权最初是由封建君主或代表封建君主的地方官吏授予的一种皇家特许权。它包括印刷专有权和产品专营权两种，通常是以君主敕令或者官府令状的形式，授予某一出版商独占官方指定图书的印刷权或者某一商号对特定产品的专营权，从而使出版商或专营商能够独占其利。早在13～14世纪，欧洲一些国家的君主为了发展经济，就授予了一些商人或者手工业者在特定期间内免税并独家经营某种新产品，或者独家生产某种新产品的权利。这种权利的内容含有对某种新产品的生产或者销售的独占性权利，是带有萌芽性质的初期专利权，英国王室是这一方面的典型代表。例如，英王亨利三世于1236年授予波尔多市一个市民制作色布15年的垄断权。

在封建社会末期的欧洲，随着社会生产力的发展，商品生产和商品交换兴盛起来。为了使自己的商品能够与他人的同类商品区别开来，一些人

---

[1] 参见吴汉东《知识产权法》，北京大学出版社，2007，第1页。

开始在商品上使用特定的标记。这样商标就随着商品经济的发展而出现在历史的舞台上。13世纪时期，欧洲的一些同业行会规定，经营者必须在自己的商品上做出标记，以便行会对商品的质量进行监督和检查，防止粗制滥造和假冒产品的出现。随着商标在商品交换中的广泛应用，到了16世纪的时候，欧洲的一些国家开始以立法的形式来保护商品中的标记。15世纪，地中海沿岸的一些国家开始利用法律制度来保护在商品经济中起着重要作用的新技术。1474年威尼斯颁布了世界上第一部专利法。

到了近代，知识产权由封建特许权向资本主义财产权转变。这种转变是科学技术的应用、商品经济的繁荣和发展、欧洲的文艺复兴运动及资产阶级革命共同作用的结果。文艺复兴打破了宗教神权对人们思想的禁锢，构建了自由研究、自由表达的文化氛围，促进了科学技术的发展。而商品经济的繁荣又为技术创新成果的商品化奠定了良好的市场机制。科技创新成果的商品化反过来又促进了科学和技术的发展。在技术创新成果日益用于商品生产的过程中，知识产品的商品属性和巨大价值充分显现出来。新兴的工商业资产阶级积极推动专利法的出台。英国国会于1624年颁布了《垄断法令》，一些学者将其称为近代专利保护的起点。继英国之后，其他资本主义国家，如美国（1790）、法国（1791）、荷兰（1809）、普鲁士（1815）、瑞典（1819）、西班牙（1826）等，也纷纷制定并出台了本国的专利法。这些专利法倡导对专利权的保护，如法国国民议会制定的1791年专利法，甚至认为不将工业上的新发明视为创作者的财产就是对人权的限制。专利技术的不断发展和产业革命的兴起，导致商品数量越发庞大。为了能使自己的商品在令人眼花缭乱的商品市场中脱颖而出，商标的使用已超出了行业的范围，而变成一种普遍的经营手段。由此，商标专用权的保护也成为一种客观要求。欧洲各个主要国家，也纷纷出台与商标有关的法律，以便追究假冒商标者的责任。比如，法国的《拿破仑民法典》明确地阐明了商标权的财产地位。著作权在此时的欧洲社会也日渐得到了重视和保护，1709年英国通过了《安娜法》，确定了作者的著作权。

从19世纪末起，许多知识产品随着商品的跨国贸易流入其他国家和地区，知识产权在其他国家或地区取得保护就成为必要。然而由于知识产权的地域性特点，在一国或地区受到知识产权制度保护的智力成果，并不必然在其他国家或地区受到同等的保护；由此也就产生了知识产品的国际需求与知识产权地域性限制之间巨大的张力。为了解决这个矛盾,在19世纪末20世纪初,一些主要国家开始尝试缔结保护知识产权的双边、多边或国际公约。比如,1883年的《巴黎公约》、1886年的《伯尔尼公约》和1891年的《商标国际注册马德里协定》等,这些公约要求缔约国在保护知识产权时实施同等的国民待遇原则。为了能够更好地将这一原则贯彻落实,一些国家相互协调成立了跨国性的知识产权国际组织。这样,国际知识产权保护制度也就在世界范围内形成了,跨国知识产权也随之出现。

到了20世纪下半期,在以美国为首的发达国家各大跨国利益集团的推动下,《与贸易相关的知识产权协议》在艰难的利益博弈中诞生了。由于该协议将知识产权与国际贸易挂钩,并规定了知识产权保护的最低标准、强化了知识产权执法程序和争端解决机制,把贸易报复与知识产权协议的履行紧密结合,因而跨国知识产权在该协议的推动下得到了迅速发展。随着经济全球化和知识经济的进一步发展,各国知识产权制度越来越趋向融合,一些国家和地区甚至试图建立一个共同的知识产权制度。纵观知识产权从特权到私权、从国内保护到国际保护的发展历史,可以看出,把知识产品作为一种财产以法律的形式加以保护,是商品经济发展和科学技术发展的结果;知识产权的国际化、全球化与资本主义发展的世界历史进程是一致的;知识产权的全球化是资本的意志,反映了世界经济的发展已不再是原先的殖民扩张、原材料供应地的争夺、规模化的生产与消费,而是围绕知识创新能力以及创新成果知识产权化、知识产权标准化的竞争。

其二是准确理解自主知识产权中的"自主"的含义。自主,就一般意义而言,就是自己做主,不受别人支配。"自",从权利角度上看,就是知识产权的主体即为权利所有人自己(包括专利权人、商标权人以及著作权人)。由于权利人自己是一个抽象概念,况且任何法定权利的主体都是权利人自己;因而,如果这样来理解自主知识产权的权利主体,就与知识产权的权利主体没有什么区别。自主知识产权的权利人自己,具有民族性。具体地说,就是自主知识产权的权利主体是中国人。这里的中国权利人,一是指中国公民或中国法人,不包括在中国设立的外资企业;二是指由中国公民或中国法人控制的企业法人或非企业法人。强调自主知识产权的权利主体的民族性,并不是说要放弃知识产权国际公约中的国民待遇原则,也不是说要断绝对外知识产权交往,而是要在国际知识产权体系下寻找属于中国人自己的知识产权资源,以摆脱发达国家及其跨国公司对中国政府或企业实施知识产权打压或阻击的困境,进而利用知识产权资源发展中国经济、促进中国产业结构的调整和经济结构的优化以及中国文化的繁荣昌盛,最终实现中华民族的伟大复兴。也就是说,强调自主知识产权权利主体的民族性,是中国发展的现实需要。

一方面,我们知道,知识产权制度对于中国来说是舶来品。在古代历史上,中国并没有将知识产品视为私有财产并对知识创新者的创新成果予以产权保护从而激励其不断创新的观念;人们普遍将知识视为社会公共品,个人如果垄断知识以牟取一己之私利会为人所不齿;国家对于涉及知识领域的管理,是以最大限度地维护公权的威严为目的的。这样,在古代中国,知识创新者为了能使自己的创新成果利益最大化大多采取保密的方式,而这种非正式的制度保护也阻挠了知识的传播并妨碍了知识的创新。一直到近代,中国才出现了应对知识创新成果给予正式的知识产权制度保护的观念。1859年,作为太平天国运动后期首领的洪仁玕在《资政新篇》中提出了要给予发明以专利保护的建议。自此,中国才开始有了知识产权保护的观念。1898年,光绪皇帝颁布了鼓励技术、工艺创新的《振兴工艺给奖章程》,这是中国第一次以官方法律的形式激励技术创新。由此,也揭开了近代中国知识产权立法的序幕。1904年和1910年,清政府分别出台了《商标注册试办章程》与《大清著作权律》。至此,中国近代知识产权制度初具雏形。1912年,民国政府出台的《奖励工艺品暂行章程》是中国历史上第一部在实际中得以实施的专利法制度。1944年,国民党政府颁布了《中华民国专利法》,这是中国历史上第一部比较完整的专利法。然而,由于近代中国的政局动荡、工商业发展缓慢,这些专利制度在实施过程中并没有起到什么实际效果,中国的科学技术水平仍远远落后于西方工业国家。新中国成立后至改革开放前,中国政府先后颁布了《商标注册暂行条例》、《商标管理条例实施细则》、《保障发明权与专利权暂行条例》及《发明奖励条例》等知识产权法律法规。但由于这段时间,中国实行的是计划经济,再加上社会主义三大改造和"文化大革命"的影响,这些知识产权法律制度基本上没有发挥多大的实际作用。改革开放以后,中国知识产权的立法速度很快。比如,1978年,国务院制定了新的《发明奖励条例》;1982年,全国人大常委会通过了《商标法》;1986年知识产权被纳入了《民法通则》；1990年《著作权法》得以通过；1993年《反不正当竞争法》出台。此后，《计算机软件保护条例》《集成电路布图设计保护条例》等知识产权法律陆续被制定。为了加入世界贸易组织，中国对已有的知识产权法律法规进行了相应的修改，从而达到了《与贸易有关的知识产权协议》规则的要求。在制定和修改知识产权法律法规的同时，我国也积极地加入知识产权国际公约。中国政府自2008年起，又对以往一些知识产权法律法规进行了较大规模的修改。通过上述一系列的立法及法律修改活动，中国在短短30年左右的时间建成了可以与西方发达国家相媲美的比较完善的现代知识产权法律体系。但是，由于中国知识产权制度的快速发展是一种跨文化的制度移植，是一种由外而内、自上而下的强制性制度变迁，因而缺乏相应的民众根基。这样的一种历史原因也使绝大部分中国企业在很长的时间内几乎没有申请知识产权的活动。但当中国企业意识到，在知识经济和经济全球化深入发展时期知识产权对于企业提升竞争力的重要作用时，又因为自身的知识产权能力薄弱而陷于无知识产权资源可用的境地。这种状况进而又使中国的产业升级和经济结构调整缺乏相应的技术支撑。

另一方面，我们也知道，知识产权虽然可以从国外知识产权人那里以继受的方式取得，但知识产权的继受取得，往往是不完全取得或有限制的取得，会产生多个权利主体共同分享同一知识产权的财产利益的问题，而作为继受主体的中国企业只能在约定的财产权项上享有利益。由于继受主体与原有主体的地位不对等，因而原有主体在分享知识产权的财产权益时的所得往往远超继受主体。这样，中国企业通过继受的方式获得知识产权，往往并不能够提升自己的竞争力，中国DVD企业遭受专利缺失之痛[①]便是有力的证明。再加上以下两种情况——一是知识产权的客体是非物质形态的智力成果，可以在一定时空条件下供原始主体和多个继受主体同时使用；二是知识产权可以同时在不同地域范围内转让，而受让人只能在各自的有效区域内行使自己的权利，因此可能出现即使原有知识产权人已无主体资格，却同时在其他地方产生了数个新的知识产权所有人的现象——

---

① 参见国家知识产权局网，http：//www.sipo.gov.cn/albd/albd2005n/101786/.html，最后访问日期：2019年2月16日。

的存在，中国政府和中国企业自然而然会强调知识产权的权利人必须是中国人自己。

此外，强调知识产权权利主体的民族性也是各个国家的普遍做法。在知识经济和科学技术迅猛发展的宏观背景下，知识产权在国家的经济、社会、文化发展中的重要作用被提升到了前所未有的高度，各个国家也纷纷制定国家知识产权战略，以促进本国权利人知识产权的发展。比如，美国政府巧妙地运用专利制度与技术标准相结合的手法，促进美国企业的专利技术变成国际标准；韩国在加强知识产权保护的同时，特别鼓励自主技术创新，以改变过去靠引进、模仿外国技术为主的做法，将重点放在本国自主创新开发上，发展韩国的自主知识产权；日本则从立国的高度来促进日本权利人知识产权的发展。

"主"就是做主，即对一项知识产权，中国的权利人要能够在商业化运用过程中贯彻实施自己的意志，不会受到来自其他权利人的权利主张的阻挠。从权能上来讲，就是中国的权利人要拥有知识产权的所有权或者独占许可权。

由上可见，自主知识产权中的"自主"寻求的是：知识产权是否运用、以什么方式运用、在哪些地域运用等，一切皆操之于权利主体自己手中。

其三是明白自主知识产权具有资源、财富、商品、财产等属性。自主知识产权寻求的是权利人在知识产权的使用、许可、转让、投资、质押等过程中不受他人制约或支配。之所以以此为目的，首先在于自主知识产权是一种经济资源。经济资源的本性就体现在它的有用性上。自主知识产权中的专利技术或知名品牌，是知识经济中的核心生产要素，是企业或国家提升国际竞争能力的战略资源。其次在于自主知识产权也是一种宝贵的财富。自主知识产权的财富性体现在自主知识产权资源在应用过程中，能够造福企业、造福国家、造福人类，这是因为自主知识产权资源的应用过程实际上也就是新创知识在生产中的使用过程。再次在于自主知识产权是一种商品。商品是用于交换的劳动产品。自主知识产权中权利所保护的对象——知识产品，是人类创造性的劳动成果，可以用来进行市场交易。每一年，国际知识产权的贸易额都是以亿美元为单位进行衡量的。最后在于自主知识产权是无形的财产。既然自主知识产权受到法律的保护，同时又可以在市场上进行交易，因此，自主知识产权自然就属于权利人的宝贵财产。总之，中国之所以强调自主知识产权，其根源就在于经济方面。自主知识产权是中国企业参与市场竞争的创造性智力资产。在对这一资产进行商业化运用时，中国企业不受他人知识产权的制约、干涉。中国企业要在商业化运用知识产权资产中不受制于人，首先必须要能有效地支配这一资产，而不能仅仅是名义资产。其次是要能按照自己的意图进行商业化运用，不能老是被别人牵着鼻子走。最后就是要赢利，如果不能赢利，知识产权就没有维持的必要；而如果不维持，就会失去法律保护，成为人人皆可使用的公共智力资产。赢利有直接赢利和间接赢利两种。通过收取特许使用费或实施知识产权制造受市场欢迎的新产品等是直接赢利；对一项知识产权资产自己不进行商业化实施，也不允许别人使用，而是作为遏制竞争对手的有效武器并维持自己的相对竞争优势，属于间接赢利。至于赢得多大利润、赢利能持续多久，则要看其本身质量的高低。知识产权资产质量的高低，可以通过其外化在产品上的技术先进性或者凝聚于品牌之上的价值大小表现出来。

其四是把握自主知识产权与自主创新的关系。自主知识产权与自主创新不同，但又与其有着紧密的联系。就区别而言，一是自主创新一般是指创新主体在自己的主导下取得创新成果并将其商业化而获得创新收益的过程；而自主知识产权强调的是在自主进行知识产权商业化运用过程中的权利不会受到制约和限制，权利包括法律权利以及由法律权利所衍生的经济权利。二是自主创新成果并不一定可以获得自主知识产权，一项自主创新成果必须是属于知识产权法保护的对象，而且履行了相关法律程序，承担了法律义务，才可能是自主知识产权；而拥有自主知识产权的专利技术或产品也并不必然通过自主创新的途径获得，自主知识产权的获得除了主要以自主创新的方式以外，还可以辅之以购买、兼并、资产置换、相互许可的方式。就联系而言，自主创新的核心是自主知识产权的创造和运用。自主创新作为一种以自我为主的创新活动，目的是要掌握核心技术并提高自己的创新能力。为此，创新主体必须要有新的构思、新的思想、新的发明。创新主体的这些新创造以知识产权的形式表现出来，然后通过投入、研发、完善，成为市场所需的新产品，这就完成了整个创新过程。因此，自主知识产权既是自主创新的结果，又是自主创新的重要保障。如果没有自主知识产权的保护，自主创新的成果就会被泄露和扩散，自主创新就难以获得完整的创新收益，这样也就使自主创新的过程中断了。具体到企业来说，自主知识产权是企业自主创新能力的重要体现。企业的自主创新成果通常是以企业的技术和产品为载体进入市场的，二者均与自主知识产权密切相关。如果一项先进的技术没有被申请为知识产权，那么企业将无法防止他人的模仿，从而陷入无"权"可维的尴尬境地，这样技术的价值将会大大缩水。企业只有将知识产权申请活动贯穿于从基础研发到技术转化的整个过程，以拥有自主知识产权为目的，才能有效地阻隔他人的模仿。另外，企业的生存和发展不仅在于有能力研发出先进的技术，更在于能够满足顾客的需求，将技术实力转化为产品的竞争力。有竞争力的产品需要技术的支撑，但更需要自主知识产权的护航。没有自主知识产权的支撑，企业的产品要么会被竞争对手利用知识产权制度阻碍而不能进入市场，要么能够进入市场但会因被"山寨"产品淹没而失去市场份额。自主知识产权是企业提升竞争力的核心要素。一个成功企业的背后，总有一大批高质量的自主知识产权成果；只有拥有相当数量和质量的自主知识产权成果，企业才能在市场上站稳脚跟。

综合以上四个方面，可以知道：从一般意义上讲，自主知识产权是与非自主知识产权相对而言的，它指的是知识产权权利人依法取得的、可以不受他人制约而自主地行使知识产权各项权能的知识产权，这其中就包括从其他国家的知识产权权利人处购买而来的知识产权。不过，从国家大力提倡提高企事业单位的自主知识产权能力的角度上看，自主知识产权是指，中国本土的自然人、法人通过自己主导的创新活动而形成的、依法取得的、不存在瑕疵的技术和品牌知识的所有权。所谓自己主导的创新活动，既包括中国公民和法人的独立自主的技术研发、外观设计、品牌创建活动，也包括中国公司和法人与他人的合作创新活动，但这种创新活动必须是以己方为主的。依据权利所涉及的技术是否为核心技术或关键技术，可以将自主知识产权区分为核心自主知识产权和一般自主知识产权。核心自主知识产权指的是中国的自然人或法人对某种产品或生产过程中的核心技术、关键技术的发明专利取得了所有权。在我国的高新技术认定办法中，核心自主知识产权还包括取得 5 年以上的独占许可权（但实施独占许可日期必须是近 3 年以内的）。一般自主知识产权是指除核心自主知识产权以外的知识产权，既包括技术等级比较低的发明专利，也包括技术水平高的实用新型和外观设计专利。

三 对国内外研究现状的粗浅评价

首先，从当前文献来看，近年来学术界正在丰富对中国跨国公司和自主知识产权这两个问题的分别研究。研究者对于中国跨国公司问题的研究，重点已由以前为什么要打造、培育中国跨国公司，转向了如何打造、培育中国跨国公司。学术界对于如何培育中国跨国公司的研究，既有对宏观战略问题的探讨，也有对微观经营模式、区位选择、并购策略、风险控制等问题的分析。而对于自主知识产权问题的研究，由于"自主"一词在不同的背景下有不同的指向，学术界至今对于何谓自主知识产权，还是仁者见仁、智者见智。又因为知识产权包含的内容众多，所以各研究者对自主知识产权问题的研究并没有形成较为集中的关注点。

其次，现有的有关中国跨国公司的研究，虽然取得了一定的成果，但与中国跨国公司所需要解决的实际问题相比还有不少差距。现阶段中国跨国公司在发展中面临一系列问题，其中之一就是处于知识产权相对弱势地位。无论是哪种类型的中国跨国公司，都苦于手中的知识产权资源太少。因此，研究中国跨国公司的知识产权问题，在实践中具有紧迫性。从笔者所掌握的有限资料来看，目前学术界从知识产权角度研究中国跨国公司的文献还比较少。对外经济贸易大学的卢进勇教授是这方面研究的代表性人物。卢教授主要是从"走出去"战略的角度研究自主知识产权与企业"走出去"的关系。[1] 卢教授的研究无疑非常重要，且极具参考价值，但他的研究还可以进一步提升。比如，卢教授认为，"走出去"有利于自主知识产权的获得，这是因为可以通过海外并购、联合研发等途径来获取企业自主知识产权创造所需要的知识；但无论是并购以后的跨文化整合，还是联合研发中非编码化知识的转移，都离不开企业的组织学习。还比如"走出去"企业需要自主知识产权，但需要什么样的自主知识产权、其创造方式是什么等问题都需要进一步研究。尤其是当前，信息技术、新能源、新材

---

[1] 卢进勇、张之梅：《自主知识产权与企业"走出去"战略》，《国际经济合作》2007年第2期，第26～30页；王志乐：《2007走向世界的中国跨国公司》，中国经济出版社，2007，第64～72页；卢进勇、张之梅：《"走出去"过程中的知识产权问题研究》，《国际经济合作》2009年第7期，第9～13页。

料、生物技术、海洋技术、太空技术等重要领域正在发生深刻的变革。这些领域的技术变革，对全球制造业产业的影响是深远的，而所有这些领域的技术变革成果的商业化应用都是以知识产权的权利形式进行的。如果这些问题没有弄清楚，那么中国跨国公司在今后的跨国发展和经营当中将会无比艰难，中国要提高对外开放的水平也将成为一句空话。

最后，目前研究者对自主知识产权的研究，主要侧重中国自主知识产权发展的现状、问题、国际经验借鉴等较为宏观的问题，对企业自主知识产权的研究相对不多。在有限的企业自主知识产权研究成果中，研究者主要是针对企业自主知识产权的战略、保护和管理等问题进行分析和探讨。这些研究都很有价值。但在企业自主知识产权创造、应用、保护和管理这四个环节中，企业知识产权的创造是基础，没有企业知识产权的自主创造，企业对知识产权的应用、保护和管理都将成为无源之水、无本之木。而从实际情况来看，我国企业在知识产权方面存在的最大问题，也在于自主知识产权创造不足、创造水平低。中国跨国公司在企业经营中也存在这一问题。

以上所述表明，目前学术界对中国跨国公司自主知识产权培育问题的研究，还比较薄弱，值得进行进一步的深入研究。已有的相关研究成果也为本书的研究提供了一个很好的基础。

第三节 研究主题和方法

一 研究主题

本书以马克思主义唯物辩证法为指导，以经济知识化和全球化不断交互融合、深化发展为背景，从发达国家与发展中国家之间的跨国公司在知识产权控制方面的竞争态势入手，系统深入地探讨中国跨国公司加强自主知识产权培育的原因、重点、路径、存在的问题、面临的挑战与国际经验借鉴等一系列问题，使人们对中国跨国公司，尤其是制造业跨国公司，为什么要培育自主知识产权、怎样培育自主知识产权以及培育什么样的自主知识产权有比较深刻的认识，进而提出中国跨国公司自主知识产权培育的对策与建议，以为现实经济发展服务。

第一章 导论

围绕主题,全书在结构与体系上的安排是,全书共分为七章,第一章是导论,第二章至第七章是本书的主体部分。

第一章阐述了本书的选题背景及思路,对中国跨国公司与自主知识产权这两个概念进行了界定,回顾并梳理了与本书相关的学术研究成果,概述了本书在内容上的结构安排。

第二章是中国跨国公司自主知识产权培育的理论分析。笔者综合运用马克思主义经济学、产业经济学和管理学、知识经济学及国际经济学等学科中的相关基础理论,深入、系统、全面地分析了中国跨国公司自主知识产权培育的原因。

第三章是中国跨国公司自主知识产权培育的实践动因。笔者指出,全球知识产权发展态势使中国跨国公司自主知识产权培育刻不容缓,外国跨国公司知识产权滥用迫使中国跨国公司加快培育自主知识产权,实践中自主知识产权创新使中国跨国公司获得了重大的市场发展,推动中国跨国公司培育自主知识产权是我国创新型国家建设的迫切要求。

第四章是中国跨国公司自主知识产权培育面临的问题与挑战。笔者先总体分析了中国跨国公司在自主知识产权数量、质量、品牌国际知名度以及海外知识产权布局等几方面的基本状况,接着阐述了中国跨国公司在培育自主知识产权过程中存在的一系列问题,最后揭示了由这些问题所带来的不同挑战。

第五章是中国跨国公司自主知识产权培育的国际经验借鉴。笔者先以国外制造业跨国公司为例,介绍并分析了国外知名跨国公司培育企业知识产权的经验和启示;接着又介绍和分析了国外政府支持本国企业培育知识产权的经验和启示。

第六章是中国跨国公司自主知识产权培育的重点。笔者指出了高新技术领域世界级开创性发明专利、国际知名自主品牌和战略性新兴产业国际专利是中国跨国公司自主知识产权培育的重点。

第七章是当前进一步推动中国跨国公司自主知识产权培育的对策与建议。笔者既阐述了中国跨国公司自主知识产权培育的基本原则,又指出了中国跨国公司自主知识产权培育的路径选择,还提出了中国跨国公司进一步培育自主知识产权的促进措施。

本书的总体框架结构如图 1-1 所示。

```
                        ┌──────────────┐
                        │     导论      │
                        └──────┬───────┘
              ┌────────────────┴────────────────┐
              ▼                                 ▼
    ┌──────────────────┐              ┌──────────────────┐
    │ 中国跨国公司自主知识 │              │ 中国跨国公司自主知识产权 │
    │ 产权培育的理论分析  │              │ 培育的实践动因      │
    └──────────────────┘              └──────────────────┘
              │                                 │
              ▼                                 ▼
    ┌──────────────────┐              ┌──────────────────┐
    │ 中国跨国公司自主知识产权│            │ 中国跨国公司自主知识产权│
    │ 培育面临的问题与挑战 │              │ 培育的国际经验借鉴  │
    └──────────────────┘              └──────────────────┘
                        │
                        ▼
              ┌──────────────────────────┐
              │ 中国跨国公司自主知识产权培育的重点 │
              └──────────────┬───────────┘
                             ▼
    ┌────────────────────────────────────────────┐
    │ 当前进一步推动中国跨国公司自主知识产权培育      │
    │ 的对策与建议                               │
    └────────────────────────────────────────────┘
```

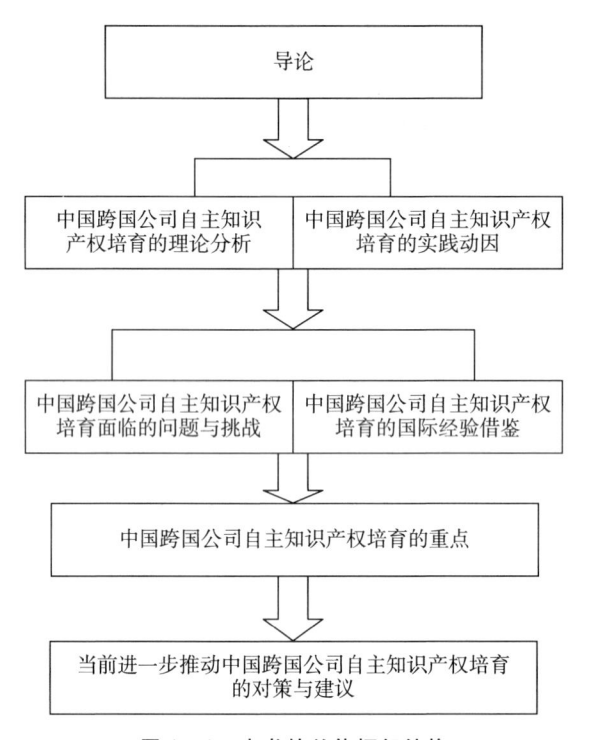

图 1-1 本书的总体框架结构

二 研究方法

从一定意义上来说，社会科学的本质不在于它的对象，而在于它的方法。学习、运用马克思主义经济学的要义，就是要掌握马克思主义发现问题、分析问题的方法。本书在研究过程中，主要运用了马克思主义经济学中的归纳和演绎相结合的方法、规范研究与实证研究相结合的方法、理论研究与对策探讨相结合的方法。

1. 归纳和演绎相结合的方法

要分析知识产权全球化条件下中国跨国公司培育自主知识产权的内在机理，少不了运用归纳和演绎相结合的方法，其要旨在于既要从事物内部揭示出矛盾的特殊性，又要从由复杂、多元、多样的事物所组成的客观世界中抓住矛盾的普遍性和一般性，将逻辑推理与实践经验的概括结合起来。本书所分析的中国跨国公司为什么要培育自主知识产权以及培育什么样的自主知识产权的问题，既是基于知识产权的规则、技术和市场属性以及知识产权的开放性、动态性的特点,并根据目前国际知识产权激烈竞争的态势、国际知识产权未来发展的趋势和中国跨国公司自主知识产权的实际情况,从实现中国跨国公司自主、可持续发展和赢得未来的角度这一内在逻辑出发得出的结论,又是从发达国家及其跨国公司培育知识产权的长期实践做出的经验总结。单一的逻辑推理会使研究缺乏现实的根基而没有生机与活力,而单一的实践经验的总结又往往会使研究陷入就事论事之境地而缺乏理论的高度和深度。由此,本书在研究过程中始终立足于归纳和演绎相结合的方法。

2. 规范研究与实证研究相结合的方法

运用归纳和演绎相结合的方法,本书分析了中国跨国公司在自主知识产权上"为什么要培育"以及"培育什么"的问题,但作为一个完整的学术研究课题,还必须要回答"应该如何培育"的问题,也就是说,必须交代清楚中国跨国公司如何在内外约束条件下实现自己在自主知识产权上的培育目标;为此,本书还采用了规范研究和实证研究相结合的方法。规范研究的思维范式是"应该是什么,应当怎样",或者某一问题应该怎样解决;它涉及价值规范和判断,其特点是将规则确立于分析之前,依据规则对研究现象所要达到的状态及其是否达到这一状态做出判断;如果没有达到既定目标,则要分析实际结果与预期目标之间的距离、如何做出调整,以尽快实现目标等;规范研究的分析方法是定性分析。实证研究立足并始于客观现象,主张通过观察、统计数据等途径来对各种具体的社会现象及其发展过程进行描述、分析和检验,这就使实证研究非常强调数据,强调对现象进行量化分析。在本书中笔者对中国跨国公司自主知识产权培育重点的分析,隐含的一个假设就是中国跨国公司是一个理性的行为主体,会思考未来、设计未来并为未来做准备,并由此分析中国跨国公司为了赢得未来的胜利,所应该采取的自主创新模式是突破性的。同时本书也采取了实证的分析方法,运用了大量的数据和相关资料,剖析了中国跨国公司自主知识产权的现状、存在的问题和面临的挑战。

3. 理论研究与对策探讨相结合的方法

知识产权本质上是一种私权,但又与公权密切相关,其不仅是企业进行经营的基本工具,也是国家与国家之间进行竞争的手段和博弈的工具。企业自主知识产权培育是一个系统工程,不仅需要企业微观主体在创新体制的优化管理、企业知识产权战略合理规划、企业治理结构的完善等方面积极有为，也需要政府宏观主体在知识产权法律法规、知识产权政策以及知识产权的对外合作与交流等方面科学作为。因此，中国政府在促进中国跨国公司培育自主知识产权方面，负有不可推卸的责任。目前，我国政府在营造中国跨国公司培育自主知识产权环境方面，还有许多事情要做，不仅需要继续完善知识产权法律法规，还需要制定科学、合理、有效的竞争性国家知识产权政策，更需要提高知识产权执法水平和效率。实践是理论研究的最终落脚点，理论观点正确与否，需要在实践中加以检验。在理论研究的基础上，本书还分析了中国跨国公司自主知识产权培育所需要的相关政府促进措施及企业自身的促进措施。

第四节　主要创新点

一　创新点

如果是从创造"新知识"的角度来理解创新，本书委实不敢轻言"创新"二字，因为本书的研究只是在已有相关知识之基础上，按照自己的理解在思维逻辑中展开的。但学术界专门对中国跨国公司自主知识产权培育问题进行的系统、深入的研究，从目前来看还不曾有，因而如果从提出某种新的见解来理解创新，笔者认为本书的创新点主要有以下几方面。

（1）本书在借鉴国内外已有研究成果的基础上，综合运用马克思主义经济学、西方经济学和管理学、知识经济学和国际经济学等学科中的相关基础理论和方法，深入分析了中国跨国公司培育自主知识产权的理论动因和实践动因。

（2）本书在认真考察世界知识产权发展的整体态势及当代中国跨国公司自主知识产权发展的实际状况的基础上，分析了中国跨国公司培育自主知识产权存在的问题、面临的挑战，凝练了中国跨国公司自主知识产权培育的重点和国际经验，由此形成了具有一定特色的中国跨国公司自主知识产权培育问题的研究框架，这在一定程度上推进了中国企业自主知识产权培育问题的研究。

（3）本书在如何进一步推动中国跨国公司自主知识产权培育方面，做出了一些新的思考。笔者阐述了中国跨国公司培育自主知识产权应坚持四个"并"的原则，分析了中国跨国公司培育自主知识产权应选择三种"导向"的创新路径，并提出了推动中国跨国公司自主知识产权培育所应采取的两方面"促"的对策措施，这具有一定的实践价值。

（4）中国跨国公司要做大并不难，但要做强却不容易，通过对品牌和专利技术创新之间内在机理的分析和突破性创新的重大意义的考察，本书提出了"高新技术领域世界级开创性发明专利、国际知名自主品牌、战略性新兴产业国际专利"可支撑中国跨国公司成为名副其实的全球公司的观点。

二 不足之处

本书尽管力图在中国跨国公司自主知识产权培育问题上做一些创新和突破，但由于此问题是一个跨学科的交叉性课题，难度较大，再加上笔者受自身水平和本书篇幅的限制，在研究中对多学科知识的综合运用还不够熟练，且对制造业以外的跨国公司自主知识产权培育问题极少涉及，这在今后研究中是需要进一步学习和拓展的。

第二章

中国跨国公司自主知识产权培育的理论分析

第一节 马克思主义相关理论分析

一 马克思主义产权理论分析

对于产权，马克思在其著作中有诸多论述。比如，他指出，"财产仅仅是有意识地把生产条件看作是自己所有这样一种关系"，①"财产关系只是生产关系的法律用语"。② 在谈到私有产权时，马克思又指出："私有财产是生产力发展一定阶段上必然的交往形式。"③ 马克思还认为，产权是"一定所有制关系所特有的法的观念"。④ 从这些论述来看，马克思虽然没有直接对产权做出明确的定义，但有着自己的理解，这就是：产权，从其最基本的含义来说，是一定经济关系中的财产主体（自然人或团体）对作为客体的财产所拥有的排他性归属关系或权利；这种排他性的归属关系或权利并非一种单纯的意志关系，而是反映并由经济关系决定的意志关系；当它得到法律的确认和保护时，便上升为法权，也就是说，产权具有经济属性和法律属性，是二者的统一，就二者出现的时间顺序而言，是先有经济关系，后有法律关系；就二者的相互关系而言，经济关系居主导地位，

---

① 《马克思恩格斯全集》第46卷（上），人民出版社，1979，第493页。
② 《马克思恩格斯全集》第13卷，人民出版社，1962，第8~9页。
③ 《马克思恩格斯全集》第3卷，人民出版社，1960，第410~411页。
④ 《马克思恩格斯全集》第30卷（下），人民出版社，1974，第608页。

是矛盾的主要方面，法律关系受经济关系支配，是矛盾的次要方面。

虽然马克思的产权概念有其固有的内涵，但其内容丰富，再加上人们对产权认识的角度不同，在一定程度上导致了国内学术界对产权概念的认识存在分歧。比如，有观点认为，产权"相当于人们分析财产所有制关系时涉及的各种权利，即广义的所有权"。[①] 也有观点认为：产权不等于所有权，除包含占有、使用、收益和处分权利在内的所有权外，产权还包括利用、获得、占据财产的权利以及债权。[②] 还有观点认为：应将产权理解为在一定目的下对物品或劳务加以利用或处置并由此获取相应收益的权利。[③] 另有观点认为，产权是"对给定财产的占有权、使用权、收益权和转让权"。[④]

在国内马克思主义学者有关产权的不同观点中，占主导地位的是产权与所有权等同论。国内一些著名的马克思主义经济学者，如于光远、[⑤] 吴宣恭、[⑥] 高鸿业、[⑦] 程恩富、[⑧] 吴易风、[⑨] 刘伟[⑩]和林岗[⑪]等，都持这种观点。在由中国社会科学院经济研究所刘树成主编的《现代经济辞典》中，所有权又称财产所有权，简称产权。从《中华人民共和国民法通则》给财产所有权下的定义（指所有人依法对自己的财产享有占有、使用、收益和处分的权利）来看，产权也是指所有权。尽管"等同论"中的各种观点在产权的具体内容和分类上存在较大的不同，但在这一点上——产权，也即

[①] 吴宣恭：《产权理论比较：马克思主义与西方现代产权学派》，经济科学出版社，2000，第9页。

[②] 刘大生：《产权基本内容研究》，《唯实》1999年第8期，第31~34页。

[③] 樊纲：《市场机制与经济效率》，上海三联书店，1992，第126页。

[④] 张维迎：《所有制、治理结构及委托—代理关系》，《经济研究》1996年第9期，第3页。

[⑤] 于光远：《序言》，载刘伟、平新乔著《经济体制改革三论：产权论、均衡论、市场论》，北京大学出版社，1990。

[⑥] 吴宣恭：《产权理论比较：马克思主义与西方现代产权学派》，经济科学出版社，2000，第9页。吴宣恭：《论法人财产权》，《中国社会科学》1995年第2期，第26~37页。

[⑦] 高鸿业：《科斯定理与我国所有制改革》，《经济研究》1991年第3期，第38~43页。

[⑧] 程恩富：《西方产权理论评析》，当代中国出版社，1997，第74页。

[⑨] 吴易风：《马克思的产权理论与国有企业产权改革》，《中国社会科学》1995年第1期，第4~24页。

[⑩] 刘伟、李风圣：《产权范畴的理论分歧及其对我国改革的特殊意义》，《经济研究》1997年第1期，第3~11页。

[⑪] 林岗、张宇：《产权分析的两种范式》，《中国社会科学》2000年第1期，第134~145页。

财产权利，是人们通过财产而形成的经济权利关系——是相同的。

综合以上论述可知，马克思主义产权理论的一个重要观点是：产权与权利家族中其他成员的区别，就在于它是以财产为客体的，没有不以财产为对象或载体的产权。以不同的财产为载体，就会形成不同的产权，如土地产权、货币产权、劳动力产权等。不同的财产在再生产领域中发挥的作用不同。谁在再生产过程中掌握起决定性作用的财产，谁就会居于主导地位。马克思主义产权理论的上述论述，实际上在一定程度上已经指出了中国跨国公司自主知识产权培育的原因。具体地说，在当今时代，人们创造的无形财产越来越多，而且其在生产领域中的地位和作用也越来越重要。一家企业如果没有技术及其诀窍、专利、商誉等无形资产，就几乎不可能做到有效率地经营和实现收益的最大化。企业无形财产中，知识产权是最重要的组成部分，如果哪家企业没有自己的专利、商标、品牌等，就不敢称自己是重要的。在全球生产中，知识产权资源与厂房、设备、原材料等资源所起的作用是不同的。很多发展中国家企业嵌入跨国公司的全球生产网络，就是因为跨国公司手中掌握着它们所需要的技术、品牌、专利等资源。由于知识产权财产是人们在科学、技术、文学艺术等领域所取得的智力成果在法律上确认的产权，其实质是人们基于这些智力成果所形成的彼此间的经济权利关系。因此中国跨国公司如果拥有自己的知识产权，就可以在全球生产体系中拥有独立的地位和人格，可以不按别人的意志或者不按别人指定的方式进行生产经营活动，而是基于自己的意志和利益来自由地组织生产经营活动，整合全球资源为我所用，按照自己的偏好，自我主宰，自我发展。这是中国跨国公司培育自主知识产权的一个内在动因。

以上是从不同产权——因产权客体不同而产生异质产权——主体在再生产过程中的不同地位，来分析中国跨国公司自主知识产权培育原因的。如果这种分析正确的话，那么笔者认为还可以进一步，从同一产权内部各权能彼此间不同的地位和作用，来探讨中国跨国公司培育自主知识产权的原因。马克思主义产权理论认为，产权是一组或者一束权利，包括四项基本权能——所有权（归属权或领有权）、占有权、支配权、使用权。但产权不是这四项权能的简单叠加，而是对财产的统一的和总括的支配权。产权的四项基本权能可归属同一主体，也可分属不同主体掌握，即产权是可分解的，而且细分产权还可以进一步劈分、拆解，分成更细的产权。四项基本产权中的所有权（归属权或领有权）是根本性的，是其他三项产权形成的基础，制约和决定着其他三项产权的性质和行使状况。虽然其他三项权能会与所有权发生分离，但通常说来它们最终还是要重新统一于所有权。所有权与占有权、使用权和支配权发生分离，并不是所有权的丧失，恰恰相反，是所有权权能行使的能动表现，它反映并满足的是所有权人的意志和利益需求。由此推之，在产权分离的状态下，掌握所有权的产权主体与掌握非所有权的产权主体，在生产关系中的地位必定是不同的，前者处于支配地位，可以自由能动地行使自己的权能，而后者并不能按照自由意志支配自己的权能行为。换句话说，前者在权能上可以做到自主，而后者则难以自主，或者说自主性受限。因为后者不像前者那样处于支配地位，其权能的获得是所有权人分离给他的。从这一点上说，非所有权的产权主体，在行使分离而来的权能时，会受到所有权的产权主体的干预和约束。由此做更进一步的引申就是，要想对某一财产拥有自主产权，就必须掌握这一财产的所有权；要想拥有这一财产的所有权，最优选择就是自己培育这一财产。

就此而言，中国跨国公司若想拥有知识产权财产的自主产权，就应拥有知识产权的所有权。因为知识产权的所有权是根本性的，决定着知识产权的占有权、使用权、支配权等。中国跨国公司如果只是拥有知识产权的非所有权权能，其在行使权能时就会受到约束，在开发市场时就很难拥有独立的地位。而且知识产权与物权还有一个不同的地方是，在物权领域，一物或其中之某一部分，不可能出现几个性质相同的权利。以使用权为例，如果将一物授权给甲使用，就不可能在同一时间授权给乙使用，因而物权的使用权是可以独占的；而同一知识产权在同一时间，既可以授权给甲使用，也可以授权给乙使用，甚至还可以授权给丙、丁等使用，知识产权的使用权可以一女三嫁，甚至是四嫁、五嫁。这样中国跨国公司仅以购买到的知识产权使用权来进行市场竞争活动，就会受到制约。即使中国跨国公司获得的是知识产权的独占许可，也会受到制约。譬如说，如果知识产权的所有权人没有缴纳知识产权年费，那么这一知识产权就会失效，中国跨国公司获得的这一知识产权的独占许可就没有意义了，人人都可以使用它。另外，根据合同法，中国跨国公司自己在被许可技术上的后续研发成果，其权利归属的约定一般会有两种情况：一是中国跨国公司所有，但许可方可以在中国以外的地方使用；二是许可方所有，但中国跨国公司可以在中国以外的地方使用，当然不须再缴纳使用费。两种情形，无论哪一种，对中国跨国公司而言，都是约束、制约。因此中国跨国公司要想获得知识产权的所有权，就必须要自己积极地培育知识产权。

二　马克思主义价值理论分析

马克思主义价值理论中的价值，指的是凝结在商品中的无差别的人类劳动。马克思指出："把价值看作只是劳动时间的凝结，只是物化的劳动，这对于认识价值本身具有决定性的意义。"[①] 在明确价值不外乎是劳动凝结的基础上，马克思又指出："没有一个物可以是价值而不是使用物品。如果物没有用，那么其包含的劳动也就没有用，不能算作劳动，因此不形成价值。"[②] 显然使用价值是价值的物质承担者，能够形成价值的劳动是有用劳动。马克思不仅研究了价值的创造，而且研究了价值的决定者。他认为，"商品的价值由生产商品所耗费的劳动量来决定"，[③] 但决定某一商品价值量大小的并不是生产该商品的个别劳动时间，而是社会必要劳动时间。所谓社会必要劳动时间是指"在现有的社会正常的生产条件下，在社会平均的劳动熟练程度和劳动强度下制造某种使用价值所需要的劳动时间"。[④] 由于不同商品的生产劳动千差万别，因而不同商品所包含的社会必要劳动时间也就不相同。在对不同商品进行交换时，必须比较不同商品所包含的社会必要劳动时间，并由此确定各自价值量的大小。马克思认为，比较不同商品社会必要劳动时间时，有必要将复杂劳动折算为简单劳动。他说，"比较复杂的劳动只是自乘的或不如说是多倍的简单劳动"。[⑤] 简单劳动是不需要任何专长、普通人都可以进行的劳动；复杂劳动是需要具备专门技能或经过专门训练才可从事的劳动。

以上，是马克思关于价值的创造和决定的理论。它创立于科学技术不

---

① 《资本论》第一卷，人民出版社，1975，第243页。
② 《资本论》第一卷，第54页。
③ 《资本论》第一卷，第52页。
④ 《资本论》第一卷，第52页。
⑤ 《资本论》第一卷，第58页。

太发达的资本主义工业化初期阶段,当时,体力劳动占据主导地位。但马克思并没有因此而否认脑力劳动在商品价值创造中的作用。他说:"我们把劳动力或劳动能力,理解为人的身体即活的人体中存在的、每当人生产某种使用价值时就运用的体力和智力的总和。"① 他指出:"正如在自然机体中头和手组成一体一样,劳动过程把脑力劳动和体力劳动结合在一起了。"② 随着机器大工业的发展,脑力劳动在商品价值创造中的作用越来越大,马克思提出了科学劳动的概念。但对于何谓科学劳动,马克思并没有做出明确的表述。清晰阐述这一概念的,是我国著名的马克思主义学者陈征教授。陈教授指出:"科学劳动是掌握了科学技术知识的科学劳动者所进行的高级脑力劳动。"③ 从这个概念来看,科学劳动是一种复杂劳动。科学劳动需要进行专门的学习和训练,需要掌握专门的技术、技能。科学劳动给价值理论带来的新内容是:科学劳动力凝聚着大量的知识价值,与一般劳动力相比具有更高的价值;科学劳动力的使用价值,即科学劳动,在劳动过程中所创造的新价值比一般劳动要多;科学劳动使商品价值创造由以体力劳动为主转为以脑力劳动为主。④ 随着科学理论越来越走在技术和生产的前面,并有力地促进了技术和生产的发展,科学技术一体化发展的趋势日益明显,现代高新技术不断发展。针对这种情况,陈征教授在研究科学劳动的基础上,创造性地提出了现代科学劳动的概念。他指出:"现代科学劳动是掌握了现代有关最新科学、多学科的前沿理论和最新先进技术的科学劳动者所进行的科学劳动,是高级或超高级的脑力劳动,是高级或超高级的复杂劳动。"⑤ 由于现代科学劳动是将最新、最前沿的现代科学技术运用于生产过程,劳动复杂程度高或超高;因此在同等时间内,现代科学劳动创造出的新价值比一般脑力劳动和一般科学劳动要大得多。

除了上述有关价值创造和价值决定两方面的内容以外,马克思主义价

---

① 《资本论》第一卷,第190页。
② 《资本论》第一卷,第555页。
③ 陈征:《现代科学劳动探索》,载《劳动和劳动价值论的运用与发展》,高等教育出版社,2005,第12页。
④ 陈征:《有关现代科学劳动问题答客问》,《福建论坛》(人文社会科学版)2003年第5期,第3~4页。
⑤ 陈征:《现代科学劳动探索》,载《劳动和劳动价值论的运用与发展》,第18页。

值理论还包括了价值如何实现的内容。马克思认为，价值实现的最终根据来自产权。他指出，"商品不能自己到市场去，不能自己去交换"，"必须找寻它的监护人，商品所有者"。① 他还指出："劳动力的、资本的和土地的所有权，就是商品这些不同的价值组成部分所以会分别属于各自的所有者，并把这些价值组成部分转化为他们的收入的原因。"②

运用马克思主义价值理论，可以解释中国跨国公司为什么要培育自主知识产权。"价值"这一概念的出现是以产品交换为前提的，而"分工是商品生产存在的条件"。③ 现代科学劳动的发展，使原来传统的产业间分工、产业内分工，逐步发展成为产品内分工。产品内分工是指将特定产品生产的不同环节、工序或区段拆分到企业以外的空间去完成的生产形式；如果产品生产的不同环节、工序或区段是在一个国家内部进行拆分的，那么它就是国内产品内分工；如果产品生产的工序、环节或区段被拆分后放在不同国家，那么它就是国际产品内分工。大多数中国跨国公司，尤其是制造业跨国公司，就是在参与这种国际产品内分工的过程中成长起来的。如果以时间先后顺序为分类标准，可以将产品内分工条件下商品的生产链简化为产前的研发和设计环节、产中的加工制造环节和产后的品牌营销和服务环节。其中，中国跨国公司参与的主要是加工制造环节。从马克思主义对脑力劳动和体力劳动的区分来看，加工制造环节是以体力劳动为主的。体力劳动也就是简单劳动力的耗费，不需要掌握专门的科学技术知识，不需要专门的技能培训。这种简单劳动所创造的价值少，因而使中国跨国公司在制造环节上所获得的利益少。而不论产前的研发和设计环节，还是产后的品牌营销和服务环节，都是以脑力劳动为主的。在这两个环节的劳动过程中，脑力劳动者需要掌握大量的科学技术知识，需要进行长时间的学习或接受教育。这就使这两个环节上的劳动力具有较高的价值。此外，在研发和设计、品牌营销和服务过程中，脑力劳动者还需要持续地进行创造性的研究、开发或设计工作，主要表现为基础研究、应用研究和开发研究，它们都属于现代科学劳动的范畴，会创造出大量的新价值。从这

---

① 《资本论》第一卷，第 102 页。
② 《资本论》第二卷，第 981 页。
③ 《资本论》第一卷，第 55 页。

一点来看，中国跨国公司应积极地进行技术研发和品牌营销。在研发和品牌营销的过程中，中国跨国公司毫无疑问需要进行大量的创造性智力劳动，也会获得大量的创造性智力劳动成果。这些创造性智力劳动成果具有的价值大，要最终实现这些创造性智力成果的价值，中国跨国公司必须拥有对它们的产权；要想获得智力成果的产权或知识产权，就必须进行申请和登记。也就是说，中国跨国公司在积极进行知识创新，并利用产权实现知识价值的过程当中，会培育出多类别的自主知识产权，比如自主专利、专有技术、自主品牌等。总之，获取并实现现代科学劳动所创造的价值，是中国跨国公司培育自主知识产权的一大原因。

依据马克思主义的价值理论，还可以进一步分析中国跨国公司自主知识产权培育的动因。马克思认为，"商品在能够作为价值实现以前，必须证明自己是使用价值"，[①] 而"使用价值只是在使用或消费中得到实现"。[②] 在这里，马克思所强调的实际上是在商品经济条件下，价值的最终实现必须要能满足消费者的需求。笔者认为，这个道理从一定程度上来说，揭示了中国跨国公司培育自主知识产权的深层次原因。具体地说就是，中国跨国公司就目前而言，绝大多数没有自己的核心技术，所掌握的基本上是人所共知的标准化生产技术，由此导致的结果是，中国跨国公司所生产的同质化产品多、异质化产品少。由于同质化产品的替代性强，因而大多数中国跨国公司所使用的主要竞争武器是价格。然而随着各国经济的发展和收入水平的提高，同质化产品的市场需求日益削减，消费需求结构向高层次转化，多样化和个性化的差异产品越来越受到消费者青睐，消费者关注的焦点已不仅仅是产品的价格因素，还有产品的质量、功能、款式、象征意义、文化质地、科技含量、知识要素和艺术品位等非价格因素，而且在非价格因素当中，消费者既希望产品的质量高、功能强、外观美，又希望产品的品牌响、文化内涵丰富和象征意义与众不同。这就使以生产同质化产品为主、基于价格参与市场竞争的大多数中国跨国公司陷入同质化的困境之中，因此需要转变同质化竞争方式，以寻求增加自身差异化竞争优势的途径。通过培育自主知识产权，中国跨国公司可以增加自己商品中的知识

[①] 《资本论》第一卷，第103页。
[②] 《资本论》第一卷，第48页。

产权含量，使自己的商品变成知识产权密集型商品。① 知识产权密集型商品所内含的自主专利技术，为中国跨国公司生产质量高、性能优异、与竞争对手不同的产品奠定了坚实的技术基础；自主知识产权之中匠心独运的工业设计和商标设计，则可使中国跨国公司生产的商品，不仅具有优雅的外观和新颖的款式，而且具有形式上的独特个性；自主品牌建设所积蓄的良好服务态度、信誉、社会责任和文化价值与气息，一方面使中国跨国公司生产的产品具有良好的形象和知名度，另一方面也使中国跨国公司生产的产品具有较高的文化品位和文化内蕴。所有这些使中国跨国公司在给消费者提供在商标、技术、设计、质量、功能、声誉、服务、文化等方面具有品牌差别的产品的同时，也给消费者带来了欢快、喜悦、满足、精神享受等深刻的情感体验，使之产生美好的记忆或回味，进而形成对中国跨国公司品牌的忠诚。因此，从马克思有关价值实现的相关论述来看，中国跨国公司培育自主知识产权的深层动因就在于，通过培育自主知识产权来满足消费者的个性化需求，在实现商品价值的同时又实现自己的发展，提高其市场竞争力。

三 马克思主义科学技术生产力理论和技术创新理论分析

马克思主义科学技术生产力理论，是马克思、恩格斯以及马克思主义者由实践概括出来的关于科学技术之生产力属性及科学技术在生产力、经济发展和社会进步中的地位与作用之系列思想的统称，既包括科学技术是生产力的基本观点，也包括这一观点在不同历史阶段和空间条件下的进一步演变和发展。马克思是在以蒸汽机、电、化学等为代表的科学技术获得重大发展并运用于生产实践的基础上，在充分钻研了《发明史》《工艺学教程》《物理学在手工业和其他实用作业中的应用》《技术辞典》等一系列有关技术及技术史的著作之后，提出科学技术是生产力的观点的。有关这一观点的论述很多，分见于《哲学的贫困》、《经济学手稿》（1857—1858年、1861—1863年）、《机器、自然力和科学的应用》及《资本论》等著作

---

① 知识产权密集型商品是国家知识产权战略纲要提出来的一个概念，据笔者所掌握的资料，国内学者胡允银对知识产权密集型商品的定义及其如何生产与意义进行了探讨，参见胡允银《论知识产权密集型商品的生产》，《科学学研究》2009年第8期。

中。比如，马克思在分析商品时指出："劳动生产力是由多种情况决定的，其中包括：……科学的发展水平和它在工艺上应用的程度……"① 马克思在分析固定资本时又指出："固定资本的发展表明，一般社会知识，已经在多么大的程度上变成了直接的生产力，从而社会生活过程的条件本身在多么大的程度上受到一般智力的控制并按照这种智力得到改造。"② 在马克思看来，生产力中不仅包括科学，而且在生产中起着越来越重要的作用，正如他所指出的，随着机器大工业的不断发展，现实财富的创造已越来越多地"取决于一般的科学水平和技术进步，或者说取决于科学在生产上的应用"，③ "科学这种既是观念的财富同时又是实际的财富的发展，只不过是人的生产力的发展即财富的发展所表现的一个方面，一种形式"。④ 这些论述充分表明了马克思关于科学技术是生产力的思想，揭示了只有当科学并入生产过程以后，才会由潜在的、知识形态的一般生产力变为现实的、直接的物质生产力。和马克思一样，恩格斯也非常重视科学技术及其革命性的作用，并在《政治经济学批判大纲》、《反杜林论》和《自然辩证法》等著作中，对此进行了深入的研究和分析。在《政治经济学批判大纲》中，恩格斯不仅将科学看成一种精神要素，并认为它会被列入生产要素，可以在"政治经济学的生产费用项目中找到自己的地位"，⑤ 而且指出"使用机械法和普遍应用科学原理是进步的动力"。⑥ 后来恩格斯又指出，菲克勒喧嚷的电工技术，其实是一次巨大的革命，电的利用使热、机械运动、电、磁、光等不同形式的能互相转化，应用于工业生产，并由此使生产力获得极大的发展。⑦

其后，马克思的科学技术是生产力的思想，在苏联的社会主义经济建设实践中，得到了重申和发展。列宁说，"要建设共产主义，就必须掌握技术，掌握科学，并为了更广大的群众而运用它们"，⑧ 并进一步指出，

---

① 《资本论》第一卷，人民出版社，1975，第53页。
② 《马克思恩格斯全集》第46卷（下），人民出版社，1980，第219~220页。
③ 《马克思恩格斯全集》第46卷（下），第217页。
④ 《马克思恩格斯全集》第46卷（下），第34~35页。
⑤ 《马克思恩格斯全集》第1卷，人民出版社，1956，第607页。
⑥ 《马克思恩格斯全集》第1卷，第671~672页。
⑦ 《马克思恩格斯全集》第35卷，人民出版社，1971，第445~446页。
⑧ 《列宁全集》第38卷，人民出版社，1986，第283页。

"共产主义就是苏维埃政权加全国电气化,因为不实行电气化,要振兴工业是不可能的"。① 列宁不仅强调以工程技术为代表的自然科学成果的应用,而且十分强调管理科学技术的应用。他主张"在俄国研究与传授泰罗制,有系统地试行这种制度,并且使它适应下来",② "要管理就要内行,就要精通生产的一切条件,就要懂得现代高度的生产技术,就要有一定的科学修养"。③ 列宁还主张"没有具备各种知识、技术和经验的专家来指导,便不能过渡到社会主义",④ "对于真诚工作同时又精通和热爱本行业的各个专家,要像我们爱护眼珠那样去爱护他们"。⑤ 斯大林继承了列宁有关科学技术在社会主义建设中具有重大作用的思想,认为必须运用现代化新技术来改造国民经济部门,并将促进技术进步与社会主义的本质和优越性联系起来。

马克思主义经典作家所创立的科学技术是生产力的理论,与中国的革命、建设和改革过程中的实际情况相结合,获得了进一步的发展。早在新民主主义革命时期,毛泽东就指出:"自然科学是人们争取自由的一种武装。……人们为着要在自然界里得到自由,就要用自然科学来了解自然,克服自然和改造自然,从自然里得到自由。自然科学是要在社会科学的指挥下去改造自然界。"⑥ 进入社会主义建设时期以后,毛泽东继续强调了这一观点,他说,只要我们"……更多地懂得自然科学,一句话,更多地懂得客观世界的规律,少犯主观主义错误,我们的革命工作和建设工作,是一定能够达到目的的"。⑦ 针对我国科学技术落后的现状以及我国对科学技术的迫切需求,毛泽东明确提出,"科学技术这一仗,一定要打,而且必须打好。……不搞科学技术,生产力无法提高",⑧ 而且指出在发展科学技术时,不能"跟在别人后面一步一步地爬行",应"打破常规,尽量采用

---

① 《列宁全集》第 40 卷,人民出版社,1986,第 30 页。
② 《列宁选集》第 3 卷,人民出版社,1960,第 511 页。
③ 《列宁全集》第 30 卷,人民出版社,1957,第 394 页。
④ 《列宁选集》第 3 卷,第 518 页。
⑤ 《列宁选集》第 4 卷,人民出版社,1960,第 591 页。
⑥ 《毛泽东文集》第 2 卷,人民出版社,1993,第 269 页。
⑦ 《毛泽东文集》第 6 卷,人民出版社,1999,第 393 页。
⑧ 《毛泽东文集》第 8 卷,人民出版社,1999,第 351 页。

先进技术"。① 到了20世纪80年代后期，基于国际国内形势，邓小平创造性地提出了科学技术不仅是生产力，而且是第一生产力的著名论断。他说："马克思说过，科学技术是生产力，事实证明这话讲得很对。依我看，科学技术是第一生产力。"②

马克思主义的科学技术生产力理论，为中国跨国公司为什么要培育自主知识产权，提供了一定的解释。根据马克思主义的科学技术生产力理论可知：科学技术是在应用于生产的过程中才转化为直接生产力的。而在社会化大生产的条件下，生产的组织者主要是企业。由于科学技术在生产过程中具有决定性作用，是财富生产最为主要的手段，因此作为生产性组织的企业，尤其是它们之中的佼佼者——跨国公司，必然会大力发展科学技术，始终关注现代科学技术的新发展，积极地将最新的科学技术应用于生产之中。在此过程中，跨国公司自然而然地会形成属于自己的专有技术。所谓专有技术，从企业角度来理解，指的是正被企业使用的、还未公开的、也未申请专利的技术知识与制造方法。专有技术虽然没有获得专利法的保护，但它属于自主知识产权的范畴。首先，专有技术不受专利法保护，并不意味着它没有法律保护；在一个国家内部，专有技术受到合同法、反不正当竞争法、民法、刑法等法律的保护；在国际上，《与贸易有关的知识产权协议》将专有技术作为"未披露的信息"纳入国际知识产权保护。其次，专有技术对于企业而言，意味着企业拥有该项技术资产完整的产权，企业在行使其权能的过程中，不会受制于任何人，完全由自己做主。最后，专有技术的秘密性意味着技术的先进性和高价值性，拥有自己专有技术的企业，在市场竞争中无疑具有很强的自主性。既然专有技术属于自主知识产权，那么跨国公司发展专有技术的动因，也就是其培育自主知识产权的动因。也就是说，科学技术生产力的巨大财富功能，是跨国公司培育自主知识产权的内在动力。对此，中国跨国公司也不例外。

从企业创新来看，企业将新的科学技术应用于生产并进一步提高生产力的过程，其实质就是企业技术创新的过程。马克思主义历来对技术创新都非常重视。早在一个多世纪前，马克思就指出："资产阶级除非对生产

---

① 《毛泽东文集》第8卷，第341页。
② 《邓小平文选》第3卷，人民出版社，1993，第274页。

工具，从而对生产关系，从而对全部社会关系不断地进行革命，否则就不能生存下去。"① 这里的生产工具变革指的就是技术创新。机器的使用和改进，是马克思生活的年代技术创新和科学进步的主要标志。马克思在《资本论》及其手稿中，深刻地阐释了以机器为代表的技术创新的内在动机及其持续的过程。资本主义社会中企业技术创新的动机在于最大限度地获取剩余价值。在商品价值由社会必要劳动时间决定的规律下，率先使用机器（技术）的个别资本家可以获得超额剩余价值。对超额剩余价值的追求，并不是个别资本家的贪婪，而是所有资本家的共有特性。那些还没有使用新机器（技术）的资本家，不会坐等别人淘汰的机器（技术），而是对新机器（技术）的使用展开激烈的竞争。竞争加速了新机器（技术）的扩散。当新机器（技术）普及以后，率先进行技术创新者独占超额利润的局面便不复存在了。由于资本的内在动力和外在竞争压力，技术创新的步伐不会停止，而是存在经常的趋势。技术创新的经常趋势是以社会需求为直接契机的。马克思指出，人们需要机器是在手工劳动不能满足市场需求的时候，"机器的发展是市场需求的必然结果"。② 从马克思的整个学说体系来看，马克思关于技术创新的这些论述，实际上强调的是一种创新发展观，即世界是发展的，发展的根本动力来源于创新。马克思的创新发展观在中国得到了继承和发展。江泽民指出，"创新是一个民族进步的灵魂，是国家兴旺发达的不竭动力"，③ 中国要发展，中华民族要复兴，只有走具有中国特色的自主创新道路。

根据马克思主义的技术创新理论，笔者认为，中国跨国公司培育自主知识产权的动力来源于三个方面：一是超额利润的激励，二是竞争的威胁，三是社会需求的推动。从激励来看，新颖性是知识产权的固有要求。中国跨国公司培育自主知识产权，可以率先使用知识产权所蕴含的新技术，技术的创新及使用，可使中国跨国公司商品出售的价格既低于它的社会价值，又高于它的个别价值。这样中国跨国公司一方面可以以价格的优势扩大自己的市场份额，另一方面又可以使自己获得比其他竞争对手更多

---

① 《共产党宣言》，人民出版社，2014，第30页。
② 《马克思恩格斯文集》第10卷，人民出版社，2009，第46页。
③ 《江泽民在全国科学技术大会上的讲话》，《新华月报》1995年第275期。

的利润。从竞争威胁来看，中国跨国公司面临着国内市场国际化和国际市场全球化的双向知识产权竞争的威胁。国外具有知识产权优势的跨国公司，在华实行的是产品未动、知识产权先行的策略，通过知识产权"跑马圈地"来挤压中国跨国公司（包括其他企业）的生存空间。专利布局是跨国公司抢占中国市场的主要手段。从图 2-1 所显示的数据来看，2005~2009 年五年间，国外（主要是跨国公司）在华申请的专利数每一年平均约达 88170 件。在国际市场上，中国跨国公司面临着更为严峻的知识产权竞争压力。因在国际知识产权方面不占优势，中国跨国公司经常陷入国外的专利陷阱，遭遇知识产权诉讼。一些发达国家的跨国公司还经常利用专利联盟来阻止中国跨国公司进入，试图利用强大的专利网迫使中国跨国公司要么缴纳高昂的专利费，要么退出市场。从社会需求推动来看，目前我国经济发展正面临严峻的资源瓶颈，迫切需要具有自主知识产权的核心技术促使经济发展方式转变。恩格斯曾经说过："社会一旦有技术上的需要，则这种需要就会比十所大学更能把科学推向前进。"[①] 这深刻地揭示了社会需求和创新的关系，说明了企业在自主知识产权创新中的作用。自主知识产权创新不仅是一种技术行为，也是一种经济行为，而企业是这种行为的主体。与我国的中小企业相比，中国跨国公司的知识化水平更高、创新能力更强，是目前创造我国所需要的核心技术知识产权的一个不可或

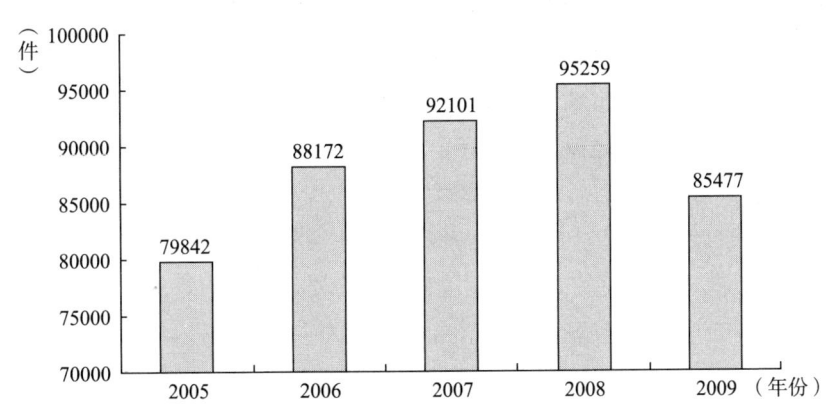

图 2-1 2005~2009 年国外在华专利申请情况

资料来源：《国家知识产权局 2009 年统计年报》。

[①] 《马克思恩格斯全集》第 39 卷，人民出版社，1974，第 198 页。

缺的主体。

马克思主义的技术创新理论,不仅解决了创新的必要性问题,而且解决了创新的限制性问题。在马克思看来,创新并不是随心所欲的。他指出:"人们自己创造自己的历史,但是他们并不是随心所欲地创造,并不是在自己选定的条件下创造,而是在直接碰到的、既定的、从过去承继下来的条件下创造。"[①] 这说明:在一定条件下,创新主体,其创新行为的选择是刚性的;如果创新主体所选择的创新项目,其条件不允许,那么这种创新行为是无益的。就此而言,中国跨国公司培育什么样的自主知识产权,不仅是个"想不想"的问题,而且是个"能不能"的问题,即如果中国跨国公司想培育的自主知识产权项目条件不具备或不成熟,那么硬性开展就是无益的。由此可见,马克思的创新理论,从另一个层面说明了中国跨国公司自主知识产权培育的可能性问题。

第二节 产业经济学和管理学理论分析

一 市场寡占理论分析

寡占型市场结构是经济学研究和现实经济运行当中一种重要的市场结构类型,介于垄断竞争和垄断之间。在经济全球化迅猛发展的进程中,这种类型的市场结构,会随着跨国公司的对外直接投资活动而传导到跨国公司直接投资的东道国市场和世界市场。这样,寡占型市场结构就成为中国跨国公司在进行生产经营活动时所必须面对的市场结构类型。在这种情况下,运用市场寡占理论,对中国跨国公司的自主知识产权培育展开分析,就成为一件很自然的事情。在以寡占理论进行实质性的分析之前,简要了解寡占的内涵以及寡占理论的大致发展进程是有必要且非常有意义的。

寡占,亦称寡头或寡头垄断,指的是这样一种市场结构——整个市场仅有少数几个竞争厂商,每个厂商的地位都举足轻重,它们生产的产品既可以是均质的,也可以是异质的,其市场行为的结果依赖于其他企业。寡占市场是另一种类型的不完全竞争市场,意思是说,只有少数几家生产者

---

① 《马克思恩格斯全集》第 8 卷,人民出版社,1961,第 121 页。

垄断这个市场。市场指的就是一种商品,因而,寡占就是少数几个生产厂家生产那种商品。寡占市场具有与垄断市场不同的特点。首先是少数几家大的厂商占据了整个行业的大部分产出;其次是进入壁垒较高,这是少数厂商能够占据绝大部分市场份额的必要条件;最后是各厂商相互牵制,这是寡占市场最突出的特点。所谓相互牵制,指的是一个寡占者的决策会影响到其他寡占者,也会受其他寡占者的影响。寡占厂商在采取行动之前,必须事先考虑自己的行动对其他厂商可能造成的影响,以及其他厂商可能采取的反应方式,在对其他厂商的反应行为做出预测的前提下,再采取最优行动。这种复杂的寡占行为关系,使对寡占的理论分析必须要做出相应的假设才有可能。也就是说,只有对竞争对手的反应方式做出一定的假设,才有可能建立相应的寡占理论模型。假定不同,寡占理论模型也就不同。有多少种关于竞争对手行为反应方式的假定,也就有多少种寡占理论模型。由于寡占厂商的策略取决于其自身在产业中的地位及潜在竞争对手的状况,因此,没有一种寡占理论能够解释所有的寡占市场。也正是这个缘故,导致寡占理论研究至今尚未形成统一、完整的体系。

不过,从历时态角度看,寡占理论有古典寡占理论和现代寡占理论之分。虽然古典寡占理论和现代寡占理论各自本身又都包含了各种不同的寡占模型,且每种模型都有它特定的应用范围,但这些不同的寡占理论模型,体现了一种共同的思想——厂商的策略性行为是博弈性的。比如,古典寡占理论中的古诺模型,探讨的是寡占间的产量博弈;贝特朗模型研究的是寡占的价格博弈;埃奇沃斯模型是在生产能力限制条件下的寡占价格博弈。这些模型都属于静态博弈,即各寡头同时采取行动,并且是一次性的。现代寡占理论研究的寡占博弈不是静态博弈,而是动态博弈和多阶段博弈。

寡占的市场结构与跨国公司的对外直接投资存在密切的关系,主流的跨国公司理论的研究者基本上都是基于寡占型市场结构来展开理论分析的。海默的跨国公司理论就认为,对外直接投资活动产生的根本原因就是市场上存在垄断。金德尔伯格也认为,对外"直接投资的兴旺必定是因存在着产品或要素市场的不完全性(包括技术不完全性),或者存在造成市场分割的政府或企业对竞争的某些干预"。[①] 1973 年,尼克博克(Frederick

---

① Kindleberger, C. P., *American Business Abroad* (New Haven, Yale U. P., 1969).

T. Knickerbocker）提出了寡占反应理论，也被称为寡头垄断行为理论。在其著作《垄断性反应与跨国公司》中，尼克博克进一步发展了海默和金德尔伯格的"垄断优势论"。通过分析187家美国跨国公司的投资活动，尼克博克提出了他的寡占反应理论。他认为，在寡占市场中，寡头企业采取任何一项活动，其他企业都会效仿，力求缩小差距，降低风险，保持双方力量均衡。归纳起来，寡占反应可以分类三种类型：一是跟随领头企业，二是交换威胁，三是动态竞争。尼克博克理论中的寡占反应行为，就其实质而言，也是寡头之间的相互博弈。

应用寡占厂商策略性行为是博弈性的观点，可以在一定程度上解释中国跨国公司为什么要培育自主知识产权。

寡占厂商的策略性行为是博弈性的，具体地说就是：在寡占市场上，如果某一寡头降低竞争强度，比如降低产品产量或者提高产品的价格，那么其竞争对手会因此而得益。为了避免使自己处于不利地位，寡头企业必须盯紧对手。当竞争对手采取某一行动时，寡占企业必须及时做出反应并采取相应的对抗措施，以抵消竞争对手率先行动所获的好处。就此而言，中国跨国公司（是寡占市场[①]上的寡头）培育自主知识产权是寡占竞争的结果，目的是避免自己在寡占市场中处于不利境地。在寡占竞争中，厂商的行为存在负外部性，即寡占厂商为实现自身利益的最大化而采取的行动会使其竞争对手的利益受损。可见，寡占竞争类似于囚犯困境。基于此，可以因犯困境模型来说明中国跨国公司选择自主知识产权培育策略的原因。设想两家寡占厂商——中国跨国公司 A 和竞争对手国外跨国公司 B，基本上瓜分了某一产品的整个市场。它们有两种自主知识产权策略可供选择：培育与不培育。这两家公司的得益矩阵如图 2-2 所示。

从图 2-2 可知，如果中国跨国公司的竞争对手 B 选择培育自主知识产权的策略，而中国跨国公司选择不培育自主知识产权，则中国跨公司的竞争对手 B 可以得益 60，而中国跨国公司的得益是 0。这说明自主知识产

---

① 寡占市场，除了其典型形式外，在一定程度上还可以有另外两种表现形式。一是参与市场竞争的企业虽有多家，但这些企业在市场势力方面差距悬殊，少数几家大企业占有了市场上的绝大部份份额，而其他数量众多的小企业所占的市场份额只是剩余的很小一部分。二是市场上存在大量的竞争企业，但它们的市场竞争压力只来自这些企业——其产品与之具有较强的替代性，这样，每个企业所能感觉到的竞争对手只有有限的几个。

权的培育使中国跨国公司的竞争对手 B 提高了收益，原因是知识产权是法律赋予权利人的特许专有权，非经知识产权人的同意，其他人不得进行商业化使用。如果中国跨国公司不经其竞争对手同意而使用其知识产权生产产品，是为法律所不允许的。中国跨国公司的竞争对手 B 培育了某项知识产权，一则获得了生产该项知识产权产品的合法垄断权，二则它还可以将其出售或者许可给其他若干人使用从而获得大量的许可费收入。相反，中国跨国公司 A 选择培育自主知识产权的策略，而其竞争对手 B 没有培育自主知识产权，那么中国跨国公司 A 就能提高其收益。获益的原因与上面的分析相同。如果两个寡占厂商都选择培育自主知识产权的策略，结果是两家厂商都只能获得收益 10。这是因为，两个寡头的产品市场处于饱和状态，当两个寡头同时展开自主知识产权培育的行为时，一方面两家公司知识产权创新的效果会相互抵消，另一方面培育知识产权需要成本，以致两个寡头的得益会减少。

中国跨国公司A的策略选择

	培育	不培育
国外跨国公司B的策略选择 培育	A得益10 B得益10	A得益0 B得益60
不培育	A得益60 B得益0	A得益50 B得益50

图 2-2　两公司得益矩阵

由于企业一般都不想因冒险而使自己处于危险境地，尤其是知识产权竞争与价格竞争不同。价格战中，竞争对手如果降价，企业可以马上迅速地做出相应的反应，然而在知识产权战中，如果竞争对手趁自己不备率先培育知识产权，自己要做出快速反应基本是不可能的，毕竟知识产权培育需要较长的准备时间，再加上知识产权的游戏规则是赢者通吃，一旦竞争对手率先培育出一项知识产权，那么企业就会处于非常不利的地位，甚至有可能被挤出市场。因此，在知识产权竞争中，企业必须避免出现可能的最坏结果。从图 2-2 可知，当寡占厂商选择不培育自主知识产权的策略时，可能的最坏结果是得益为 0；当寡占厂商采取培育自主知识产权的策略时，可能的最坏结果是得益为 10。对这两种结果相权衡，企业会选择后一种，所以两家寡占厂商都会积极地选择培育自主知识产权的策略。

以上分析的条件之一是，中国跨国公司与其竞争对手在自主知识产权方面是没有差距的。现实中，中国跨国公司与国外知名跨国公司在自主知识产权方面存在差距。以专利为例，国外知名跨国公司手中掌握的大多数是核心专利。这种情况下，基于寡占理论能否解释中国跨国公司自主知识产权培育的动力呢？笔者认为，是可以的。市场寡占理论蕴含着这样一个观点——在寡占竞争中，企业可以预先采取某一行动，诱使或逼迫竞争对手做出有利于自己的反应，从而从对手的反应中获利。这就启示我们：中国跨国公司可以围绕国外知名跨国公司某一产品的核心技术，有计划、有目的地开发一系列的外围专利，这些专利涵盖国外知名跨国公司这一产品核心技术可能运用的范围，虽然这些专利技术没有国外知名跨国公司的核心技术先进，但它们之间具有很强的互补性，即这些外围专利技术的使用可以有效提高核心专利技术的价值。这样就可诱使或迫使国外知名跨国公司和中国跨国公司进行专利交叉许可，从而使中国跨国公司获得国外知名跨国公司核心专利技术的使用权。这对中国跨国公司维持、巩固或进一步提高其市场竞争优势是非常有利的。

企业预先采取某一行动诱使或逼迫竞争对手做出有利于自己的反应与企业针对竞争对手的行动选择相应的反应方式，犹如一个硬币的正反两面，统一于市场寡占理论。就此而言，中国跨国公司培育自主知识产权是应对国外知名跨国公司知识产权威胁的必然举措。在寡占市场上，寡占厂商为了实现自己的经济利益，往往对其竞争对手采取威胁策略。中国跨国公司与国外知名跨国公司由于在知识产权方面存在较大的差距，因此经常受到国外知名跨国公司知识产权大棒的威胁。为了对抗这一威胁，中国跨国公司必须采取针锋相对的措施，以威胁对威胁。要对国外知名跨国公司施以知识产权威胁的一个前提是，中国跨国公司必须要有自主知识产权。为此要完成"威胁"交换，中国跨国公司必须要培育自主知识产权。

二 价值链理论分析

中国跨国公司为什么要培育自主知识产权？价值链理论为此提供了一种解释。价值链理论是由美国哈佛大学的教授迈克尔·波特（Michael E. Porter）于1985年提出来的。他认为，企业的价值创造过程由相互分离、互不相同但又相互依存的一系列价值活动组成，这些活动可分为基本活动和辅助活动。基本活动是企业产品或服务形成的必要性活动和企业价值创造的直接活动，包括内部物流、生产作业、外部物流、市场和销售、服务等；辅助活动是有利于企业基本活动效率提升的综合性企业价值创造活动，包括采购、技术开发、人力资源管理及企业基础设施（总体管理、计划、财务、会计、法律、政府事务、质量管理等）。[①] 这些价值活动的总和就构成企业价值链。企业价值链不是孤立存在的，而是与供应商价值链、渠道价值链、买方价值链等一道组成具有横向联系和纵向联系的价值体系——支持性产业和关联性产业间的产业价值链。企业不同，价值链也就不同；价值链差异是企业竞争效率高低不同的系统性结构因素。在波特提出价值链概念之后的 20 多年时间里，许多学者对这一概念进行了拓展和深化：1994 年，彼得·海恩斯（Peter Hines）将价值链重新界定为"集成物料价值的运输线"；1995 年，杰弗里·瑞波特（Jefferey F. Rayport）和约翰·斯威卡（John J. Sviokla）提出了"虚拟价值链"的观点；1999 年，格雷菲（Gereffi）提出了全球价值链的概念——产品的设计、生产制造与营销等价值活动由全球不同区域和地方的企业来完成，在产品价值链活动中企业展开合作。由于全球价值链是企业价值链的延伸，因而不管是波特的企业价值链理论，还是波特之后的全球价值链理论，其分析的基础都是价值。它们都认为：企业创造价值的活动可分为很多环节，但并非每个环节都能给企业带来价值，真正能给企业带来价值的，只是价值链上的某些特定环节，这些环节被称为战略环节，抓住了战略环节，也就抓住了整个价值链。

上述价值链理论中有关企业价值活动的论述，已从企业竞争优势获取的角度，解答了中国跨国公司为什么要培育自主知识产权的问题。价值链分析的作用就在于告诉企业，价值链活动是个系统，企业要根据经营价值的大小，对企业经营活动进行分类、排序、整合，抓住其关键环节，进而构筑自己的竞争优势。中国跨国公司也必须要对自己经营的价值环节进行仔细的分析、选择、分解、整合，抓住其中的关键环节或战略环节，形成自己的竞争优势。如果我们将产品的价值链简单划分为研究设计开发、生产制造、市场营销等几个环节，就制造业类型的中国跨国公司来说，其需

---

① 〔美〕迈克尔·波特：《竞争优势》，陈小悦译，华夏出版社，1997，第 39～43 页。

要抓住的战略环节就是技术研发、产品设计、营销和售后服务。因为与生产制造环节相比，这几个环节的附加值高、增值空间大，参与这些环节的企业，获得的利润多，竞争优势明显。20世纪90年代，发达国家的跨国公司开始实行价值链的转型，将经营的重点转向产业价值链下游的营销和服务环节，同时继续巩固和加强在产业价值链上游的研究设计和技术开发环节的领先地位。与此相适应，这些跨国公司企业内部的价值链，也逐渐演变成为以研发和服务为核心的哑铃形。而大多数中国跨国公司，尤其是制造业跨国公司，其经营的重心仍在生产制造环节，研发和营销则依赖于外力完成，这种橄榄形的价值链，使大部分的中国制造业跨国公司的利润空间较小，缺乏核心技术，又无销售渠道，从而在全球市场上自主性不强，易受市场变化的冲击。由此可见，中国制造业跨国公司要想抓住价值链上战略环节，必须要有自己的核心技术、品牌和销售渠道。这就要求中国制造业跨国公司展开自主创新并形成具有自主知识产权的核心技术和自主品牌。

具体地说，从价值链理论来看，中国跨国公司培育自主知识产权的动力在于以下几方面。

一是重构和强化企业内部价值链，夯实企业竞争优势的根基。价值链分析的基础是价值，注重的是价值活动相互衔接而形成的链条，强调的是"链"优势的竞争。正如波特所说，"将企业作为一个整体来看无法认识竞争优势。竞争优势来源于企业在设计、生产、营销等过程及辅助过程中所进行的许多相互分离的活动。这些活动中的每一种都对企业的相对成本地位有所贡献，并奠定了标歧立异的基础"。[①] 运用价值链分析方法的关键是价值识别。价值链的"微笑曲线"充分表明：知识产权竞争力作为企业竞争力的重要组成部分，直接影响到企业价值链的结构性和经济性。美国《商业周刊》早在1992年就运用统计分析方法研究专利与企业竞争力之间的关系，其研究结果表明：企业所持有的专利数量越多，竞争力就越强。由此可以推断，中国跨国公司如果能够注重自主知识产权的培育，将促进企业价值链的重构与优化，并获取竞争优势。首先，培育自主知识产权有助于增加中国跨国公司的成本优势。企业相对成本地位的显著变化来源于

---

① 〔美〕迈克尔·波特：《竞争优势》，第33页。

企业的价值链与竞争对手不同。企业重构价值链的方式就包括创新生产技术或工艺、注重品牌营销等,这些方式都可以通过自主知识产权的培育而实现。而一旦自主知识产权培育成功,中国跨国公司就可以在经营活动中通过专利和品牌的共享来整合成本,使总成本降低。其次,培育自主知识产权有利于中国跨国公司建立标新立异的价值链。标新立异是企业竞争力的重要组成部分,而这种竞争力能否持久的决定性因素是竞争对手不可模仿性。在存在知识产权制度或者知识产权弱保护的市场上,各种知识溢出的速度一般相对较快,因而对标新立异的模仿也就较为容易,导致企业在无知识产权保护或知识产权弱保护的市场上形成并保持这种优势的难度很大。而在知识产权强保护的情况下,中国跨国公司可以利用自己培育的自主知识产权对模仿者形成阻隔机制。因为自主知识产权作为一种排他性的垄断权,是与市场紧密联系在一起的,获得了自主知识产权,也就获得了市场的占有权。这样,通过知识产权制度,中国跨国公司可以对企业的产品、业务和商业秘密等进行保护,防止竞争对手模仿和抄袭,夺得领先者优势,确保企业在研发与市场中的高回报率。即使竞争对手利用知识溢出进行模仿,在短时间内也难以对中国跨国公司确立的标新立异优势构成真正的威胁。最后,培育自主知识产权有助于促进中国跨国公司价值链内部的知识转移和共享,降低知识转移和共享成本。专利技术创新和品牌管理这两个价值链环节是相互关联在一起的,而自主知识产权从范围上来说也包括专利和商标品牌,因而,中国跨国公司培育自主知识产权可以促进企业内部业务单元之间的知识共享。

二是实现与其他企业价值链在横向和纵向方面积极的有机联系,占据产业价值链的高端环节,形成基于产业价值链的竞争优势。价值链分析方法强调的是:价值链不仅包括企业的内部价值链,而且包括供应商、销售商以及顾客价值链,它是由各种价值链条所组成的价值体系;企业获取并保持竞争优势不仅要理解企业自身的价值链,而且要理解企业价值链所处的价值体系。从价值链分析方法的这种特点来看,一方面是现代企业的竞争已由单一企业之间的竞争,演变为价值链的竞争,进而转化为产业价值链的竞争;另一方面是企业在现代竞争中能否取得优势,取决于企业在产业价值链上与其他环节的企业之间的协作状况。所谓产业价值链指的是,"围绕服务于某种特定需求或进行特定产品生产(及提供服务)所涉及的一系列互为基础、相互依存的上下游链条关系"。①从实体形态上说，产业价值链是一种企业集合，既包括同一环节如营销或研发上的企业联合，也包括上下游环节如研发与生产上的企业联合；从功能形态上说，产业价值链直接提供满足某种消费需求的效用体系。从这两个方面来看，产业价值链的竞争是相互连接的企业间关系、网络和系统的竞争。在此前提下，企业的竞争优势不再完全来源于单个企业的异质性资源和效率差异，而且来源于网络组织中的资源整合和产业组织活动方式的差异。随着知识经济的深入发展，市场竞争因贸易自由、电子商务、市场个性化需求、新技术变革而变得越来越激烈，在这种情况下，即使是像跨国公司这样实力雄厚的大企业也无法拥有完成自己战略目标所需的所有资源，于是产业价值链竞争成为跨国公司获取优势的主导形式。从实际来看，通过专利交叉许可或品牌联合形成产业价值链竞争优势是发达国家跨国公司的普遍做法；与此相反，绝大多数中国跨国公司依靠的是廉价的劳动力、廉价的资源和廉价的环境成本形成的低成本竞争优势，而低成本竞争带来的是低利润和竞争劣势。两者在上述方面的巨大反差，是激励中国跨国公司培育自主知识产权的强有力的刺激因素。中国跨国公司拥有了自主专利技术和自主品牌以后，就可以凭借自己异质性的知识产权资源与产业价值链上同一环节或不同环节的企业构建协作关系，形成优势互补，从而有能力在全球范围内整合资源，获得产业价值链竞争优势。

三是在全球价值链的演进中，实现企业的价值链升级，构建企业在全球范围内高层次的竞争优势。价值链理论不仅突破企业界限将分析视角聚焦于企业间价值体系，而且更进一步地将分析视角突破了国家界限，在全球范围内分析企业的产品从概念、设计、生产、销售直至消费的这一价值创造和增值过程。当原本在一个国家之内完成的产品价值创造和增值过程被分解成许多环节，而这些环节又分布在不同的国家和地区，每一个国家和地区在某一个价值环节上进行垂直化专业生产，并通过产品内贸易连接起来的时候，全球价值链便形成了。所谓全球价值链，从联合国工业发展组织的定义来看，是在全球范围内为实现某种商品或服务的价值而连接生产、销售、回收处理等全过程的跨企业网络组织，涉及原料采集和运输、

---

① 厉无畏：《创新产业导论》，学林出版社，2006，第63页。

半成品和成品生产及分销直至最终消费和回收处理的整个过程。全球价值链理论作为一种分析和研究工具，其意义之一就是：发展中国家的企业应根据自身的条件和价值链类型找到一个合适的切入点或价值环节嵌入全球价值链，然后，在全球价值链的演进中，通过价值链条的增值路径，谋求企业在全球价值链中的升级。Humphrey和Schmitz认为，企业在全球价值链内可以通过四种方法升级：（1）工艺流程升级，即通过生产系统的重组或引进先进技术提高产出水平；（2）产品升级，即生产更高级的产品；（3）功能升级，即从低附加值环节转向高附加值环节，一般是基本加工—贴牌生产（OEM）—设计制造（ODM）—品牌制造（OBM）；（4）链条升级，即将从一条价值链中获得的知识或技术应用到另一条利润空间更大的价值链上去。众所周知，中国跨国公司在发达国家跨国公司所主导的全球价值链中的地位还是比较低的。比如在汽车产业的全球价值链中，像研发、模具、装备制造等战略环节的控制者，是通用、大众、本田、丰田等知名跨国公司，而以奇瑞、吉利等为代表的中国跨国公司，虽然已经能够在全球市场上进行拓展，但所占据的仍然只是通用的零部件的制造加工等低附加值环节。而发达国家跨国公司之所以能够控制这些环节，如上文所述，就是因为它们积极进行技术研发，然后利用知识产权制度保护自己的技术优势。从这种事实和全球价值链中企业升级的四种方式来看，中国跨国公司积极培育自主知识产权的内在动力，就是通过突破性技术研发，获得拥有自主知识产权的专利技术或者自主品牌，打破发达国家跨国公司的价值链锁定，从而占据全球价值链的高端环节，或者是构建自己主导的生产者驱动型或购买者驱动型的全球价值链。所谓生产者驱动型全球价值链，是指由拥有资本或专利技术优势的制造厂商所推动形成的全球生产供应链的垂直分工体系，在这种分工体系中，从事生产的制造厂商居主导地位，并获得价值创造的绝大部分利润。而购买者驱动型全球价值链，指的是拥有品牌优势和销售渠道的购买者通过全球采购或贴牌生产组织起来的跨国商品流通网络，其中营销商或品牌商居主导地位。

随着大的经济环境的变化，如以低能耗、低排放、低污染为特征的绿色经济理念的兴起和新一轮科技革命的发展，发达国家的跨国公司纷纷调整了自己的企业战略。比如，一是大力进行业务重组，采用绿色发展战略，重点发展与可再生能源、循环利用以及环保技术有关的业务领域；二是进行区域战略调整，加大对新兴市场国家的直接投资，在这些国家设立研发中心；三是充分利用信息技术的发展进行柔性化生产；等等。在这种背景下，全球价值链越来越呈现出动态性发展的特点，越来越向知识化方向演进。这种演进可以激励中国跨国公司积极培育自主知识产权。其原因是：新技术的发展和信息技术的利用，不仅影响到发达国家跨国公司的个别价值活动的执行方式，而且影响到发达国家跨国公司开发内外价值活动之间连接点的能力，并创造出新的价值活动连接点。这就为中国跨国公司创造了利用这些新的连接点重构和优化全球价值链的机会，但抓住这个机会的前提条件之一就是中国跨国公司必须拥有自己的知识产权资源。更为重要的是，新技术的发展和应用，将变更产业结构并重塑竞争规则，在这样的情况下，中国跨国公司如果拥有自主知识产权资源，就可以利用它使自己由原来的规则的遵守者变成规则的制定者。另外，发达国家跨国公司区域战略的调整，也使中国跨国公司在自主知识产权培育方面获得了区位优势。具体说就是，随着越来越多的发达国家跨国公司在华设立研发中心，中国在一定程度上也就成了一个动态和开放的区域创新网络。在这样的一个区域创新网络内，中国跨国公司在本土就可以学习到很多新的知识，而对这些知识的集成创新或消化吸收后的原始创新，就可以极大地促进中国跨国公司自主知识产权的培育。

三　竞争力理论分析

　　竞争是社会经济生活当中普遍必然的现象。竞争中，参与主体所显示出来的优势和实力，即竞争力，是不一样的。自20世纪80年代起，竞争力开始成为经济学理论研究的热点。若按竞争主体的层次性来划分，竞争力研究有产品竞争力研究、企业竞争力研究、城市竞争力研究、产业竞争力研究、区域竞争力研究和国家竞争力研究等。每种层次的竞争力研究，都有其特定的对象、视角、侧重点及相应的理论范式。鉴于企业竞争力是最基本的竞争力，以及本书研究的对象是企业，这里主要借鉴企业竞争力的相关理论，展开对中国跨国公司为什么要培育自主知识产权这一问题的分析。

　　所谓企业竞争力，一般地说，是指一个企业与其他企业相比，具有在开放的竞争性市场中持续地满足消费者的需求，并赢得利润和发展的各种因素的总称。在思维的显微镜下,企业竞争力包括以下几个要素:一是竞争的市场,二是企业的生产率,三是企业能够在消费者的满意中获利,四是企业的长期存在,五是企业竞争力是多种因素相互作用的总和。企业竞争力研究的主要目的是探讨影响企业竞争力强弱的原因是什么,什么样的企业可以具有持续的竞争力,什么样的企业没有竞争力或其竞争力不可持续。这其中涉及的核心问题是决定和影响企业竞争力的因素是什么以及企业如何获取持续的竞争优势。从以往的研究来看,不同的研究者对于这一问题的回答是不同的,可以分为三类:第一类认为决定和影响企业竞争力的因素是外生的,主要来自企业的外部环境和产业结构,波特教授是这一观点的主要代表人物;第二类认为企业的竞争力是内生的,企业竞争优势或根源于企业所拥有的资源,或根源于企业自身的能力,或根源于企业的知识,由此形成了资源学派的企业竞争力理论、能力学派的企业竞争力理论和知识学派的企业竞争力理论;第三类认为企业竞争力是由企业内部效率和外部环境决定的,世界经济论坛和洛桑管理与发展学院持这类观点。

　　企业竞争力理论有一个发展和演变的过程。从思源的渊源来说,最早可以追溯到古典经济学时期。古典经济学虽然没有明确提出企业竞争力的概念,但其中蕴含着丰富的有关竞争力来源的思想。其一是社会分工论。亚当·斯密认为,分工可以提高劳动生产力。劳动分工能够提高生产效率的原因是:(1)分工使劳动者的技术更加娴熟;(2)分工减少了工序转移造成的劳动时间的浪费;(3)劳动者因为分工而长期专门从事某一项工作,有时间思考劳动生产技术的改进,这有利于机器生产的出现并逐步替代手工劳动。亚当·斯密的分工理论说明,企业因内部分工所获得的知识和技能、所节约的劳动时间,可以提高企业的竞争力。其二是大卫·李嘉图的比较优势理论。李嘉图认为,国际贸易是建立在生产技术的相对差别以及由此产生的相对成本的差别之上的,每个国家都应该集中生产并出口其具有"比较优势"的产品,进口其具有"比较劣势"的产品。比较优势理论的思想核心是分工协作,这在一定程度上为企业如何提高竞争力提供了启示。

　　到了20世纪80年代,有些学者注重从企业所处的外在环境,具体地说,就是产业的市场结构,来探讨企业的竞争力问题。这一研究的典型代表是美国哈佛大学的迈克尔·波特教授。在波特教授之前,企业竞争力问题已经引起了很多学者的关注,一些学者对其进行了深入研究。而这其中,较有影响力的是哈佛大学商学院的教授安德鲁斯。安德鲁斯教授在《企业战略概念》中,提出了企业竞争力的分析框架 SWOT,即"道斯矩阵"。在安德鲁斯教授的 SWOT 分析框架中,S 代表企业的强项(Strength)、W 代表企业的弱项(Weakness)、O 代表环境向企业提供的机遇(Opportunity)、T 代表环境对企业造成的威胁(Threats)。而波特教授指出,构成企业环境的最关键部分就是企业投入竞争的一个或几个产业,产业结构强烈地影响着企业选择什么样的战略来提高自身的竞争力。为此,波特教授反复强调,企业竞争战略确立的基石是产业的结构分析。与以往的研究相比,波特教授的企业竞争力理论的贡献在于:创造性地实现了产业组织经济学与企业竞争战略的兼容。

资源学派的企业竞争力理论,出现于 20 世纪 80 年代中期,经过 20 世纪 80 年代末和 90 年代初得到了长足的发展,成为企业竞争力理论研究领域中的一个重要流派。与从企业的外部环境来分析企业的竞争力理论不同,资源学派的企业竞争力理论将企业视为资源的集合体,从企业拥有的差异化的资源来探寻企业竞争的来源。强调"资源"的重要性,是资源学派企业竞争力理论研究的出发点和基础。在柯林斯和蒙哥马利看来,一个企业要获得佳绩,就必须获得一系列独特的具有竞争力的资源并将其配置到企业拟定的竞争战略中去。不过,在一个企业所拥有的各类资源中,什么样的资源可以成为企业提升竞争力的关键呢?在企业经营管理实践中如何判别不同资源的竞争价值呢?对此,柯林斯和蒙哥马利认为,判断企业资源的竞争价值不能仅仅着眼于企业自身,必须将企业资源置于其所处的产业环境中并与企业竞争对手所拥有的资源进行比较,才能确定企业资源竞争价值的大小。在他们看来,对企业资源的竞争价值大小的判断,一般可以从以下五个方面进行:一是不可模仿性,即资源是否难以为竞争对手所复制;二是持久性,即资源价值的贬值速度;三是占有性,即资源所创造价值为谁所占有;四是可替代性,即一个企业所拥有的资源是否可以被其他资源所代替;五是优质性,即自身拥有的资源和竞争对手拥有的资源哪个更好。在柯林斯和蒙哥马利研究的基础上,英国学者福克纳和鲍曼进一步拓展了资源学派的企业竞争力理论和分析模型——顾客矩阵,即由可察觉的价格(Perceived Price)和可察觉的使用价值(Perceived Use Value)

两组变量所组成的二维坐标。他们认为，一个具有竞争力的企业能够比其竞争者更好地满足消费者的需求；企业要获取竞争力，就必须以最低的可察觉价格向顾客提供最高的可察觉的使用价值；为此，在顾客矩阵中，企业要么削减价格，要么增加可感受的使用价值；具体采用何种策略，需以企业对核心能力——主要包括企业的运行能力和制度能力——的开发与使用为依据；在核心能力中，能够提升企业竞争力的能力可被称为企业的关键能力。为了分析企业的关键能力，福克纳和鲍曼又创建了"生产者矩阵"分析工具。在"生产者矩阵"中，纵轴表示能产生价值的有效能力，横轴表示相对单位成本。综合运用"顾客矩阵"和"生产者矩阵"，就可以对企业竞争力做出一个量化分析。

随着企业管理实践的不断丰富和发展以及企业界和学术界对企业管理实践的反思，一些企业的管理者和企业理论的研究者，逐渐发现了波特竞争力理论的局限性。产业结构虽然是企业竞争环境的关键组成部分，但产业结构的特征和演变只是企业制定竞争战略的主要依据之一，况且就外在环境的机会和威胁对于企业能否具有竞争力而言，只具有可能性影响，而非现实性因素。只有把这种可能性变为现实性，才能真正影响企业竞争力，而转化的关键在于企业自身，即企业能够做到什么。波特的竞争力理论从产业结构方面对企业提升竞争力的可能性进行了透彻的分析，但对企业能否将这种可能性转化为现实性却语焉不详。由于转化的关键是企业自身所拥有的能力，因此，20世纪80年代中后期及90年代初期以来，不少管理学家越来越注重从企业能力的角度对企业竞争力展开分析。能力学派企业竞争力理论，是一种强调以企业生产、经营行为和经营过程中所特有的能力为出发点，努力提高企业竞争力的理论思想。能力学派企业竞争力理论有两种具有代表性的观点：一种是以汉默尔和普拉哈拉德为代表的"核心能力观"；另一种观点是以斯多克、伊万斯和舒尔曼为代表的"整体能力观"。

对企业竞争优势源自何处不停地追根究源的结果便是，20世纪末，人们挖掘出了企业核心能力背后的知识属性，于是知识学派的企业竞争力理论应运而生。由于知识学派企业竞争力理论出现的时间较晚，因此知识学派企业竞争力理论尚未形成一个统一的体系。知识学派企业竞争力理论的核心思想来源，或许可以追溯到哈耶克对知识的经济学研究。哈耶克在20世纪三四十年代发表了一系列与知识经济学有关的研究文章，比如《经济学和知识》《知识在社会中的运用》《感觉的秩序》等。哈耶克认为,"必须把竞争看作一种程序,在其中人们获得知识并相互提供知识"。[①] 从这种观点来看,企业竞争力的提升和知识的获取与运用是相互紧密地联系在一起的。哈耶克所阐述的默会知识对于企业竞争力的提升有着重要的意义。在哈耶克看来,在人们所掌握的知识中能够阐明的部分只占一小部分,其余大部分知识是那些只能意会而不能言传的默会知识。这种知识转移的难度阻碍了其他企业对自身企业核心能力的模仿。

借鉴上述学派企业竞争力理论的相关观点,可以对中国跨国公司自主知识产权培育的原因,做出一定程度的解释。

(一) 波特的五种竞争力模型解释

波特教授认为,企业所处的产业结构以及在此基础上所选择的相应策略是企业具有持续竞争力的关键,市场占有率的争夺,不仅与同业企业之间的竞争有关,还与客户、供应商、潜在的进入者和替代性产品密切相关。[②] 企业竞争力有五种来源:(1) 与同业竞争对手的竞争能力;(2) 应对潜在竞争对手入侵的能力;(3) 防止产品被替代的能力;(4) 与供应商砍价的能力;(5) 与产品购买者砍价的能力。企业取得竞争优势,要善于利用这五种市场竞争力,选择有吸引力的产业;为此,可实施总成本领先战略、差异化战略和目标聚焦战略三种基本战略。在波特教授看来,企业通过五种竞争力的利用、三大竞争战略的实施和价值链的整合,可以建立一个阻止潜在竞争对手进入的壁垒,形成一个屏障,有效保护自己的竞争优势。企业持续竞争优势的保持,[③] 需要技术所有权、品牌等资源的支撑;需要在研发、广告、营销和新产品的推出等方面进行投资,拉开与竞争对手的差距;需要形成基于价值链发展的多种竞争优势;需要提高自身能力,实现对竞争优势的改善。

依据波特教授有关差异化、进入壁垒和企业竞争优势保持的观点,可以解释中国跨国公司培育自主知识产权的原因。第一,自主知识产权是法

---

① 〔德〕格尔哈德·帕普克主编《知识、自由与秩序:哈耶克思想论集》,黄冰源译,中国社会科学出版社,2001,第168页。
② 〔美〕迈克尔·波特:《竞争论》,高登第、李明轩译,中信出版社,2003,第6页。
③ 〔美〕迈克尔·波特:《国家竞争优势》,李明轩、邱如美译,华夏出版社,2002,第47~50页。

律赋予的排他性垄断权,是阻隔竞争者、建立进入壁垒的有效武器。通过自主知识产权的阻隔机制,跨国公司可有效保护市场,排除竞争对手的复制、模仿,确保公司的投资收益,使垄断利润长期化。第二,品牌、商标、商誉是跨国公司实施差异化战略的重要手段,也是支撑企业持续竞争优势的独特资源。第三,自主知识产权形成的根本途径是创新,中国跨国公司积极培育自主知识产权,不但可以形成公司的多种竞争优势,而且可以使公司增强提升竞争优势的能力。

当然,也应看到波特教授的企业竞争理论对于跨国公司自主知识产权培育的解释力是有限的。在波特教授看来,"产业结构强烈地影响着竞争规则的确立以及潜在的或供公司选择的战略",[1] "理解产业结构永远是战略分析的起点"。[2] 因此,在他的分析范式中,企业是最小的分析单元,企业的内部结构不被考虑,企业被视为一个黑箱,是同质的,是使用同质技术的一个投入与产出装置;基于此,他对技术创新的论述着墨不多,也不系统。上述这些特点,使依据他的理论来解释跨国公司培育自主知识产权,不能充分说明中国跨国公司培育自主知识产权的主动性和技术创新在自主知识产权培育中的重要意义。

(二) 资源学派的企业竞争力理论解释

资源学派的企业竞争力理论的思维逻辑起点是资源,分析范式是"资源—战略—绩效"。这种范式的建立,有两个基本假设前提:(1)企业所拥有的资源是异质的;(2)异质的企业资源具有不完全流动性。在这两个假设前提下,资源学派的企业竞争力理论认为:企业所拥有的异质性资源,决定了企业的异质性;企业竞争优势的源泉,并非企业外部的产业结构,而是其异质性的资源;能够给企业带来竞争优势的异质性资源,必须是有价值的,必须是稀缺的,必须是难以模仿的和不可替代的。[3] 也就是说,资源学派的企业竞争力理论认为企业的竞争力来源于企业所拥有的独特的资源,也正是企业独特的资源使企业能够获得超出平均水平的收益。美国经济学家巴尼是从企业内部资源来分析企业竞争力的杰出代表。巴尼

---

[1] 〔美〕迈克尔·波特:《竞争战略》,陈小悦译,华夏出版社,2005,第3页。
[2] 〔美〕迈克尔·波特:《竞争战略》,第6页。
[3] Jay Barney, "Looking Inside for Competitive Advantage," *Academy of Management Excutive* 9 (1995): 4.

认为，企业独特的资源对企业的竞争力是有价值的，其价值的大小是由这种资源所能产生的准租金的大小来决定的。所谓准租金是指资源的最优使用和次优使用所产生的收益之差。如果一个企业拥有了有价值的资源，那么其获得准租金大小的能力，就由资源被模仿的难易程度决定。资源越容易被模仿，准租金就越小；反之，就越大。不过，企业如果想要获得高额的准租金，还必须以低于资源价值的价格来获得有价值的资源。

强调资源的重要性是资源学派企业竞争力理论的基础和出发点。从资源学派的企业竞争力理论对资源的阐述来看，自主知识产权是能够给中国跨国公司带来竞争优势的关键资源。企业资源，一般来说，是对企业有用的并为企业所拥有、控制的资产，既可以是有形的，也可以是无形的。自主知识产权对于中国跨国公司来说，无疑是具有效用的，比如自主专利技术可以提高公司产品的质量，自主品牌可以提高公司的知名度和美誉度，为顾客创造一定的价值。所以，从这个角度来说，自主知识产权是一种企业资源，而且作为企业资源的自主知识产权具有价值性、稀缺性、难以模仿性和不可替代性。就价值性而言：智力成果的创造性，是获得自主知识产权的必要条件；创造性智力成果是创造性劳动的产物，而创造性劳动属于抽象的、无差别的人类劳动当中的一种具体形态，当这种劳动凝聚在智力成果之中并被具化为知识产品时，无疑是具有价值的。就稀缺性而言：资源的稀缺性，也即资源在数量上的有限性，意味着资源并不是人人都可拥有、享受的；智力成果知识产权化的新颖性和创造性条件本身就决定了权利人所拥有的自主知识产权资源是有限的，再加上自主知识产权是法定的特许权，不是人人都有资格享受的权利，按照知识产权法的规定，知识产权作为一种专有权，只赋予在先符合法律条件的申请者，后来者不可能再次取得同一知识产权，不仅不能够取得，而且还需获得该知识产权人的同意，才能够使用该知识产权；所以，自主知识产权又是稀缺的，具有稀缺性。就难以模仿性而言：非所有权人未经权利人的许可或转让不得商业化地运用权利人的知识产权是知识产权制度当中的一项基本规定；因而，在知识产权制度的保护下，自主知识产权就具有难以模仿性，因为模仿会受到法律的制裁，而模仿者要做到既模仿又不被法律制裁的难度是很大的。就不可替代性而言：随着知识经济的兴起，知识已成为第一生产要素，在企业经营和发展当中的地位和作用越来越重要，而企业自主知识产权是企业知识创新成果产权化的结果,是企业技术水平高和品牌影响力强的重要标志;这样,作为高技术水平代表的自主知识产权,对于处在知识经济迅猛发展中的企业而言,就自然而然地具有重要的不可替代的作用。依据资源学派企业竞争力理论的逻辑,具有价值性、稀缺性、难以模仿性和不可替代性的自主知识产权资源,在企业给顾客提供满足其需要的产品和服务的过程中具有重要的作用,能够使企业比其竞争对手更好地满足顾客需求,从而给企业带来持续竞争优势。这种优势也就决定了中国跨国公司具有培育它的内在动力。

资源学派的企业竞争力理论将企业视为寻租者,企业制定战略的目的就是通过获取与众不同的资源来使企业具有持久的竞争力,从而获取经济租金和超额利润。按照巴尼的说法,企业必须以低于资源价值本身的价格获取资源才有可能获得高额的租金。由于经济学的基本规律决定了高效资源的供给始终是有限的,因此企业要以较低的代价获得有价值的资源,主要还是靠企业内部的积累和培育。特别是对于以专利技术、商标品牌、技术诀窍、管理经验等形式存在的无形资源而言,古典经济学的两个基本假设(市场主体拥有完全信息、市场交易合同毫无瑕疵地得到履行)在现实经济生活中是根本不成立的,也就是说,知识品的交易市场是一个不完全竞争的市场,因而只能以企业组织的内部培育代替外部的市场交易。通过企业组织的内部培育,可以建立专门的研发组织和人才,可以积累丰富的研发经验,可以实现企业内部知识的转移和共享,从而实现产品研发设计活动中的规模经济。这样就可以使企业以巴尼所说的方式来获得高额租金。从形态上来说,这种租金有可能是李嘉图租金,也有可能是垄断租金。这些租金对于企业培育自主知识产权而言是一个强有力的刺激。对于中国跨国公司而言也是如此。

总之,自主知识产权是知识产权机构根据相关法律标准对智力创新成果予以保护,并在一定时空范围内生效的法定权利。这种法律特性使自主知识产权具有独占性、异质性和不可替代性,成为中国跨国公司稀缺的和难以模仿的资源。而独占性的自主知识产权资源,能够最大限度地产生出高额租金,这会形成强劲的事前激励——刺激中国跨国公司培育更多的企业自主知识产权。

(三) 能力学派的企业竞争力理论解释

基于拥有相同资源的企业在多元化经营中，有的成功，有的失败，和相同的资源在不同的企业中具有不同的使用效率，以罗斯比与克里斯蒂为代表的能力学派主张将能力与资源这两个概念区分开来。他们认为：它们是相互联系，但彼此作用不同的两个范畴；能力是一种现实的生产力，其前提是资源，但形成于资源整合之后。之后，能力学派的企业竞争力理论继续向前发展。1990年，普拉哈拉德发表了《公司核心能力》一文，这标志着企业核心能力理论的兴起。与资源学派的企业竞争力理论把能力视为广义的资源不同，企业核心能力理论认为，静态的资源不是企业活的本质，企业的本质是能力，企业是能力的集合体，能力是进行企业分析的基本单元；企业的持续竞争优势不是企业的一般能力，而是其拥有的核心能力——"组织的积累性学识，特别是关于如何协调不同生产技能和有机结合多种技术流的学识"。[1] 核心能力是企业整体的能力，不属于企业某一特定的成员或部门，是拆不开的，也是与众不同、独一无二的，具有价值性、不可交易性和难以模仿性；积累、保持、运用核心能力乃企业安身立命之本，是企业发展的根本法则。

能力学派的企业竞争力理论之于中国跨国公司培育自主知识产权的启示就是，公司自主知识产权能力比静态属性上的自主知识产权资源更为重要。当今，技术更新换代的速度加快，市场需求的不确定性也因消费者日益个性化的偏好而加大，产品的生命周期越来越短，……这些因素的综合作用，使中国跨国公司面临着激烈的知识产权创新竞争，仅仅凭借手中所拥有的较少数量的自主知识产权资源存量，中国跨国公司不可能高枕无忧。只有通过不断创造新的技术并对其进行知识产权化，企业才能保证在原有的知识产权竞争优势被对手赶上之前，产生出新的知识产权竞争优势。为获取持续的竞争优势，中国跨国公司必须不断地培育自主知识产权，在培育自主知识产权的过程中，自主知识产权能力就显得尤为重要。中国跨国公司的自主知识产权能力越强，其培育自主知识产权的效率就越高，也就越能构筑自己的自主知识产权优势，从而摆脱在全球知识产权竞

---

[1] Prahalad, C. K., Hamel, G., *The Core Competence of the Corporation* (Harvard Business Review, 1990), pp. 79 – 91.

争中的不利局面，占据有利的竞争位置。发达国家跨国公司之所以能够在不同的时间掌握各种不同的核心技术之知识产权，最根本的在于其具有不断进行核心技术之知识产权创新的能力。中国跨国公司的自主知识产权能力，是一个能力体系，其中包括自主知识产权的创造能力、运用能力、管理能力和保护能力，这四种能力是相互联系的，但自主知识产权的创造能力更为根本，于这四种能力中是核心。没有自主知识产权的创新，中国跨国公司单纯的自主知识产权保护，阻挡不了其他公司的知识产权进攻，应对不了日益变化的全球经营环境；没有自主知识产权的创新，中国跨国公司的自主知识产权应用和管理，就犹如建立在流动的沙丘上，根基不稳。中国跨国公司自主知识产权的创造能力，是买不来的，其形成必须靠自我积累，一旦形成也是偷不走、溜不掉的，会在不停的自主培育过程中不断地发展、壮大。中国跨国公司培育自主知识产权，不仅可获得自主知识产权资源，关键的是能形成自己的研发团队，积累宝贵的经验，具备开发新的自主知识产权的能力。与自主知识产权资源不同，自主知识产权的自主创新能力，是以企业员工和企业组织为载体的，是技术创新方向的选择、创新技术的开发、创新资源的配置、创新资源的整合等主体能力，是在技术创新实践过程中内生的，不是外生的，买不来、偷不来、抢不来、捡不来。这种能力才是中国跨国公司应对知识产权激烈竞争和知识产权环境不断变化、保持长盛不衰的根本。

（四）知识学派的企业竞争力理论解释

知识学派的企业竞争力理论的基本思想是：企业是知识的集合体，而知识是企业能力和竞争优势的根源。企业知识理论认为，从经济学家对知识的两分法——生产技术知识和协调生产的制度知识——的角度，可以把企业看成"一种包括生产技术和制度知识在内的知识一体化的制度安排，是由掌握各种不同类型知识的人组成的'生产团队'组织形式"。[①] 对于员工之间的知识转移、交流和共享而言，企业只是一个公共平台。由于企业所吸纳的员工，其知识在专业方向和专业化程度上存在差异，再加上不同的企业，其员工相互交流、作用的机制不相同，因此，各企业所积累的知识是不同的，也就是说，企业的知识数量与知识结构彼此之间的差异性很

[①] 金碚：《竞争力经济学》，广东经济出版社，2003，第456页。

大（见表2-1）。企业知识数量和知识结构的差异，决定了企业认知能力不同，进而使企业在机会的创造和利用、资源的配置方式和效率、生产经营的方法和结果等方面都存在很大的差异，由此带来的企业的核心能力也不一样。由于隐性知识（只可意会、难以言传的知识，如技能、经验、技术诀窍、组织惯例等）难以模仿，故构成企业核心能力的知识多属于隐性知识。隐性知识之所以难以模仿，是因为这类知识深藏于实践之中，只能通过实践学习来认知。就犹如游泳技能的习得一样。一个人要学会游泳，光看如何游泳的书籍或视频而不下水去游，是永远也学不会的。隐性知识，按其所属主体来划分，可分为企业员工个体的隐性知识和企业组织的隐性知识。以员工个体为载体的隐性知识，会因市场交易而流失，所以企业核心能力的内核，是企业共有的隐性知识。这种知识的累积和形成具有很强的路径依赖性，它买不来、拿不走，也无法复制，可保持企业竞争优势的持久。为了获得企业共有的隐性知识，企业需要创造适宜的环境和条件，让其员工频繁地、面对面地交流、学习，以促进企业内的知识交流、知识转移、知识转化和知识共享。

表2-1　企业知识的分类

本体论角度	认识论角度	个人知识	共有知识
显性知识		抽象性知识（embrained knowledge），例如：专业知识、理论修养等	编码性知识（encoded knowledge），例如：规则、流程、技术文件等
隐性知识		实践性知识（embodied knowledge），例如：直觉、技巧、智慧、经验等	根植性知识（embedded knowledge），例如：组织惯例、技术诀窍、企业家精神等

资料来源：金碚：《竞争力经济学》，第458页。

知识学派的企业竞争力理论为解释中国跨国公司自主知识产权的培育动力提供了一种解释。从知识学派的企业竞争力理论来看，中国跨国公司自主知识产权的核心能力是能够保证企业持续地创造新的自主知识产权并不断提高其质量的企业共有的隐性知识，它是中国跨国公司自主知识产权竞争优势的根源。这种企业共有的隐性知识的形成具有很强的路径依赖性，只有在中国跨国公司自主知识产权培育的过程中才能获得，是长期累积而成的，是企业技术研发人员、知识产权管理人员、知识产权律师在讨论自主知识产权的创造方向、怎样有效地创造、什么时候申请知识产权、怎样申请等问题的过程中相互进行知识学习、知识交流的结果，不可能通过市场交易的途径而得，因为它根植于企业的惯例之中。通过自主培育的途径累积这种知识，中国跨国公司可以提高企业的知识产权认知能力，从而对不断变化的知识产权环境做出迅速的反应，抓住知识产权机会，化解知识产权风险，获取自主知识产权竞争的优势。尤其是当中国跨国公司到海外进行以自主知识产权为目的的研发活动时，就更需要对异质文化下的风土人情和隐藏在海外技术研发人员身上的技能技巧、精神气质等有所了解和掌握，而这些知识的获得也只有经过实战过程才有可能。

基于企业知识理论还可以看出，企业自主知识产权培育的过程，实际上是一个知识创新并产权化的过程。从知识创新的角度来看，中国跨国公司自主知识产权培育既有其内在的动力，也有其外在的压力。就内在动力而言，中国跨国公司通过自主知识产权的创造，可以获得"熊彼特租金"。就外在压力而言，中国跨国公司培育自主知识产权，是应对知识革命和企业间产权化知识竞争的有效手段。熊彼特认为，如果企业能够在竞争激烈的市场上，抓住机会率先创新，就能够获得高额的经济租金或时间上的领先优势。[1]而所谓的创新实际上就是在原有的生产系统中引入新的生产要素和条件，具体包括：新产品、新生产技术、新原材料、新组织形式、新市场。这种引入工作是企业家的职责，会打破原有的经济均衡状态，企业家所从事的这种工作是一种创造性的破坏。通过这种方式所获得的企业经济租金就是"熊彼特租金"。然而，由于创新的示范作用和知识的溢出性，必定会有很多的模仿者跟进，并重新引起激烈的竞争。竞争的加剧会使利润下降，新的均衡重新形成。因此，企业持续地获得"熊彼特租金"的唯一方法就是不断创新。

从"熊彼特租金"的形成、维持和侵蚀的过程来看，中国跨国公司必须不断培育自主知识产权才能形成持续的竞争优势。中国跨国公司的自主知识产权，从其本源来说，主要是因知识创新所获得的知识产权。而作为一种法定的权利，知识产权是有时间限制的，超过法定期限的知识产权就是一种供人免费使用的公共知识。知识产权的这种特性，使中国跨国公司

---

[1] Joseph Alois Schumpeter, *Capitalism, Socialism and Democracy* (New York: Harper, 1942).

不能够凭借自己已经培育出来的自主知识产权获得长久的市场势力，这就使中国跨国公司所获得的"熊彼特租金"只是短暂的。这种短暂的"熊彼特租金"使中国跨国公司培育自主知识产权，既有动力也有压力。而且，由于权利人获得知识产权的代价是公布自己的技术方案，而其他任何人都可以从这种公开的技术方案中获取知识创新所需要的信息，所以，中国跨国公司在知识产权创新上面临着激烈的竞争。

四 交易费用理论分析

交易费用理论，也可称交易成本理论（Transaction Cost Theory），最早源于罗纳德·科斯，后经阿尔钦、德姆塞茨、威廉姆森、张五常、哈特等人的发展，成为一种比较完整的理论体系。早在古希腊时期著名哲学家亚里士多德就曾使用过"交易"这一词。在亚里士多德那里，"交易"的含义是人与人的关系。旧制度经济学家康芒斯把"交易"概念一般化为人类活动的基本单位。在康芒斯看来，"交易"不仅仅是物品或劳务的双边转移，而且是人与人之间的关系，是所有权的转移，从类型上可以分为：买卖的交易，即平等人之间的交换关系；管理的交易，即上下级之间的命令和服从关系；限额的交易，主要是指政府对个人的关系。这样，一些性质并不相同的经济活动如买卖活动、经理对工人的管理以及国家对个人的征税等，都可以被纳入"交易"的框架下进行比较和分析。不过，康芒斯对"交易"的分析主要采用的是哲学、法学、社会学和心理学而非经济学的方法，因而并没有对"交易"进行成本收益分析，也没有注意到交易活动需要成本。

将交易和成本结合起来进行考察的是新制度经济学的鼻祖、美国芝加哥经济学派的代表人物罗纳德·哈里·科斯（R. H. Coase）。为了解决企业为什么会存在、企业规模的决定因素是什么等问题，科斯提出了"交易费用"的概念，并提出了使用市场价格机制有费用的观点。在《社会成本问题》一文中，科斯进一步指出："为了进行一项市场交易，有必要发现和谁交易，告诉人们自己愿意交易及交易的条件，要进行谈判、讨价还价、订立契约、实施监督以保障契约按要求履行。"[1] 所谓的交易费用也就是

---

[1] R. H. Coase, "The Problem of Social Cost," *Journal of Law and Economics*, Vol. 3, No. 10 (1960): 1 - 44.

"利用价格机制的费用",或者说"利用市场交换手段进行交易的费用",主要包括提供价格的费用、讨价还价的费用、订立和执行合同的费用等内容。科斯认为,当市场交易费用高于企业内部交易费用时,企业就会产生;企业作为一种组织形式,可以减少市场上交易的人数及交易摩擦,从而节约交易费用;当市场交易的边际费用等于企业内部交易的边际费用时,企业的规模便不再扩大。由此可见,科斯将企业视为市场的替代物。

科斯指出了市场交易有费用,但并没有说明市场交易费用产生的原因。奥列佛·伊顿·威廉姆森(Oliver Eaton Williamson)在《生产的垂直一体化》《交易成本经济学》等著作中,对此做了比较详细的分析。威廉姆森认为,市场费用高主要是由以下几个原因造成的。

一是机会主义。机会主义是指人一有机会就会尽可能地损人利己的行为,比如背信弃义、合同欺诈、逃避责任、规避法律、钻空子或者利用交易对手的弱点等。在威廉姆森看来,机会主义之所以会提高市场交易费用,主要是因为机会主义会直接影响以私人契约为基础的市场效率。市场交易双方一方面要保护自己的利益,另一方面又要提防对方的机会主义行为。每一方都不会轻易相信对方,也都不敢以对方提供的信息作为决策的直接依据,都会重新收集信息,这会导致交易费用的提高。

二是不确定性。威廉姆森认为,市场交易中充满着不确定性,从类型上说,主要包括偶然事件的不确定性、信息不对称的不确定性、预测不确定性、行为不确定性等。一项交易的完成需要一个过程,在这个过程中有可能会发生很多令人意料不到的影响交易双方各自权利和义务的事件,从而影响到交易合同的执行。而当合约履行一方发现自己处于不利地位时,就会实施机会主义的行为,从而给对方带来损失。为避免这种情况的发生,交易双方就会在事前力图将合约订得详尽和完备,但因为有限理性的存在,合约是不可能完美的,这就会给机会主义留下了可乘之机。最后的结果是交易的不确定性导致交易合约变得复杂,而交易费用也因复杂的交易合约而提高。

三是小数目条件。威廉姆森认为,充分的市场竞争会降低交易主体对对方的依赖性,在这种情况下,交易主体会因为自己的机会主义行为付出高昂的代价,因而交易双方都不敢实施机会主义行为。但当市场交易者数量很少的时候,交易主体之间的依赖性增强。在经济利益的诱惑下,交易主体的机会主义行为就容易发生。如果市场被少数大公司垄断，非垄断的一方就会付出高额的交易费用。

四是资产的专用性。威廉姆森认为，资产专用性是指在不牺牲资产的生产价值的前提下，资产可用于不同用途和由不同使用者利用的程度。从类型上来说，资产的专用性有资产本身的专用性、资产选址的专用性和人力资本的专用性三种。资产的专用性使交易主体对交易伙伴的依赖性增强，资产的专用性程度越高，拥有专用性资产的交易主体对交易伙伴的依赖性也就越高，因此也就越有可能被交易伙伴的机会主义行为坑害。其结果就是，拥有专用性资产的交易主体的交易成本也就越高。

威廉姆森认为，由于这四类因素在市场交易中会相互影响，因而市场交易成本会大幅度提高。在这种情况下，市场交易成本很高的资源配置过程就不可能通过市场机制来执行，而是应通过纵向一体化的方式，将市场交易转变为企业内部的资源配置过程，从而节省交易费用。因此，威廉姆森认为，企业是节省市场交易费用的一种模式。这种观点与科斯是一致的。在威廉姆森看来，企业组织在节省交易费用方面的有效性主要体现在激励、控制、内在结构优势三个方面。就激励而言，企业组织内部拥有多样化的激励手段，这是因为在市场上，人只是一个经济人，只做出市场反应；但在企业组织里，人既是经济人，同时也是单位人、道德人、文化人，会对货币以外的荣誉、利益、组织纪律等做出反应；这样，企业组织就可以通过较少的货币完成同样的激励。就控制而言，与市场相比，企业具有多样化和灵活性的控制手段，而且这些手段不仅具有合法的权威，还可以被巧妙地加以运用，这样企业就可以比较高效地解决冲突，由此就可降低控制成本。就内在结构优势而言，企业内部各组织因功能分化会形成特定的内部结构，这种结构可以加速企业内部的信息转移和共享，并降低通信成本。

由上可知，科斯和威廉姆森都认为企业与市场是一种替代关系，而与此相反，张五常认为，企业的出现并不是用非市场的方式替代市场方式组织劳动分工，而是用要素市场替代中间产品市场。企业虽然节约了交易费用，但没有消除交易活动本身，因而并没有替代市场，企业本身也是一种契约形式。企业制度的创立实际上是用一种效率比较高的市场代替一种效率比较低的市场。企业作为一种制度创新，其合理性就在于降低交易费用。

以上是对交易费用理论的发展及一些主要代表人物的观点的简要概

述。从这种概述中，可以看出：导致中国跨国公司将自主知识产权培育活动纳入企业内部而不是依赖从其他厂商处购买的基本动机是降低交易成本，比如签订和执行知识产权买卖合同的成本等。因为知识产权产品市场是一个具有不完全性的中间产品市场，比如，当中国跨国公司在与售卖方签订专利许可证贸易和技术转让合同时，专利售卖方往往不愿公开技术秘密，同时还存在专利合同价格不好议定等问题，而这种不完全性会导致知识产权市场失效，从而提高知识产权商品的交易价格。造成知识产权产品市场不完全性的一个重要原因是发达国家及其跨国公司的专利技术封锁制度。根据"科斯定理"，如果交易成本为零，则不论交易活动如何安排，资源配置都是有效的。就知识产权资源而言，如果某交易成本为零，则中国跨国公司可以通过市场获取，从而使公司的需求得到满足。但是，根据"科斯反定理"，即若交易费用不为零，则不同的权利界定会带来不同效率的资源配置。众所周知，知识产权制度是知识产权交易的基本制度，是现行国际政治经济秩序的重要组成部分，是保护知识产权人对知识创新成果的垄断权的法律制度，是维持发达国家竞争优势的制度。一些发达国家及其跨国企业一方面强行提高知识产权保护标准，另一方面又设置知识产权网络，想方设法获取许可费或其他方面的利益。在这种前提下，知识产权市场上的商品交易费用不仅为正，而且高昂，因而也就使中国跨国公司难以通过市场交易的方式获取自己所需要的专利技术资源。只要中国跨国公司一涉及技术层次稍高一点的专利交易活动，专利产品的所有权人及其所属国就会利用机会主义的行为剥削中国跨国公司。

第一，知识产权是为权利人所独立占有的一项法律权利，没有权利人的许可，任何人不得使用权利人的智力创新成果；而且对于同一技术领域的智力创新成果而言，不会有一个以上的同一属性的知识产权并存。这种情况容易导致权利人在行使知识产权过程中拒绝许可中国跨国公司以合理条件使用该知识产权，从而排除、限制中国跨国公司的竞争，也容易导致权利人在行使知识产权的过程中对作为交易相对人的中国跨国公司附加许多不合理的限制条件，比如要求中国跨国公司将其改进的技术进行独占性的回授，禁止中国跨国公司对其知识产权的有效性提出质疑，限制中国跨国公司在许可协议期限届满后、在不侵犯知识产权的情况下利用竞争性的商品或者技术，对保护期已经届满或者被认定无效的知识产权继续行使权利，禁止中国跨国公司与第三方进行交易等。在利润最大化的驱使下，面对知识产权市场或者含有特定知识产权的产品市场的权利滥用行为，中国跨国公司必然试图将知识产权交易纳入企业内部，并通过企业的行政组织对自己所需的专利技术或其他知识产权资源进行创造。这说明培育自主知识产权是中国跨国公司对知识产权较高交易成本做出的反应。一般来说，知识产权交易成本，包括知识产权的专业化资产、监督、信息搜寻、谈判协调等带来的成本，在现行的知识产权制度环境下它们可能高得足以使中国跨国公司以企业内部化的方式取代知识产权产品的市场交易。知识产权专业化资产是指企业知识产权所涉及的资产，包括企业知识产权所涉及的专利技术、技术诀窍或含有特定知识产权的研发设备等。很显然，如果这类资产被某一家公司或几家公司垄断，那么作为交易相对方的中国跨国公司将处于被"要挟"或被"敲竹杠"的地位。比如，掌握专利性技术的企业或者企业集团，可能通过协议或者其他方式建立专利联盟，实现相互之间或者特定主体之间的专利许可，以此排挤专利联盟之外的中国跨国公司。专利联盟中的企业将他们各自掌握的专利性技术归总到"专利池"中，实现在相互之间使用的优先和优惠，而专利联盟之外的中国跨国公司如要使用"专利池"中的技术，就必须支付高额的使用费。为了避免这种情况的出现，中国跨国公司就会以内部培育的方式来获得自己所需要的专业化的知识产权资产。

第二，知识产权是基于创造性智力成果和工商业标记依法产生的权利的统称，其与有形财产权相比最大的不同之处就在于它的无形性；知识产权这种无形性的特点，一方面使知识产权人只有在知识产权诉讼中才能显示自己是权利人，另一方面也使知识产权交易中的"标的物"只是对创新性智力成果的商业化使用权；这也就使知识产权交易中的权利人能够对同一知识产权进行重复交易——比如，专利权人甲先与乙签订独占使用许可合同，后甲又将专利转让给不知情的丙，乙继而又与不知情的丁签订独占使用许可合同。作为交易相对人的中国跨国公司却并不知情，而且只有当知识产权当中的技术方案或商标出现在有形的产品之中时，中国跨国公司才有可能获悉自己通过交易方式得到的知识产权被人侵权。因此，为了确保自己所获得的知识产权许可是独占性的许可，中国跨国公司必定要采取严密的监督措施以防止这种情况的发生，但这会提高中国跨国公司的监督成本；而自主培育知识产权，采取公司内部控制手段并辅之以其他激励措施,就可以显著降低中国跨国公司的知识产权监督成本,并有效防止自己陷入知识产权纠纷之中。

第三,降低知识产权交易当中的信息成本,即订立和实施一个能够给予知识产权供应方适当激励以便能够使作为买方的中国跨国公司获取信息的合同而发生的成本。由于知识产权交易中信息的不确定性很高,尤其是对于知识产权所涉及的高水平的技术秘密类信息,知识产权交易中的供应方并不想泄露,因此,这类成本常常高得使作为知识产权交易相对人的中国跨国公司丧失获取信息的动机,而且在中国跨国公司也无法确认知识产权供应方恪尽其职的程度时,中国跨国公司有可能采取内部化方式来解决知识产权信息成本的问题。

第四,降低知识产权交易中的协调成本。由于知识经济和现代科学技术的发展,产品变得越来越复杂,这也导致产品当中所需要的专利技术越来越密集;一些知识产权人为了保护自己的核心技术,在核心技术周围设置了一张严密的知识产权网;加之知识产权的交叉许可是产品生产和销售过程中的普遍做法;因此,在知识产权贸易中存在比较严重的协调问题,例如,为了获得一项专利技术需要与数量众多的利益相关人进行谈判,确认专利技术创新后的相关权利归属、专利实施后产品的销售范围等。当知识产权交易中的协调成本高到一定程度的时候,就会导致中国跨国公司以培育自主知识产权的方式来降低知识产权交易协调成本。

以上分析表明,企业之间的知识产权交易或知识产权市场的运行要耗费成本,通过市场内部化的方式将企业之间的知识产权交易内部化到中国跨国公司之中,可以节省中国跨国公司获取知识产权资源的交易成本。当然,中国跨国公司自主培育知识产权也要耗费相应的成本,只不过在这里所证明的是,从交易成本理论的视野来看,中国跨国公司具有培育自主知识产权的内在动力。

第三节 20 世纪 70 年代以来的知识经济理论分析

一 20 世纪 70 年代以来的知识经济理论概述

20 世纪 70 年代以来,以信息技术为核心的高新技术迅猛发展,发达国家经济的增长与发展越来越依赖知识。针对这一现象的学术研究日趋活跃，观点纷呈。从历时态角度考察，代表性的理论主张主要有以下几种。

其一，后工业社会理论。"后工业社会"这一概念，是20世纪西方一些著名的社会学家，如丹尼尔·贝尔、拉尔夫·达伦多夫等，大力提倡并推崇的。其中，美国学者丹尼尔·贝尔在其著作《后工业社会的来临——对社会预测的一项探索》中完整地阐述了后工业社会理论的基本主张。贝尔认为："后工业社会的概念并不是一幅圆满的社会秩序的图画；它试图描绘和解释社会结构（被规定为经济、技术和分层制度）中的中轴的变化。"[1] 在贝尔看来，工业社会的中轴是私有财产，而后工业社会的中轴却是"理论知识"。正如他所指出的，"后工业社会理论强调知识产权的中心地位，因为它是新技术发展、经济增长和社会阶级结构变化的基础"。[2] 社会中轴的变化带来的结果就是：社会活动原则主要集中在教育的、科学的和管理的机构范围内，传统的商人和企业主因日益被科学家、工程技术专家、经济学家等人员所替代而不断边缘化。实际上，贝尔在这里所强调的是技术在经济发展和社会进步中具有决定性的意义。如他自己所认为的，后工业社会的根基，应在科学对生产造成的影响中找。很显然，这也反映了贝尔在一定程度上是一个技术决定论者。在强调技术发展的重要意义的同时，贝尔也主张对技术的发展进行规划。他认为，为了减少技术变革的不确定性，应当控制技术发展的方向，而创造新的智能技术是可选择的决策。

除了技术决定论以外，贝尔的后工业社会理论的另一个重要观点是，产品生产经济向服务经济转变。贝尔认为，后工业社会首先是一个服务社会，大多数劳动者从事服务业而非农业或制造业；经济增长也主要建立在"服务生产"之上，因而，具有专业技术技能的白领工人，在数量和地位上要比一般的蓝领工人要多、要高；竞争的规则是由信息而非肌肉和能力决定的。

从后工业社会理论的理论主张可以发现，科学技术的发展对工业社会

---

[1] 〔美〕丹尼尔·贝尔：《后工业社会的来临——对社会预测的一项探索》，高铦等译，新华出版社，1997，第82页。

[2] 〔美〕丹尼尔·贝尔：《后工业社会的来临——对社会预测的一项探索》，第97页。

的生产、社会结构等产生了重大的影响,知识在生产和社会管理中的重要性越来越凸显。

其二,未来社会理论。未来社会理论是由美国社会学家托夫勒创立的。通过三部曲——《未来的冲击》(1970)、《第三次浪潮》(1980)、《权力转移》(1990),托夫勒充分地阐述了他的未来社会理论。《未来的冲击》着重描绘的是"未来"对人们产生的各种影响。《第三次浪潮》重点是从历史的角度考察技术和社会所发生的革命性变化,认为第三次浪潮(前两次浪潮是农业革命和工业革命)催生的是"超工业社会",在该社会里会出现一系列的新技术,如计算机、电子学、信息技术、生物技术等。基于这些新技术的新兴行业,将是各国经济的制高点。与规格化、专业化、同时化、集中化、大规模化和中央化的工业社会相比,未来社会有着多样化、综合化、非同时化、分散化、最优化、分权化的特点。在《权力转移》这部著作中,托夫勒认为,暴力、财富与知识是三种基本的权力形式,其中知识最为重要,是三者当中最高级的力量。

其三,信息社会理论。法国的施赖贝尔、美国的奈斯比特和日本的松田米津是信息社会理论的重要代表人物。施赖贝尔认为,信息是最重要的资源,取之不尽、用之不竭,可以替代能源;信息技术具有强大的改造功能,可使农业经营趋向合理,可使工业生产能力提高,可使服务业加速发展;[1] 工业社会面临物质和能源枯竭的危机,信息社会必然会取代它。奈斯比特在其著作《大趋势:改变我们生活的十个新方向》中,描绘了美国社会的十大趋向,其中之一是从工业社会迈向信息社会。概括起来,奈斯比特的信息社会理论有以下几个主要内容:一是人类社会已经进入了一个以创造和分配信息为基础的社会;二是信息社会是生产、使用、分配信息的社会,在信息社会里,信息的作用超过了资本,已成为起决定性作用的生产要素,它驱动着经济社会的发展,价值增长不再依靠劳动而是知识,因知识而引发的诉讼密集度高;[2] 三是信息社会是一个不断变化和充满挑战的社会,在这样一个社会里,人们更加关注未来和长期发展,而非过去

---

[1] 〔法〕让-雅克·赛尔旺-施赖贝尔:《世界面临挑战》,朱邦造等译,人民出版社,1982,第309页。
[2] 〔美〕约翰·奈斯比特:《大趋势:改变我们生活的十个新方向》,梅艳译,中国社会科学出版社,1984,第14~17页。

和现在;四是世界经济一体化的趋势在不断加快。

总而言之,信息社会理论强调的是:与工业社会相比,信息社会是人类社会发展进程中的一个新的历史阶段;在这个阶段中,信息和知识成为财富增长的主要来源;信息技术的广泛使用,一方面使信息产业成为社会的主导产业,另一方面使知识型劳动者成为主要的产业主体。

其四,知识价值社会理论。与施赖贝尔和奈斯比特不同,日本的堺屋太一认为,未来社会是知识价值社会。知识价值,简而言之,就是由知识所创造的价值。在知识价值社会中,知识的价值大大提高。[①] 生产并出售知识的产业在未来社会中会得到很大的发展。知识性的产业分为生产出售专门知识、普通知识、基础知识或纯粹知识的三类产业。在未来社会中,纯粹知识性产业的比重会较小;知识的价值主要还是体现在物质财富和服务事业中。[②]

其五,新增长理论。新增长理论的主要代表人物是罗默、卢卡斯等,它兴起于20世纪80年代,又称内生增长理论。新增长理论的基本观点是,经济增长源于经济系统内生因素的作用。强调内生技术进步在经济增长中的决定性作用是新增长理论的主流分析思路。依据假设条件的不同,新增长理论的分析模型,可以分为完全竞争条件下的内生增长模型和垄断竞争条件下的内生增长模型。而完全竞争条件下的内生增长模型,因各模型关于总量生产函数的不同规定,又可分为外部性条件下的内生增长模型和凸性增长模型两种类型。外部性条件下的内生增长模型,有两个基本假定,一是规模收益是递增的,二是技术溢出效应是规模收益递增的原因;其主要代表是罗默的知识溢出模型和卢卡斯的人力资本溢出模型。凸性增长模型是在规模收益不变即凸性生产技术的假设下说明经济实现内生增长的可能性。琼斯-真野惠里模型和雷贝洛模型是凸性增长模型的主要代表。垄断竞争条件下的内生增长模型可以分为产品品种增加型增长模型和产品质量升级型增长模型。由于产品品种增加型增长模型认为经济增长表现为产品数量的增长,因此,产品品种增加型增长模型将技术进步理解为中间产

---

① 〔日〕堺屋太一:《知识价值革命:工业社会的终结和知识价值社会的开始》,金泰相译,东方出版社,1982,第50~52页。
② 〔日〕堺屋太一:《知识价值革命:工业社会的终结和知识价值社会的开始》,第203页。

品品种或消费品品种的增加。与此不同，产品质量升级型增长模型着重考察的是最终产品质量的提高、因技术进步和经济增长而出现的旧产品的淘汰以及由此所造成的经济过快增长的可能性等问题。①

总之，从知识的角度来说，新经济增长理论认为：知识或技术是经济增长的一个内生因素，比资本、劳动更重要；知识能不断提高投资收益，具有递增的边际生产率；技术进步是知识积累的结果，新资本（机器设备）包含了新知识，具有更高的生产率，人力资本的增长也会提高物质资本的生产率；一个国家经济增长的根本在于知识积累、技术进步和人力资本的水平。

其六，OECD 的知识经济论。1996 年，经济合作与发展组织（OECD）发布了《以知识为基础的经济》的报告，明确提出了：知识经济是以知识为基础的经济，主要关系到知识和信息的生产、分配和使用。而知识分为四类——知道是什么（Know What）的知识、知道为什么（Know Why）的知识、知道怎么做（Know How）的知识、知道谁会做（Know Who）的知识。知识可从知识投入、知识存量和流量、知识产出、知识网络、知识学习等五个方面进行测度；主要的标准化知识指标有 R&D 经费、工程师和技术人员的就业、专利和用于技术方面的国际收支平衡表等。OECD 有关知识经济的定义，在世界范围内受到广泛的认同。

1997 年，OECD 的研究报告在我国翻译出版，随之知识经济成为我国学术研究的热点，知识经济热一直持续到 2000 年，自 2001 年起热潮退却，有关知识经济研究的论文和专著减少，其间偶尔有零星的研究，如吴季松教授于 2007 年出版了其个人专著《知识经济学》，2010 年张守一教授对其原作《知识经济概论》进行了补充、修改与删节，更名为《知识经济原理》出版。虽然我国自 20 世纪后期就开始知识经济研究，但并没有形成较为完整的知识经济理论。我国知识经济研究成果大多集中于知识经济的定义、内涵、特点及其发展，知识经济对传统经济理论的突破，知识经济与信息经济的关系，知识经济学等方面。研究者对于这些问题的见解见仁见智，不同之中的相同之处是：（1）研究者都接受 OECD 对知识经济的定义，虽然他们各自的理解不同；（2）研究者都认同知识经济时代的第一生

---

① 参见吴易风、朱勇《新增长理论述评》，《经济学动态》1998 年第 6 期。

产要素是知识;(3)研究者都认为知识创新是知识经济的灵魂和核心。

二 知识经济理论对中国跨国公司自主知识产权培育的解释

其一,从20世纪70年代以来的中外知识经济理论可知,知识经济时代,知识是第一生产要素。知识是第一生产要素的地位可用公式表示:

$$Q = f\left[(L \times I) + (K \times I) + (N \times I) + (E \times I) + \cdots\right] \times I$$

这里,Q代表企业的产量,L代表劳动,K代表资本,N代表原材料,E代表企业家的才能,I代表知识。公式表明,知识不仅是一种独立的生产要素,而且渗透于其他生产要素之中,是其他生产要素的函数,其他生产要素与知识相结合后,生产率会得到极大的提高。但是,知识要发挥第一生产要素的作用,必须进入实际的生产过程中才有可能。而在现代生产体系下企业是最基本的生产单位,因此,知识要转化为实际的生产力只有与企业相结合。也就是说,企业是知识成为生产力的载体。从新增长理论关于知识是经济增长的内生因素的观点引申出来,就可得知:知识亦是推动企业成长的内生战略资源。在知识产权制度条件下,企业对于具有重要战略意义的内生知识资源,必定会采取严格的产权保护措施,以防止其泄露。在知识经济时代,知识的重要性自然而然就会导致知识的产权化,而且这种产权化非常重要,就犹如工业经济时期资本的产权化和农业经济时期土地的产权化一样能够在经济的发展中起到十分重要的作用。因此,在以上两方面情况的相互作用下,作为生产组织者及市场重要主体的企业,要想在知识经济时期获得持续健康的发展,就不得不拥有自主知识产权。而中国跨国公司作为想在国际市场上获得持续竞争优势的企业,相较于一般的国内企业,在培育自主知识产权方面具有更强烈的需求。目前,随着经济知识化和全球化的日益深入发展,知识产权已成为企业跨国经营并增强企业国际竞争力的关键资源。这种情形下,中国跨国公司持续发展的阳光之道就在于培育自主知识产权。发达国家的跨国公司,之所以能在中国经营高新技术企业,根本原因是他们掌握了这些技术的知识产权。中国跨国公司目前虽已"走出去",但在海外市场还没有"走进去""走上去",其根本原因就是中国跨国公司缺乏拥有自主知识产权的核心技术和知名品牌。从这个意义上说,中国跨国公司培育自主知识产权具有内生的动力。

知识经济的本质要求是知识创新，一个企业或国家，其知识创新的速度、水平、方向决定了它在知识经济中的命运，谁的知识创新能力强，谁就能拥有更多的知识产权，谁就能拥有知识经济中的竞争优势。而中国跨国公司之所以缺乏自主知识产权，最根本的原因就在于自身的知识创新能力弱。由于创新是一个"创造性的破坏过程"，因而中国跨国公司如果能够通过知识创新获得高技术水平的自主知识产权，就可以从国外跨国公司知识产权的严密包围中突围而出，从而占领市场竞争的制高点。这种巨大的创新预期收益是驱动中国跨国公司积极培育自主知识产权的内在动力。

其二，中国跨国公司培育自主知识产权不仅可以获得创新的现实收益，而且可以实现规模收益递增。产品品种的增加和质量的提高是新增长理论中垄断竞争条件下的两种分析模型，之所以会有这两种模型，是因为新增长理论视产品品种和质量的提高为技术进步的重要表现，而技术进步又是创新的结果。这就启示我们，中国跨国公司培育自主知识产权可以获得创新的现实收益。分析如下：企业自主知识产权是企业作为知识产权权利主体，对其自主研发的技术或知识产品所享有的一种法定专有权。这种专有权是为了使企业的创新成果不被没有获得许可的他人进行商业化应用的排他性权利。从经济学和企业经营角度讲，这种排他性的权利及其所保护的智力成果是企业的一种独特的无形财产。通过物化的产品形式，这种无形的产权化的智力成果能够出现在市场上。同时，智力成果的创新性反过来使物化形式的产品能够满足消费者的需求，从而在激烈的市场竞争中脱颖而出，获得巨大的市场份额。这样自主知识产权的拥有者企业就可以赢得竞争优势，并获得稳定的创新收益。规模收益递增是新增长理论当中的一个基本假设。规模收益递增的重要原因是知识溢出。从进一步的追问可知，知识之所以能够溢出是因为知识本身所具有的非排他性和非竞争性。知识的非排他性是指知识在使用或消费上不具有个人排他性，就是说，一个人对知识的消费并不减少或排斥他人对知识的消费。知识的非竞争性是指知识可以被若干主体同时使用但不会发生损耗或灭失，换句话说，就是一定量的知识不会因使用人数的增多而减少。知识的这两个特性，就使知识产权不会像传统物权那样只能一物一卖（一个商品只能卖给一个人），而可以一物多卖（一项知识产权可以同时卖给很多人），而且知识产权传递成本在现代信息技术条件下几乎为零。在这种情况下，自主知识产权的权利人就可以通过转让与许可、质押、入股等多种形式来实现自主知识产权的商业价值。这样，企业自主知识产权一旦培育出来，就会因传递成本极低而实现规模收益递增。从这个角度说，规模收益递增是激励中国跨国公司培育自主知识产权的一个动因。

第四节　国际直接投资理论分析

国际直接投资理论研究的两个重要问题是：（1）企业对外直接投资的原因是什么？（2）企业如何进行对外直接投资？西方经济学理论研究者曾从各种不同的视角对这两个问题进行阐述，由此，也就形成了各种不同流派的国际直接投资理论。最早对企业为什么展开海外直接投资活动进行研究的西方学者是美国人斯蒂芬·海默（Stephen Hymer）。他于1960年在其博士学位论文《国内企业的国际经营：关于对外直接投资的研究》中首次指出了企业的海外直接投资不同于企业一般意义上的金融资产的对外转移，其产生的根本原因是企业拥有某些特殊的垄断优势。海默的垄断优势理论开创了国际直接投资理论研究的先河，他被誉为"国际直接投资理论之父"。继海默的垄断优势理论之后，国际直接投资理论得到了不断的丰富和完善，先后形成了产品生命周期理论、内部化理论、国际生产折中理论和寻求创造性资产理论等。这些理论被后世学者称为经典的跨国公司理论。尽管这些理论对企业的海外直接活动做出了不同的解释，但是都不约而同地注意到了企业的海外经营活动都是建立在企业的特定优势之上的。优势分析构成了主流国际直接投资理论的核心内容。依据这些理论的分析方法，在某种程度上可以解释中国跨国公司为什么要培育自主知识产权。

一　垄断优势理论分析

垄断优势理论是以市场不完全性为假设前提的，利用产业组织理论中的垄断原理对企业的跨国直接投资展开分析。该理论的创立者海默认为，企业海外直接投资活动产生的根本原因是市场的不完全性即垄断的存在。市场的不完全性体现在四个方面：一是商品市场的不完全，即商品的差异化、商标、市场技能、价格联盟等；二是要素市场的不完全，即获取资本的难易程度不同和技术水平差异等；三是规模经济引发的市场不完全，即企业由于大幅度增加产量而获得规模收益递增；四是政府干预形成的市场不完全，如关税、税收、利率与汇率等政策。在不完全竞争的市场条件下，拥有专有技术、雄厚资本、强融资能力、丰富管理经验、庞大销售渠道等垄断优势的企业，可以通过海外直接投资，在东道国市场上排队竞争获得垄断利润。海默的老师金德尔伯格进一步强调了市场结构的不完全性是导致企业海外直接投资的原因的观点。他指出："海外直接投资兴盛的背后是产品或要素市场不完全性（包括技术不完全性）的存在，或者是政府或企业对竞争的某种干预造成了市场的分割。"① 按照垄断优势理论的分析思路，如果市场竞争是完全的，那么企业就不具备市场支配力量，因为所有参与市场竞争的企业，生产同一产品，接受同一市场价格，具有获取生产要素的同等权利。而在这种情况下，企业不可能到海外进行直接投资，因为与本土企业相比，企业没有优势，不可能获利。正是在东道国市场具有不完全性的条件下，企业才可以在那里利用其垄断优势——主要包括专利、品牌、技术诀窍、企业组织、规模经济、研发能力、广告、异质性产品等——排斥自由竞争，从而获得垄断利润。而在垄断优势理论看来，企业在对外进行直接投资中最重要的垄断优势，就是以知识产权为核心的无形资产的优势。海外直接投资企业一般拥有充足的创新资源和资金，专利技术开发研究能力很强，为了控制技术的扩散和泄露，海外直接投资企业倾向于把这些资产控制在企业内部。然后，利用这些优势实现产品的差异化。

海默和金德尔伯格的垄断优势理论的观点——企业海外直接投资行为的动力来源于不完全竞争市场中企业的专利、品牌、技术诀窍、研发能力等优势——实际上已经解释了中国跨国公司为什么要培育自主知识产权，即培育自主知识产权，可以使中国跨国公司在对外直接投资中，获得垄断优势，从而取得高于东道国当地企业的垄断利润。中国跨国公司基于自主知识产权的垄断优势，可以分成以下几类：一是产品市场不完全的优势，即拥有自主知识产权的产品的差异化、自主品牌、销售渠

---

① Kindleberger, C. P., *American Business Abroad* (New Haven, Yale U. P., 1969).

道等。二是生产要素市场不完全的优势，如自主专利技术及其相应的技术诀窍、技术秘密等。自主专利技术和秘诀，可使中国跨国公司生产的产品产生差别，中国跨国公司因此可以获得对产品的价格和销售量的控制能力，自主专利技术还可以限制竞争者进入，维护中国跨国公司的垄断地位。三是中国跨国公司可以取得技术研发的规模经济优势，中国跨国公司通过水平投资或纵向投资，可以取得东道国当地企业达不到的生产规模，从而降低经营成本。培育自主知识产权的成本虽然很高，但是，中国跨国公司通过海外直接投资利用这些自主知识产权资产的成本却很低，甚至几乎为零。这是因为中国跨国公司已经在创造自主知识产权的过程投入资金，中国跨国公司的子公司可以花费很低的成本利用这些资产，而东道国当地企业要获得同样的知识产权资产就必须付出全部成本，这样就无法同中国跨国公司进行竞争。具有自主知识产权优势以后，中国跨国公司一方面可以根据不同层次、不同地区的消费偏好，使自己的产品在质量、包装及外形等诸多方面与竞争对手的产品产生差异，另一方面也可通过在自主知识产权培育过程中所获得的销售技能提高产品的知名度和消费者对品牌的忠诚度。

二 产品生命周期理论分析

产品生命周期理论最早应用于市场营销领域，其基本思想是：产品在市场上的销售与有生命的有机物体一样，有诞生、成长和衰亡的生命周期，在产品的引入期、成长期、成熟期和衰退期四个不同阶段，企业应当对自己的生产和销售活动进行相应的调整。美国哈佛大学教授雷蒙德·弗农（Raymond Vernon）把这一思想应用于国际生产领域。在《产品周期中的国际投资与国际贸易》一文中，他研究了企业的国际生产在产品生命周期不同阶段的表现。在产品市场是完全竞争的理论假设的基础上，弗农认为，产品的生命周期由创新、成熟、标准化三个阶段组成，在这几个阶段，企业生产产品的成本和选择的区位并不相同：在创新阶段，受产品需求弹性较小的影响，成本差异对企业生产区位选择的影响不大，企业一般在国内进行产品生产，然后出口以满足国外消费者的需求；在成熟阶段，因技术日渐完善、产品需求上升、价格弹性增强、降低成本的要求迫切、技术扩散使仿制开始出现，企业就需要在收入和技术水平与本国相近的目标市场上开展对外投资,以防止竞争对手抢占本属于自己的国外市场;在标准化阶段,企业已无技术优势,必须将生产转移至劳动力资源充足的地区,从而尽可能延长产品的生命周期。然而在1974年的《经济活动的区位》一文中,弗农放弃了原先市场完全竞争的理论假设,将寡头垄断引入了分析模型,修正后的产品生命周期也就随之相应地改变为创新寡占、成熟寡占和老化寡占三个阶段。创新寡占阶段与此前产品生命周期第一阶段的基本观点相同,即国内市场条件是产品创新的关键因素。弗农认为,在创新寡占阶段,将生产点设立在发明创造国的经济动因是,可以把生产过程与研究开发、市场购销活动协调起来;因此,创新技术是寡占市场进入的主要障碍。在成熟寡占阶段,产品生产和区位的选择取决于寡占反应,企业在研究开发、生产及市场营销等方面的规模经济是市场进入的主要障碍。在老化寡占阶段,规模经济的市场进入障碍作用已经减弱,而寡头会为维持市场均衡采取诸如联盟或者产品差异化的手段建立新的市场障碍,但这些手段都不足以维持原有的生产格局,因而企业生产区位的选择主要取决于成本因素,而成本高的企业将被迫退出市场竞争。

由上可见,弗农的产品周期理论,是从比较优势的动态转移角度以国际贸易和国际直接投资为整体来分析企业跨国经营活动的。弗农认为企业国际生产方式的调整,取决于技术优势的维护和产品生命周期的延长,而这一切的前提是企业具有新技术和新产品的开发能力。产品生命周期理论为制造业跨国公司的成长提供了一个分析模型,其特点是从技术差距来分析跨国公司跨国经营活动的基础。这对于分析从事跨国经营并与最终产品相关的中国跨国公司为何要培育自主知识产权具有一定的借鉴意义。

弗农的产品周期理论表明,任何产品都要经历从引入到衰退这样一种类似生命周期的演变过程。这种演变过程揭示了包括中国跨国公司在内的任何一个企业组织都像生命有机体那样存在一个孕育、成长、成熟、衰退和死亡的过程,而这其中,技术的生命周期起着决定性的作用,因为技术的生命周期左右了产品的生命周期,而产品的生命周期又是企业生命周期的微观基础。就产品整体而言,一些产品在市场竞争中的部分优势不断增强,其质量和市场占有率不断上升,同时,新产品的崛起必然伴随着部分传统产品的没落,而没落的直接表现就是竞争力下降以至于停产。既然产品的发展存在生命周期,那么,生产产品的企业也必然存在生命周期的演进过程。在这一过程当中,产品的技术生命周期及技术进步同企业组织的变革过程具有正相关性。随着技术的开发、完善和成熟,产品的生产量和销售量日益扩大,这会使企业的管理层次、管理幅度和管理成本逐渐增加,企业的组织刚性日益增强,企业文化也随之由开放进取转为相对保守,其结果是企业被迫对组织结构进行变革和重构。这样,企业也就呈现出生命周期的形式。

可见,技术与组织之间的互动关系,成为企业竞争力周期变动的内驱力。毫无疑问,技术也是中国跨国公司竞争力周期的内生变量,延长技术生命周期可以延续中国跨国公司的生命周期。延长技术生命周期的有效方法之一是对创新技术实行自主知识产权保护。比如,以技术秘密的方式保护创新技术是无特定期限的,只要中国跨国公司拥有的技术是独一无二的,就可以以秘密的形式长期加以保护。而一旦发现其他竞争对手也进行相同的技术研发时,就可以申请专利,阻挡竞争对手,从而继续保持与其他公司的技术差距。在专利保护期限内,中国跨国公司可以通过对产品进行改进、增加产品种类、提高服务质量等方式进行品牌构建,以专利技术培育自主品牌,同时以自主品牌提高产品的市场占有率。专利保护期过后,中国跨国公司就可以通过之前所建构起来的知名品牌继续占有一定的市场份额,同时利用这种市场份额所创造的利润进行新一轮的技术创新活动。这样,通过自主知识产权的支持,中国跨国公司就可以达到一种理想的生命周期:积极进行技术创新;实现技术创新成果知识产权化;促使拥有自主知识产权的技术产品化;形成生产能力,实现自主知识产权技术产业化;创造顾客价值、培育自主品牌,一方面维持旧市场,另一方面挖掘新市场,从而延缓或跳过衰退期,最终通过蜕变实现飞跃。

总之,产品生命周期理论对于中国跨国公司培育自主知识产权有以下几点启示。

其一,根据产品生命周期变动规律及时调整自主知识产权培育策略。产品生命周期理论揭示出,产品竞争力是先进技术和技能的组合,技术并非静止不动而是不断向前发展的,因此,中国跨国公司必须进行以拥有自主知识产权为目的的技术创新。然而,任何时候,中国跨国公司都不能保证其所掌握的专利技术在不进行持续研发创新的前提下能够永远领先。随着市场竞争的加剧和产品生命周期的演变,拥有自主知识产权技术的中国跨国公司必须尽快更新自己的专利技术以适应外部专利技术环境的要求。同时，竞争对手的创新和替代性技术的不断出现也促使中国跨国公司必须不断更新自己的知识产权资源以保持竞争优势。

其二，以战略视野率先进行自主知识产权创新以获取领先一步的优势。要想在激烈竞争的产品市场中取得成功，中国跨国公司需要对产品的生命周期进行预测，并迅速采取行动，在竞争对手实施其策略之前就开始进行知识产权布局。如果在认识和行动上不能做到产品未动知识产权先行，那么，中国跨国公司要在产品市场竞争中胜出将面临重大的障碍。因此，有远见地预测和迅速地采取知识产权培育行动，对于中国跨国公司而言，就显得尤为重要。尽管最早进行知识产权创新存在许多风险，并且能否将知识产权优势转化为市场能够接受的产品也是未知数，但这对中国跨国公司取得竞争优势具有难以替代的重要作用。抢先的自主知识产权培育，可以使中国跨国公司得以及早发展规模经济、建立品牌形象、发展客户关系和营销网络等。如果中国跨国公司在先行中建立起了品牌优势，那么，竞争对手就几乎没有进一步挑战的机会。因为消费者具有品牌忠诚度，中国跨国公司在技术上即使没有突破，也能保持很长时间的持久竞争优势。反过来说，如果中国跨国公司采取跟随战略，那么，无论是在产品的成长期还是在产品的成熟期，中国跨国公司面临的专利技术选择的机会都会非常小。

其三，顺应技术产品生命周期的特点调整知识产权创新的路径和内容。产品生命周期理论表明，无论是产品还是知识产权都具有生命周期，即产品和知识产权都有一个周期性的发展阶段。伴随新产品的引入、成长、成熟和衰退的是知识产权在数量上倒 U 形的增长（见表 2-2）。在产品引入期，中国跨国公司应该通过对专利技术未来路径进行战略分析来进行知识产权布局，以期形成核心专利技术；在产品成长期，中国跨国公司应该加大研发投入，广招技术人才，提升自己的核心知识产权能力；在产品成熟期，中国跨国公司应该加强产品的质量意识、售后服务和广告营销，着力构建自主优势品牌，同时进行渐进性工艺创新；在产品衰退期，中国跨国公司应重点进行实用新型知识产权的创造，改进现有产品的外观，着眼解决新产品引入中的专利技术问题。

表 2-2　1993~2019 年 5 种创新药物在美国的专利数变化情况

时间	Caduet	Prezista	Cymbalta	Sustiva	Atripla
1993 年	22	33	29	15	1
1994 年	31	40	32	20	3
1995 年	39	72	35	25	5
1996 年	50	140	35	25	6
1997 年	60	167	35	25	15
1998 年	68	167	35	45	24
1999 年	68	180	38	56	24
2000~2013 年	68	188	40	61	29
2014 年	46	155	11	46	28
2015 年	37	148	8	41	26
2016 年	29	116	5	36	23
2017 年	18	48	5	36	14
2018 年	8	21	5	36	14
2019 年	0	8	2	16	5

资料来源：杨莉等：《基于生命周期理论的创新药物知识产权价值最大化管理策略研究》，《科技管理研究》2015 年第 20 期。

其四，在现有核心产品衰退之前就要确立和培育接替产品中的自主知识产权。产品生命周期越来越短，中国跨国公司基于知识产权的竞争优势容易取得也容易失去，因此，中国跨国公司必须采取求新求变的自主知识产权培育策略，才能实现可持续的自主知识产权竞争优势。

三　比较优势理论分析

比较优势理论是 20 世纪 70 年代日本国际经济学家小岛清在详细分析与比较日本企业对外直接投资与美国企业对外直接投资的基础上提出来的。这一理论也被称为日本式的对外直接投资理论。与英美学者将对外直接投资理论建立在对个别行业或产品的实证分析的基础上不同，小岛清运用赫克歇尔-俄林的资源禀赋差异导致比较优势的原理，把贸易与对外直接投资结合起来进行研究，重点分析了对外直接投资的贸易效果。小岛清认为，比较优势是对外贸易与对外直接投资都应当遵循的原则。也就是说，在小岛清看来，国际贸易是按照比较成本进行的，主要是发挥各国的比较优势，提高贸易参与国的总体福利水平。在这一过程中，生产要素价格均等化将在国际范围内实现。但是，由于不同国家的实际劳动生产率差异很大，国际贸易实现的生产要素价格均等化是极其有限的，因而比较优势的发挥需要对外直接投资的补充。小岛清理论的核心思想是：对外直接投资应当从本国已经处于或即将处于比较劣势的产业（即边际产业）开始，投资国将其投向东道国具有潜在比较优势的同类产业，从而更好地促进贸易国双方的发展；从投资企业来说，其因生产地点的转移而延长了获利期；从投资国来说，其因夕阳产业的转移而实现了产业结构的升级；从东道国来说，其因相对先进技术的获得而提高了生产效率并增加了向投资国出口的产品。

为了说明自己的核心思想，小岛清用经营资源——包括有形资本和人力资本（如技术、诀窍等）——代替赫克歇尔－俄林理论模型中的资本要素，并认为，如果两个国家的劳动与经营资源比不同，那么它们在两国商品中的密集度将不同，其结果是两国的比较成本有差异。在此基础上，小岛清进一步提出了比较成本与比较利润对应原理，即比较成本低会带来较高的比较利润。小岛清认为，弗农的产品周期理论所描述的美国式的对外直接投资，容易造成技术失密，东道国也吸收不了，这样反而会损害双方贸易的发展。依据投资动机的不同，小岛清将对外直接投资分为四种类型：一是资源导向型，即对外直接投资是为增加国内处于比较劣势地位的产品的进口，其结果是促进了制造品和初级产品生产国之间的垂直一体化分工；二是劳动力导向型，即把劳动密集型产业转移到劳动力资源丰富的国家，其目的是建立向本国或第三方出口商品的生产基地；三是市场导向型，包括由东道国贸易壁垒引起的贸易导向型和具有寡头垄断性质的反贸易导向型两种类型的对外直接投资；四是由大型跨国公司水平一体化或垂直一体化投资造成的生产与销售国际化型。小岛清的比较优势理论反映的是日本在二战后贸易立国背景下的对外直接投资，他低估了发展中国家接受高新技术的能力，因此他的理论是一个阶段性对外直接投资理论。虽然这一理论对对外直接投资并不具有普遍的指导意义，但依据它还是可以在一定程度上说明中国跨国公司为何要培育自主知识产权。

一方面，小岛清的对外直接投资理论的一个重要特点是，将对外直接投资与对外贸易紧密地结合起来。该理论认为企业在对外直接投资中采取的策略不应该忽略对宏观经济因素的分析。从这一点来说，中国跨国公司的对外直接投资活动必须要考虑当前世界贸易的以下两个重要趋势。一是随着高新技术的发展及其对传统产业的不断改造和升级，传统产品中的知识和技术含量越来越高，其结果就是货物贸易中的知识产权含量越来越高。比如，计算机智能技术在汽车中的运用，使汽车工业已不再是传统的制造业，而成了以产权化的知识为基础的工业。以专利、工艺设计、商标和技术秘密等为形式的知识产权的价值，在高级轿车的总成本中所占的比例已经超过了2/3，在普通轿车中所占的比例也有1/3左右。这样的汽车可以称为知识产权型商品。即使最普通的一瓶矿泉水也含有外形设计和商标这两类知识产权。另外，随着经济知识化的不断发展，服务贸易的结构与以前日益不同，以知识或智力密集型为主的现代服务贸易取代了以自然资源或劳动密集型为主的传统服务贸易。这就导致服务贸易中的知识产权含量也日渐提高。二是知识产权贸易日益成为国际贸易的重要组成部分。所谓知识产权贸易，就是以产权化的智力创造成果为交易对象的贸易。近些年来，全世界每年以专利、版权、商标的许可与转让为标的的知识产权贸易增长迅速。2012年全球信息和通信技术产品的进口额接近2万亿美元。[①] 而在全球知识产权贸易中，中国是处于绝对的逆差地位的。据统计，2015年前4个月我国知识产权使用费的平均贸易逆差达94亿元人民币（约合15亿美元），其中4月份为132亿元人民币（约21.5亿美元）。事实上，我国专有权利使用费和特许费的国际收支逆差自2009年后就一直在100亿美元以上，而且有逐年增加的趋势。另据世界贸易组织2012年的数据，中国知识产权贸易出口额只有美国的0.75%。[②] 在这种趋势下，作为中国对外投资主体的中国跨国公司，在对外直接投资活动中就必须要取得自主知识产权的支持。在能耗、污染、劳动力成本等因素的影响下，越来越多的中国制造业跨国公司势必要进行海外直接投资。如果继续以加工（尤其是贴牌加工）制造、出口产品的方式来开展对外直接投资活动，在上述贸易形势下，这种方式必定是难以为继的，也不可能提高中国对外贸

---

① 参见《经济日报》2014年2月17日。
② 参见国家知识产权局网，http://www.sipo.gov.cn/mtjj/2015/201506/t20150603_1126275.html。

易的整体效益和水平。因此，中国跨国公司必须积极培育自主知识产权，然后将母公司取得的自主知识产权内部许可给在东道国的子公司，从而获取稳定的收益。这样，中国跨国公司的对外直接投资，就如小岛清所认为的，不仅不会产生贸易替代效应，反而会促进中国贸易的发展，并使中国跨国公司的比较优势不断增大，并处于动态的变化之中。

另一方面，小岛清的对外直接投资理论的基本主张是，公司的跨国经营活动遵循的是在国际分工基础上的比较优势的原则，以往的理论往往是从劳动、资本等要素的禀赋差异的角度来解释公司跨国优势的形成，但随着生产条件的发展变化，需要考虑技术水平、经营诀窍等因素对公司跨国优势的影响。这就揭示了在传统的货物贸易和服务贸易中的知识产权含量日益增长的形势下，在以知识产权本身为标的的贸易迅速发展的当今时代，中国跨国公司应该培育自主知识产权并生产知识产权密集型的产品，这样才能形成自己的比较优势。当前在世界上具有比较竞争优势的跨国公司，无不拥有自己的知识产权并生产或出售知识产权密集型的产品，从可口可乐饮料到微软公司的软件，从阿迪达斯的鞋子到丰田汽车，从皮尔·卡丹西服到波音747，都集中了大量的知识产权。知识产权密集型产品即知识产权含量高的产品。产品的知识产权含量高可以分为这几种情况：（1）一件产品含有多种不同类别的知识产权，如含有商标、秘密配方和外观设计三类知识产权的可口可乐瓶装饮料；（2）一件产品含有多种类别的多项知识产权，如含有多项专利技术、多个商标以及外观设计的苹果系列手机；（3）一件产品含有同一类别的多项知识产权，如一台含有多项专利组合的发动机。知识产权密集型产品，可以使中国跨国公司摆脱同质化的困境增强差异化的优势。如果中国跨国公司不培育自主知识产权而是习惯于复制和模仿，就不得不生产同质化产品，进而使自己陷入恶性循环的价格战。而通过持续的自主知识产权创新活动，中国跨国公司就可以避免这种不利局面的发生。专利技术的创新可以保持中国跨国公司在技术上的领先地位，而品牌的创建可以为消费者带来个性化的消费，这些都有利于中国跨国公司提高自身的品牌价值。专利技术和品牌的综合运用可以防止中国跨国公司自身的产品被他人复制。同时，知识产权密集型产品的生产，有利于中国跨国公司降低自然资源的消耗。当前，绿色环保是世界的普遍发展趋势，也是人们的主流价值观念。在这种情况下，中国跨国公司顺应世界发展的潮流和人们的消费心理，就会为自己树立一个良好的外界形象，增加绿色或低碳的优势。此外，因减少了有形的自然资源消耗以及知识产权中知识资源的重复利用，中国跨国公司还可以有效降低企业的总成本，增强自己的竞争优势。

四　内部化理论分析

内部化理论用科斯和威廉姆森等人创立的交易费用理论来解释跨国公司的行为，其主要代表人物是巴克利、卡森（Buckley and Casson, 1976）和鲁格曼（Rugman, 1981）。内部化即建立由企业内部调拨价格起作用的内部市场，并使之像外部市场一样有效发挥作用。内部化理论认为，当企业内部化收益大于内部化成本时，企业内部化优势就会产生，而当企业内部化市场范围超越主权国家界限时，跨国公司也就随之而产生了。在内部化理论看来，跨国公司的内部化之所以会发生，其根本原因是中间产品的国际市场具有不完全性，而通过建立跨国界的内部化组织，就可以克服这种不完全性，从而实现资源在跨国公司内部网络中顺利转移。国际市场机制失灵涉及了企业生产销售过程中几乎所有的中间产品，既包括半成品、原材料和零部件，也包括专利技术、管理技能、企业商标和信誉、市场信息等。而对于知识形态的中间产品来说，其所具有的专有性、易泄露性、定价困难性等特性，使其不像古典经济学家所设想的那样能够在国际市场上自由流通，相应地也就导致了其较高的交易成本。而跨国公司将中间产品内部化可以获得的收益是：（1）可以使公司相互依赖的各项业务有机衔接起来，尽量避免出现生产经营活动中的时滞现象，减少交易费用；（2）避开东道国的税收，降低汇率波动和政治关系所带来的风险；（3）防止知识泄露，保持战略资产上的优势；（4）对中间产品进行差别化运用，建立价格歧视体系，获得垄断利润。

从内部化理论来看，中国跨国公司应当培育自主知识产权。

首先，中国跨国公司所需要的专利技术、技术诀窍、企业商标和信誉等中间产品很难通过市场交易的方式获得。其主要原因是任何企业都不希望自身竞争武器被其他企业获得，这不仅会造成企业利润被蚕食，而且会使企业竞争力受损。众所周知，知识产权优势是跨国公司长期竞争力的基础和重要体现。因而，在参与市场竞争时，跨国公司总是努力设法保持自己在知识产权上的领先地位。然而,当公司内部资源和外部环境制约了某种具有市场前景的知识产权产品化和产业化的时候,为避免该知识产权的闲置和浪费,跨国公司一般有两种处理方式:一是在外部市场出售该知识产权;二是在国外设立子公司以继续应用该知识产权。如果跨国公司采取第一种方式,不言而喻,其结果是要么给企业带来新的竞争对手,要么有助于提高原有竞争对手的实力。无论哪一种情况,都会削弱跨国公司的竞争力。通过外部市场扩散知识产权对企业竞争力产生的影响如图2-3所示。

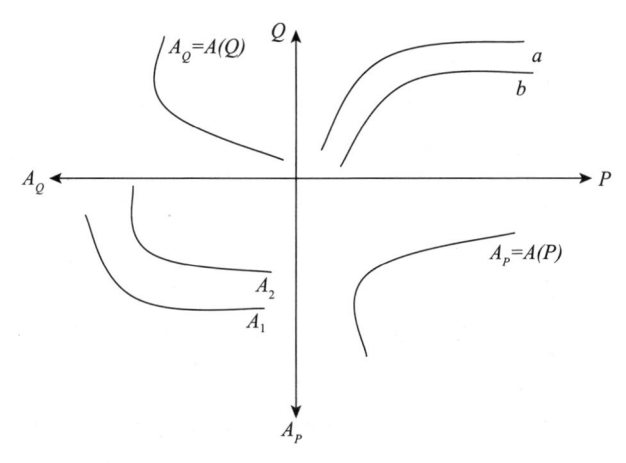

图2-3 内部化与跨国公司竞争优势的变化

在图2-3中,P为跨国公司产品的价格,Q为产品质量,A_P为跨国公司的价格优势,A_Q为跨国公司的质量优势。假设某一跨国公司的产品优势如第Ⅰ象限的曲线a所示,其竞争对手的产品优势如曲线b所示,则在第Ⅲ象限中,该跨国公司的竞争优势曲线如A_1所示,其竞争对手的竞争优势如A_2所示。可以看出,这时该跨国公司的竞争优势强于其竞争对手。不过,如果该跨国公司通过外部市场将知识产权扩散给竞争对手,则在第Ⅰ象限曲线a就会向曲线b的方向移动,在第Ⅲ象限A_2会向A_1移动。这样竞争对手的竞争优势就会接近或超过该跨国公司的竞争优势。因此,外部市场上的知识产权转让会导致跨国公司竞争优势的弱化或丧失,而通过对外直接投资建立跨国公司内部市场则是有效发挥知识产权竞争潜力的有效途径。

其次,中国跨国公司培育自主知识产权,可以有效降低外部市场知识产权交易的不确定性，降低知识产权交易成本。在外部市场上进行中国跨国公司所需要的知识产权交易存在不确定性，如知识产权价值大小的评估、知识产权所包含的技术方案是否完整、知识产权人是否会重复授权、存在一些不利于公司以后发展的限制性条款等。这些不确定因素往往会给中国跨国公司造成额外的成本。而由成本增加所导致的价格上涨会直接影响到中国跨国公司的竞争力。这种影响同样可以利用图2-3加以解释，前提是图中曲线 a 和曲线 b 所代表的是中国跨国公司在不同交易条件下（内部市场知识产权交易和外部市场知识产权交易）的产品优势曲线，而曲线 A_1 和曲线 A_2 则表示中国跨国公司在内部和外部知识产权市场上的竞争优势。在图2-3中，中国跨国公司通过自主培育的方式可以克服外部知识产权交易的不确定性，降低知识产权交易成本，从而使中国跨国公司的产品优势由曲线 b 上升到曲线 a，则竞争优势由曲线 A_1 向曲线 A_2 移动。

最后，中国跨国公司自主培育的知识产权可以在公司内部网络中实现转移定价，从而增强公司的竞争力。中国跨国公司通过转移定价将知识产权以较低价格提供给子公司，这样就可以直接降低子公司的生产成本，帮助其在东道国市场上战胜竞争对手。这种转移定价还可以降低汇率变动的风险，使中国跨国公司避免汇率波动带来的额外损失。此外，中国跨国公司自主培育了知识产权以后，就可以根据自己的需要进行对外直接投资的区位选择，从而避免东道国以国家安全为由阻挠中国跨国公司对目标企业的并购。

第三章
中国跨国公司自主知识产权培育的实践动因

对于中国跨国公司培育自主知识产权的原因，不仅可以进行理论分析，而且还可以进行实践思考。本章将从实践上探讨中国跨国公司为什么要培育自主知识产权。在此之前，有必要对中国跨国公司的产品进行市场分析，因为在知识产权制度下，一种产品往往集成多项知识产权，从标识性的商标到专利这种产权化的技术创新成果，再到人无我有的技术秘密或诀窍、商业信誉和外观设计等；在模块化分工的条件下，由不同元器件构成的产品除集成了多项不同类型的知识产权外，还集成了多项同一类型的知识产权（比如多项专利组合的电脑芯片）和多项同一类型以及不同类型的知识产权（比如一台电脑就包含多项专利、多个商标、多种外观设计和大量的商业秘密）。也就是说，在知识产权制度的约束下，产品的市场竞争，实质上是产品内含的知识产权的竞争，集中体现在专利技术的先进性和品牌知名度上；企业产品市场表现的好坏，一定程度上反映了企业自主知识产权培育的状况。

第一节　中国跨国公司产品的市场分析
——以部分知名制造业跨国公司为例

一　中国制造业跨国公司的行业分布

伴随着中国制造业企业进行对外直接投资，中国制造业跨国公司得以产生。1979~1995年，中国制造业跨国公司脱胎于计划经济体制下的国有企业，如首钢集团——1988年，首钢投资340万美元收购了美国匹兹堡麦斯特工程设计有限公司70%的股份。这时，中国制造业跨国公司的海外发展目标、发展战略都与国外跨国公司存在不同。1995～2003年，由于国内市场生产能力过剩，一大批制造业企业，如海尔集团（家用电器）、海信集团（家用电器）、小天鹅（家用电器）、华为技术（电信设备制造）、金城集团（摩托车）、万向集团（汽车配件）、华立集团（纺织厂）等，为寻求海外市场纷纷走出国门，成为典型的中国制造业跨国公司。自2004年以来，中国制造业跨国公司的发展步入快车道。与以前相比，这时期的中国制造业跨国公司海外投资项目的技术含量更高，资金也更为密集，并购成为其投资项目的主要形式，仅2004年，上海汽车工业集团、TCL和联想就先后收购了韩国的双龙汽车公司、法国汤姆逊多媒体公司的全球电视业务和美国IBM个人电脑业务。中国加入世界贸易组织后，国外跨国公司通过价值链的调整整合全球资源，加强其在中国市场上的竞争优势，本地企业面临巨大的压力，由此越来越多的中国制造业企业进军国际市场。[①] 根据商务部发布的《2014年度中国对外直接投资统计公报》中的数据，2014年，中国对外直接投资流量达1231.2亿美元，比2013年增长14.2%。截至2014年底，中国1.85万家境内投资者共对全球186个国家（地区）进行了直接投资，设立了2.97万家对外直接投资企业（指境内投资者直接拥有或控股10%或以上投票权或其他等价利益的境外企业），投资额累计（对外直接投资存量）达8826.4亿美元。中国1.85万家境内投资主体，制造业有3689多家，占19.9%。从其行业分布来看，主要分布在化学原料及化学制品制造业、计算机/通信及其他电子设备制造业、专用设备制造业、汽车制造业、纺织业、医药制造业、电器机械和器材制造业、黑色金属冶炼及压延加工业、橡胶和塑料制品业、食品制造业、有色金属冶炼及压延加工业、纺织服装/装饰业、通用设备制造业、金属制品业等。这3689多家制造业领域内的中国一级投资主体（即母公司），减去外商独资企业、港澳台商投资企业以及它们控股的企业，剩下的就是本书所分析的中国制造业跨国公司。根据境内投资者在中国工商行政管理部门登记注册

---

① 康荣平：《中国跨国企业国际化进程》，载〔法〕拉尔松、〔中〕赵纯均《中国跨国企业研究》，机械出版社，2009，第77～93页。

的类型来看，外商投资企业占2.6%，为481家；港、澳、台商投资企业占1.8%，为333家。至于制造业各行业具体有几家中国跨国公司、它们的名称及其他方面的详细资料，受诸多因素的限制很难找到，只能参见表3-1。而表3-1中这些公司还包括非制造业中国跨国公司，因此，中国制造业跨国公司在这里的行业分布，只是一个大概的情况。

表3-1 按2014年底对外直接投资存量排序中国非金融类跨国公司100强

排序	公司名称	排序	公司名称
1	中国移动通信集团有限公司	27	中国电力投资集团公司
2	中国石油天然气有限集团公司	28	中国兵器工业集团公司
3	中国海洋石油总公司	29	中国有色矿业集团有限公司
4	中国石油化工集团公司	30	中国华能集团公司
5	华润（集团）公司	31	中国中钢集团公司
6	中国远洋运输（集团）总公司	32	广东粤海控股集团有限公司
7	中国五矿集团公司	33	中国铁道建筑总公司
8	中国中化集团公司	34	中国中信集团有限公司
9	中国建筑工程总公司	35	广州越秀集团有限公司
10	国家电网公司	36	中国航空工业集团公司
11	招商局集团有限公司	37	武汉钢铁（集团）公司
12	北京控股集团有限公司	38	宝钢集团有限公司
13	华为技术有限公司	39	上海吉利兆园国际投资有限公司
14	中国铝业公司	40	金川集团股份有限公司
15	中国联合网络通信集团有限公司	41	中兴通讯股份有限公司
16	中国化工集团有限公司	42	联想控股有限公司
17	中国长江三峡集团公司	43	中国国际海运集装箱（集团）股份有限公司
18	中粮集团有限公司	44	中国华电集团公司
19	海航集团有限公司	45	安徽省外经建设（集团）有限公司
20	中国电力建设集团有限公司	46	中国电子信息产业集团有限公司
21	中国航空集团公司	47	中国港中旅集团公司
22	中国海运集团总公司	48	中国电信集团公司
23	深业集团有限公司	49	大连万达集团股份有限公司
24	兖州煤业股份有限公司	50	光明食品（集团）有限公司
25	中国交通建设集团公司	51	中国铁路工程总公司
26	中国冶金科工集团有限公司	52	中国外运长航集团有限公司

续表

排序	公司名称	排序	公司名称
53	美的集团股份有限公司	77	首钢总公司
54	中国广核集团有限公司	78	海尔集团电气产业集团有限公司
55	紫光股份有限公司	79	南光(集团)有限公司
56	中国黄金集团公司	80	广州汽车集团有限责任公司
57	绿地集团有限公司	81	中国国电集团公司
58	上海医药集团股份有限公司	82	万向集团公司
59	中国大唐集团公司	83	白银有色集团股份有限公司
60	中国重型汽车集团有限公司	84	广东省粤电集团有限公司
61	神华集团有限责任公司	85	中国东方集团有限公司
62	复星国际有限公司	86	北京王府井国际商业发展有限公司
63	吉林吉恩镍股份有限公司	87	石家庄制药集团公司
64	三林万业集团有限公司	88	鞍钢集团公司
65	TCL集团有限公司	89	苏宁电器股份有限公司
66	中国国新控股有限责任公司	90	中国保利集团公司
67	三一重工股份有限公司	91	中国南方航空集团公司
68	上海汽车集团股份有限公司	92	中国诚通控股集团有限公司
69	湖南华菱钢铁集团有限责任公司	93	紫金矿业集团股份有限公司
70	中国节能环保集团公司	94	深圳能源集团股份有限公司
71	内蒙古伊泰集团有限公司	95	河北钢铁集团有限公司
72	中联重科股份有限公司	96	中国中纺集团公司
73	中国南国集团公司	97	中国建筑材料集团有限公司
74	渤海钢铁集团有限公司	98	新疆广汇石油有限公司
75	中国机械工业集团有限公司	99	中国船舶工业集团公司
76	中国航天科技集团公司	100	国家投资开发公司

资料来源:《2014年度中国对外直接投资统计公报》。

为了能使中国制造业跨国公司的行业分布情况更为清晰,本书选择以复旦大学和IBM联合发布的白皮书中的中国制造业跨国公司为样本来进行进一步的分析。基于中国2004年500强企业发展报告,复旦大学和IBM于2006年联合发布了《中国企业走向全球——实践、挑战与对策》白皮书,该书以企业的年销售额、行业特征(行业规模及增长率、行业集中度、出口程度、政府支持)、企业特征(企业全球化视野、目标及运营现状、企业海外业务收入占销售额的比重、企业出口量、企业在中国的市场地位等)为标准进行筛选,最终确定60家中国企业可以成为跨国公司(见附录)。

笔者通过访问这60家中国企业网站，或者在百度、Google搜索中输入"×venue×企业"加一个关键词（如跨国经营、海外经营、国际化经营、FDI、海外建厂、海外渠道、全球营销网络、国际品牌、世界品牌、海外分公司、海外研发、海外借壳、跨国并购、海外收购、海外兼并等）来收集这些公司跨国经营或对外直接投资活动的新闻报道，最终确认这60家中国企业已经全部是跨国公司。在这60家中国跨国公司当中，制造业跨国公司有48家，占80%，主要分布于计算机及其他电子设备，家用电器，汽车、摩托车及配件，钢铁，纺织服装，电气，医药，食品饮料，机械等行业。在这48家制造业跨国公司中，计算机及其他电子设备类公司占18.75%，家用电器类公司占22.92%，汽车、摩托车及配件类公司占18.75%，钢铁类公司占12.5%，纺织服装类公司占6.25%，电气类公司占6.25%，医药类公司占6.25%，食品饮料类公司占4.17%，机械类公司占4.17%（见表3-2）。

表3-2　48家中国制造业跨国公司的行业分布

细分行业	数量（家）	比重（%）
计算机及其他电子设备	9	18.75
医药	3	6.25
钢铁	6	12.5
汽车、摩托车及配件	9	18.75
纺织服装	3	6.25
电气	3	6.25
食品饮料	2	4.17
家用电器	11	22.92
机械	2	4.17

资料来源：依据复旦大学和IBM 2006年联合发布的白皮书《中国企业走向全球——实践、挑战与对策》中的数据统计而成。

从以上两组数据可以发现，中国制造业跨国公司呈多元化行业分布格局，但相对集中于家用电器，计算机及其他电子设备，汽车、摩托车及配件和钢铁等行业。

二　中国部分知名制造业跨国公司产品的市场分析

中国制造业跨国公司涉及许多行业且数量众多，限于篇幅要求，很难一一对它们的产品进行市场分析，选择其中一些典型的知名公司做个案分析，既可行又具有代表意义。

（一）海尔集团产品市场分析

海尔集团成立于 1984 年，当时是一个濒临倒闭的集体小厂，经过 20 多年的发展，已经成为旗下拥有 240 多家法人单位、7 万名员工、在全球 30 多个国家设立研发中心和制造基地的全球化集团公司。海尔产品既涉及家电、通信、IT，也涉及制药、金融、房地产旅游，还涉及家居行业。海尔产品包括 58 个大门类，涵盖 9200 多种产品。其中，家电产品是海尔的主打产品，分为四类，即居室家电、厨卫家电、视听产品、商用电器。居室家电包括冰箱、家用空调、波轮洗衣机、滚筒洗衣机、冷柜和吸尘器；厨卫家电包括热水器、微波炉、消毒柜、吸油烟机、洗碗机；视听产品有彩电、影碟机；商用电器有商用空调和冷冻冷藏设备。根据世界权威市场调查机构欧睿国际（Euromonitor）2010 年 12 月 9 日发布的全球家用电器市场调查数据，海尔在大型白色家用电器市场拥有全球第一的市场占有率（6.1%），同比增长 1 个百分点。其中，海尔冰箱，按品牌份额统计，其市场占有率是 10.8%，领先第二名 5 个百分点；按制造商排名，海尔冰箱公司的市场份额是 12.6%，继续领先美国惠而浦，第二次荣登全球头把交椅。海尔洗衣机的市场份额是 9.1%，再次在全球市场上拔得头筹。海尔酒柜制造商与品牌零售量占全球市场的 14.8%，首次居世界之首。此外，睿富全球排行榜与北京名牌资产评估有限公司共同研究并发布：海尔集团以 855 亿元的品牌价值连续 9 年位居"中国最有价值品牌排行榜"首位。① 据北京中怡康时代市场研究有限公司统计，截至 2011 年 6 月 5 日，在零售额份额方面，海尔冰箱的本年累计零售额份额高达 25.5%；而在零售量份额方面，海尔冰箱的本年累计零售量份额则高达 23%，全部远高于其他冰箱品牌，高居行业第一。② 海尔产品的竞争优势，与海尔注重产品创新和巨大的品牌号召力是分不开的。海尔建立了系统的研发体系，不但拥有 12 个专门研究院所，如冰箱研究所、空调研究所、洗衣机研究所等，而且还有 10 个综合研究中心，分布于青岛、米兰、悉尼等，并且在亚洲、欧洲、美洲等地设立了 16 个全球信息中心。完善的研发体系使海尔在国内成为拥有专利最多的

---

① 海尔集团网，http://www.haier.cn/news/newsDetailFrame.shtml?25/n255131。
② 海尔集团网，http://www.haier.cn/news/haier_news.shtml。

家电企业。海尔非常注重企业品牌建设,砸掉不合格的冰箱,树立了企业品牌形象,建设海尔文化和完善售后服务则进一步提升了企业品牌价值。

海尔虽然取得了很大的发展,但与国外同类型的企业相比,还存在不小的差距(见表3-3)。在核心技术和关键设备的研发上,海尔还没有取得突破性的进展。以空调压缩机为例,压缩机是空调的关键设备,目前空调压缩机的核心技术,主要掌握在像松下、日立这样的国外跨国公司手中。海尔生产的空调产品中,所使用的压缩机很多来自进口。除在空调压缩机上缺乏拥有自主知识产权的核心技术外,海尔在数字电视产品上也受到MPEG-2技术的阻挠。MPEG-2是第一代音频、视频编解码标准的代表,是国际上通用的音、视频技术,是数字电视、光盘、视频电话、手机视频通信和DVD等产品的关键技术,由美国一家专利授权管理公司MPEG LA统一管理。2009年8月18日,MPEG LA公司在美国纽约状告海尔侵犯其专利,声称海尔在向美国销售的数字电视中,使用了MPEG-2技术,但没有获得MPEG LA的授权,要求海尔产品停用该技术,并禁止侵权产品售往美国。之后,海尔积极缴纳了专利费,并希望和相关权利人协商解决诉讼事宜。从以上数据和事例可以看出,海尔的发展仍任重道远。

表3-3 2010年三星与海尔相关数据比较

	三星(1)(韩国)	海尔(2)	(2)/(1)(%)
营业收入(亿元人民币)	7441	1249	16.79
利润(亿元人民币)	516.57	29.33	5.68
资产(亿元人民币)	6944	966	13.91
所有者权益(亿元人民币)	3923	166	4.23
收入利润率(%)	6.94	2.35	33.86
资产利润率(%)	7.44	3.04	40.86
净资产利润率(%)	13.17	17.67	134.17
劳动生产率(万元人民币/人)	396.22	206.83	52.20
人均利润(万元人民币)	27.51	4.86	17.67

资料来源:中国企业联合会:《2010年中国500强企业发展报告》,企业管理出版社,2010,第124页。

(二)联想产品市场分析

联想成立于1984年。四年之后,联想就开始进行跨国经营。1991年,联想发展成为一家全球性跨国公司。2004 年，通过并购 IBM 的 PC 业务，联想名气大振。2011 年 1 月，联想与 NEC 成立合资公司，共同组建成为日本最大的个人电脑集团。同年 6 月，联想收购德国 Medion 公司（一家在个人电脑、多媒体产品、移动通信服务及消费电子领域领先的德国企业），继续通过跨国并购促进公司发展。目前，联想年营业额达 210 亿美元，在全世界 160 多个国家和地区开展业务，全球员工约 27000 名，为全球第四大个人电脑厂商，在全球前五大电脑厂商中增长最快。联想产品包括笔记本电脑、一体台式电脑、分体台式电脑、服务器与存储、手机、软件、ODI 主板、打印机、耗材、投影机、数码产品（移动硬盘、闪存盘、存储卡、录音笔、数码相框、便携播放器、CPS 导航仪）、电脑周边产品（包括鼠标、键盘、音箱、耳机、内存、电池、电源、摄像头、播放机、笔记本包、光盘、电脑桌等）、服务产品（保修扩展服务、安全保障服务、安装服务、客户化技术支持、外设数码服务产品）等。除此之外，联想还涉足风险投资和房地产等行业。根据联想集团 2011 年 2 月 17 日公布的 2010/2011 财年第三季度业绩报告，联想在中国的市场份额达 32.2%，创历史新高，个人电脑销售量比上年增长 12.7%，增速是整体市场（4.2%）的近 3 倍。在新兴市场（非洲、亚太区、中欧/东欧、中国香港、印度、韩国、拉丁美洲、墨西哥、中东、巴基斯坦、俄罗斯、中国台湾、土耳其）上，联想个人电脑销量比上年上升 43%，增幅是整体市场的近 3 倍。联想个人电脑销售量在印度增长 62%，在中国香港的市场份额达 26.4%，在包括巴西在内的拉丁美洲市场的销售量比上年上升 31.4%，在俄罗斯的市场份额比上年上升 3.3 个百分点。在全球市场上，联想的市场份额为 10.2%，连续七个季度增长速度快于整体市场。在第三季度，联想笔记本电脑全球销量达 34 亿美元，比上年上升 15%。季内，联想笔记本电脑销量比上年同期上升 18.6%。联想季内全球台式电脑销量比上年增长了 23%，以 11.1% 的市场份额位居全球第三。在中国市场的手机销量于季内增长 52.2%，是整个行业增幅（10.3%）的近 5 倍。[1]

从市场份额的统计数据来看，联想产品风光无限，但这种无限风光的

---

[1] 《联想集团公布 2010/11 财年第三季度业绩》，联想集团网，http://appserver.lenovo.com.cn/About/DetailPage.aspx?news_id=4175，最后访问日期：2011 年 2 月 11 日。

背后，是激烈的市场竞争。由于 PC 产品制造国际化程度和产品同质化程度较高以及技术更新换代速度快，联想面临的市场竞争压力非常大。在国内市场上，联想既要与业内巨头如戴尔、惠普等国外公司进行竞争，也要与方正、同方、TCL 等国内企业进行角逐。为了争夺国际市场份额，联想必须在两条战线上——新兴市场和成熟市场——与戴尔、惠普、苹果等厂商展开全面竞争。跨国并购虽然为联想带来了一定的品牌知名度、销售渠道和一些专利技术，但并没有带来核心技术。目前，计算机领域中的核心技术仍然掌握在英特尔、微软等国外公司手中。也正因为没有核心技术，联想才涉足与计算机相关的打印机、耗材等标准化技术产品，甚至竞争白热化的手机产品以及和计算机不相关的房地产行业。

（三）奇瑞产品市场分析

奇瑞汽车股份有限公司（简称奇瑞），创立于 1997 年，是我国民族汽车品牌的杰出代表。经过 14 年的发展，2011 年奇瑞旗下已有四个子品牌——奇瑞、开瑞、威麟和瑞麟（后因战略结构调整，2012 年威麟、瑞麟两个品牌被停用），产品覆盖乘用车、商用车和微型车领域。在 2011 年，奇瑞公司可年产 90 万辆整车、65 万台发动机和 40 万套变速箱，已有 16 个系列数十款车型投放市场。产品销量自 2001 年以来基本上一直处于上升态势（见图 3-1）。奇瑞不仅注重国内市场，而且注重开拓国际市场，积极实施"走出去"战略。奇瑞是我国第一个将整车、CKD 散件、发动机以及整车制造技术和装备出口至国外的轿车企业。2001 年，奇瑞出口 10 辆轿车到叙利亚，此后海外出口量逐年上升。据中国汽车工业协会统计，2011 年 5 月，国内汽车企业出口 7.21 万辆，环比增长 6.8%，同比增长 53%。其中，奇瑞汽车出口 1.41 万辆，居汽车出口企业首位。在 5 月奇瑞出口到巴西的汽车为 3596 辆，2011 年 1~5 月，奇瑞出口到巴西的汽车累计达 13605 辆，同比增幅 413.6%。[①]

目前，奇瑞产品已出口到全球 80 多个国家和地区，并已在埃及、伊朗、泰国、越南、俄罗斯、马来西亚、菲律宾、乌拉圭、巴西和乌克兰等国家建立了 14 个海外生产基地。在这些生产基地的辐射下，奇瑞汽车产品

---

① 《市场导向产品先行 奇瑞巴西市场树典范》，凤凰网，http://auto.ifeng.com/roll/20110616/629909.shtml，最后访问日期：2019 年 2 月 28 日。

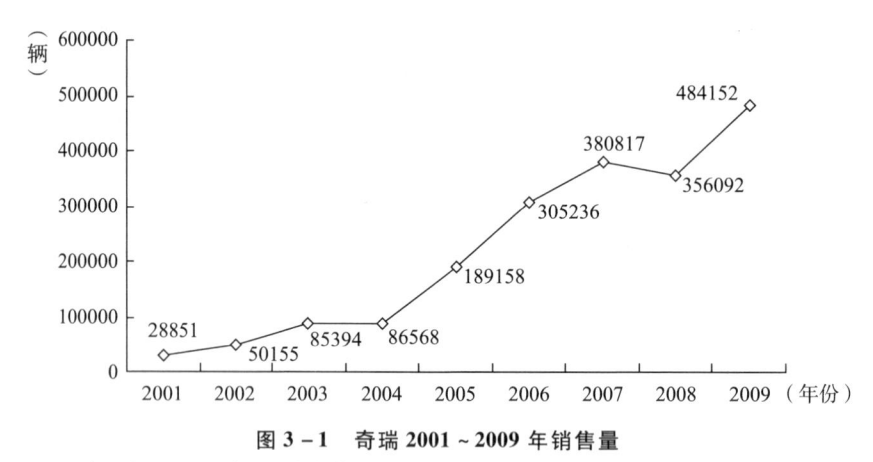

图 3-1 奇瑞 2001~2009 年销售量

资料来源：田志龙、李春荣等：《中国汽车市场弱势后入者的经营战略——基于对吉利、奇瑞、华晨、比亚迪和哈飞等华系汽车的案例分析》，《管理世界》2010 年第 8 期，第 139~152 页。

已经可以在亚洲、非洲、欧洲、南美洲和北美洲五大市场上进行销售，累计出口量达 50 多万辆，位居国内汽车企业之首。由于业绩显著，"奇瑞" 2006 年被认定为"中国驰名商标"，入选"中国最具价值商标 100 强"；2005~2010 年，《财富》杂志每年都将奇瑞评为"最受赞赏的中国公司"；2010 年，世界知名战略管理公司——罗兰贝格，继 2007 年之后，再次视奇瑞为全球 10 家最具竞争力的中国公司；中国质量协会全国用户委员会发布的 2010 年全国汽车用户满意度调查结果显示，1.6L 及以下的小排量节能型车奇瑞风云 2 和 QQ，在 A0 级车和 A00 级车两大细分市场上，各自的市场份额皆为第一。根据 J. D. Power 亚太公司 2010 年中国汽车售后服务满意度指数（CSI）的调查数据，2010 年奇瑞汽车服务满意度指数大幅提升，首次达到 815 分，超过了奔驰、上海大众和长安福特等主要外资和合资企业产品。

奇瑞产品优异的市场表现，源自企业的自主创新。当我国三大汽车集团（中国第一汽车集团、上海汽车集团、东风汽车集团）忙于同跨国公司生产合资品牌汽车时，实力弱小的奇瑞就确立了通过自主创新打造自主品牌的发展原则，锐意进取，发展具有自主知识产权的汽车产品。近年来，奇瑞加大自主研发力度，成功研制出长期制约我国汽车工业发展的自动变速器、发动机电子管理系统等技术，使奇瑞成为我国完全掌握底盘、发动机、变速箱和发动机电子管理系统四大关键技术的汽车企业。在节能减排和环保技术开发方面，奇瑞已掌握了高效率传动技术、环保及回收再利用材料应用技术、代用燃料技术、混合动力技术、燃料电池汽车技术及汽车电子控制技术等关键技术。2010年，奇瑞成为第一家1.6L以下全系产品均达到国家第三阶段油耗限值标准的国内汽车企业。2011年4月28日，奇瑞获得中国工业大奖，① 奇瑞也是国内唯一获此殊荣的乘用汽车企业。在发展具有自主知识产权的汽车产品方面，奇瑞取得了骄人的战绩，但应注意的是，奇瑞汽车产品目前大多数还处于中低端市场；同时，与国外老牌汽车公司相比，奇瑞的自主知识产权培育之路还很漫长。

（四）中兴通讯产品市场分析

中兴通讯股份有限公司（简称中兴通讯）成立于1985年，其前身是深圳市中兴半导体有限公司。自成立初期，中兴通讯就比较重视自主研发。1986年，中兴通讯就成立了自己的研发机构——深圳研究所。早在1990年，中兴通讯就自主研发了第一台数据数字用户交换机并将其成功推向市场。1995年中兴通讯开始了国际化发展战略，而到了2005年中兴通讯将跨国运营作为公司发展的重点。凭借孜孜不倦的努力，中兴通讯的3G终端产品在2005年开始大规模进入欧洲市场。此后，中兴通讯的跨国发展更是蒸蒸日上：2008年入选全球IT企业百强；2009年获全球最佳CDMA设备制造商奖。通过不断发展，中兴通讯目前是全球领先的综合通信解决方案提供商，能够为全球160多个国家和地区的电信运营商和企业网客户提供创新技术与产品解决方案。

中兴通讯拥有通信业界最完整的、端到端的产品线和融合解决方案，通过全系列的无线、有线、业务、终端产品和专业通信服务，可以满足全球不同运营商和企业网客户的差异化需求。据统计，2014年中兴通讯实现营业收入814.7亿元人民币，净利润26.3亿元人民币，同比增长94%。优异的表现，使中兴通讯被誉为"智慧城市的标杆企业"。中兴通讯之所以能够取得如此成就，与其坚持技术创新息息相关。目前，中兴通讯已在

---

① "中国工业大奖"是由国务院批准设立的中国工业领域最高奖项。获得该奖的企业必须代表着我国工业化前进的方向、道路和精神，对增强综合国力、促进国民经济和社会发展做出重大贡献，拥有关键核心技术和自主知识产权，自主创新能力居国内国际领先水平，质量、效益、节能减排、环保、安全生产等主要指标居国内外同行业领先水平。

美国、法国、瑞典、印度以及中国等国家和地区设立了20个全球研发机构，国内外研发人员近3万名；中兴通讯的PCT专利申请量在最近五年的时间内均为世界前三，而在2011年和2012年，中兴通讯的PCT专利申请量蝉联全球第一。[1]

第二节　中国跨国公司自主知识产权培育的实践紧迫性

上述四家典型的中国制造业跨国公司的产品市场分析表明：一流的自主专利、一流的自主品牌，带来的是一流的产品；一流的产品，其所占有的市场份额大；中国制造业跨国公司产品的市场占有率虽有上升，但要么是处于中低端市场，要么是借助了国外跨国公司的品牌和销售渠道，其中的根源在于中国制造业跨国公司自主知识产权同国外跨国公司相比仍有差距。这种差距迫使中国制造业跨国公司在激烈的市场竞争条件下必须培育自主知识产权。不仅仅是中国制造业跨国公司需要培育自主知识产权，所有中国跨国公司都需要这么做。随着国内外形势的发展，中国跨国公司培育自主知识产权的实践紧迫性正在变得越来越强烈。

一　全球知识产权发展态势使中国跨国公司自主知识产权培育刻不容缓

1. 知识产权日趋重要

当今世界，随着知识经济和经济全球化的日益发展，作为高技术水平和先进知识代表的知识产权已经成为国家、企业发展的战略资源和核心竞争力的关键要素。如果没有知识产权资产，几乎没有一家企业可以自称是重要的并具有竞争力。如今，企业进行生产、投资，除需要有形资产，如土地、机器设备、资金外，更需要专利技术、品牌等无形资产。在企业财产中，知识产权的地位现在已经超越了房屋、土地、机器等有形财产。比如，在1982年，美国具有代表性的500家上市公司的市值中有形资产占62%、无形资产（主要是知识产权）占38%；到了1992年，情况发生了逆转，前者下降到38%，后者上升为62%；而在2002年，有形资产的比

---

[1] 参见中兴公司网，http://www.zte.com.cn/cn/China/，最后访问日期：2019年3月4日。

重进一步下降，只占 13%，无形资产的比重已高达 87%。[①] 现在，像微软、IBM、可口可乐等上市公司，其股票市值的波动，已与它们固定资产的起伏关系不大，而与其专利、品牌、商誉等关系密切。知识产权的重要性，不仅体现在财产地位上，还体现在资源配置上。很多具有知识产权优势的企业，可以利用自己的专利、品牌、专有技术等来运营配置他人的有形资产。以可口可乐为例，美国可口可乐公司，利用其品牌和秘方这两种知识产权资产，配置运营其他国家和地区的水、劳动力、土地、厂房、原材料等有形资产，实现就地取材、就地销售、就地赢利。在贸易领域，知识产权的重要地位也日益凸显。当前，知识产权不仅与货物贸易相关，而且与服务贸易相关，并深深地影响着二者的发展。不仅如此，知识产权还发展出了一种独立的贸易形式，即知识产权贸易，而且发展十分迅速。据联合国有关机构统计，1975 年，国际技术贸易总额是 110 亿美元，到 1985 年已达到了 500 亿美元，到 20 世纪 90 年代，国际技术贸易总额超过了 1000 亿美元。[②] 根据 IPOfferings[③] 《专利价值商数》 所统计的数据，2012 年全球专利交易数量为 6985 件，交易总额为 2949666000 美元，平均价格为 422286 美元。虽然 2013 年和 2014 年专利交易活跃程度有所下降，但这两年的交易总额和平均价格仍然非常可观，其中，2013 年的交易总额和平均价格分别是 1007902750 美元和 270143 美元，2014 年则分别是 467731502 美元和 164232 美元。[④] 就企业而言，知识产权也进一步成为其收入的重要来源。比如，在 20 世纪 90 年代，IBM 的知识产权收益为 3000 万美元，到 2004 年前后则上升到 10 亿美元以上；2011 年 7 月，北电公司（Nortel）6000 件专利出售给苹果（Apple）、微软（Microsoft）、黑莓（RIM）、易安信（EMC）、爱立信（Ericsson）、索尼（Sony）六家公司，获得收入 45 亿美元，每件专利的平均售价高达 75 万美元；2012 年 4 月，美国在线

[①] 张玉瑞、周燕等：《外国大企业如何在中国实现专利价值？挥舞许可和诉讼两大利器》，《中国知识产权报》2004 年 6 月 22 日，第 6 版。
[②] 杨晨：《用知识产权管理赢得竞争优势——知识产权管理理论与实务》，科学出版社，2008，第 20 页。
[③] IPOfferings 是一家专利交易经纪公司，从 2012 年开始，一直致力于收集专利交易的相关数据，并发布年度报告《专利价值商数》。
[④] 参见国家知识产权局网，http://www.sipo.gov.cn/zlssbgs/zlyj/2015/201507/t20150723_1148810.html。

（AOL）的约800件专利和相关申请给公司带来了10.6亿美元的收入，每件专利价格约为132.5万美元；2012年7月，交互数字公司（InterDigital）将自己的1700件专利出售给英特尔公司（Intel），获得3.75亿美元；2012年12月，柯达公司（Kodak）的1100个专利的售价为5.25亿美元；英飞凌公司（Infineon）将自己拥有的动态随机存取存储器、FLASH存储器、半导体工艺、制作、光刻、封装等技术领域内的专利卖给加拿大技术创新和专利授权公司（WiLAN），得到了3300万美元。[①]

2. 知识产权国际保护日益强化

19世纪初期，如果狄更斯要求美国法庭保护他的版权，是令人不可思议的。一直到19世纪末，随着《保护工业产权巴黎公约》（简称《巴黎公约》）和《保护文学艺术作品伯尔尼公约》（简称《伯尔尼公约》）等多边国际公约的签订，知识产权无国际保护的历史才得以结束。知识产权之所以要求国际保护，是因为知识产权的地域性使本国的智力创新成果在国外不能取得当然的保护，而知识产权的无形性和易传播性又使本国的智力创新成果很容易被他国模仿，如果不对知识产权进行有效的国际保护，势必会影响或阻碍国家和地区之间的经贸往来及科学技术与文化的正常交流、合作。这样，再加上一方面各国经济文化往来越来越密切，另一方面知识产权在国家经济和社会发展中的作用越来越突出，就导致了制定知识产权国际保护制度的需求越来越强烈。所谓知识产权国际保护制度，是指以知识产权国际公约为基本形式，以政府间国际组织为协调机构，通过对各国知识产权法的协调而形成的相对统一的国际法律制度。[②] 知识产权国际公约要求其成员国在知识产权保护上为其他成员国的国民提供国民待遇，并确保最低保护水平。随着知识产权国际公约的不断修订，知识产权国际保护的最低水平越来越高。

1993年12月，世界贸易组织将知识产权与国际贸易直接挂钩，通过了《与贸易有关的知识产权协议》（简称TRIPs）。与其他知识产权国际协定相比，TRIPs进一步强化了知识产权的国际保护。第一，保护的广度增

[①] 参见国家知识产权局网，http://www.sipo.gov.cn/gwyzscqzllsgzbjlxkybgs/zlyj_zlbgs/062596.htm，最后访问日期：2019年3月4日。

[②] 吴汉东：《知识产权国际保护制度研究》，知识产权出版社，2007，第1页。

加。与《巴黎公约》、《伯尔尼公约》、《罗马公约》和《有关集成电路知识产权条约》只涉及特定的领域不同，TRIPs涉及的范围包括工业产权、版权、表演者相关权利和知识产权保护的新对象等，主要涉及以下几个方面：（1）版权；（2）专利权；（3）商标权；（4）地理标志；（5）工业品外观设计；（6）商业秘密；（7）集成电路布图。第二，保护水平提高。TRIPs延长了知识产权的保护期限。对于除摄影作品或实用艺术品外的作品的保护期限，只要其不以自然人的生命为基础计算，则应自该作品被授权出版的日历年计算不得少于50年；如果该作品在创作后50年内未经授权出版，那么它的保护期限应为自作品完成的日历年年底起计算的50年。表演者和录音制作者可获得的保护期，自该固定或表演完成的日历年年底计算，应至少持续至50年年末。广播的客体的版权可享有的保护期限，自广播播出的日历年年底计算，应至少持续20年。专利权可享有的保护期应不少于20年，工业品外观设计可享有的保护期应不少于10年。同时，TRIPs规定，对知识产权人合法权利的限制，只限于某些特殊情况并不得以不合理的方式损害知识产权人的正当权益。TRIPs为其成员设定了知识产权保护必须达到的最低标准，除在个别问题上允许最不发达国家延缓施行之外，所有成员均不得有任何保留。第三，强化了知识产权执法程序和保护措施，以便知识产权保护制度的实施能够在各成员中得以强化。TRIPs之前的知识产权国际协定，一般只有实体性规定，如知识产权保护的对象、条件和权利，并没有程序性规定，即使有也比较笼统，缺乏具体实施细则。而TRIPs，既有实体性规定，也有程序性规定，其中程序性条款明确规定了知识产权保护的执法标准、执法程序，知识产权侵权行为所应承担的民事责任、刑事责任以及保护知识产权的边境措施、临时措施等。就其内容而言，概括地说，主要有这么几类：一是司法审查制度，即知识产权诉讼当事人，对于知识产权行政执法部门的最终裁定和知识产权司法部门的初审判决的法律问题，可以提出司法审查的请求。二是民事程序方面的公平、正义的相关要求，简而言之，（1）要保障知识产权被告方的诉讼权利；（2）允许知识产权双方当事人的律师参与诉讼；（3）确保诉讼当事人证明权的充分享有；（4）保护秘密信息。三是边境保护措施，即知识产权侵权产品的进出口由海关部门执行中止放行。四是赔偿救济，司法部门采取措施保障知识产权侵权人向知识产权权利人支付损害赔偿金。五是临时措施,即对于可预见的即发类的知识产权侵权行为采取必要的措施,以防止损害的扩大。第四,TRIPs强化了知识产权争端解决机制,并以经济制裁措施来保证协议的履行和知识产权的保护。TRIPs之前的知识产权国际协议,对于不遵守规则的成员,只能进行道义上的谴责,没有实质性的约束措施。TRIPs改变了这种状况,对于不履行TRIPs的成员,世界贸易组织会动用经济制裁手段,迫使其就范。

TRIPs之后,知识产权国际保护强化的步伐并没有停止,而是寻求继续前行。尽管TRIPs所规定的知识产权最低保护水平,对于发展中国家而言已经是高水平了,但处于知识产权净出口地位的欧盟、美国等发达国家和地区认为,TRIPs并没有充分反映出它们的知识产权利益,因而要求进一步提高知识产权国际保护标准。这些要求包括增加知识产权保护对象、进一步延长知识产权保护期限等。在WTO体制内,它们的这些要求遇到了发展中国家的抵制。之后,发达国家转而寻求双边或区域贸易协定来实现自己的愿望。可以说,知识产权高标准保护,是今后知识产权国际保护的发展方向,因为知识产权的保护水平实质上就是知识的价格水平,在知识创新上具有优势的发达国家,必然促使知识产权保护水平持续提高。

3. 知识产权不断扩张

随着知识产权的国际化和强保护,知识产权的范围也在不断扩张。无论是专利、版权,还是商标,其范围都比以往要大。植物品种权是专利家族新增的成员;表演者相关权利、外观设计权、数据库权利为版权注入了新的血液,而外观设计权又繁衍了集成电路布图设计权;互联网上的域名权是数字技术背景下新形式的商标权。在技术发展和观念不断更新的基础上,知识产权的范围似乎正呈现几何级数的扩张态势。

知识产权范围的极速扩张,在立法上也有所体现。与1967年的《成立世界知识产权组织公约》(*The Convention Establishing the World Intellectual Property Organization*,简称"WIPO公约")相比,TRIPs新增了植物新品种、地理标志、商业秘密、半导体拓扑图等知识产权。一些发达国家和地区如美国、日本和欧盟,甚至支持将商业方法纳入专利对象范畴。现在专利不仅被授予"新产品"和"新方法",也被授予计算机软件和基因技术。在拜杜法案的刺激下,专利权的扩张,已由应用科学研究领域向基础科学研究领域渗透。如今,美国的一些大学和政府实验室,正积极地为政府资助的基础科学研究成果申请专利，一些离实际应用还有很大差距的发明，也不断地被授予专利。

这种大幅度扩大保护对象的现象，在版权法和商标权法领域也曾同样发生。在美国，20世纪40年代制定的《兰哈姆法》规定，广告口号、商号、贸易名称是不能获得商标注册的，而今，它们都可以作为商标被加以保护了。对于产品特征，包括产品形状、产品结构、产品设计等，在20世纪40年代以前不是美国商标法保护的对象，但现在这种现象已经成为历史。在20世纪80年代的英国，能够获得商标注册的标记符号很少，现在不仅有形的产品标志、文字、设计图案等可以被注册为商标，而且无形的服务、声音甚至某种特定的气味也可以作为商标被注册，只要它们是可以区别的。在中国于2001年修改商标法之前，仅有文字、图形或文字与图形的结合体可以被注册为商标；之后，可以注册成为商标的区别性标记新增了数字、字母、三维标志以及颜色，或者它们各自不同的组合。

就版权而言，版权保护的对象，已从最初的书籍扩大到艺术、戏剧和音乐，甚至是书写的草稿和字体；当世界知识产权组织宣布沿用《伯尔尼公约》和《罗马公约》的原则来保护数字产品时，版权的范围仍在继续进行着它的扩张。独创性表达不再是版权保护的前提条件，非独创性的事实材料，如数据库，也已成为版权保护的对象。更有甚者，如欧盟和美国，主张赋予数据库作者一项特殊权利——数据抽取权，以防止他人未经作者允许对数据库的内容进行抽取或反复利用。①

4. 全球知识产权竞争空前激烈

如前所述，在知识经济背景下，知识产权是企业重要的无形资产，关系到企业竞争力的强弱及其持续时间的长短，因而知识产权是企业进行市场竞争的重要工具。拥有知识产权优势的企业，可利用知识产权来抢占市场、获取高额利润、保持竞争优势，跨国公司是这方面的杰出代表。跨国公司运用知识产权作为市场竞争工具的表现是全方位的，主要体现在知识产权的创造、利用、管理和保护等各个环节。利用知识产权进行市场竞争必要的前提是要拥有知识产权。因此如何抢在竞争对手之前，尽可能多地

---

① 邓灵斌：《试论后 TRIs 时期版权经济权利的扩张》，《图书馆杂志》2006 年第 4 期，第 8~10 页。

获取知识产权，是当今跨国公司知识产权竞争的焦点。为取得知识产权，跨国公司在资金投入、人才争夺、信息收集、战略规划、组织架构、研发全球化等各个方面表现活跃，由此取得并积累的知识产权数量惊人。在取得知识产权之后，跨国公司对其利用的方式多种多样，或自己实施，或许可他人使用，或自己不用也不允许他人使用，或进行交叉许可、组建知识产权联盟，或力争使自己的知识产权标准化。所有这些目的只有一个，即确保跨国公司的竞争优势。跨国公司打击竞争对手最常用的一种手段是知识产权诉讼。比如，2009年10月22日，诺基亚公司宣称苹果公司侵犯了其10项专利权，要求苹果公司就其2007年以来已销售的4200万部iPhone手机缴纳专利许可费。同年12月30日，诺基亚公司再次向法院起诉苹果公司侵犯了其7项专利。苹果公司不甘示弱，反诉诺基亚公司侵犯其13项专利。[①] 随着知识产权重要性的提高，这种知识产权诉讼成为企业间法律诉讼的主要形式。从表3-4中可以看出，微软的知识产权诉讼，占其法律诉讼的比例约为54%，专利诉讼占知识产权诉讼的比例是50%。这十大企业里，知识产权诉讼在法律诉讼中所占比例，最低的是30%，最高的达86%，且其中最主要的是专利诉讼。

表3-4 中外十大企业2009~2010年在美国卷入的三种诉讼

单位：件

企业	法律诉讼	知识产权诉讼	专利诉讼
微软	118	64	32
三星	111	33	28
雅虎	78	26	17
谷歌	75	38	21
诺基亚	51	21	21
英特尔	50	22	11
联想	17	13	13
斯达康	14	10	10
中兴	7	6	6
华为	6	5	4

资料来源：参见《知识产权竞争的两大趋势》，《科技促进发展》2010年第1期。

---

① 《知识产权竞争的两大趋势》，《科技促进发展》2010年第1期，第75页。

第三章　中国跨国公司自主知识产权培育的实践动因

激烈的全球知识产权竞争在苹果 vs. 三星的世纪专利大战中表现得一览无遗。2011年4月，苹果公司在美国正式起诉三星"盲目抄袭苹果产品"，指责三星"偷窃"了部分 iPad 和 iPad2 的设计，要求三星在美国停止销售4款侵权产品，并赔偿25亿美元。三星凭借其掌握的3G技术专利，随之发起反击，于2011年4月21日在德国、日本及韩国市场反诉苹果，称苹果在推出 iPhone 3G 之后侵犯了三星的专利权。仅隔6天就提出专利反诉，说明三星在专利战中不甘心束手就擒。2011年下半年，苹果和三星在美国、德国、荷兰、法国、澳大利亚、意大利、韩国、日本相继展开专利战，部分国家和地区对三星产品做出禁售决定。苹果公司获得胜利，但三星并不认输，继续提起上诉。双方之间的这种来回专利厮杀，一直持续到2015年9月苹果和三星共同宣布接受由法庭主持的调解才得以结束。五年专利硝烟成为全球知识产权激烈竞争的一个缩影。

知识产权竞争不仅在企业之间全面展开，在国家之间也在如火如荼地进行。鉴于技术、专利和品牌在经济发展中的重大作用，再加上知识产权是科技竞争力大小的重要标志和综合国力的重要表现，很多国家，尤其是西方发达国家，纷纷制定了面向21世纪的知识产权战略。日本甚至将原来技术立国的口号改为知识产权立国，并成立了由内阁负责的知识产权战略本部。为了贯彻知识产权战略，日本在教育、人才引进、科研管理等方面进行了一系列相关改革，支持本国企业和公民积极地申请专利。根据世界知识产权组织2007年专利报告的数据，按每百万人口的本国居民专利申请量排名，日本以2.876件位居世界第一。不仅日本鼓励申请专利，世界其他各主要国家和地区也非常注重。从图3-2可以看出，全球专利申请在1980年以后，急速上升。据统计，1960~2005年，这九大专利局受理的专利申请量年均增幅为3.35%。透过这种统计数据，对国家间激烈的知识产权竞争，可窥一斑而知全豹。根据世界知识产权组织发表的2015年度《世界知识产权指标》报告，2014年全球创新者提交的专利申请约为270万件，比2013年增长了4.5%。2014年，全球专利授权共约118万件。全世界有效专利总数约为1020万件。在国际专利申请方面，2014年，全球总申请数估计为21.45万项，比2013年增加了4.5%，创下历史新高；其中，美国申请了61492项专利，较2013年增加了7.1%，居各国之首。日本的专利申请量较2013年减少了3.0%至42459项，位居第二。排在第三的中国为 25539 项，较 2013 年大幅增加了 18.7%。

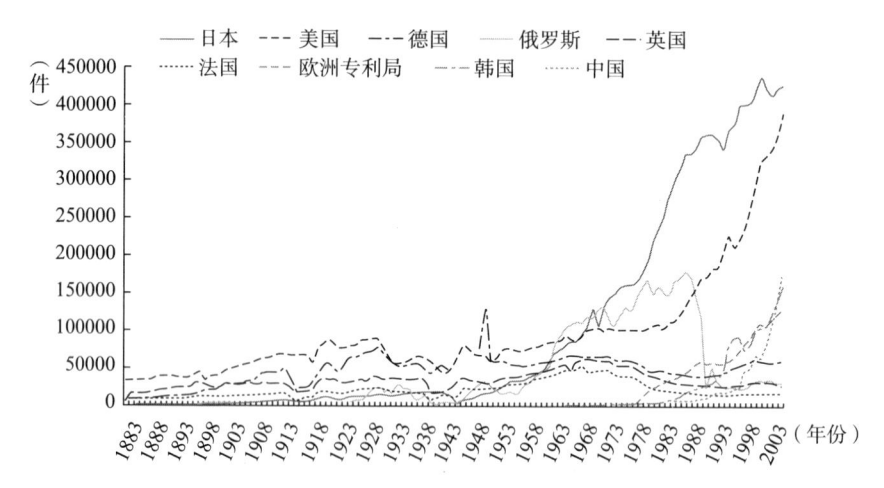

图 3-2　世界九大专利局受理的专利申请量

资料来源：WIPO 统计数据库。

在全球知识产权的激烈竞争中，令人印象尤为深刻的是发达国家和地区、新兴经济体、跨国公司等几大势力，围绕知识产权国际规则的制定展开了激烈的博弈。众所周知，知识产权国际规则是全球经济秩序当中的一个重要组成部分。为了能在知识经济和经济全球化深入发展的进程中继续主导国际产业格局的变化，保持竞争优势，发达国家积极推动国际知识产权规则的变革。它们利用经济诱惑和政治施压的手段，将知识产权外交与政治、经济外交紧密结合起来，全力促使知识产权国际规则朝着有利于本国利益的方向发展。它们充分利用掌握的知识产权话语权，制定和实施高标准、严要求的国际知识产权保护制度，阻挠先进技术的扩散，对高科技产品实行掠夺性定价，通过专利贸易的不平等交换，从技术落后的发展中国家掠取了大量的财富，人为地扩大了国家和地区之间的差距。与此同时，发达国家之间通过采取相互妥协、摒弃分歧等政治外交手段，在知识产权的国际保护和国际规则的变革上形成利益共同体，利用知识产权问题对发展中国家进行威胁甚至发动经济制裁。发达国家的跨国公司则是国际知识产权规则变革的幕后推手。它们利用自己所拥有的强大的政治和经济影响力，制度化地向本国的立法和行政主管部门表述自己的知识产权诉求，从而使私人的利益诉求上升为国家意志，进而显现在知识产权国际规则之中。而且，发达国家的跨国公司还通过与国外同行建立跨国联盟的方式影响知识产权国际规则的变革，使知识产权制度全球化发展符合自身的利益。比如，敦促本国政府向东道国政府施压，要求东道国政府制定并执行更严格的知识产权保护制度。

在全球知识产权上述发展环境下，中国跨国公司不得不积极培育自主知识产权。如果不这样做，中国跨国公司就等于自我淘汰。从表3-4可以看出，联想、中兴、华为等中国跨国公司，在美涉及的知识产权诉讼数量，分别占其各自法律诉讼数量的76%、86%、83%。联想和中兴这两家中国跨国公司，其专利诉讼占知识产权诉讼的比例是100%；在自主知识产权培育方面表现良好的华为，其专利诉讼在知识产权诉讼中的比例也高达80%。

二 外国跨国公司知识产权滥用迫使中国跨国公司加快培育自主知识产权

随着中国跨国公司实力的逐渐增强，外国跨国公司无论是在中国国内市场，还是在国际市场上，都越来越受到来自中国跨国公司的竞争。为了消除竞争威胁，外国跨国公司凭借自身知识产权的某些优势，不断滥用知识产权，以此来打压中国跨国公司，试图将中国跨国公司挤出相应的市场。跨国公司知识产权滥用，是指跨国公司作为知识产权的权利人在行使其权利时超越了知识产权授予的权利界限，为谋取经济或其他方面的竞争优势，从而阻碍了技术的革新、转让与传播，损害了他人的利益和社会公共利益。对中国跨国公司而言，外国跨国公司典型的知识产权滥用行为主要表现为拒绝许可、搭售、价格歧视、组建专利联盟和知识产权诉讼等形式。知识产权拒绝许可是指权利人拒绝竞争对手合理使用自己的知识产权。思科于2003年诉华为知识产权侵权时，就存在知识产权拒绝许可行为。在知识产权许可贸易中，外国跨国公司常常会要求中国跨国公司在接受被许可标的时，购买其他无关的产品或服务。比如，微软公司将IE浏览器、媒体播放器等和视窗操作系统捆绑销售。售卖产品时，外国跨国公司对中国跨国公司的卖价往往带有歧视性。仍以微软为例，据媒体报道，微软视窗操作系统2005年在中国售价将近2000元人民币，而同样的产品在美国却仅为90美元，二者价格悬殊。有学者估计，微软公司的价格歧视使中国消费者一年多支出的费用至少达到10亿元人民币。[①] 除了这种歧视性定价外，跨国公司知识产权滥用在价格方面还表现为掠夺性定价，也就是低价倾销。与掠夺性定价呈鲜明对比的是垄断高价，这种价格远远超出了正常的价格水平。以高通公司在华CDMA收费为例，仅CDMA设备许可入门费，高通公司就要收取1亿元人民币，其中还不包含芯片。中国企业使用芯片还需另外再交纳入门费，价格是100万~200万元人民币。中国企业购买CDMA芯片的价格，要比GSM高出20%~30%，在购买价格中不含升级费，芯片每升级一次需要几十万美元。[②] 这种高额费用，使生产相关产品而又没有自主知识产权的中国跨国公司背上了一个沉重的包袱。为收取高额专利许可费，外国跨国公司不仅仅单打独斗，往往还会组建专利联盟，以签订一揽子协议的方式联合收费。很多生产家用电器、数码产品、便携视听产品的中国跨国公司，如长虹、TCL等，就"享受"过6C（最初由东芝、松下、三菱、日立、时代华纳和JVC组成，后来又有3家公司加入，成员变为9个，但仍习惯称为6C）联合收费的待遇。

与收取专利许可费不同，外国跨国公司对中国跨国公司提起知识产权侵权诉讼并不是为了获得经济赔偿，而主要是为了打击中国跨国公司，减弱或消除其市场优势。从美国通用诉奇瑞、思科诉华为、索尼诉比亚迪、到博世—西门子诉海信、MPEG LA剑指海尔和联想等，概莫能外。以美国通用诉奇瑞汽车侵权为例，2004年12月16日，美国通用汽车公司旗下的韩国通用大宇汽车和技术公司（下称通用大宇），向上海市第二中级人民法院状告奇瑞汽车公司，认为奇瑞QQ外观设计模仿、抄袭了雪佛兰SPARK，侵犯了其知识产权。[③] 在此之前，通用大宇还通过美国政府就此事向中国政府进行交涉。2005年1月14日，美国商务部部长唐纳德·埃文斯公开支持通用大宇对奇瑞的指控。2005年4月18日，最高人民法院决定由北京市第一中级人民法院审理通用大宇诉奇瑞侵权案。通用大宇请

[①] 李琳：《警惕跨国公司滥用知识产权》，《科学决策》2005年第12期，第56~58页。
[②] 卢进勇：《跨国公司在华知识产权收费问题的研究》，《国际贸易》2010年第2期，第31~36页。
[③] 通用大宇的Matiz车（在中国为SPARK）于20世纪90年代在韩国等国家取得了外观设计保护，但在中国并没有取得相应的权利，而且按照《巴黎公约》的规定，已不能在中国申请外观设计注册。

求法院判令奇瑞公司立即停止侵权，公开赔礼道歉，赔偿经济损失7500万元，承担其他诉讼费用500万元，没收销售奇瑞汽车的所有非法收入。与此同时，通用大宇还把官司打到了黎巴嫩、马来西亚等国。2005年夏，通用大宇追诉奇瑞品牌"CHERY"存在对其品牌"CHERY"的抄袭行为，勒令奇瑞在美合作伙伴——梦幻公司，不能在美国销售带"CHERY"名字的奇瑞汽车。虽然奇瑞和通用大宇最后和解，但从通用大宇的行为来看，其显然不是为了得到经济赔偿，而是为了扼杀奇瑞汽车公司的发展。国外汽车跨国巨头对具有一定自主知识产权的奇瑞汽车公司恨之入骨。一旦奇瑞败诉，中国民族汽车品牌的发展将受重创。知识产权诉讼在跨国公司手里，之所以由一种权利转变成一种商业化的遏制工具，是由其本身的特点所致：（1）知识产权诉讼历时长（往往长达数年）、耗费大、情况复杂，常常令被诉人焦头烂额；（2）知识产权诉讼会损害被诉人商业形象和信誉，使其产品滞销，而且还会动摇被诉人合作伙伴的信心，使其中止与被诉人的合作；（3）无论胜诉与否，由于知识产权诉讼费时、费力、费财，因此它可以有效分散被诉人的注意力。

外国跨国公司以上这几种惯常的知识产权滥用行为，无论采用哪一种，对中国跨国公司的发展都极为不利。这些具有杀伤力的知识产权滥用行为，迫使中国跨国公司必须尽快培育自主知识产权。没有自主知识产权，中国跨国公司就会沦为刀俎上的鱼肉。只有形成自主知识产权优势，中国跨国公司才可不受制于人，增强发展的自主性，才可不惧外国跨国公司知识产权滥用行为，甚至可以以其人之道还治其身。

三 实践中自主知识产权创新使中国跨国公司获得了重大的市场发展

前文所引证的海尔集团和奇瑞汽车股份有限公司的事例表明：中国跨国公司要扩大产品市场份额、赢得市场竞争，就必须进行自主知识产权创新。这一道理在国际金融危机中再一次得到了充分的印证。2008年以来的国际金融危机，使中国宏观经济和企业发展受到了极大的冲击。图3－3显示，从2008年第四季度开始，中国企业500强中，企业营业收入较上年有下降的企业数开始激增，由13家一直上升到2010年的99家，数量空前。海外收入锐减是国际金融危机给中国企业500强造成的最大打击，2009年中国企业500强海外总收入是25047.83亿元，比2008年的25935.68亿元减少了887.85亿元，下降幅度为3.42%。① 然而从企业个体角度来看，那些平时一直积极进行自主知识产权创新的企业，虽然也受国际金融危机的影响，却实现了逆势发展。以华为技术有限公司为例，2008年度华为实现的合同销售金额是233亿美元，同比增长46%，其中海外收入所占比例是75%；在金融危机重灾区——欧洲和北美市场，增速分别达到42%和58%。② 2009年华为的营业收入达218亿美元，同比增长19%，随着华为全球市场的发展，华为的盈利得以提升。2009年华为的营业利润率为14.1%，净利润达183亿元人民币。③ 而同年，华为的主要竞争对手思科公司，其营业收入（361.2亿美元）比2008年下降了8.7%、利润（61.34亿美元）下降幅度是23.8%。④ 2010年，华为全年销售收入为1852亿元人民币，同比增长24.2%，其中海外市场实现销售收入1204.05亿元人民币，比2009年增长33.8%。这一年，华为在北美市场、独联体市场实现了高速增长，在欧洲、非洲市场保持稳健增长，在日本、印度尼西亚、马来西亚、越南、菲律宾和澳大利亚等国市场增长势头良好。在无线接入领域，2010年华为占全球20%的市场份额，继续处于全球领先地位。华为终端2010年发货1.2亿台，实现销售收入307.48亿元人民币，同比增长24.9%。在美国、日本等高价值市场均实现了超过100%的增长率。⑤

华为之所以能够在金融危机中实现如此重大的市场发展，根本原因之一，就是华为长期致力于自主知识产权创新。通信领域一直是欧美跨国公司的俱乐部，没有足够数量的自主知识产权和核心专利技术，中国企业单凭赤膊上阵的亮剑精神，很难成为这一俱乐部的成员，更免谈发展。华为很早就制定了完善的企业知识产权战略和制度，成立了专门的知识产权

---

① 中国企业联合会：《2010年中国500强企业发展报告》，企业管理出版社，2010，第26页。
② 陶凯元等：《知识产权是应对国际金融危机的利器——广东省知识产权优势企业应对金融危机研究报告》，载国家知识产权局办公室政策研究处编《优秀专利调查研究报告集》，知识产权出版社，2010，第87页。
③ 《华为2009年年报》，华为技术有限公司网，http://www.huawei.com/cn/ucmf/groups/public/documents/webasset/hw_076948.pdf，最后访问日期：2019年3月7日。
④ 《2009年世界500强企业名单》，http://www.fortunechina.com/global500/191.2011.7.21，最后访问日期：2011年7月21日。
⑤ 《华为2010年年报》，华为技术有限公司网，http://www.huawei.com/ucmf/groups/public/documents/annud_report/hw_085281.pdf，最后访问日期：2019年3月7日。

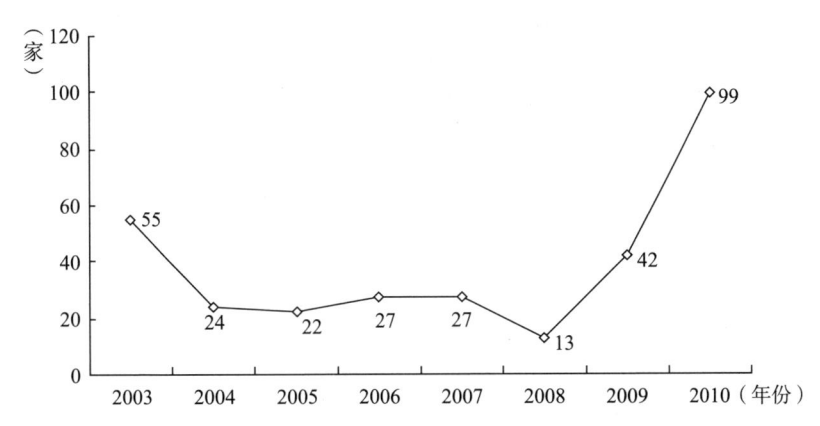

第三章 中国跨国公司自主知识产权培育的实践动因

图 3-3　2003~2010 年中国企业 500 强中营业收入负增长的企业数

资料来源：中国企业联合会：《2010 年中国 500 强企业发展报告》，第 25 页。

部，建立了专门的研发机构和研发队伍。目前，华为不仅在国内外设立了 20 个研究所，而且与各领先运营商共同建立了 20 多个联合创新中心。华为投入研发的费用每年不少于销售收入的 10%，相当于利润的 50%，研发人员在总员工数量中所占比例在 40% 以上。图 3-4 显示，华为 2008~2010 年的三年间，每一年所投入的研发人员和研发资金不但没有因为国际金融危机而减少，反而在增加。2010 年，华为投入的研发经费达 165.56 亿元人民币，比 2009 年增加了 24.1%；投入 51000 多名（占总员工数的 46%）研发技术人员进行产品和技术创新。通过孜孜不倦的自主知识产权创新，华为获得了大量的核心技术和专利。2008 年，华为获 PCT 国际专利 1737 件，居全球首位，累计 PCT 国际专利达 5446 件。至 2009 年，华为累计获得专利 42543 件，其中国内专利 29011 件，PCT 国际专利 7144 件，国外专利 6388 件。截至 2010 年底，华为上述数据继续更新，累计申请中国专利 31869 件，PCT 国际专利 8892 件，海外专利 8279 件。

国家电网公司是利用自主知识产权创新获得重大市场发展的另一个典型企业。针对自主知识产权之于企业提升市场竞争力的重要作用，国家电网公司一方面加大技术创新力度，另一方面积极实施知识产权战略。为了提升企业自主知识产权培育水平，国家电网公司充分发挥了专利信息分析的作用和市场需求的导向作用。通过建立企业级知识产权信息化系统，国家电网公司强化了企业内部的知识产权管理。通过对市场需求的分析，国

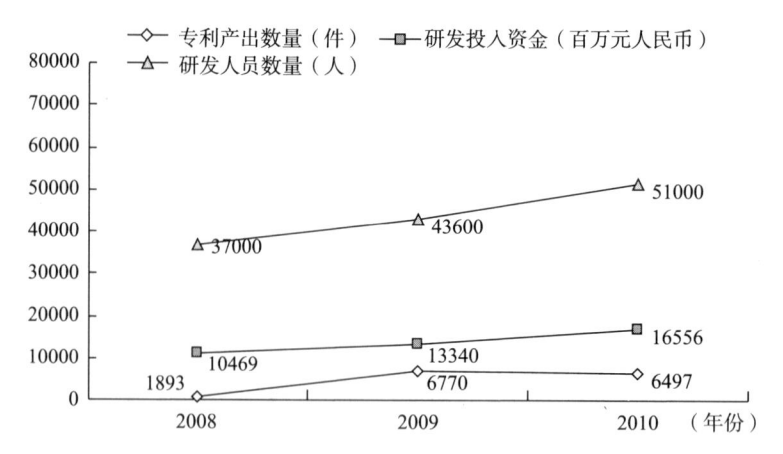

图 3-4 2008~2010年华为研发投入资金、人员数量及专利产出数量

资料来源：根据华为年报整理而得。

家电网公司将柔性直流输电及智能电网等确定为技术攻关的方向，并在相关领域开展了专利布局工作，制定专利申请规划，提升了专利申请的针对性和目的性。2008年，国家电网公司的年度专利申请量、授权量分别为2362件、567件；到了2012年，该公司的年度专利申请量、授权量则分别跃至1.0124万件、1066件。五年间，国家电网公司年度发明专利授权量也由2008年的57件增长至2012年的1066件，到2012年底，国家电网公司累计拥有专利数量已经达1.6399万件。积极的知识产权工作，使国家电网公司的品牌价值，由2008年的1116.42亿元增长至2012年的2239.66亿元，位居"中国500最具价值品牌"榜第二位。近年来，国家电网公司为了攻克特高压关键技术，调动了70多家单位、上万名科技人员参与研究，同时，建立了特高压交流、直流、高海拔、工程力学4个试验基地和大电网仿真、直流成套设计两个研发中心，形成了功能齐全的大电网实验研究体系。2014年，国家电网公司获得授权的专利达10475项，其中发明专利1709项。截至2014年底，国家电网公司累计拥有专利达40646项，其中发明专利达6080项。[①] 积极的自主知识产权创造引领国家电网公司得到了很大的发展。2014年，国家电网公司在财富世界500强排行榜中名列

---

① 文中有关国家电网公司专利的数据分别来源于国家电网公司的官方网，http://www.sgcc.com.cn/xwzx/gsyw/2015/05/325440.shtml，国家知识产权局网，http://www.sipo.gov.cn/ztzl/ywzt/zlwzn/zlss/dxjt/201306/t20130604_801817.html。

第7，营业收入为3394.265亿美元，利润为97.962亿美元。从表3-5可知，国家电网公司的营业收入和利润自2009年以来几乎一直在稳步上升。

表3-5 国家电网公司2008~2014年营业收入与利润

单位：百万美元

年份	营业收入	利润
2008	164135.9	—
2009	184495.8	—
2010	229294	4556.1
2011	259141.8	5678.1
2012	298448.8	12317.9
2013	333386.5	7982.8
2014	339426.5	9796.2

资料来源：根据资料整理而得。

自主知识产权创新对企业利润增长的作用，可以从国家知识产权局所统计的数据中得到直观的反映。根据对国家知识产权局2012年我国规模以上工业企业专利活动与经济效益状况报告的分析，2012年，当年获得专利授权的规模以上工业企业平均实现主营业务收入72282万元、新产品销售收入18687万元、新产品出口额3785万元、利润总额4788万元，分别是没有获得专利授权的规模以上工业企业的3.4倍、15.5倍、16.6倍和3.4倍。[①] 也就是说，自主知识产权创新活动对于中国跨国公司的经济效益有明显的提升作用。

不过，像华为、国家电网公司这样依托自主知识产权优势发展壮大的企业，在我国企业中实在还是极少数。2009年，在国际专利申请数前100名企业中，仅有两家中国企业入围，它们是华为和中兴。其中，华为以1847件排名第2位（2008年排名第1位），较2008年增加了313件；中兴排名第23位（2008年排名第38位），所申请的国际专利数是502件，比2008年多了173件。而在同一年，入围PCT国际专利申请百强企业榜的美国企业有29家、日本企业有31家。[②]

---

① 参见国家知识产权局网，http://www.sipo.gov.cn/tjxx/yjcg/gyqyzlhdyjjxyzkbg.pdf。
② 王正志：《中国知识产权指数报告2009》，知识产权出版社，2010，第134~135页。

这说明，与发达国家跨国公司相比，我国绝大多数企业在知识产权方面处于劣势，还不具备拥有自主知识产权的核心技术。

然而华为借助自主知识产权实现重大发展的实践表明，自主知识产权是跨国企业参与市场竞争并取得市场优势的利器。中国跨国公司要以战略眼光看待自主知识产权创新的重要性，只有持续进行自主知识产权创新，中国跨国公司才能够形成自己的核心竞争力，才能提高自己的国际竞争力。华为的实践，从另一个角度也说明了一个问题：对于没有自主知识产权优势，且处于发展初期的中国跨国公司而言，其面临的紧迫任务之一就是要积极培育自主知识产权。

四 推动中国跨国公司培育自主知识产权是我国创新型国家建设的迫切要求

国际社会一般认为以科技创新作为发展的基本战略、大幅度提高科技创新能力、形成强大竞争优势的国家是创新型国家。在《国家中长期科学与技术发展规划纲要（2006—2020 年）》中，我国提出了建设创新型国家的战略。该战略的主要目标是，争取在 2020 年把我国建设成为一个创新型国家。到时我国能否成为创新型国家主要是看：（1）全社会研究开发投入占国内生产总值的比重，是否提高到 2.5% 以上；（2）科技进步的贡献率是否达到 60% 以上；（3）对外技术的依存度有没有降至 30% 以下；（4）本国人发明专利年度授权量以及国际科学论文被引用率，是否均已进入了世界的前 5 位。从这四个标准可以看出，自主知识产权的数量和质量是衡量我国是否为创新型国家的一个重要指标。2010 年，中国国际专利申请量达 12339 件（较 2009 年增长 56.2%），总数位列美国（44855 件）、日本（32156 件）和德国（17171 件）之后。[①] 2010 年，我国发明专利申请量超过 39 万件，居世界第二位。[②] 从这两组数据来看，到 2020 年，本国人发明专利进入世界前五大有希望。但如果考虑到以下两个因素：（1）受金融危机的影响，英美等发达国家的知识产权申请量下滑；（2）按人均计算，

---

① 刘华新等：《中国国际专利申请跃居世界第四》，《人民日报》2011 年 2 月 11 日第 3 版。
② 晁毓山：《知识产权对我国发展的重要性日益凸显》，《中国高科技产业导报》2011 年 4 月 25 日第 5 版。

我国的专利水平远远低于世界的平均水平,更低于发达国家的平均水平;我国在完成建设创新型国家所需要的知识产权方面的任务还非常艰巨。根据世界知识产权组织统计的2007年各国知识产权数据,我国发明专利是33410件,位于日本(232449件)、美国(146065件)、韩国(106611件)、德国(51010件)之后居世界第5位;但按人均计算,我国只有世界平均水平的70%、发达国家的14%。① 如果再减去来自外资企业申请的专利,我国自主专利的拥有量会更低。2009年世界知识产权组织发布的数据显示,我国国际专利申请数只占美国的17.4%、日本的26.6%,仅占世界的5.1%。② 我国的专利不仅在数量上与世界发达国家有差距,在专利质量上也存在差距。我国发明专利集中的领域主要是中草药、食品、饮料等传统领域,其中中草药占98%、软饮料占96%、食品占90%、中文输入法占79%;而国外发明专利集中的领域主要是高科技领域,如无线电传输(93%)、移动通信(91%)、电视系统(90%)、半导体(85%)等。③ 自主知识产权差距说明:不断提高自主知识产权的拥有量及其水平,是当前我国在建设创新型国家中面临的刻不容缓的任务。

创新型国家建设的核心是,将提高自主创新能力作为产业结构调整、优化和经济发展方式转变的中心环节,实现中国制造向中国创造转变。这种根本要求的实现,需要有可靠的技术来源且这种技术能够适应激烈的市场竞争。长期以来,我国技术创新和技术进步,主要是依赖大学和各研究机构,企业游离于技术创新之外,科技研发与经济发展相互脱节。这一方面造成了我国企业的自主创新能力低,很多企业没有自己的核心技术和品牌,进而也就使我国产业技术的进步主要依赖国外引进,产业升级和结构调整失去了自生技术的支撑;另一方面大学和研究机构的研究人员对市场需求不是很了解,再加上他们关注的重点是技术突破,就使有些时候科技成果的技术指标虽然很先进,但其成本很高,不具备市场竞争力,从而产业化转化率不高。以上二者的相互作用使我国产业结构调整和经济发展方式的转型迟迟难以如愿以偿,产业被低端锁定,大部分企业有制造无创

---

① 成思危:《论创新型国家的建设》,《中国软科学》2009年第12期,第1~14页。
② 王正志:《中国知识产权指数报告2009》,知识产权出版社,2010,第134页。
③ 余昌森:《加强知识产权工作 走创新型国家道路——访国家知识产权局局长田力普》,《中国党政干部论坛》2006年第1期,第13~15页。

造、在全球竞争中频频受制于人。因此,建设创新型国家,必然要建设创新型企业,要以企业作为创新主体,建立以企业为主体的自主知识产权创新体系,这是我国实现创新型国家建设的必由之路。然而在现实中,自主知识产权,尤其是自主专利缺失是我国很多企业面临的棘手问题。从打火机到DVD、MP3、数字电视,无一不被自主专利缺失所制约。据统计,我国拥有自主知识产权核心技术的企业只占0.03‰,没有申请专利的企业达99%,拥有自己商标的企业只有40%。① 近年来,我国申请专利的企业数量在上升,2005年我国国内申请专利的企业只有2万家;2008年,这一数字上升到3.6万家(平均每家申请7.7件);但是这3.6万家企业,在我国所有工业企业中所占比重只有2%,这就意味着我国还有98%的工业企业没有申请专利。② 2008年,全国有42.6225万家规模以上工业企业[这里,规模以上工业企业是指全部当年产品销售收入500万元以上(含)的工业企业],其中开展研发活动的有2.7412万家,在这2.7412万家规模以上工业企业中,申请专利的有1.7884万家。按单个企业专利申请量计算,规模以上工业企业平均专利申请量不到0.4件,平均发明专利申请量为0.1件;在申请专利的规模以上工业企业中平均专利申请量为9.3件,平均发明专利申请量为2.7件。获得专利授权的规模以上工业企业在2008年有1.3279万家,它们共获得专利授权80526件;其中发明专利为11191件,约占13.9%。在2008年获得专利权的规模以上企业中,平均专利授权量为6.1件,平均发明专利授权量为0.8件。③ 数据表明,我国企业自主创新能力总体上偏弱,要完成创新型国家建设战略所规定的知识产权任务,企业,其中包括中国跨国公司,在提升知识产权创造和运用能力方面还需付出艰辛的努力。面对国外知识产权优势企业布下的严密专利网,再加上现阶段企业知识产权创新需要的是整体技术上的突破,而非单项技术指标的先进,因此,企业自主知识产权创新要求高、难度大,需要大量的研发

---

① 田力普:《自主创新与知识产权》,载CCTV《中国经济大讲堂》节目组编《中国经济大讲堂》,辽宁人民出版社,2006,第325页。
② 熊建:《申请国外专利有专项资金补助(权威访谈)》,人民网,2009年11月9日,http://ip.people.com.cn/GB/10339624.html,最后访问日期:2019年3月7日。
③ 国家知识产权局规划发展司:《我国规模以上工业企业专利活动与经济效益状况报告》,《专利统计简报》2009年第24期;国家知识产权局网,http://www.sipo.gov.cn/docs/pub/old/tjxx/zltjjb/201509/po20150911504806829352.pdf,最后访问日期:2019年3月7日。

资金、雄厚的知识产权人才和高额的知识产权维持费；所有这些使我国一般中小企业在完成创新型国家建设所要求的知识产权任务时，面临的压力大、困难多。因此，作为我国企业佼佼者的中国跨国公司，就必须担负起更大的责任，必须获得更多的自主知识产权。由此可见，推动中国跨国公司培育自主知识产权，是我国推进创新型国家建设战略的迫切需求。

第四章

中国跨国公司自主知识产权培育面临的问题与挑战

第一节 中国跨国公司自主知识产权发展的基本情况

一 自主知识产权数量增长迅速但总量仍小

由图4-1显示,2006~2010年,企业拥有的有效发明专利在我国国内有效发明专利总量中所占比重持续上升,增长势头强劲。2006年,我国企业有效发明专利占我国有效发明专利总量的比例为38.5%;而到了2010年,企业拥有的有效发明专利在我国有效发明专利总量中的比例则上升到51.1%,其间每一年都比上一年上升不少。

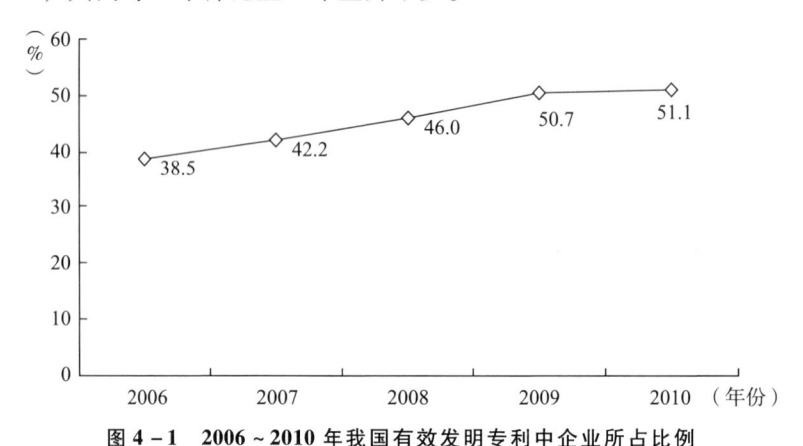

图4-1 2006~2010年我国有效发明专利中企业所占比例

资料来源:国家知识产权局规划发展司编《2010年中国有效专利年度报告(一)》,《专利统计简报》2011年第6期。

第四章 中国跨国公司自主知识产权培育面临的问题与挑战

由图 4-2 显示，2006～2010 年，我国企业拥有的有效实用新型专利在国内有效实用新型专利总量中所占比例与发明专利相似，也是连续几年都在上升。2010 年，我国国内有效实用新型专利总量中企业有效实用新型专利占的比重，超过了半壁江山，达到了 52.4%。

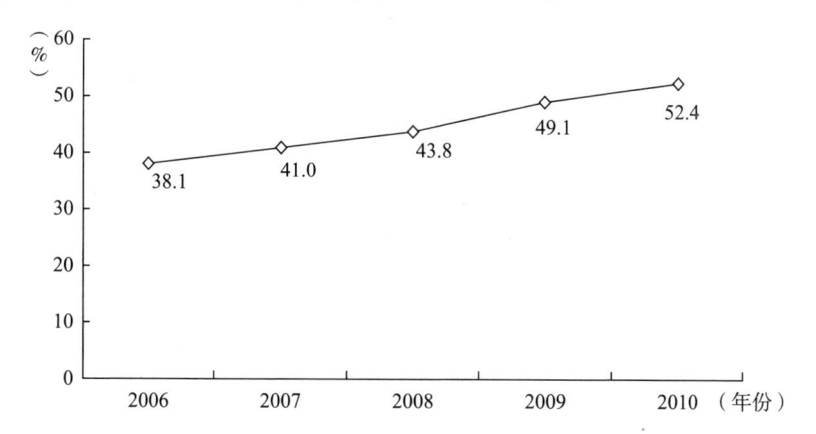

图 4-2　2006～2010 年国内有效实用新型专利中企业所占比例

资料来源：国家知识产权局规划发展司编《2010 年中国有效专利年度报告（二）》，《专利统计简报》2011 年第 7 期。

在外观设计专利方面，国内企业有效外观设计专利的增长，虽不如发明专利和实用新型专利那样迅速，但是 2006～2010 年基本保持平稳增长态势（见图 4-3）。

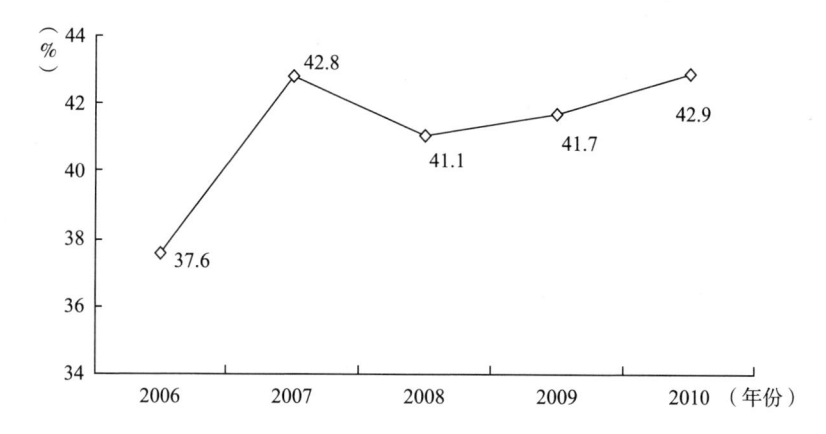

图 4-3　2006～2010 年国内有效外观设计专利中企业所占比重

资料来源：国家知识产权局规划发展司编《2010 年中国有效专利年度报告（二）》，《专利统计简报》2011 年第 7 期。

综合图4-1、图4-2和图4-3可知，2006～2010年，我国国内企业知识产权数量呈快速增长态势。由于知识产权是"谁掌控权利谁就能自主"，因而根据这一原则，以上三图中所包含的港澳台商控股企业和在中国设立的外资企业所掌握的知识产权，不属于我国自主知识产权范畴。那么减去港澳台商控股企业和外资企业所掌握的知识产权以后，我国内资企业的自主知识产权数量是否仍呈迅速增长的态势呢？根据全国企业专利状况调查课题组的报告，1985～2005年，在我国所有申请过专利的企业中，港澳台商控股企业（11.6%）和外资企业（10.4%）所占比例为22%。[①]笔者认为，这一比例，时间跨度是20年，具有相对稳定性。也就是说，在2006～2010年，港澳台商控股企业和外资企业所占比例仍为22%。另外，考虑到这一比例在整个拥有知识产权的国内企业中不占主导，笔者认为，2006～2010年，我国内资企业的自主知识产权数量增长迅速。根据全国专利状况调查课题组的调查：1985～2005年，平均每家大型企业拥有的专利申请数量是24.7件，中小企业为5.9件（约为大企业的24%），而规模以下企业只有3.7件，约为大企业的15%；这显示，知识产权产出水平与企业规模正相关。据此判断，2006～2010年，中国跨国公司自主知识产权数量也是迅速增长的。这一判断，可从由龚亚麟、金泽俭等人负责的《2008年我国规模以上工业企业专利活动与经济效益状况报告》得到印证。在2008年全国规模以上工业企业获得专利授权百强中，排在前12名的内资企业，除了一家不是跨国公司以外，其余11家企业均是，所占比例在90%以上（见表4-1）。

表4-1 2008年全国规模以上工业企业专利授权百强排行榜中前12名的内资企业

单位：件

企业名称	排名	总计	发明	实用新型	外观设计
华为技术有限公司	1	3035	2851	90	94
中兴通讯股份有限公司	2	813	451	330	32
奇瑞汽车股份有限公司	3	679	13	234	432
宝山钢铁股份有限公司	4	573	121	452	0

---

① 张勤等：《全国企业专利状况调查报告》，载国家知识产权局办公室政策研究处编《优秀专利调查研究报告集》（Ⅴ），知识产权出版社，2008，第48页。

第四章　中国跨国公司自主知识产权培育面临的问题与挑战

续表

企业名称	排名	总计	发明	实用新型	外观设计
美的集团有限公司	5	544	6	292	246
中国石油化工股份有限公司	6	411	376	35	0
重庆长安汽车股份有限公司	7	409	15	228	166
吴江市凌志纺织有限公司	8	374	0	0	374
珠海格力电器股份有限公司	9	342	14	181	147
海尔集团公司	10	333	31	162	140
力帆实业（集团）股份有限公司	11	327	4	151	172
康佳集团股份有限公司	12	324	4	282	38

资料来源：国家知识产权局规划发展司编《2008年我国规模以上工业企业专利活动与经济效益状况报告》，《专利统计简报》2009年第24期。

从企业总体来看，2009年，我国规模以上工业企业共计42.9万家，其中有25375家于当年申请了专利，在全部规模以上工业企业中的比重约为5.9%，同比增长41.9%；有18951家获得专利授权，占全部规模以上工业企业的4.4%，同比增长42.7%。[1] 从单个企业来看，2009年，华为技术有限公司有效发明专利8891件，2010年这一数字变为11970件，增长率达34.6%。中兴通讯股份有限公司有效发明专利在2009年是3189件，而在2010年一年时间里，中兴有效发明专利增加了2591件。"宝钢近三年发明专利申请量超过前二十年的总和。"[2] 中国跨国公司自主知识产权数量增长虽然迅速，但总量明显不足。其表现为：与同类外国企业在同技术领域相比，中国跨国公司拥有的自主知识产权在数量上还存在很大差距。以我国自主知识产权培育的佼佼者华为、中兴为例。2010年，华为在电信领域拥有的有效发明专利数是528件，而高通是871件，摩托罗拉是690件，LG是633件，我国中兴通讯股份有限公司只有280件。在计算机技术领域，2010年，华为技术有限公司有效发明专利数是883件，而国际商业机器公司有效发明专利数高达2296件，三星电子、松下电器产业和英特尔三家公司分别是1064件、1053件和1019件，微软公司是948件。[3]

---

[1] 国家知识产权局：《统计信息三则》，《专利统计简报》2010年第21期。
[2] 国务院国有资产监督管理委员会：《黄丹华在2010年中央企业科技工作会议上的报告》，国务院国有资产监督管理委员会，http:∥www.sasac.gov.cn/n1180/ n20240/n7291226/ 11870173.html，最后访问日期：2010年7月6日。
[3] 国家知识产权局：《2010年中国有效专利年度报告（一）》，《专利统计简报》2011年第6期。

二 自主知识产权质量有所提高但缺乏拥有核心技术的知识产权

根据上述数据，可计算出表4-2至表4-4中各中国跨国公司2006年、2008年、2009年的发明专利、实用新型和外观设计等知识产权数量，在当年知识产权授权总量中的比重（见表4-5）。

表4-2　2006年部分中国跨国公司自主知识产权授权量

单位：件

公司名称	合计	发明	实用新型	外观设计
华为技术有限公司	766	501	116	149
重庆长安汽车股份有限公司	709	2	193	514
力帆实业（集团）股份有限公司	624	0	78	546
比亚迪股份有限公司	476	26	357	93
中国石油化工股份有限公司	457	399	29	29
中兴通讯股份有限公司	373	257	88	28
海尔集团公司	345	15	167	163
美的集团有限公司	291	0	89	202
宝山钢铁股份有限公司	266	38	228	0
珠海格力电器股份有限公司	225	3	62	160
康佳集团股份有限公司	158	1	116	41

资料来源：国家知识产权局规划发展司编《2006年专利申请授权量排名前50位的国内企业和前20位的国外企业》，《专利统计简报》2007年第2期。

表4-3　2008年部分中国跨国公司自主知识产权授权量

单位：件

公司名称	合计	发明	实用新型	外观设计
华为技术有限公司	3035	2851	90	94
比亚迪股份有限公司	928	128	736	64
中兴通讯股份有限公司	813	451	330	32
奇瑞汽车股份有限公司	679	13	234	432
宝山钢铁股份有限公司	573	121	452	0
美的集团有限公司	544	6	292	246
中国石油化工股份有限公司	411	376	35	0
重庆长安汽车股份有限公司	409	15	228	166
珠海格力电器股份有限公司	342	14	181	147
海尔集团公司	333	31	162	140

续表

公司名称	合计	发明	实用新型	外观设计
力帆实业（集团）股份有限公司	327	4	151	172
康佳集团股份有限公司	324	4	282	38

资料来源：国家知识产权局规划发展司编《2008年我国规模以上工业企业专利活动与经济效益状况报告》，《专利统计简报》2009年第24期。

表4-4 2009年部分中国跨国公司自主知识产权授权量

单位：件

公司名称	合计	发明	实用新型	外观设计
华为技术有限公司	3457	3377	51	29
中兴通讯股份有限公司	1620	1345	213	62
比亚迪股份有限公司	1116	228	727	161
奇瑞汽车股份有限公司	946	83	407	456
美的集团有限公司	784	26	267	491
重庆长安汽车股份有限公司	745	26	220	499
宝山钢铁股份有限公司	627	211	416	0
力帆实业（集团）股份有限公司	603	31	84	488
康佳集团股份有限公司	469	30	331	108
珠海格力电器股份有限公司	447	38	248	161
海尔集团公司	412	105	120	187

资料来源：国家知识产权局规划发展司编《2009年我国规模以上工业企业专利活动与经济效益状况报告》，《专利统计简报》2010年第23期。

表4-5 部分中国跨国公司各类型自主知识产权数量占当年授权总量比重

单位：%

公司名称	2006年 A	B	C	2008年 A	B	C	2009年 A	B	C
华为技术有限公司	65.40	15.14	19.45	93.94	2.97	3.10	97.69	1.48	0.83
中兴通讯股份有限公司	68.90	23.59	7.50	55.47	40.59	3.94	83.02	13.15	3.83
比亚迪股份有限公司	5.46	75.00	19.53	13.79	79.31	6.90	20.43	65.14	14.43
奇瑞汽车股份有限公司	—	—	—	1.91	34.46	63.62	8.80	43.16	48.36
美的集团有限公司	0	30.58	69.41	1.10	53.68	45.22	3.22	34.05	62.63
重庆长安汽车股份有限公司	0.28	27.22	72.50	43.67	55.75	40.59	3.49	29.53	66.98
宝山钢铁股份有限公司	14.29	85.71	0	21.12	78.88	0	33.65	66.35	0
力帆实业（集团）股份有限公司	0	12.50	87.50	1.22	46.18	52.60	5.14	13.93	80.93
康佳集团股份有限公司	0.63	73.41	25.95	1.23	87.04	11.73	6.40	70.58	23.03

续表

公司名称	2006年			2008年			2009年		
	A	B	C	A	B	C	A	B	C
珠海格力电器股份有限公司	1.33	27.56	71.11	4.09	52.92	42.98	8.50	55.48	36.02
海尔集团公司	4.34	48.40	47.24	9.31	48.65	42.64	25.49	29.13	45.39
中国石油化工股份有限公司	87.30	6.34	6.34	91.48	8.51	0	—	—	—

注：A代表发明专利占当年专利授权总量中的比重，B代表实用新型占当年专利授权总量中的比重，C代表外观设计占当年专利授权总量中的比重。

比较表4-5中各年A列数据，可发现：与2006年和2008年相比，2009年，各中国跨国公司的发明专利授权比重总体上呈上升态势。有的是大幅攀升，有的是小幅上扬。其中，华为技术有限公司2006年、2008年、2009年的发明专利授权比重分别为65.40%、93.94%和97.69%，2009年比2006年上涨了32.29个百分点。而宝钢与海尔2009年的发明专利授权比重，均比2006年多出了约20个百分点。比亚迪、奇瑞、格力、力帆等企业的发明专利授权比重也都一年一个台阶持续往上走。比如，在2006年，力帆没有获得发明专利授权；在2008年，力帆的发明专利在当年专利授权总量中的比重为1.22%；到了2009年，力帆专利总量中的发明专利比重则快速上升到5.14%。这种发明专利授权比重总体上升的态势，充分说明了中国跨国公司自主知识产权质量有所提升。因为，相对于实用新型和外观设计，发明专利获得授权需要经受严格的法律审查，是创造水平和技术含量最高的知识产权类别，其在产业化实施过程中，能够为企业带来较大的经济效益，并可使企业获得持续的市场竞争优势。

如果不是纵向比较企业专利的发展态势，而是横向比较企业的专利结构，则可发现：除华为、中兴、中石油、联想四家企业以外，相关中国跨国公司的实用新型或外观设计在当年专利授权量中的比重，都要大大高于创造水平和科技含量高的发明专利。而国外跨国公司，其专利结构是发明专利比重要远远大于实用新型或外观设计专利（见表4-6和表4-7）。

根据表4-6可以得出表4-7。

比较表4-6和表4-7，可知：中国跨国公司自主知识产权质量，与外国跨国公司相比差距巨大。以同处家电行业的海尔与松下电器产业株式会社、西门子公司为例,在2006年,海尔的发明专利授权比重是4.34%,而松下、西门子的这一比重分别达到了80%和87%。海尔的发明专利比重与这两家企业相比,分别低了75.66个百分点和82.66个百分点。即使是在2009年,海尔的发明专利水平与2006年的西门子和松下相比仍有巨大差距。这种情况说明,中国跨国公司自主知识产权质量,在总体上仍处于比较低的层次,还缺乏核心技术的知识产权。

表4-6　2006年国外企业在华知识产权授权量

单位:件

国别	企业名称	合计	发明	实用新型	外观设计
日本	松下电器产业株式会社	1722	1380	60	282
韩国	三星电子株式会社	1468	1016	3	449
荷兰	皇家飞利浦电子有限公司	683	603	4	76
美国	国际商业机器公司	426	426	0	0
德国	西门子公司	319	278	1	40

资料来源:国家知识产权局规划发展司编《2006年专利申请授权量排名前50位的国内企业和前20位的国外企业》,《专利统计简报》2007年第2期。

表4-7　2006年国外企业各知识产权类别在当年授权量中的比重

单位:%

企业名称	发明专利比重	实用新型比重	外观设计比重
松下电器产业株式会社	80	4	16
三星电子株式会社	69	1(约)	30
皇家飞利浦电子有限公司	88	1	11
国际商业机器公司	100	0	0
西门子公司	87	1(约)	12

从专利维持年限更能说明这个问题。专利法规定,发明专利和实用新型、外观设计的有效保护期,分别是20年和10年;专利权被授予后,专利权人应当从当年起缴纳年费,才能维持专利有效,否则专利权会在其期限届满前失效。专利维持时间越长,权利人的成本越高。如果专利维持不能给权利人带来收益,那么权利人就会中止缴纳年费。因此,一般来说,专利维持的时间越长,其科技水平和经济价值就越高。从这点来说,核心专利通常是维持时间长的专利。国家知识产权局统计数据显示,国内有效发明专利的维持年限大多集中在3~6年,而国外一般为5~9年;我国拥

有的有效期在 10 年以上的发明专利,只占国内有效发明专利的 4.6%,而国外这一比例达到 23.8%。① 有效发明专利维持年限短,在一定程度上说明中国跨国公司缺乏核心知识产权。

中国跨国公司核心知识产权缺乏,还表现在高新技术领域自主知识产权拥有量少这一方面。2010 年我国国内有效发明专利,在电信、电机、电气装置、电能、计算机技术、半导体、光学、有机精细化学等高技术领域,只有华为技术有限公司(电信领域 528 件,排名第 5 位;计算机技术领域 883 件,排名第 6 位)、中兴通讯股份有限公司(电信领域 280 件,排名第 7 位)、中国石油化工股份有限公司(有机精细化学领域 550 件,排名第 2 位)三家中国跨国公司进入前十。②

三 品牌具有一定国际知名度但还不是真正的国际知名品牌

品牌,简言之,是企业给自己产品取的商业名称。它由音(品牌名称)、形(品牌标识,表现为符号、图案或者某种特殊设计、色彩)、义(品牌所反映的价值、理念和文化品位)三部分组成,具有识别、区分类似商品和服务的功能,是企业形象、商誉、技术和资本的代表。品牌国际知名度,是指品牌在国际市场上被知晓或熟悉的程度。品牌的海外消费者知晓人数以及其对品牌的知晓水平反映了品牌国际知名度的高低。品牌知晓水平,可以从两个方面来反映:一是品牌识别,即消费者在某种场合下,能够认出某一品牌;二是品牌回忆,就是对某一类产品,消费者不仅知道该类产品有几个品牌,而且知道自己所喜欢的那个品牌有什么样的特点。知晓品牌的海外消费者人数越多,品牌的国际知名度越高;海外消费者对品牌知晓水平越高,品牌的国际知名度越高。就中国跨国公司而言,其品牌产品在国际市场上已获得不少消费者的青睐,具有一定的知名度。比如,海尔开发的电脑桌冰箱,深受美国大学生的喜欢。到 2003 年,海尔在美国 70 立升以下的冰箱市场上所占的市场份额达到 50%。如今,海尔在美国的产品已从原来缝隙市场的小冰箱、小冷柜,发展到包括主流市场大冰箱、

---

① 国家知识产权局规划发展司:《2010 年中国有效专利年度报告(一)》,《专利统计简报》2011 年第 6 期。
② 国家知识产权局规划发展司:《2010 年中国有效专利年度报告(一)》,《专利统计简报》2011 年第 6 期。

大冷柜等在内的庞大的产品群。海尔产品在经销商中也获得了一定的称赞，目前，海尔产品成功入驻美国排名前 10 的大型连锁零售企业；除此之外，海尔产品还进入欧洲五个主要国家排名前 5 的大型连锁店和专业电器连锁店；在日本，海尔产品进入了包括山田电机等在内的 10 大连锁渠道。

中国跨国公司的品牌具有一定的国际知名度，也反映在其海外营业收入占总营业收入的比例上。海外营业收入在企业整个营业收入中所占比重多少，在一定程度上可以反映品牌国际知名度高低。因为海外营业收入是海外消费者购买行为的结果，海外消费者对某一品牌产品的购买，反映了他们对该品牌的知晓、认知和认可程度。研究表明：在我国国际化企业中，海外营业收入在企业整个营业收入中比重达 10% 以下的企业，其比例是 21.26%；海外营业收入比重达 10% ~ 30% 的企业，其比例是 31.4%；海外营业收入比重达 30% ~ 50% 的企业，其比例是 21.74%；海外营业收入比重达 50% ~ 70% 的企业，其比例是 13.04%；海外营业收入比重达 70% 以上的企业，其比例是 12.56%。[①] 中国跨国公司的品牌在国际市场上具有一定知名度，显然是个不争的事实。

虽然中国跨国公司的品牌具有一定的国际知名度，但还不是真正的国际知名品牌。最直接的证据就是，直到 2010 年，还没有哪家中国跨国公司入选由美国《商业周刊》和世界著名品牌咨询公司 Interbrand 联合发布的全球最佳品牌 100 强排行榜。通常能登上这个榜单的品牌，就是公认的国际知名品牌。

一个品牌要成为国际知名品牌，以下几个条件是必备的：（1）知名度、美誉度、忠诚度三度合一；（2）具有巨大的品牌价值；（3）具有穿越地理文化边界的能力；（4）具有核心知识产权的支撑。从这几个条件来看，中国跨国公司的品牌离国际知名品牌还有很大的差距。就知名度而言，虽然中国跨国公司的品牌具有一定的国际知名度，但是靠廉价优势获得的。在国际市场上，尽管中国跨国公司制造出来的产品，质量已经达到国际水平，但其品牌形象依然是和低价格、低品质相联系在一起的。一些海外消费者虽声称知道中国品牌，但很难准确说出某类中国产品的品牌名

---

① 韩中和、刘刚：《中国企业品牌国际化现状的实证分析》，《国际商务研究》2008 年第 6 期，第 63 ~ 68 页。

称。这样的品牌形象谈不上美誉度和忠诚度。

从品牌价值来看,根据世界知名的品牌评估机构的调查,在商标价值居于世界前50名的名牌产品中看不到中国品牌的身影。2010年,在美国《商业周刊》和品牌咨询公司Interbrand公布的全球100个最佳品牌中,排名第一的是可口可乐,其品牌价值高达704.52亿美元;就连排最后一位的巴宝莉(BURBERRY),也有31.1亿美元的品牌价值。2010年,思科的品牌价值是232.197亿美元;而同是电信企业的华为,虽然是思科最强劲的竞争对手,但在2010年其品牌价值只有463.78亿元人民币。[1] 二者差距甚远。

品牌身后是文化,它反映了某种价值和理念。国际知名品牌所代表的文化核心价值和理念,能够穿越地理文化边界,可以在不同时空环境和文化背景下生活的消费者心中落地生根。如可口可乐品牌代表了积极、奔放、乐观、豁达的文化精神,受到了不同国家和地区文化有差异的消费者的认同和喜爱。耐克代表的勇往直前精神,也亦如此。至于品牌穿越地理文化边界的能力,中国跨国公司与国际知名品牌相比,也是不可相提并论的。正是因为如此,很多中国跨国公司不得不借助国外品牌去开拓国际市场。比如,TCL集团收购法国汤姆逊公司的电视机业务、联想收购IBM的PC业务、万向集团收购美国舍勒公司等都是为了利用国外品牌的影响力来提升自己的国际竞争力。即使是一向强调自创品牌的海尔,现在为了进军海外高端市场,也不得不使用这一方法。2011年7月,海尔与三洋达成了收购协议,其中包括海尔在日本市场运营三洋洗衣机品牌AQUA以及在越南、印度尼西亚、菲律宾和马来西亚等市场运营"SANYO"品牌等内容。

品牌乃创造性劳动的结晶,本质上是知识产权。国际知名品牌所囊括的与众不同的商业标识、闻名遐迩的商誉、极富创意的外观设计、独家享用的商业秘密,无不与知识产权相关。如果产品没有核心知识产权支撑,要想在竞争极其激烈的国际市场脱颖而出、成为家喻户晓的国际知名品牌,犹如蜀道难、难于上青天。纵观各国际知名品牌,其身后都有核心专利技术作为基石。自2001年以来,可口可乐一直是美国《商业周刊》全球最佳品牌100强排行榜中的领头羊,其关键不在于可口可乐公司每年巨

---

[1] 世界品牌实验室:《2010年中国500最具价值品牌排行榜》,http://brand.icxo.com/brand-meeting/2010china500/brand2010_1.htm,最后访问日期:2010年6月28日。

大的品牌营销费用，而是保密的饮料配方。同样，微软公司之所以一直能在榜单上坐第二或第三把交椅，乃是缘于手中掌握着操作系统的核心技术。对于中国跨国公司而言，其品牌至今没能进入国际知名品牌行列，一个关键原因就是缺乏核心知识产权。而中国跨国公司缺乏核心知识产权，前文已有论述，这里不多做说明。

四　知识产权海外布局步伐加快但布局水平还有待进一步提升

"地域性"是知识产权的固有属性，知识产权要获得某个国家或地区的法律保护，前提条件就是在那申请注册。利用申请国或地区相关法律保护企业知识产权，构建从外围到核心的国际知识产权布局，是知识经济和全球化时代企业在国际市场上输出产品、创立品牌、获得高额利润的根本保障。产品未动、知识产权先行，是当今发达国家跨国公司的通行做法。在国际知识产权保护水平日益提高、保护力度日益加大和发达国家跨国公司不断滥用知识产权的背景下，中国跨国公司也深深地认识到：要想不被排除在目标市场之外，使企业海外发展免受知识产权的阻挠，就必须在海外进行知识产权布局。正因有了这种认识，中国跨国公司近年来才积极进行知识产权国际申请，加快知识产权海外布局步伐。图4-4的数据反映了中国PCT国际专利申请快速上升的整体发展态势。如图4-4所示，即使是受到金融危机影响，中国PCT国际专利申请量仍不降反升，实现了逆势增长，2009年增幅达到了30%。华为、中兴等中国跨国公司是中国PCT国际专利申请量快速增长的核心推动力。据学者研究，华为PCT累计申请量约占我国PCT国际专利申请总量的20%。[1] 在国内专利持续积累的基础上，华为开始加快知识产权海外布局步伐。2008年，华为PCT国际专利申请量达1737件，超过松下电器和荷兰皇家飞利浦电子公司，拔得全球PCT国际专利申请的头筹；2009年，华为申请了1847件PCT国际专利，居全球第二；2010年，华为PCT国际专利申请量略有降低，为1528件。中兴公司海外知识产权布局的速度也很快。2009年，中兴PCT国际专利申请量是502件，在全球排名中仅位列第23位；但是到了2010年，这一数字迅

---

[1] 张茂于：《我国对外专利申请现状研究》，载国家知识产权局办公室政策研究处编《优秀专利调查研究报告集》，知识产权出版社，2010，第11页。

速上升为 1863 件，增长了 1361 件，排名攀升至全球第二。在快速进行知识产权海外布局上，比亚迪也值得一提。2009 年比亚迪的 PCT 国际专利申请量是 38 件，2010 年为 81 件，增长了约 113%。

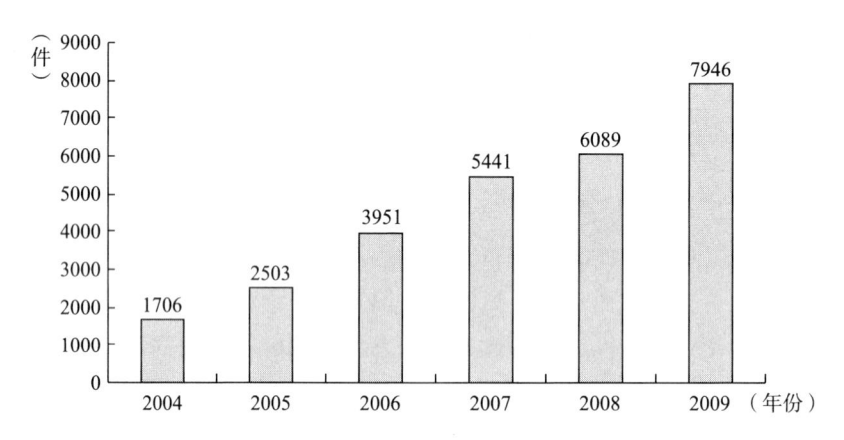

图 4-4 2004~2009 年中国 PCT 国际专利申请量

资料来源：国家知识产权局规划发展司编《我国国际专利申请调查报告》，《专利统计简报》2010 年第 16 期。

中国跨国公司知识产权海外布局步伐虽然加快，但还存在很多不足，主要表现在以下几方面。

第一，商标布局的前瞻意识不足，没有做到未雨绸缪，缺乏长远规划。中国跨国公司商标申请往往是跟着产品走，产品走到哪就在哪申请注册。这种商标布局意识，使企业海外发展因商标权而受阻。比如，联想收购 IBM 个人电脑业务，目的是准备在国际市场上走得更远。然而正当其踌躇满志之时，联想却猛然发现"legend"商标早已在很多国家被注册，不得以，联想将原来的"legend"商标改为现在的"lenovo"。海信集团也同样有商标被抢注的遭遇。当海信准备进入欧洲市场时，却发现博世—西门子公司已经在德国抢先注册了"HiSense"商标，并同时进行了欧盟注册和马德里商标注册。之后，海信集团和博世—西门子公司双方因此发生了法律纠纷，时间长达 6 年之久，最后以海信集团赎回商标权的方式和解。海信虽然最终夺回了商标，却花费了巨额的赎金，并且自己的产品在长达 6 年时间内不能进入欧洲市场，可谓损失惨重。

第二，专利布局的战略性不强。中国跨国公司海外专利申请，其主要目的大多是保护产品市场、免受知识产权纠纷，一小部分是想获得产业经营许可或与海外竞争对手实现交叉许可，很少有企业申请国际专利是为了威慑竞争对手，更不用说有意识地针对海外企业的发展路径、技术现状和今后走向，来开展知识产权工作，用知识产权制胜。然而国外跨国公司来华申请专利，是有计划、有步骤的，其技术水平领先我国企业现行技术5~10年的时间，明显呈现出战略性布局特点。比如，在我国食用油领域，国外跨国公司在华申请的专利，很多是目前我国生产性企业还用不到但是在以后产业升级过程中难以避开的技术。①

第三，知识产权布局的有效性不强。很多中国跨国公司，如联想、华为、海信、中兴、海尔、比亚迪等，在海外都曾频繁地遭遇知识产权诉讼、缴纳高额知识产权费用、被提起"337"调查。这种事实表明，中国跨国公司的海外知识产权布局，还不足以为企业的发展保驾护航，有效性有待增强。

美日欧三方专利是反映企业海外知识产权布局水平高低的一个重要指标。如果中国跨国公司能够在美国、日本和欧盟等经济发达、技术先进的国家和地区申请并获得专利，那么就可以充分说明中国跨国公司海外知识产权布局的水平和能力比较高。然而根据国际知识产权组织公布的数据来看，中国跨国公司海外知识产权布局的水平与发达国家跨国公司相比，还有很大的差距。2003~2012年，中国只有三家跨国公司进入全球专利申请100强，从整体数量上说，中国跨国公司的知识产权全球布局水平与日本跨国公司相比，还不在同一个档次上，甚至也比不上韩国（见表4-8）。

表4-8 2003~2012年全球专利申请100强三方专利数

单位：件

申请人	国家/地区	三方专利数（2003~2012年）	排名 1980s	排名 1990s	排名 2000s
松下电器产业株式会社	日本	111653	1	1	1
三星电子	韩国	95852	38	7	2

---

① 对此的进一步了解可参见陈黎明《跨国公司加紧在中国食用油领域进行知识产权布局》，中华人民共和国商务部网，2011年4月27日，http://www.ipr.gov.cn/hwwqarticle/hw-weiquan/hwjingshi/201104/1219116_1.html，最后访问日期：2019年3月2日。

续表

申请人	国家/地区	三方专利数（2003~2012年）	排名 1980s	排名 1990s	排名 2000s
佳能	日本	74193	7	2	3
丰田自动株式会社	日本	73220	15	16	4
东芝	日本	65151	4	3	5
LG电子	韩国	64593	80	12	6
精工爱普生	日本	62305	16	18	7
IBM	美国	45473	40	17	8
理光	日本	45306	8	9	9
索尼	日本	44261	9	5	10
夏普	日本	43094	10	14	11
三菱电机	日本	42852	5	8	12
日立	日本	35369	3	4	13
株式会社电装	日本	34219	124	27	14
富士通	日本	33655	6	10	15
本田汽车	日本	33367	23	24	16
罗伯特·博世	德国	32227	41	33	17
中兴	中国大陆	31673	155	144	18
鸿海精密集团	中国台湾	30848	127	129	19
现代汽车	韩国	30735	90	20	20
华为	中国大陆	28726	141	117	21
富士施乐	日本	27457	25	28	22
西门子	德国	26857	20	21	23
微软	美国	23925	104	81	24
富士公司	日本	23314	132	165	25
索尼电子	日本	22805	14	11	26
海力士半导体	韩国	22797	130	30	27
日本电气公司	日本	22178	2	6	28
日产汽车	日本	21648	18	23	29
日本电报电话	日本	19673	13	19	30
日本印刷	日本	17790	34	31	31
鸿富锦精密工业（深圳）	中国台湾	17674	159	153	32
戴姆勒	德国	17270	58	45	33
京瓷株式会社	日本	16985	54	35	34
通用电气	美国	16802	59	84	35

第四章 中国跨国公司自主知识产权培育面临的问题与挑战

续表

申请人	国家/地区	三方专利数（2003~2012年）	排名 1980s	1990s	2000s
印第安纳州兄弟有限公司	日本	16447	30	41	36
三星 SDI 有限公司	韩国	16359	115	85	37
住友电工	日本	15730	22	36	38
奥林巴斯	日本	15236	122	139	39
尼康	日本	14998	44	34	40
浙江大学	中国大陆	14707	96	142	41
京瓷美达集团	日本	14300	139	112	42
柯尼卡美能达业务技术	日本	14052	166	166	43
三菱重工	日本	14018	12	15	44
中国石油化工公司	中国大陆	13658	103	111	45
高通	美国	13611	112	115	46
三星电子装置	韩国	13375	94	99	47
凸版印刷株式会社	日本	13313	46	39	48
普利司通	日本	13068	47	47	49
韩国电子电信	韩国	12918	76	58	50
通用汽车全球科技业务	美国	12585	106	143	51
富士照片电影有限公司	日本	11718	11	13	52
清华大学	中国大陆	11633	93	122	53
LG 显示器有限公司	韩国	11556	165	164	54
浦项制铁	韩国	11358	107	53	55
卡西欧计算机	日本	11050	36	38	56
LG 伊诺特	韩国	10441	168	168	57
上海交通大学	中国大陆	10299	109	141	58
川崎制铁	日本	10071	145	126	59
日本精工株式会社	日本	10038	128	94	60
惠普	美国	10018	133	80	61
NTN 东洋轴承	日本	9950	82	96	62
TDK 公司	日本	9848	55	68	63
工业技术研究所	中国台湾	9764	85	91	64
海洋王照明科技	中国大陆	9698	169	169	65
英特尔	美国	9614	88	48	66
英业达	中国台湾	9553	131	134	67
大宇电子	韩国	9376	157	150	68

续表

申请人	国家/地区	三方专利数（2003~2012年）	排名 1980s	排名 1990s	排名 2000s
船井电机有限公司	日本	9267	92	97	69
花王集团	日本	9208	45	43	70
友达光电公司	中国台湾	9154	156	147	71
矢崎总业株式会社	日本	8985	67	40	72
阿鲁策株式会社	日本	8726	137	109	73
东芝TEC	日本	8684	134	82	74
标致雪铁龙	法国	8679	150	135	75
大金工业株式会社	日本	8661	43	69	76
住友电装公司	日本	8180	91	42	77
冲电气实业有限公司	日本	8173	21	32	78
霍尼韦尔国际	美国	8088	75	107	79
SK电信	韩国	8052	143	124	80
LG飞利浦液晶显示器有限公司	韩国	7897	114	86	81
东丽株式会社	日本	7840	29	37	82
NAT ADV IND与技术研究所	日本	7765	136	103	83
LG电子（天津）电器	中国大陆	7765	152	137	84
起亚汽车	韩国	7681	105	73	85
诺基亚	芬兰	7675	125	106	86
施乐	美国	7658	65	70	87
捷太格特	日本	7640	170	170	88
现代汽车	韩国	7524	154	140	89
日本中国电力株式会社	日本	7472	97	152	90
马自达汽车公司	日本	7464	19	61	91
住友化学	日本	7445	49	67	92
日本電産サンキョー株式会社のサイトです	日本	7439	73	78	93
英飞凌科技公司	德国	7191	119	75	94
新日铁	日本	7167	17	22	95
雅马哈	日本	7095	60	74	96
大众汽车	德国	7094	71	72	97
爱信精机株式会社	日本	7069	53	66	98
日本电报电话公司	日本	7031	140	113	99
哈尔滨工业大学	中国大陆	6954	164	163	100

资料来源：世界知识产权局。

第二节　中国跨国公司自主知识产权培育面临的问题

一　许多企业核心创新能力不强、知识产权存在"引进依赖"

企业核心创新能力的强弱，可以从企业拥有的有效发明专利在整个专利中的比重来衡量。因为发明专利数量是衡量企业创新能力大小的核心指标，而实用新型和外观设计专利的创造性低于发明专利，并且实用新型和外观设计的申请授权，不需要经过专利局实质性审查，只要不与法律的排除性条款相抵触，就可获授权。表4-9的数据反映了许多中国跨国公司创新能力不强的事实。

表4-9　2009年部分中国跨国公司各专利类别在有效专利中所占比重和数量

企业名称	专利总量（件）	发明数量（件）	发明比重（%）	实用新型数量（件）	实用新型比重（%）	外观设计数量（件）	外观设计比重（%）
华为	10342	8896	86	716	7	730	7
中兴	4458	3191	72	992	22	275	6
比亚迪	3253	402	12	2395	74	456	14
宝钢	2536	603	24	1933	76	0	0
长安汽车	2379	39	2	818	34	1522	64
奇瑞	2339	78	3	843	36	1418	61
海尔	2320	222	10	1076	46	1022	44
美的	2025	28	1	881	44	1116	55
力帆	1951	48	2	449	23	1454	75
海信	364	131	36	155	43	78	21

资料来源：国家知识产权局规划发展司编《2009年我国规模以上工业企业专利活动与经济效益状况报告》，《专利统计简报》2010年第23期。

如表4-9所示，2009年，10家中国跨国公司中，只有华为和中兴两家公司拥有的发明专利在整个有效专利中的比重超过了实用新型或外观设计，分别达86%和72%；而其余8家公司的发明专利比重，明显低于实用新型和外观设计所占比重。海尔是我国自主知识产权意识较高的企业，但其发明专利的比重只有10%，实用新型和外观设计的比重却都超过40%。长安汽车、力帆、美的这几家企业发明专利的比重更低，均不超过3%，与实用新型和外观设计的专利比重相去甚远。如力帆，其外观设计比重达75%，高出发明专利比重73个百分点。这说明，大部分中国跨国公司外围创新能力较强，但核心创新能力弱。如果与发达国家跨国公司相比，这种状况就显得更清楚。据国家知识产权局统计，2010年，松下、西门子等家用电器跨国公司在我国拥有的专利中，发明专利占的比重在80%以上；而我国家用电器领域的知名企业海尔，其发明专利在企业所有专利中的比重只有15.6%，美的更低，仅有1.6%。汽车企业方面，通用有98%的发明专利，丰田有66%，而奇瑞汽车拥有的发明专利不到8%，长安汽车只有3.4%。①

那些核心创新能力不强的中国跨国公司，在国际知识产权保护高水平化、高强度化的环境下，为了业务的正常发展就必须引进或购买知识产权（见图4-5）。

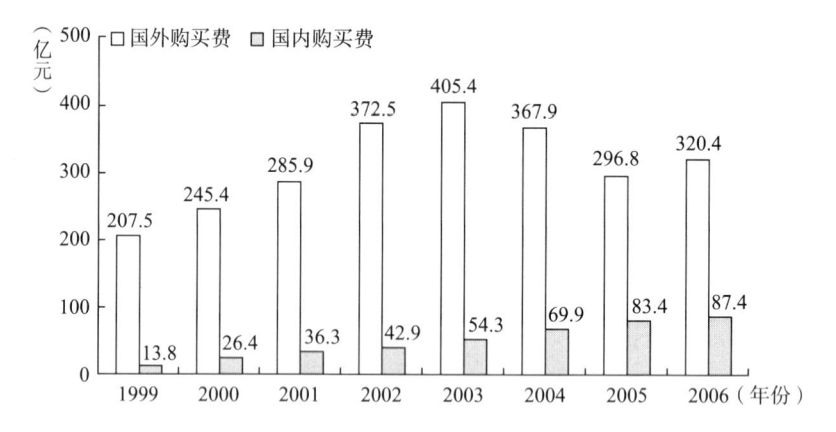

图4-5 1999~2006年我国大中型工业企业技术支出费用

资料来源：王正志：《中国知识产权指数报告》，知识产权出版社，2009，第126页。

从图4-5可以看出，1999~2006年，我国大中型工业企业（其中包括中国跨国公司）每一年都需要花费几百亿元人民币，来购买国外或国内其他权利人的知识产权。除了购买费以外，核心创新能力不强的中国跨国公司，每年还需要花大量的专利技术使用费和特许费。这种情况，可以从

---

① 国家知识产权局规划发展司：《2010年中国有效专利年度报告（一）》，《专利统计简报》2011年第6期。

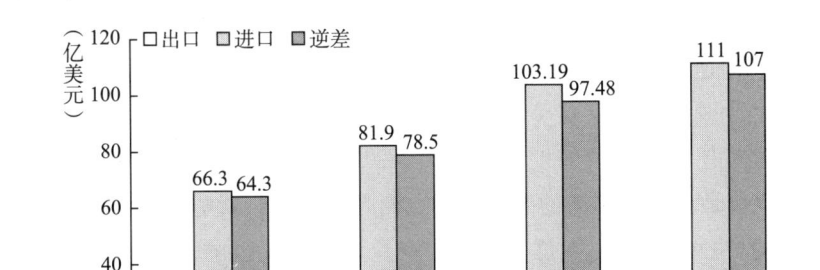

第四章　中国跨国公司自主知识产权培育面临的问题与挑战

我国专有权利使用费和特许费总体状况中反映出来（见图4-6）。

图 4-6　2006～2009 年我国专有权利使用费和特许费

资料来源：国家知识产权局规划发展司编《十一五以来我国专有权利使用费和特许费国际逆差超过 300 亿美元》，《专利统计简报》2010 年第 14 期。

图4-6显示，从2006年开始，我国专有权利使用费和特许费逐年上涨，2006年达66.3亿美元，2007年上升为81.9亿美元，2008年进一步上升至103.19亿美元，到了2009年这一数字又上升到111亿美元。2006～2009年，我国专有权利使用费和特许费年均增长18.7%，四年总计362.39亿美元。这四年，我国专有权利使用费和特许费国际逆差高达347.28亿美元。

企业知识产权数量的增长，一方面是依靠企业自身力量进行研究、开发的，另一方面则是从企业外部获取的。巨额的专利技术引进或购买费以及专利技术使用费与特许费，反映了许多核心创新能力不强的中国跨国公司，在知识产权上存在"引进依赖"。

中国跨国公司核心创新能力不强还可以通过专利被引用率的高低加以说明。在专利创新评价过程中，专利被引用率的高低是评价创新绩效和创新能力大小的一个比较客观的指标。表4-10是国家知识产权局根据2008～2013年中国发明专利人的引文数据和来华主要申请国之间的专利引用数据建立的矩阵分析。从表中所统计的美国和中国数据来看，2008～2013年，美国来华发明专利引用的专利件总和为375681件，其中，美国专利和中国专利的引用数分别是361598件、434件。而在同样的时间中，中国国内发明专利一共引用了589552件专利，其中，引用了408628件中国专利、

171

124230件美国专利。通过计算可知，美国专利在中国发明专利引文中的比重达到21.07%，而中国专利在美国来华发明专利中的比重仅为0.12%。这种专利引用逆差说明中国处在技术劣势地位。也就是说，包括中国跨国公司在内的中国发明人是在美国来华专利的基础上进行再创新，或者说美国来华专利说明书为中国的发明人提供了思路。考虑到美国来华的发明专利申请人大多数为实力雄厚的跨国企业。两者一对比，就能明显体现出中国跨国公司的核心创新能力不足。国外来华专利申请人当中，韩国三星公司、美国苹果公司、日本索尼公司的发明专利被引用率最高（见表4-11）。

表4-10　2008~2013年我国以及主要来华申请国之间的发明专利引用矩阵

单位：件

被引来源国	引用发起国									
	美国	日本	英国	德国	瑞士	俄罗斯	法国	韩国	中国	累计
美国	361598	25778	14784	61436	36280	880	21413	8486	124230	654885
日本	6471	424860	678	9379	2403	64	1852	4017	35079	484803
英国	2609	576	2401	2727	918	13	837	63	4269	14413
德国	3690	547	367	67266	4079	19	1806	84	7759	85617
瑞士	58	5	7	279	708	1	25	2	1614	2699
俄罗斯	158	62	16	91	29	750	19	13	471	1609
法国	544	104	140	851	587	12	7949	16	2413	12616
韩国	119	153	18	141	39	4	35	12627	5089	18225
中国	434	295	46	418	116	12	108	36	408628	410093
累计	375681	452380	18457	142588	45159	1755	34044	25344	589552	—

资料来源：国家知识产权局规划发展司编《专利文献引证统计分析报告2014》。

表4-11　2008~2013年被引专利拥有量排名前十的国外申请人

申请人	件数	母国	领域			
三星电子株式会社	14	韩国	H04N	H01L	G09G	G02B	C01B
苹果公司	12	美国	G06F	H01Q	H01R		
索尼公司	11	日本	H04N	G06F	H04L	H02J	H01L
戴森技术有限公司	8	英国	F04D	F04F	A47L		
LG菲利浦液晶显示器有限公司	8	韩国	H04N	G02F	G09G	G09F	G02B

续表

申请人	件数	母国	领域				
皇家飞利浦电子股份有限公司	7	荷兰	H04N	H04L	H05B	G06F	G01V
诺瓦蒂斯有限公司	5	瑞士	A61K				
墨克专利有限公司	5	德国	G07D	G09K	G07C		
拜尔作物科学有限责任公司	5	德国	A01N				
LG电子株式会社	5	韩国	G06F	H01L	H05K		

资料来源：国家知识产权局规范发展司编《专利文献引证统计分析报告2014》。

根据欧盟联合研究中心《产业研发投入记分牌2015》报告的分析，中国企业高研发强度产业比例偏低，而低研发强度产业比例过高。报告将41个产业依企业研发强度分为高、中高、中低和低四类加以研究。中国企业研发集中在中高研发强度产业，投入占比达到45%。但高研发强度产业投入占比为27%，远低于美国的74%，也低于欧盟的39%和日本的31%。中国中低研发强度企业投入占比为2%，但低研发强度企业投入占比却高达26%，而美国仅1%、日本3%、欧盟10%。[①] 可见，中国跨国公司的核心创新能力亟待提高。

二 不少企业对自主知识产权战略管理的重要性认识不足

目前全球知识产权竞争进入白热化阶段，这使企业若想培育自主知识产权，既需要掌握国际国内知识产权发展态势以及相关的知识产权政策信息，也需要认清企业自身的知识产权实力以及培育自主知识产权面临的机遇和威胁，还需要分析竞争对手的知识产权状况等。在做到知己知彼之后，企业需要对知识产权培育活动进行总体规划，其中包括的主要内容为确定企业自主知识产权培育活动的主题、方向、目标、重点及各种必备的条件等。只有这样才能够提高培育的效率和效益。这就需要企业制定相应的知识产权战略，并对这种战略进行管理；因为，企业知识产权战略与企业的技术研发、产品创新、市场开拓、机构设立、资金及人员配备、人才引进、员工培训等种种活动密切相关，而这些活动又属于企业管理的内

---

① 贾伟：《国际智库：中国企业创新日趋强劲》，《科技日报》2015年3月18日。

容。企业知识产权战略管理，有两层含义：一是指企业在对自身内外条件充分认识和把握之后，确定企业知识产权的战略目标、战略重点、战略方向、战略条件和战略步骤等；二是指使企业知识产权战略目标、战略重点、战略方向、战略条件和战略步骤得以顺利实现的管理决策、管理程序和管理行动。企业知识产权战略管理，既需要有专门的知识产权组织机构，也需要有合理、合法的知识产权管理规范，还需要有专业的知识产权管理人员。从组织活动角度来看，企业知识产权战略管理是一系列活动的集合体，这些活动主要包括：（1）企业知识产权战略分析，主要目的是评价影响企业目前和今后知识产权发展的关键因素并确定企业知识产权战略选择步骤中的具体影响因素，包括企业知识产权战略的外部环境分析和企业内部知识产权条件分析两个方面；（2）企业知识产权战略选择，主要涉及企业知识产权战略方案的制定、备选方案的评估和选择；（3）企业知识产权战略的实施；（4）企业知识产权战略的反馈、评价与调整。企业知识产权战略管理，是企业最高层次的知识产权管理，它有利于企业自主知识产权培育效率的提高，从而有助于企业构建自主知识产权优势，进而将自主知识产权优势转化为市场优势。

国外知名跨国公司在知识产权方面之所以竞争力强，原因之一就是他们善于进行知识产权战略管理。为了更好地管理知识产权战略，国外各知名跨国公司都设有直属公司高层的知识产权机构，配备有专职的知识产权管理人员，制定了健全的知识产权管理规范。比如日本的东芝公司，其知识产权本部下的策划部，专门履行企业知识产权战略管理职能。而具体的知识产权管理事宜，如知识产权信息的收集、调查、分析，知识产权申请，知识产权诉讼，知识产权保护，知识产权年费的缴纳，员工的知识产权教育，企业知识产权人才引进等，则由其他相应的知识产权部门负责。不同的企业，因各自情况不同，其知识产权战略管理目标存在差异，比如核心创新能力强的美国公司，其知识产权战略管理的目标就是对公司创新成果进行知识产权化并对之进行高标准的保护。

与国外知名跨国公司相比，中国跨国公司对知识产权战略管理的重要性认识还不足，很少有企业从战略管理的高度来审视企业的知识产权工作。中央企业是我国各行业的排头兵，绝大部分中央企业都有跨国业务。为提高中央企业的国际竞争力，国资委要求各中央企业必须制定、实施符合企业实际的知识产权战略,并提高企业的自主知识产权能力。然而,"目前,92.1%的中央企业没有制定企业知识产权战略,72.7%的企业尚未建立防止人才流动造成知识产权流失的管理制度,还有1/3的中央企业在专利被侵权、商标被仿冒时,未采取任何措施"。① 企业没有制定知识产权战略,就更谈不上对其进行管理了。由此可见,许多中国跨国公司缺乏知识产权战略管理的意识。

三 大部分企业研发投入不足,研发人才比较缺乏

知识产权是一系列创造性知识的集合体。企业创造自主知识产权的过程,也就是企业通过具体的研发活动,来发现和获取产权化新知识的过程。研发投入是这一过程的基础。以获取拥有自主知识产权的核心技术为目的进行研发,需要比较大的资金投入。这一方面是因为创造性知识的获取及其产权化本身是一个昂贵的过程,另一方面是因为研发投入直接影响到企业创新的速度、效率,在其他条件相同的情况下,企业投入的研发资金越多,核心知识产权创新的速度也就越快,成功的概率也就越大。国外知名跨国公司的知识产权实践充分证明了这一点。当今世界技术水平含量高、经济效益好的战略性专利,大多掌握在国外知名跨国公司手中,其原因之一便是这些公司每一年都投入巨额的研发资金。

从表4-12可以看出,2006~2008年,国外各知名跨国公司每一年的研发投入都在几十亿美元以上。即使是受金融危机严重影响的时期,许多跨国公司也非但没有削减研发投入,反而加大了研发投入量。以微软为例,2010年,微软的研发投入超过了95亿美元,② 比2007年多出了20.69亿美元。

表4-12 2006~2008年国外部分知名跨国公司研发资金投入量

单位:亿美元

公司名称	所属国	2006年	2007年	2008年
丰田	日本	78.96	83.29	87.61
松下	日本	54.06	55.83	57.64

---

① 王瑜:《企业知识产权战略实务》,知识产权出版社,2009,第19页。
② 王志乐:《2011跨国公司中国报告》,中国经济出版社,2011,第9页。

续表

公司名称	所属国	2006年	2007年	2008年
本田	日本	47.58	49.44	51.31
索尼	日本	41.62	39.59	37.57
辉瑞	美国	76	73	69
福特	美国	72	71.1	68.54
微软	美国	69.01	74.31	79.61
通用	美国	65	64	61
英特尔	美国	58.73	63.33	68.12
思科	美国	42.64	46.19	49.75
葛兰素史克	英国	65.49	70.73	76.39
阿斯利康	英国	39.02	42.11	45.28
西门子	德国	64.34	66.74	69.13
大众	德国	60.55	64	68.1
赛诺菲—安万特	法国	58.44	63.11	68.16
诺基亚	芬兰	51.43	57.35	63.76
诺华	瑞士	54.74	58.94	64.36

资料来源：张永凯：《全球R&D活动的空间分异与新兴研发经济体的崛起》，博士学位论文，华东师范大学，2010，第88页。

表4-13中的中国跨国公司，都是非常重视自主知识产权培育的企业，每一年都投入了大量的研发费用，但与国外同行业企业相比，在数量上明显存在差距。华为在2010年的研发费用尽管较上一年继续提高，达到了133.4023亿元人民币，但与微软、思科等企业2008年的水平相比，存在巨大差距。海尔2010年的研发费用虽然也达到了76.1940亿元人民币，但与2008年的西门子相比，至少相差400亿元人民币。海信、长虹、TCL等企业则相差更大。对比表4-12与表4-13可知，大部分中国跨国公司的研发投入存在不足。

表4-13　2010年我国各主要跨国公司研发投入费用

单位：万元人民币

公司名称	研发费用
中国石油天然气集团公司	1836436
华为技术有限公司	1334023
海尔集团公司	761940

续表

公司名称	研发费用
中国石油化工集团公司	616559
中兴通讯股份有限公司	578158
宝钢集团有限公司	436525
海信集团有限公司	226875
美的集团有限公司	223882
TCL集团股份有限公司	170000
联想控股有限公司	158128
奇瑞汽车股份有限公司	150049
四川长虹电子集团有限公司	138215
三一集团有限公司	109865
浙江吉利控股集团有限公司	103000

资料来源：中国企业联合会编《中国企业500强企业发展报告》，北京企业管理出版社，2010，第170页。

中国跨国公司研发投入不足的另一个表现是研发强度比较弱。研发强度是企业研发经费与主营业务收入之比。根据2015年中国企业500强报告中的统计数据，中国大企业的平均研发强度与全国水平的差距越拉越大（见表4-14）。

表4-14　2009~2015年中国500强企业和全国平均研发强度对照

年份	中国500强企业平均研发强度	全国平均研发强度
2009	1.34	1.46
2010	1.4	1.68
2011	1.44	1.73
2012	1.33	1.79
2013	1.27	1.93
2014	1.25	2.01
2015	1.28	2.09

资料来源：依据相关数据统计而得。

以自主知识产权为目的的研发是一个充满创造性的过程，充裕的资金投入虽然是这一过程的基础，但还不是这一过程的核心要素。这一过程的核心要素是人，即具有创造性的研发人才。所谓研发人才，顾名思义，也就是从事研究与实验发展活动的人员，既包括一线的课题研究人员，也包括为课题研究提供服务的辅助人员。对于企业而言，要使具有不确定性的自主知识产权创造富有成效，素质高、创造力强的研发人才是决定性要素。以 IBM 为例，IBM 是世界上久负盛名的创新性公司，其知识产权创造效率非常高，仅 2009 年一年，IBM 在美国国内就获得了专利 4914 件，并连续 17 年雄踞美国专利排行榜榜首。IBM 能够取得这样骄人的成绩，其关键是有着优异的研发人才。IBM 不仅有着世界上最优秀的工程师、科学家，而且有很多技术天才。IBM 的研发人员当中有 5 人获得诺贝尔奖，4 人获得图灵奖。[①] 同样的道理，中兴公司之所以能够形成一定的知识产权优势，与其优秀的研发人才队伍是分不开的。2010 年，中兴有 27914 名研发人员，占员工总数的 32.8%。在 85232 名员工中，拥有博士学位的有 519 人，占总人数的 0.6%；拥有硕士学位的有 22477 人，占总人数的比例为 26.37%；拥有学士学位的有 33097 人，占总人数的 38.8%。[②] 然而，在我国像中兴公司这样拥有优异研发人才队伍的公司很少。以海尔为例，2010 年，海尔的技术人员有 5518 名，占员工总数的 10%；有 6812 名员工拥有本科及以上学历，占员工总数的 13%；专科学历员工有 8714 名，占员工总数的比例为 16%；中专及以下学历的员工有 37886 名，占员工总数的比例是 71%。[③] 无论是从研发人员总数，还是从员工受教育程度来看，海尔与中兴相比，差距都巨大。如果与 IBM 等发达国家跨国公司相比，海尔的研发人才差距就更大。透过海尔这个例子，笔者认为可以断定大部分中国跨国公司的研发人才比较缺乏。因为海尔是我国比较有名的跨国企业，2010 年 8 月，《环球企业家杂志》和罗兰·贝格管理有限公司将海尔评为最具全球竞争力中国公司 20 强之一。即便是海尔这样的中国跨国公司，在研发人才方面都与世界的创新性公司存在巨大的差距，更何况其他公司。大部分中国跨国公司研发人才缺乏，与我国研发队伍的整体情况是

---

① 王志乐：《2011 跨国公司中国报告》，中国经济出版社，2011，第 106 页。
② 《中兴公司 2010 年年度报告》，中兴通讯股份有限公司网，2011 年 3 月 11 日，http://www.zte.com.cn/cn/about/investor_relations/corporate_report/，最后访问日期：2019 年 3 月 3 日。
③ 《海尔 2010 年年度报告》，海尔集团网，2011 年 3 月 12 日，http://www.haier.net/cn/investor_relations/stock_a/finance_reports/，最后访问日期：2019 年 3 月 3 日。

相应的。从每万人劳动力中R&D人员数量指标来看，2014年，我国R&D人力投入强度远远落后于国外各研发人才强国。从图4-7可知，日本、俄罗斯、德国、法国、意大利、韩国、英国、加拿大的R&D人力投入强度分别是中国的2.93倍、2.42倍、3.16倍、3.27倍、2.2倍、3.44倍、2.51倍、2.62倍。

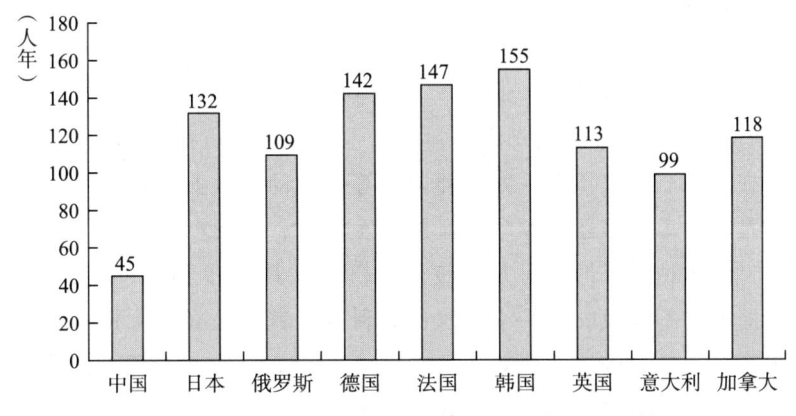

图4-7 每万人劳动力中R&D人员数量国际比较

资料来源：中华人民共和国科学技术部；OECD《主要科学技术指标2010/2》；MOST. main Science & Technology Indicators 2014/2（OECD）；中国科技统计网，http://www.sts.org.cn/Resource/editor/attached/file/20181228/636816142872773437 1508867.pdf，最后访问日期：2019年3月26日。

国际上研发人才队伍的质量，是用R&D人员中研究人员所占比重来反映的。R&D研究人员是指从事新知识、新产品、新工艺、新方法、新系统的构想或创造的专业人员及R&D课题的高级管理人员。从统计数据来看，我国每万名就业人员的R&D研究人员数从2010年的15.9人年/万人上升到2014年的19.7人年/万人，增速比较缓慢。2014年，我国每万名就业人员的R&D研究人员在R&D人员总量超过10人年的国家排名中位居倒数第2位，发达国家的这一指标值是中国的4倍以上，如韩国达134.9人年/万人，日本是104.7人年/万人，法国为98.8人年/万人。可见，中国研发人才队伍建设在国际上仍处于落后水平。①

---

① 《2014年我国科技人力资源发展状况分析》，中国科技统计网，2019年1月19日，http://www.sts.org.cn/Resource/editor/attached/file/20190110/636827327747919922 3714400.pdf，最后访问日期：2019年3月26日。

四 企业自主知识产权创造的服务体系发展滞后

企业自主知识产权的成功创造，需要经过若干个环节，简言之，包括研发项目确定之前的信息分析、研发项目的确定、项目的研发、研究成果的知识产权化等，其中每个环节又包含着一系列活动。比如，研究项目确定之前的信息分析环节，包含了知识产权检索、竞争对手知识产权信息收集（其中主要包括竞争对手基本专利和改良专利的情况）、知识产权地图制作、知识产权信息分析、知识产权信息挖掘等活动；项目确定环节的主要活动有确定项目研发的分技术领域、主题、重点方向等。项目研发中，知识产权监测，研究重点、方向的调整等是活动的重点；在技术研发成功之后，是以技术秘密还是专利来保护研发成果、专利申请的宽度和长度是多少、专利申请书怎样撰写容易获得授权（尤其是涉外专利申请）、在基本专利周围要不要设立一些小的改良专利等事宜都是必须认真考量的。创造知识产权各环节的一系列活动之所以必要，主要是为了保证企业所创造的知识产权具有高技术水平、良好的市场效益及持续的市场竞争力。由于知识产权交织着技术水平、法律程序、市场要求等各种因素，因此创造知识产权的系列相关活动，具有专业性强和复杂度高的特点。这些活动，有的企业自身可以做，有的企业做不了或者能做但做不好；对于那些企业不能做的或做不好的事情，就需要有相应的知识产权服务。以知识产权信息收集整理为例，随着技术的突飞猛进，知识产权数量激增，有关知识产权申请的文件可以说浩如烟海。详尽地收集这些信息并对其进行有效的整理，是件十分耗费人力、物力、财力和时间的事情。在激烈的竞争面前，企业将其交给专业的知识产权律师或咨询公司来做是明智的选择。知识产权律师或咨询公司提供给企业的就是专业化的知识产权服务。企业创造自主知识产权，不仅需要专业的中介机构提供专业化的知识产权服务，也需要政府公共机构提供的知识产权服务。就以知识产权信息收集来说，没有政府建立的知识产权检索平台，知识产权信息收集的准确性、可靠性难以保障；在企业申请国际知识产权时，政府能够通过特定渠道为企业提供急需的知识产权信息服务。至于企业创造自主知识产权需要政府提供的财政、税收、金融、知识产权人才等的支持，就更不用说了。在政府部门和中介服务之外，行业协会也是企业获取知识产权服务的一个重要来源。行业协会提供的知识产权法律、政策以及本行业知识产权发展趋势的咨询，具有行业针对性，对企业自主知识产权创造有着不可替代的作用；行业协会制定的知识产权发展战略，可以有效指引企业自主知识产权的创造。

对于自主知识产权质量不高与数量不足、自主知识产权能力较低而又想构建知识产权优势的中国跨国公司来说，知识产权服务尤为必要。然而，从图4-8来看，中国跨国公司所需要的知识产权服务还不能得到有效的满足。这也折射出我国知识产权服务供给不足。

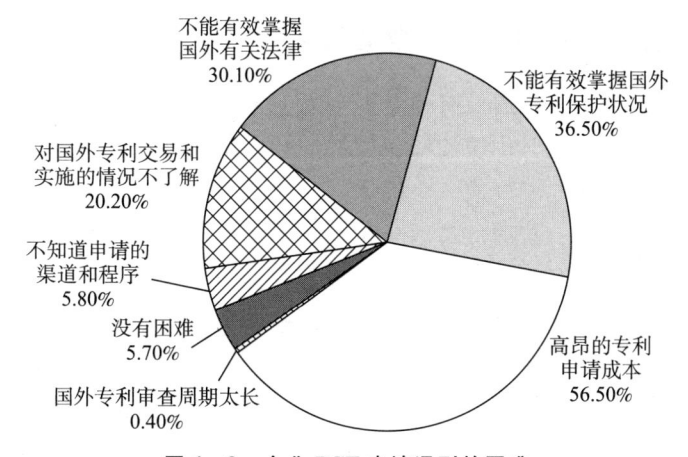

图4-8 企业PCT申请遇到的困难

- 不能有效掌握国外有关法律 30.10%
- 不能有效掌握国外专利保护状况 36.50%
- 对国外专利交易和实施的情况不了解 20.20%
- 不知道申请的渠道和程序 5.80%
- 没有困难 5.70%
- 国外专利审查周期太长 0.40%
- 高昂的专利申请成本 56.50%

注：图中各选项不互斥，因此各项之和大于100%。此处用饼状图主要是考试该图的直观性。

资料来源：国家知识产权局规划发展司编《我国专利国际申请调查报告》，《专利统计简报》2010年第16期。

根据国家知识产权局的研究，我国知识产权服务业发展滞后的主要表现为：（1）行业总体规模小，人均资产与利润水平低，截至2008年底，我国知识产权服务业单位数和从业人员数在全国服务业中的比重分别只占0.3%和0.1%，行业人均资产与人均利润相较于服务业总体水平各自少了69.3%和27.2%；（2）专业化服务水平低，知识产权中介机构，一般只提供专利、商标代理申请服务，至于企业创造知识产权急需的高端信息服务——知识产权战略分析、产品市场战略策划、知识产权风险评估、知识产权预警等，则提供不了；（3）有关知识产权创新、转让、许可的信息服务薄弱，我国知识产权产出率低（我国"863计划"每千万元产出专利1.51件、论文45.5篇，二者比例为3.32∶100），知识产权转移比重偏低

（根据国家知识产权局的调查，2008年我国知识产权转让与许可的比例分别只有4.1%和5.8%）均与相关信息缺乏或者信息不流畅有关。[①]

第三节　中国跨国公司自主知识产权培育中遇到的挑战

受前述问题的制约，中国跨国公司在自主知识产权培育过程中面临着一系列的挑战。这些挑战主要体现在以下几个方面。

一　企业知识产权创新基础薄弱与创新主体分散化的双重制约

企业知识产权创新需要有坚定的创新意愿、充足的研发资金投入、优秀知识产权人才队伍、优质的知识产权服务、高水平的创新管理等。这些因素相互交融，共同凝聚成一个整体，形成了企业知识产权创新的坚实基础。正如前文所述，与国外跨国公司相比，中国跨国公司在研发经费、研发人才、知识产权服务和知识产权管理等方面差距悬殊。除此之外，中国跨国公司与国外跨国公司的差距还突出表现在自主知识产权创新理念和意识上。国外跨国公司，特别是一些历史悠久的知名跨国公司，知识产权意识之高，无一不是基于自主专利技术或专有技术、自主品牌逐步发展起来的。在发展过程中，形成了"知识产权创新是企业之本"的理念。相比之下，中国跨国公司的知识产权创新意识比较低，大部分中国跨国公司还没有形成基于知识产权创新促使企业发展的理念。据调查，目前，我国有928万户注册企业，其中有98.6%的企业从未申请过专利。[②] 2009年，在我国42.9万家规模以上工业企业中，仅有3.6万家企业展开了研发活动，只占总量的8.4%；当年有专利申请的企业是25375家，在总量中仅占5.9%；当年有发明专利申请的企业不到1.3万家，约占总量的3%。也就是说，2009年全国42.9万家规模以上工业企业，有占总数92%的企业没有开展研发活动；在开展研发活动的企业中，约有占总数30%的企业没有申请专

[①] 国家知识产权局规划发展司：《我国知识产权服务业现状研究报告》，《专利统计简报》2010年第22期。

[②] 刘延东：《在创新工程实施视频会议上的讲话》，载中国创新型企业发展报告编委会编《2010年中国创新型企业发展报告》，经济管理出版社，2010，第264页。

利，占总数64%的企业没有申请发明专利。① 这些企业当中，有很多是属于内资的跨国企业。与国外跨国公司的这些差距，充分反映了中国跨国公司的创新基础薄弱。不言而喻，薄弱的创新基础，严重地制约了中国跨国公司自主知识产权的培育。

从当今世界知识产权创新的潮流看，由企业独立创新到产学研合作创新，已成为知识产权创新的普遍趋势和有效形式。如谷歌、思科等具有知识产权优势的国外知名跨国公司，就与斯坦福大学有合作关系。产学研合作创新形式的兴起，主要是因为技术创新速度越来越快，所需资源越来越多，企业仅凭自身一己之力很难跟上技术创新的步伐和完成技术创新所需的资源积累；与此同时，技术创新对于企业的发展却越来越重要，比如，"惠普公司从成立到拥有10亿美元资产用了47年，微软用了15年，雅虎用了2年，谷歌只用了9个月"。② 产学研合作创新，对于创新基础薄弱的中国跨国公司来说，是弥补自身创新资源不足的有效方式。国家每年都要拨给高校和研究机构大量研究经费，高校和研究机构有很多高水平的科研人员。高校和科研机构手中拥有很多科研成果，但其中大部分是以论文的形式发表的，而且高水平的论文大多发表在国外学术刊物上，使国外一些企业能轻易地利用这些研究成果并申请专利。从理论上看，中国跨国公司与高校和科研院所建立长期稳定的产学研合作关系，可以整合各自资源，相互取长补短，共同发展，但从实践来看，这种预期的效果却并未出现。囿于产研双方的目标导向不同（科研院校看中的是项目技术指标先进和学术价值高，而企业主要关注技术的商业价值和市场需求）、成功评判尺度不一（科研院校认为项目成功的标准在于样品出了与否，而企业认为实验样品只有能够以较低的成本生产并在较大的范围内推广才算成功），再加上双方的风险分担和利润分配都有各自的考量以及合作管理机制不完善等原因，在中国，产学研合作创新困难重重，效果不佳。产学研的孤立分割，分散了中国跨国公司知识产权创新的主体，影响了中国跨国公司知识产权创新的效率。这样，中国跨国公司知识产权创新就受到创新基础薄弱

---

① 国家知识产权局规划发展司：《2009年我国规模以上工业企业专利活动与经济效益状况报告》，《专利统计简报》2010年第23期。

② 刘延东：《在创新工程实施视频会议上的讲话》，载中国创新型企业发展报告编委会编《2010年中国创新型企业发展报告》，经济管理出版社，2010，第262页。

与创新主体分散化的双重制约。

二 企业国内知识产权竞争国际化与国际知识产权竞争全球化的双向压力

知识产权全球化,是经济全球化发展的一个新阶段。在这个阶段,企业特别是跨国企业知识产权争夺的范围,已从国内扩大到全球。在后金融危机时代,中国作为新兴市场国家,成为跨国公司知识产权争夺的重点。一方面,跨国公司加强对中国的研发投资,通过设立研发中心的方式,争夺知识产权创新所需要的人才资源,以期达到技术垄断的目的。据统计,世界500强中有114家企业在中国设立了研发机构,数量达到了385家。有的企业在中国设立的研发中心不只1家,例如,阿尔卡特设立了6家,巴斯夫设立了7家,飞利浦设立了11家,而摩托罗拉则设立了30多家。跨国公司这些在华研发机构,往往以独资为主,其地位也由原先的技术支持者或者适应性产品开发者演变成为区域性或全球性研发中心。[1] 另一方面,跨国公司纷纷来华申请专利,加紧在中国进行知识产权布局。从表4-15可知,来华申请专利的外国跨国公司,其发明专利的申请数量都非常大,能与之抗衡的国内企业数量很少。比如,索尼株式会社在2009年发明专利申请量达到了1970件,而国内只有三家企业的发明专利申请量比它多。不过在这三家企业中,还有一家不属于内资企业,而是台资企业。跨国公司通过在华设立研发机构和来华积极申请专利的方式,成为中国跨国公司国内知识产权创新强有力的竞争对手。中国跨国公司国内知识产权创新面临的竞争对手,不仅有国外跨国公司,还有在内地注册登记的港澳台资企业。这些企业的知识产权竞争力也很强。如表4-15所示,2009年发明专利申请量排名前10的国内企业中,港澳台资企业占据了近半壁江山,而绝大多数中国跨国公司却榜上无名。2009年国内企业获得发明专利超过50件的企业有22家,超过100件的企业有29家,这其中港澳台商和外商控股企业占了50%。[2] 由此可见,中国跨国公司国内的知识产权竞争对手,

---

[1] 崔新健:《世界500强在华设立研发中心的特征及其成因分析》,《武汉大学学报》2010年第2期,第225~230页。
[2] 国家知识产权局规划发展司:《统计信息三则》,《专利统计简报》2010年第21期。

第四章　中国跨国公司自主知识产权培育面临的问题与挑战

不仅有中国内资企业，还有在内地注册登记的港澳台资企业、外资企业，以及许多来华申请专利的外国跨国企业。从这些竞争对手的地域分布来看，中国跨国公司国内知识产权竞争已经充分国际化了；在国内，中国跨国公司会碰到来自许多国家的知识产权竞争对手。

表4-15　2009年发明专利申请量前10位的国内外企业

单位：件

	排名	企业名称	企业性质	申请量
国内	1	中兴通讯股份有限公司	内资	5427
	2	华为技术有限公司	内资	2513
	3	鸿富锦精密工业（深圳）有限公司	台资	2032
	4	中国石油化工股份有限公司	内资	1259
	5	中芯国际集成电路制造（上海）有限公司	台资	907
	6	大唐移动通信设备有限公司	内资	842
	7	英业达股份有限公司	台资	723
	8	杭州华三通信技术有限公司	内资	693
	9	深圳华为通信技术有限公司	内资	645
	10	友达光电股份有限公司	台资	622
	排名	企业名称	国别	申请量
国外	1	索尼株式会社	日本	1970
	2	松下电器产业株式会社	日本	1620
	3	皇家飞利浦电子股份有限公司	荷兰	1450
	4	丰田自动车株式会社	日本	1125
	5	三星电子株式会社	韩国	1063
	6	夏普株式会社	日本	1059
	7	佳能株式会社	日本	973
	8	通用汽车环球科技运作公司	美国	902
	9	LG电子株式会社	韩国	849
	10	高通股份有限公司	美国	844

资料来源：根据国家知识产权局规范发展司《专利统计简报》2010年第3期整理而得。

在知识产权全球化阶段，企业的知识产权战略发生了重大变革，其中之一表现为获取培育知识产权所需资源的范围，从国内扩大到全球。而企业也只有从全球获取培育知识产权所需要的研发、创新资源，才能有效提高知识产权培育的效率，进而形成和维持企业知识产权竞争优势。特别是对于像中国跨国公司这样的知识产权后发企业，在全球范围内获取知识产权创新资源就显得更为重要。中国跨国公司本身不具备知识产权先行者既有的优势和管理水平，在经历国际化初期以成本和价格为主的阶段后，很难进入技术或者知识产权密集型行业。同时，中国跨国公司经历初期发展后，如果一直停留在原位，不突破，不创新，就会长期被锁定在全球产业分工体系的低端环节和产业核心活动外围，继续扮演"苦笑曲线"上的舞者。从全球范围内获取知识产权创新资源，不仅有利于中国跨国公司提高知识产权创新成功率，更有助于处于知识产权劣势的中国跨国公司实现"弯道赶超"。因此，中国跨公司必须走出国门，在国外积极进行知识产权创新。这是中国跨国公司利用知识产权抢占竞争制高点、实现发展壮大的关键手段，也是有效避免海外知识产权纠纷、成为世界级知名企业的阳光大道。

然而，在后金融危机时代，由产业格局变动导致的国际竞争进一步加剧，知识产权作为国际竞争力的核心要素，受到越来越多的国家和企业关注；积极进行知识产权创新，利用知识产权赢得未来产业发展和国际竞争的主动权已成为全球共识。各国纷纷制定适合本国的知识产权战略，鼓励企业进行知识产权创新。国际上的大企业，特别是跨国公司，加速了知识产权创新步伐，为此不惜投入重金。这样，就导致了全球知识产权竞争异常激烈。竞争的惨烈程度，可以从2011年连续爆发的苹果起诉三星、诺基亚起诉苹果、谷歌为改变自己孱弱的专利储备而以125亿美元现金收购摩托罗拉等一系列事件中略见一斑。在全球空前重视知识产权的情况下，中国跨国公司在国际上进行知识产权创新所面临的竞争是全球性的。也就是说，当中国跨国公司想在本国以外将创新成果知识产权化时，它会遇到来自世界各地的知识产权竞争对手，而不仅仅是某几个或某些主要国家的竞争对手。

综上所述可知，中国跨国公司面临着国内知识产权竞争国际化和国际知识产权竞争全球化的双向压力。

三 企业知识产权海外流失与国外知识产权合围的双重困境

中国跨国公司自主知识产权数量少。对于核心创新能力不是很强的中国跨国公司来说，它们本应该小心呵护这些极其珍贵的资源。可是囿于知识产权全球布局意识薄弱或保护不力等原因，中国跨国公司为数不多的知识产权资源，却有很多流失海外。以商标权为例，前面提到的联想公司，其原先的"legend"商标，既简单又有意蕴，经过20多年的成长，已经形成了一定的信誉度，是一个很好的商标。但因缺乏战略远见，遭境外恶意抢注而流失，致使公司20多年的心血付诸东流。另一家中国跨国公司——长城汽车公司，忍痛割爱放弃其原先精心培育的长城标识，也是因同样的原因。这不仅白白浪费了公司大量的人力、物力、财力，而且影响了公司的海外发展。像联想集团和长城汽车公司这样的商标权流失是永久性的。还有一种商标权流失不是永久性的，而是暂时性的。像本书已经提到过的"HiSense"商标权在德国失而复得，就属于这种类型。很多中国跨国公司，如TCL、康佳、长虹、长安汽车等都曾发生过这种类型的商标权流失。就长安汽车来说，2006年3月，有人以长安汽车的英文名字CHANGAN在秘鲁注册产品商标。获知此事之后，长安汽车马上做出反应，组织了大量证据和材料，最后夺回了自己的商标权。然而这次事件，并未能使长安汽车在海外商标保护上做到未雨绸缪，即没有将与产品相关的服务类商标在秘鲁申请注册。2007年11月，又有公司在秘鲁申请注册长安汽车服务类商标，申请已获授权，处于公示期。幸亏发现及时，长安汽车凭借充分的证据和已建立起来的良好信誉，成功阻止了此次抢注。在同一个地方摔倒两次，说明长安汽车自身知识产权缺乏全球性、战略性和前瞻性。这种缺乏，在中国跨国公司当中具有相当的普遍性，它很容易使中国跨国公司在培育自主知识产权过程中不自觉地陷入这样一种困境：一方面是知识产权资源少和核心创新能力不强，另一方面是知识产权资源海外流失。

中国跨国公司自主知识产权培育，不仅受困于知识产权资源海外流失，而且受困于国外知识产权合围。从表4-16可知，在6个技术大类和39个技术小类中，国外发明专利占优的有24个技术领域，总体比例约为62%。在一些具体技术领域，特别是高技术领域，国外发明专利占绝对优势，比如电机、电气装置、电能领域国外发明专利占64.1%，音像技术领域国外发明专利占75.8%，基础通信程序领域国外发明专利占70.1%，半导体领域国外发明专利占69.0%，光学领域国外发明专利占72.1%，装卸领域国外发明专利占70.7%，医学技术领域国外发明专利占64.8%，发动机、泵、涡轮机领域国外发明专利占73.2%，燃料电池技术领域国外发明专利占70.8%等。从数据可看出，在国内关键技术领域，国外权利人已经明显地对中国跨国公司形成了知识产权合围态势。

表4-16 截至2010年底我国有效发明专利技术领域分布

技术大类	技术小类	有效总量（件）	国内 有效量（件）	国内 比例（%）	国外 有效量（件）	国外 比例（%）
电气工程	电机、电气装置、电能	37512	13485	35.9	24027	64.1
电气工程	音像技术	29586	7171	24.2	22415	75.8
电气工程	电信	37443	16934	45.2	20509	54.8
电气工程	数字通信	22112	13794	62.4	8318	37.6
电气工程	基础通信程序	6246	1867	29.9	4379	70.1
电气工程	计算机技术	37862	15861	41.9	22001	58.1
电气工程	计算机技术管理方法	240	102	42.5	138	57.5
电气工程	半导体	25418	7872	31.0	17546	69.0
仪器	光学	27605	7711	27.9	19894	72.1
仪器	测量	24115	14177	58.8	9938	41.2
仪器	生物材料分析	1315	691	52.6	624	47.4
仪器	控制	7009	3741	49.5	3538	50.5
仪器	医学技术	14466	5095	35.2	9371	64.8
化工	有机精细化学	20495	9234	45.1	11261	54.9
化工	生物技术	11284	7314	64.8	3970	35.2
化工	药品（含中药）	24806	18046	72.7	6760	27.3
化工	高分子化学、聚合物	16102	6814	42.3	9288	57.7
化工	食品化学	8117	6373	78.5	1744	21.5
化工	基础材料化学	17622	10586	60.1	7036	39.9
化工	材料、冶金	22120	15359	69.4	6761	30.6
化工	表面加工技术、涂层	9859	4709	47.8	5150	52.2
化工	显微结构和纳米技术	390	259	66.4	131	33.6
化工	化学工程	14176	8116	57.2	6060	42.8
化工	环境技术	8291	5567	67.2	2724	32.8
化工	装卸	11125	3261	29.3	7864	70.7

续表

技术大类	技术小类	有效总量（件）	国内 有效量（件）	国内 比例（%）	国外 有效量（件）	国外 比例（%）
机械工程	机器工具	15643	7956	50.9	7687	49.1
	发动机、泵、涡轮机	11659	3129	26.8	8530	73.2
	纺织和造纸机器	14796	4958	33.5	9838	66.5
	其他特殊机械	12827	6307	49.2	6520	50.8
	热工过程和器具	10873	5237	48.2	5636	51.8
	机器零件	12175	4318	35.5	7857	64.5
	运输	14100	3789	26.9	10311	73.1
能源	地热能	71	57	80.3	14	19.7
	风能技术	457	243	53.2	214	46.8
	燃料电池技术	2344	684	29.2	1660	70.8
	太阳能	5072	2283	45.0	2789	55.0
其他	家具、游戏	6762	2496	36.9	4266	63.1
	其他消费品	9268	3366	36.3	5902	63.7
	土木工程	13397	9201	68.7	4196	31.3

资料来源：国家知识产权局规划发展司编《2010年中国有效专利年度报告（一）》，《专利统计简报》2011年第6期。

如表4-17所示，我国在PCT国际专利申请中具有一定优势的技术领域只有一个——数字通信，而在其他技术领域内的PCT国际专利申请方面，我国与发达国家相比差距巨大。比如，在半导体PCT国际专利申请上，美国、日本、德国、韩国分别是我国的16.6倍、24.3倍、4.3倍、2.8倍。在显微结构和纳米技术PCT国际专利申请上，美国、日本、德国、法国、荷兰、韩国分别112倍、56倍、30.5倍、9倍、8.5倍、22倍于我国。这种巨大的差距说明：在PCT国际专利申请上，中国跨公司基本上处于国外发达国家的知识产权合围之下。

表4-17 2009年各国各技术领域PCT国际专利申请公布量

单位：件

技术领域	中国	美国	日本	德国	法国	荷兰	韩国	瑞典	瑞士	英国	其他
电机、电气装置、电能	453	2356	3733	1879	380	326	413	117	279	256	1201

续表

技术领域	中国	美国	日本	德国	法国	荷兰	韩国	瑞典	瑞士	英国	其他
音像技术	218	1203	2833	375	230	179	400	131	68	123	615
电信	940	2208	2269	315	429	185	1146	643	33	185	990
数字通信	2062	2736	1238	307	549	220	693	943	34	212	1458
基础通信程序	85	532	514	120	79	93	65	48	22	58	193
计算机技术	387	5310	2371	616	488	454	530	320	125	321	1638
计算机技术方法	51	1339	283	65	74	25	177	59	39	82	483
半导体	135	2237	3276	586	163	211	375	21	62	89	433
光学	115	1355	2900	510	176	207	235	49	54	111	462
仪器测量	164	2431	1922	1351	483	458	211	186	237	360	1267
生物材料分析	28	1123	390	241	145	89	87	72	95	161	537
控制	64	885	677	582	142	110	86	59	82	129	613
医学技术	191	5564	1317	911	398	404	238	260	352	458	1998
有机精细化工	252	2543	1362	1045	614	173	207	175	448	455	1567
生物技术	141	2956	848	553	314	218	256	71	232	326	1531
药品	317	4514	1200	779	566	226	258	279	594	602	2856
高分子化学、聚合物	48	1346	1566	720	199	216	109	11	94	63	545
食品化学	59	517	378	129	87	186	56	16	169	75	539
基础材料化学	129	2482	1526	1047	296	230	127	36	162	241	860
材料、冶金	110	813	1372	556	285	55	137	67	81	92	712
表面加工技术、涂层	71	1125	1436	459	187	69	73	62	85	83	500
显微结构和纳米技术	2	224	112	61	18	17	44	9	2	11	85
化学工程	133	1602	1067	848	336	216	121	107	144	210	1016
环境技术	89	810	785	413	191	90	116	42	50	112	584
装卸	100	1211	800	575	209	121	121	106	320	194	1073
机器工具	120	796	926	827	162	32	104	136	85	123	642

续表

技术领域	中国	美国	日本	德国	法国	荷兰	韩国	瑞典	瑞士	英国	其他
发动机、泵、涡轮机	141	963	1126	1301	380	72	109	115	96	176	851
纺织和造纸机器	64	760	704	444	101	75	61	51	103	83	551
其他特殊机械	94	1353	1266	820	300	199	148	112	152	199	1231
热工过程和器具	164	590	647	413	134	62	172	76	86	78	596
机器零件	132	1000	1120	1505	295	86	62	175	101	218	872
运输	181	1166	1588	1780	707	97	161	280	90	232	1133
家具、游戏	220	1139	459	386	126	107	223	81	124	214	939
其他消费品	142	887	459	576	177	78	375	61	108	211	774
土木工程	148	1518	388	600	327	137	179	112	70	305	1613
合计	7750	59594	44858	23695	9747	5723	7875	5088	4878	6848	32967

资料来源：国家知识产权局规划发展司编《近五年国际专利申请技术发展动态》，《专利统计简报》2010年第9期。

国外知识产权合围，既迫使中国跨国公司必须要进行知识产权创新，同时又对中国跨国公司的知识产权创新形成了极大的抑制。中国跨国公司只有突破国外知识产权合围，方有生机；而突围的唯一方法就是知识产权创新。中国跨国公司创新知识产权，既要能够突破绵延在自己面前的茂密的"知识产权之林"，又要保证在突破时不被"知识产权之墙"堵着，不被"知识产权之刺"卡住咽喉，不被"知识产权之雷"炸着，不被"知识产权之池"淹着，……这些，无疑会使核心创新能力不是很强的中国跨国公司在培育自主知识产权的过程中备受困扰。

四 企业不善运用知识产权规则与知识产权国际话语权缺失的双面夹击

权利主体培育知识产权的主要目的绝不仅仅是获得知识产权授权，而是寄希望以商品化、市场化或产业化的方式获取收益。而权利主体要以商品化、市场化或产业化的方式获取收益，必须在遵循国际国内相关知识产权规则的前提下才有可能。国外跨国公司对知识产权规则的运用是非常娴熟的，既能够基于知识产权规则或以知识产权自我实施，或以知识产权出资，或以知识产权许可，或以知识产权转让，或以知识产权产品出口等形式获取直接经济利益，又能够利用知识产权规则以以下方式获利：（1）通过建立知识产权联盟的方式，使各企业在相关技术领域和市场上的竞争力得到提升，垄断地位得到强化；（2）将知识产权标准化，进一步扩大知识产权的技术控制力和市场控制力，取得并维持企业在同行业竞争中的优势地位；（3）进行战略性的知识产权储备和布局，确保未来发展空间。

与国外跨国公司相比，中国跨国公司知识产权规则的运用水平还比较低。从表4-18可以看出，中国跨国公司申请专利的最主要目的是自己实施。中国跨国公司还不能像国外跨国公司那样，对知识产权进行综合利用。哪怕是普通许可——自己实施也许可他人实施，也只占很小一部分；对于专门为收取许可费的实施方式，则意识意识更为淡薄。至于对知识产权规则进行战略性运用以形成并维持国际核心竞争力，更是无从谈起。据调查，我国有80%以上的企业对外申请专利的目的，主要是保护产品和出口市场；希望以交叉许可方式构建知识产权联盟的只约占10%。还有很多企业对PCT国际专利申请进入国家阶段的法律缺乏了解。[①] 所有这些，从一个侧面说明了中国跨国公司运用知识产权制度参与竞争、获取收益的能力不强。这对于中国跨国公司培育自主知识产权来说绝不是件好事。因为，鼓励发明创造是知识产权制度的基本功能；如果企业对知识产权制度不能有效地进行运用，则其知识产权创造就会倍受打击。大部分中国跨国公司自主知识产权数量少，其原因之一便是企业对知识产权规则缺乏必要的了解。这是很多中国跨企业有知识、无产权的重要法律根源。

中国跨国公司培育企业自主知识产权，不仅要善于运用现行知识产权规则，而且还要积极争夺知识产权国际话语权。一是因为现行国际知识产权游戏规则，是发达国家及其跨国公司意志的反映，是它们追逐自己利益的产物；按照这种游戏规则进行知识产权创新竞争，获得最大化利益的只能是它们的制定者——发达国家及其跨国公司。比如《与贸易有关的知识产权协议》认为，发展中国家的基因资源和传统医药资源，是人类共同遗

[①] 国家知识产权局规划发展司：《我国专利国际申请调查报告》，《专利统计简报》2010年第16期。

产；但这些资源被提取、处理、重新包装之后，就变成发达国家及其跨国公司手中的专有知识产权，它们就可以堂而皇之地许可、转让或禁止他人再使用。二是因为目前以新能源技术、生物技术、信息技术、基因技术等为代表的新技术革命愈演愈烈；新技术革命既创造了大量新的知识产品，又发现了原先知识产品的许多新用途和利用方式；这些新智力成果，给现行知识产权制度带来了极大的挑战，并促使着国际知识产权制度未来的变革。在世界知识产权激烈博弈和全球知识产权制度变革的紧要关头，中国跨国公司谋求知识产权国际话语权，有利于自身自主知识产权的培育。

表4-18 截至2005年底部分中国跨国企业专利实施状况

单位：件

企业名称	未实施 发明	未实施 实用新型	未实施 外观设计	仅自己实施 发明	仅自己实施 实用新型	仅自己实施 外观设计	仅许可他人实施 发明	仅许可他人实施 实用新型	仅许可他人实施 外观设计	自实施并许可他人实施 发明	自实施并许可他人实施 实用新型	自实施并许可他人实施 外观设计	权利转让 发明	权利转让 实用新型	权利转让 外观设计	合计
联想				885	607	435										1927
大唐移动	21			72	8	8				145	1					255
首钢总公司	33	65		40	82					1	1					222
中国铝业	28	7		80	69	8				5	2					199
京东方			5	41	35	5										86
北京市三一重机				1	32											33

资料来源：根据北京市企业专利实施状况调查报告后面附表整理而得，参见国家知识产权局办公室政策研究处编《优秀专利调查研究报告》（V），知识产权出版社，2008，第219~224页。

但是，从现实来看，中国跨国公司明显缺乏世界知识产权话语权。知识产权话语权，是一个企业知识产权实力的重要方面。企业拥有知识产权话语权，意味着企业可以设置知识产权议题、制定知识产权规则，甚至可以使其他人或企业的知识产权看法失去合法性。中国跨国公司设定知识产权国际议题和制定国际规则的能力非常有限，很多情况下表现为对发达国家及其跨国公司的知识产权话语仅能做出被动反应，处于结构性劣势当中。这种结构性劣势与企业乃至国家自身的知识产权实力密切相关。截至2007年底,全世界共有有效专利630万件,其中47%掌握在美日两国本国居民手中;2007年,全球有效商标共1640万件,美国和日本企业拥有其中的20%。[①] 而中国企业,包括中国跨国公司,是世界知识产权使用费付出最多的企业群体之一。国外跨国公司每年一方面收取中国企业大量的知识产权费用,另一方面又不停地抱怨、指责中国企业侵犯它们的知识产权。涉及知识产权,它们对中国及中国企业只讲加强保护,丝毫不提创新,希望继续以知识产权垄断世界产业格局;它们认为中国及中国企业强调自主知识产权的做法,有违知识产权公约规定的国民待遇原则,用舆论抨击中国企业自主知识产权技术是所谓的"山寨技术"。总之,世界知识产权话语权的缺失,使中国跨国公司培育自主知识产权的步履迈得更为艰难。

[①] 陈可南:《全球发明专利申请和授权量增长放缓——〈2009年世界知识产权指标报告〉概要》,《中国发明与专利》2010年第1期,第110~111页。

第五章
中国跨国公司自主知识产权培育的国际经验借鉴

第一节 国外知名跨国公司自主知识产权培育经验
——以制造业跨国公司为例

一 国外知名制造业跨国公司自主知识产权培育案例

(一) 日本丰田

1. 企业概况

丰田汽车公司，1937年8月28日成立，总部位于日本爱知县。截至2011年8月，公司注册资金3970亿日元，员工数71567人，拥有522家子公司（其中日本国内279家，日本之外243家）和56家控股公司（日本国内36家，国外20家）。① 主要经营范围为汽车的生产与销售，另外还涉及钢铁、电子、化工和住宅建设等产业。目前，丰田是世界第一大汽车生产厂商，其产品主要包括TOYOTA（丰田）、LEXUS（雷克萨斯）、DAIHATSU（大发）、HINO（日野）等品牌的乘用车和商用车。丰田已在美国、加拿大、阿根廷、巴西、法国、英国、葡萄牙、土耳其、中国、澳大利亚等25个国家设有海外工厂。在中国，丰田与一汽和广汽有合作关系，并在天津、广州、成都、长春等地建立了5个整车工厂和4个发动机工厂。2010年，丰田在世界500强企业中排名第5位，营业收入达

---

① 参见丰田汽车（中国）投资有限公司网，http://www.toyota.com.cn/corporate/about/company.html，最后访问日期：2011年8月29日。

20410.61亿美元，利润为225.59亿美元。

2. 企业主要知识产权创新活动

（1）创新理念

丰田公司之所以能够击败实力强大的欧美竞争对手，关键在于其有很强的、针对顾客需求的技术开发能力。这种能力，源自丰田公司对自主研发的尊崇。丰田公司的奠基人丰田佐吉，崇尚发明创造，曾被誉为"日本的发明大王"。他认为，只有把技术创新作为企业永不放弃的追求，在发明创造上自力更生、有所作为，丰田公司才有可能迅速崛起。丰田佐吉的儿子丰田喜一郎——丰田汽车的创始人，秉承了他父亲的这种理念，并坚信不懈努力之后的成功，是一种强大的精神动力，会激励人走得更高、更远；在发明创造上，购买专利技术或者轻易地获取它，将会使自主创新的原动力丧失。创始人为公司注入的这种创新精神，在丰田一直延续至今。今天，丰田公司以不同的形式鼓励员工自主创新，不是为了创新而创新，也不是单纯为了完成公司今日的业绩，而是为公司的明日做准备。换句话说，丰田公司鼓励员工在作业上精益求精、不断改善，是为了使公司在未来竞争中赢得胜利，是以创新驱动公司的发展。

（2）促进创新的管理体制

汽车产品技术密集度高，同时更新换代又快。这种特点决定了创新在汽车公司的发展中至关重要。为了有效促进创新，丰田公司对研发组织进行了改革，建立了研究开发中心型的组织架构。根据研发功能和产品类别的不同以及平台大小的不同，丰田公司分别组建了后驱动系统中心、前驱动系统中心、娱乐车和越野车系统中心、重大技术开发和新材料研究中心。这四大研究开发中心的前三个，其主要功能是确定产品的整体结构；而最后一个研发中心的功能主要是为前三个中心服务。新的研发组织形式使丰田公司不仅精简了机构——采用了研究开发中心型组织形式以后，丰田公司的职能部门比原来减少了10个；而且加强了不同产品之间的内部协调，既使这些不同类别的产品能够取得规模效益，又能够保持它们各自的特色；还整合了原先相互分离、各自作战的项目开发小组，在同一个研究开发中心的组织、领导下，各研发小组之间的相互学习和交流得到了加强，资源和知识实现了共享。

"创意提案制度"是丰田公司为鼓励员工参与创新实践而设置的。员工无论是谁,都可以自由、轻松地就设备改进、流程改善、节能减耗、企业管理等方面的问题,提出自己的想法和建议。通过"创意提案制度",丰田公司的创新事业得到了长足的发展

(3) 研发支撑体系建设

在自主研发的过程中,丰田公司认识到,企业的自主创新必须充分利用外部资源。为了利用外部的资源,丰田公司与大学或科研机构建立了产学研合作创新机制。丰田公司先后与东京大学、哈佛大学、麻省理工学院等各大学开展了合作。主要方式包括:或把新项目放到大学里进行研究,或请大学教授参与新项目研究,或向教授咨询、请教新技术的发展趋势。为了整合国外创新资源,丰田公司还在海外设立了技术研究中心。截至2011年底,丰田已在美国的加州、比利时的布鲁塞尔和中国的常州等地,建立了设计研究中心。为了扩大外部支撑,丰田还与通用、福特、大众、本田、三菱等公司建立了既合作又竞争的横向联盟关系。

除此之外,丰田公司每年都要通过持续高强度的研发投入,来保障创新项目的顺利进行。如本书第四章表4-12所示,丰田公司2006年投入78.96亿美元研发资金,2007年增加到83.29亿美元,2008年这一数字继续增长到87.61亿美元。

(4) 知识产权战略与管理

丰田公司非常注重知识产权在企业发展中的作用,至今已形成了包括保护、创造、运营、合作等多方面内容在内的知识产权战略。

在愈演愈烈的技术变革浪潮的冲击下,丰田公司实施知识产权战略的重心,就是要提高企业自身的研发能力和新技术研发的效率,以确保企业能够在核心技术上拥有知识产权,从而保证企业能够在未来竞争中获取胜利。随着可持续发展和信息时代的来临,节能环保与智能化对于提高汽车技术水平和市场竞争力的作用越来越大,于是节能环保技术和汽车软件技术就成为丰田公司知识产权工作的重中之重。早在40多年前,丰田公司就开始了混合动力车的研发。随着1997年混合动力车PRIUS(普锐斯)的研制成功,丰田公司在混合动力系统(THS)与燃料电池方面的核心技术上,取得了大量的知识产权。

对于企业已经取得的知识产权,丰田公司非常注重保护。以前,丰田公司保护知识产权的主要目的,是防止自己的专有技术外漏,阻止或迟滞

竞争对手研发同类技术；现在，丰田公司不但对企业自身的知识产权成果进行积极的保护，而且对竞争对手的知识产权状况和发展趋势展开了深入分析，目的是为本企业的知识产权创新提供有价值的信息。在强化知识产权保护的同时，丰田公司还通过转让、许可、投资等方式，加强了企业对知识产权的运营，尽可能地使企业的知识产权利益最大化。

由于汽车产品的零部件数量成千上万，需要集成的相关技术也非常多、非常复杂，而任何一家公司都无法对所有的汽车技术都保持知识产权优势；因此丰田公司在拥有核心专利技术的前提下，非常注重知识产权合作，并积极与其他企业进行专利交叉许可，以组建企业知识产权联盟。比如，丰田曾将降低发动机 NOX（氮氢化合物）排放的专利技术，与戴姆勒－克莱斯勒公司的汽车制动助力装置专利进行交叉许可。

为了保证企业知识产权战略得以顺利实施，丰田公司成立了分门别类的知识产权机构，要包括知识产权部部长办公室、总务室、第一专利室、第二专利室、东富士研究所、丰田技术高枝服务公司情报分析部等。其中，总务室下辖总务组和管理组两个机构；第一专利室由发动机组、驱动机组、底盘组、车身和电子设备组、生产技术与半导体组五个分支机构构成；第二专利室包括第一组和第二组两部分；东京总部与开发各部组成东富士研究所。这些机构都有各自明确的职责。比如，丰田技术高枝服务公司情报分析部的主要职责是专门负责专利调查、情报分析和加工整理工作；东京技术部的工作主要是联络与协调专利局、各团体、专利事务所。[①]

（5）人才队伍凝聚

人才队伍作为创新的关键因素，一直受到丰田公司的重视。丰田公司认为，人才是创新的根本，创新必先育人。为了造就创新型人才，丰田公司不断向员工灌输这样的思想——满足是人生的大敌；丰田公司要求员工树立起"铭记研究与创造，时刻站在时代前沿"的意识。丰田公司不仅从思想上教育员工要创新，而且从行动上激励员工积极实施创新行为。丰田公司会根据员工创新贡献的大小，给予员工以 500～20 万日元不等的奖金。

丰田公司通过内育外引的方式，夯实了企业创新的人才根基。在内部

---

① 企业知识产权战略与工作实务编委会：《企业知识产权战略与工作实务》，经济科学出版社，2007，第 116 页。

培养方面，每年都会有几十名丰田员工被派往哈佛大学、伦敦大学等世界知名学府去学习、深造或者参研项目；与此同时，丰田公司也会聘请这些学校里的教授和研究人员来为员工开展知识讲座。除此之外，丰田公司还创办了自己的大学——丰田工业大学，目的是培养富有创造能力的专业人才。对于新进员工，丰田公司实行以老带新制度，即选出一位有经验的老员工，让他专门负责教育新职工。能负责这种工作的员工必须是企业的技术骨干，必须接受过"技能训练课程"的培训。在人才引进方面，丰田公司召集了一大批具有高水平的专家、学者。比如，丰田中央研究所所长梅原半二是从日本东北大学引进的热力学专家、电气专家仓田四三郎引自东京瓦斯电气工业公司。①

通过创新型人才的外引内育，丰田公司打造了一支战斗力强的研发队伍。不包括海外创新人员，仅公司总部，丰田就有工程师和研究人员1.15万名。②

(6) 品牌塑造

其一，注重品质，以质量作为品牌的基石。丰田公司认为品牌基础在于产品质量，产品质量不高，卓越品牌就不可能创建。为提高产品质量，丰田公司采用精益化生产方式。这种方式的支柱是生产的自动化和准时化。生产自动化是以"品质源于每一道工序，不让次品流入下一道工序"为理念的，它要求在产品企划—零部件和整车设计—采购—评价—生产准备—生产—物流—销售—售后服务等整个业务流程中，各流程负责部门都要进行质量保障，每一位员工都是质量保障的主角。准时化生产的理念是在必要时间内生产恰当数量的必要产品，其要求是杜绝浪费和零库存。正是因为丰田公司非常注重产品质量，它才造就了"丰田"这一世界知名品牌。在成为世界知名品牌之后，丰田公司走上了扩张道路。随着规模的扩大和组织机构的膨胀，丰田公司对产品质量的控制也逐渐有所放松，精益化生产方式在生产实践中遭到了一定程度的背离，由此也最终引发了"踏板门"、"刹车门"和"漏油门"事件。此后，丰田公司掌门人——丰田

---

① 邱庆剑：《世界500强企业管理法则精选》，机械工业出版社，2006，第199~200页。
② 梁艳：《日本企业全面创新管理模式及其启示》，《商业时代》2007年第17期，第39~40页。

章男，要求员工重回"精益生产"的原点。

其二，坚持顾客至上并将其作为创建国际知名品牌的落脚点。丰田佐吉的"聪明织布机"，为丰田公司创立了消费者至上的传统。为了能使消费者对自己所提供的产品和服务感到满意，丰田公司首先将客户需求作为产品和技术的创新点。为此，丰田公司采用人员流动、岗位轮换等办法加强市场销售人员与技术开发人员之间的沟通与交流；有时甚至将研发中心的工程师下派到销售现场，与顾客直接对话，掌握顾客需求的第一手资料。雷克萨斯是丰田旗下的一个著名品牌，它具有的如下特点——操纵优越、稳定、舒适、快速、平稳、流畅、耗油低、安静、重量轻、外形优雅、精致、亲切等，就是公司总工程师铃木一郎在设计研发时认真听取顾客意见的结果。其次就是通过销售网络，快速、及时收集市场动向和客户意见。丰田公司与经销商保持了紧密的联系，同时通过客户组倾听消费者的声音。正是密切了与消费者的联系，丰田公司才突出了消费者口碑对品牌塑造的重要作用。从表5-1可以看出，即使"召回门"事件使丰田公司信誉受到极大打击，丰田品牌仍得到了消费者的好评。2011年，丰田在全球最佳品牌汽车类排行榜中高居榜首，其品牌价值高达241.98亿美元，比2010年提高了11%。

表5-1 2011年BrandZ全球品牌价值百强汽车类排名、品牌价值和价值变化

公司名称	汽车类排名	品牌价值（百万美元）	品牌价值变化（%）
丰田	1	24198	11
宝马	2	22425	3
奔驰	3	15344	12
本田	4	14182	-1
保时捷	5	12413	3
尼桑	6	10072	17

资料来源：根据2011年BrandZ全球品牌价值百强榜整理而得。

其三，树立企业公民形象并以此来提升企业品牌的美誉度。为了树立并彰显企业良好的公民形象，丰田公司将"追求人与社会、环境和谐"作为自己的经营理念，并积极履行企业社会责任。在履行企业社会责任方面，丰田公司举办了很多类型的公益活动。其形式概括起来主要有以下几种：①开展针对中小学生的交通安全教育活动，丰田公司在欧洲、泰国、

中国、印度、土耳其等国家和地区开展过此类活动；②设立丰田助学金或者奖学金，以帮助因经济原因而面临辍学或失学的儿童和青少年，从而激励优秀学子继续深造，丰田公司就曾在中国设立过中国宋庆龄基金会"丰田助学基金"项目，以帮助落后地区或地震灾区贫困学子完成学业；③支援灾区建设，在"5·12"汶川地震后，丰田公司在灾区开展过免费播放电影、赠书、设立图书馆等活动。在实践自己的经营理念方面，丰田公司强调环境保护和可持续发展，树立了自己关爱地球、关爱人类的形象。它突出表现在丰田一直致力于研究、开发耗油低、清洁环保型汽车。为了进一步凸显环保形象，丰田公司有时还积极将一般性有助于减少大气污染的专利技术许可给其他汽车企业使用。

(7) 创新文化建设

丰田公司致力于在企业内部营造鼓励创新、宽容失败的创新文化，以最大限度地激发员工的创新积极性。首先，鼓励员工挑战自我、以勇气和创造力向更高目标前进，遇到困难时不逃避、不放弃，并以此作为员工评价的标准；对于丰田公司员工而言，工作不仅仅是准时上班和按时完成任务，而是"作业加改善"。丰田公司认为，任何工作都有改善的可能，员工不要被过去成功的做法所禁锢，而应不断地进行改善；对改善工作，公司会给予嘉奖；失败时，公司也不追究责任，而是帮助员工查找问题的根源，总结经验教训。其次，对于企业非常规的创新项目，丰田公司鼓励员工积极地去做、去试，在尝试中学习、思考、探索，然后找到"众里寻他千百度，蓦然回首，那人却在灯火阑珊处"的灵感，发现解决问题的方法，实现创新。最后，企业尊重员工的思考能力，鼓励其自己思考，并采取措施，创设适宜的环境，让员工无拘无束地在一起交流思想和信息，实现知识共享，促进知识转化。

3. 企业知识产权创新成效

通过创新，丰田公司知识产权建设取得了巨大的成效。研究数据表明，1963～2008年，丰田公司专利的发表数和被引用数高于日产、本田、马自达、通用、福特、大众、宝马和沃尔沃等汽车企业，居第一位。[①] 从

[①] 王贤文、刘则渊等：《基于专利共被引的企业技术发展与技术竞争分析：以世界500强中的工业企业为例》，《科研管理》2010年第4期，第127～138页。

图 5-1 可知，截至 2010 年 6 月 17 日，丰田拥有的发明专利数仍高于其他汽车企业，这说明丰田公司知识产权不仅数量多，而且质量也高。

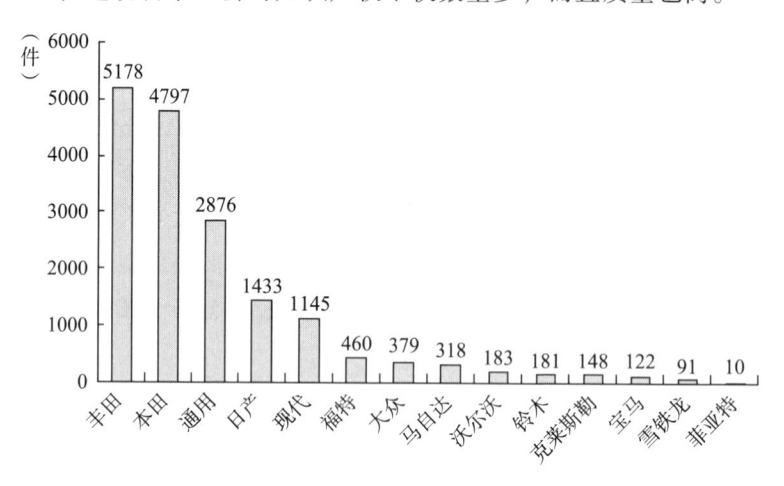

图 5-1　截至 2010 年 6 月 17 日部分汽车企业发明专利数

资料来源：黄建根、杨辰等著《汽车行业专利现状分析及自主发展策略》，《中国发明与专利》2010 年第 8 期，第 68~72 页。

（二）三星电子

1. 公司简介

三星电子是韩国最大的企业集团三星集团的子公司之一，1969 年由李秉喆创立。成立之初，三星电子只进行贴牌生产，专为日本三洋制造廉价黑白电视机；后来，发展至也为其他国际知名品牌制造芯片和电子产品。现在，三星电子已不是一个贴牌生产企业，而是世界顶级跨国公司。三星电子的主要业务领域包括半导体、移动电话、显示器、笔记本、电视机、电冰箱、空调、数码摄像机以及 IT 产品等。三星电子产品，如动静态存储器、CDMA 手机、电脑显示器、液晶电视、彩色电视机等，其全球市场占有率名列同类型企业之首。根据美国《商业周刊》数据，2010 年，三星电子的品牌价值为 194.91 亿美元，在全球最佳品牌 100 强排行榜中居第 19 位；2010 年，三星电子位居世界 500 强第 32 位，营业收入是 1089.27 亿美元，利润是 75.62 亿美元；2011 年，三星电子获得了巨大发展，在世界 500 强中其排名已跃升至第 22 位，营业收入高达 13378.05 亿美元，利润也飙升到了 1291.25 亿美元。

2. 在发展中认识到知识产权是企业市场竞争的利器

在发展初期，三星电子并没有认识到知识产权之于产品参与市场竞争的重要作用，而是采用外延式发展战略，只注重数量和规模扩大。采用这种发展方式，其后果之一就是，消费者尤其是西方消费者认为，三星是一家只会生产廉价产品的公司。在海外商场里，三星电子产品价格尽管比同类产品低，但还是无人问津；由此，三星电子产品往往被放在最不显眼的位置，上面落满了灰尘。相比之下，其他知名品牌产品，如索尼，虽然价格高，但买的人却很多。面对这种境况，会长李健熙倍受刺激，深切感到三星产品"二流货"的市场地位。经过深入调查之后，李健熙发现，三星电子产品的市场境遇根源于公司的技术水平低和核心技术知识产权的缺乏；而要化危为机，三星电子必须通过培育知识产权，加快产品创新进程，从而在增加产品知识产权含量的同时，提升产品的质量和品牌的知名度。为此，三星电子将新发展战略目标聚焦在知识产权及其创新之上，并尽最大努力促使企业获取知识产权资产。

3. 全方位改革管理及运行机制

新目标锁定之后，在"除了老婆孩子，其他都要变"的思想指引下，三星电子进行了有针对性的全方位改革。首先是破除了等级森严、高度集权的企业组织管理模式，促使企业向网络化、扁平化方向发展；采取分权管理模式，赋予管理人员更多权力，增强其责任感，以提高企业管理效率和科学化水平。其次是推进人力资源改革，改变以前论资排辈的考核制度和分配方式，坚持"人才至上、唯才是用"原则，摒弃人才优劣在于学历高低的观念，不拘一格地将大量有学识、有能力或者是有潜力的年轻英才提拔为企业骨干，鼓励他们创新。最后是为了扭转公司的知识产权劣势，三星电子改变了传统的多元化经营策略，压缩了"行业众多、技术一般"的产业结构，只保留了电子、机械、化工、金融四个核心产业，由此突出高新技术，并加大研发投入。

4. 伺机抢先的知识产权发展战略

回顾三星电子的成长史可以发现，三星电子在知识产权上不断超越自我，克服迟来者的不利局面，努力追赶世界先进水平，并最终与跨国先进巨头并驾齐驱，甚至还在某些领域拥有了自己的领先优势。

三星电子知识产权发展大致经历了四个阶段：第一阶段是依附阶段，

三星电子产品的生产技术（无论是核心的还是基本的）、设计、品牌完全依赖国外先进企业；第二阶段是外围创新阶段，三星电子的创新能力低，无法在核心技术知识产权上创新，但能够对层次相对较低的知识产权，如外观设计等进行创新；第三阶段是跟随创新阶段，三星电子的自主研发能力大幅提高，可以在核心领域进行知识产权创新，但无法引领潮流，只能紧跟知识产权领先者进行创新；第四阶段是专利技术领先阶段，三星电子在资源和能力长期积累的基础上，抓住技术范式变革带来的机会，实现了后来居上，不仅某些专利技术的创新速度领先于国内外同行，而且将自主专利技术快速产业化、标准化。在这一过程中，三星电子实施的是伺机抢先的知识产权发展战略，其主要方式是自主研发、跨国并购、战略联盟相结合。

（1）自主研发

三星电子之所以能摆脱知识产权引进依赖，并由知识产权引进者蜕变成知识产权引领者，绝不是幸运女神的眷顾，也绝不是偶然因素造成的"弄拙成巧"，而是依靠自身力量积极推进研究开发活动的结果。在起步阶段，具有知识产权优势的国外大公司，不愿向三星转让拥有知识产权的核心技术，只愿转让低层次的或者是快要淘汰的专利技术。这使三星电子深切体会到核心技术是买不来的，没有哪家企业会轻易让出自己的核心知识产权，即使花大价钱也不行；只有通过持续不懈地自主研发，才能突破国外的技术封锁，才能构筑企业核心竞争力，才能把企业做大做强。为此，三星电子每年投入大量的人力、物力、财力进行自主研发。经过长期积累，到20世纪末期，三星电子不再受核心技术羁绊，自主研制出很多世界领先的具有核心知识产权的电子产品，比如硬盘数码摄像机、CDMA双模手机等。2009年，三星电子在印度推出了世界第一款太阳能移动电话。2010年，三星电子在全球发布了世界首款"全高清3D LED电视机"。

（2）战略联盟

依靠自主研发，三星电子掌握了拥有知识产权的核心技术。在此基础上，三星电子采取开放心态，积极吸收世界先进专利技术，并在全球范围内寻求知识产权合作伙伴，以充实企业的知识产权资源和提升企业的知识产权实力，进而强化企业的知识产权优势，由此使企业的知识产权优势更优。在知识产权创造过程中，三星电子与东芝、摩托罗拉、西门子、NEC

等多家知识产权巨头结成了战略联盟关系。2010年11月，三星电子牵手宏达国际电子股份有限公司（HTC），与美国知识产权授权公司 Intellectual Ventures（其支持者包括苹果、微软、雅虎、谷歌等科技巨头）缔结合作协议，达成战略联盟。这样，三星电子不仅可以与HTC共享各自专利，而且可以享受 Intellectual Ventures 公司提供的3000多个知识产权组合。通过战略联盟，三星电子既补充了知识产权资源，也降低了研发成本，还有效应对了技术的未来发展趋势。

（3）跨国并购

收购国外陷于困境的中小企业或大企业经营不善的业务，以获取相关专利技术，是三星电子实现知识产权快速成长的重要途径。比如，1995年，三星 Aerospace（也就是后来的三星 Techwin）收购了德国的相机生产企业 Rollei（后来被出售）；2007年，三星电子收购了以色列 MOS 传感器芯片设计公司，将其转成三星以色列芯片研发中心；2011年1月，三星电子收购了荷兰电子纸技术公司 Liquavista；2011年8月，三星电子收购了美国 MRAM（磁阻随机存取存储器）公司 Grandis。

5. 构筑多层次研发支撑体系

创新是数字信息时代企业工作的重中之重。随着新技术不断发展，产品的更新换代速度也在加快，因而研发成了企业保持核心竞争力的关键。为了有效进行研发，三星电子构筑了一个多层次的研发支撑体系。

其一是人才支撑。通过建立完善的人才选聘、培训、使用和凝聚机制，三星电子夯实了企业研发的人才基础。选拔人才时，三星电子不拘一格，只要竞聘人员有能力，不论其国籍、地域、肤色、学历和性格，都量才录用。为提高员工素质，三星电子狠抓培训。对于新录用人员，必须进行一个月的岗前培训；对于工龄满一年的员工，必须进行集训；对于高层管理人员，必须在公司开办的"CEO"学校进行半年的专门学习。总而言之，三星电子员工平均每年约有2个星期的技术学习时间；每年三星电子会派200名左右的员工到海外研究所学习先进技术。在创新激励上，三星电子也是多管齐下。通过提供丰厚报酬、创造优越研发条件和客观公正评价员工创新业绩等，三星电子有效激发了员工的创新积极性。

其二是资金支撑。每年三星电子至少投入销售收入的9%作为研发资金。

其三是组织支撑。为使研发活动高效、有序,三星电子组建了三星尖端技术研究所(SAIT)、研发中心和产品开发团队三个基本研发组织。三星尖端技术研究所,负责三星公司核心业务领域的技术研发,确保三星电子的技术领先优势,确定三星电子的未来增长引擎。三星电子公司在韩国国内及韩国之外的美国、英国、日本、以色列、中国、印度和俄罗斯等国,设立了20多个研发中心,每个研发中心负责特定领域的技术研发工作。比如,达拉斯电信实验室(Dallas Telecom Laboratory,DTL),主要是负责下一代无线通信系统技术开发;莫斯科三星研究中心(Moscow Samsung Research Center)的研发领域是光纤、软件算法以及其他新技术。三星产品开发团队的主要职责是:在一两年内实现商业产品计划,并把新产品投放到市场中。

其四是文化内在支撑。三星电子经常用"鲶鱼效应"教育员工:生存、发展的关键在于危机意识,生于忧患,死于安乐,要看到今天、明天应该做什么,而不是只盯着昨天取得了什么成就。在这种危机观念的作用下,三星电子员工积极开展持续不断的技术研发。对于三星人来说,既然要进行技术研发,就必须力争第一。"第一主义"是三星电子企业文化的重要组成部分。三星电子的危机文化和"第一主义"文化相互辉映,共同作用,有效支撑了三星电子的研发工作,它是三星电子不断接受新挑战、不断自我提升从而实现新跨越的内在动力。

6. 注重品质提升,打造世界顶级品牌

三星电子自"新经营运动"以后,大力实施名牌兴企战略,将思路定位在革新经营方式上,变"规模化产量经营"为"品质经营",以数字技术为中心,进军高端市场,把目标瞄准在"实现品质跨越,打造世界顶级品牌"上。

为改变三星电子"廉价、低质、仿造"的企业形象,三星电子加强品牌建设。一是狠抓产品质量,奠定品牌基石。产品出厂前,必须经过严格的质量检测,企业对质量不过关产品全部予以销毁。三星电子曾一举销毁了十多万部、价值约150亿韩元的问题手机。二是加强专利技术创新,打造品牌内核。每天有4.2万名三星电子的研发人员,从事着技术研究和外观设计活动。三是强化品牌营销,提升品牌影响力。三星电子进行品牌营销的主要手段有以下几种。(1)体育营销,尤其是奥运营销,三星做得非常出色。三星电子既是悉尼、雅典、北京三届夏季奥运会的赞助商,又是长野、盐湖城、都灵三届冬季奥运会的赞助商。通过奥运营销，三星电子的形象——年轻、充满活力、时尚——进入千家万户。(2) 加强广告攻势，突出产品高端化形象。(3) 将产品撤出像沃尔玛这样以价格取胜的连锁超市，转而进驻注重品质的专业商店，以提升产品的公众形象。

7. 企业知识产权创新成效

三星电子在电信、电机、电气装置、电能，计算机技术，光学，半导体等技术领域，掌握了一大批具有自主知识产权的尖端技术，比如手持计算设备、手机、显示器和笔记本电脑等。在此基础上，三星品牌也由原来的大路货快速成长为世界顶级品牌。在 2000 年、2001 年、2002 年连续三年时间里，三星电子注册的总专利数，在世界排名中位居前十，其中 2001 年排名第五，仅美国专利注册数就达 1450 件。[①] 2010 年，三星电子在一些高技术领域拥有的中国有效发明专利数，均在前十位（见表 5-2）。

表 5-2　2010 年三星在中国有效发明专利数

单位：件

技术领域	发明专利数	排名
电信	155	8
计算机技术	1064	2
光学	1154	3
半导体	694	6

资料来源：国家知识产权局规划发展司编《2010 年中国有效专利年度报告（一）》，《专利统计简报》2011 年第 6 期。

二　国外知名制造业跨国公司自主知识产权培育的经验启示

（一）树立自主创新精神

丰田汽车、三星电子之所以坚定地走上自主知识产权之路，主要是由于这两家企业的血液里都流淌着由自立自强和勇于创新相互融合而形成的自主创新精神。在全球化条件下，在知识产权是企业国际竞争力的核心要素的前提下，企业要迅速赶超对手，并实现知识产权快速成长，需要克服很多困难。没有自强不息的信念，没有敢于创新的魄力，很难想象企业能

[①] 包晓闻、刘昆山：《企业核心竞争力经典案例》，经济管理出版社，2005，第 248 页。

够形成基于自主知识产权的核心竞争力。无论是丰田汽车，还是三星电子，如果没有以丰田章男与李健熙为代表的一大批具有责任感、事业心、崇尚自主创新并顽强拼搏的企业家和技术研发人员，就不会有"车到山前必有路，有路必有丰田车"的豪言，就没有三星电子脱胎换骨的变化——由知识产权引进上的依赖者到领先者，由贴牌、仿牌到世界顶级品牌。正是由于丰田汽车和三星电子坚定地认为，只要树立自强不息、振兴企业的信念，在引进、消化、吸收基础上，瞄准世界领先水平，持续不懈地开展自主创新，就可以实现企业崛起，就可以拥有具自主知识产权的核心技术，就可以铸就真正的自主品牌，丰田汽车和三星电子才能取得今天的成就。丰田汽车和三星电子的事实证明，树立起自主创新精神，在创新上敢闯、敢为，是企业自主知识产权建设成功的首要条件。

（二）坚持有所为、有所不为的知识产权创造原则

丰田汽车和三星电子，在知识产权创新上敢闯、敢为，并不是蛮干、乱为，而是突出重点，坚持有所为、有所不为的知识产权创造原则。随着资源短缺和环境危机加重，丰田汽车将知识产权创造重点聚焦于节能环保专利技术。如前文所述，丰田汽车在20世纪70年代就开始研究混合动力汽车。在混合动力汽车专利方面，丰田汽车处于绝对领先地位。在全球已公布的混合动力汽车专利中，丰田汽车一家公司所占比例为43%，比其他所有日本汽车高8个百分点，比所有美国汽车公司高35个百分点，比所有欧洲汽车公司高36个百分点，比韩国现代和起亚高37个百分点，比所有中国汽车公司高42个百分点。① 根据学者研究，即使是环保专利技术方面，丰田汽车也不是平均用力，也是有所侧重的（见图5-2）。②

---

① 张翔：《新能源汽车知识产权的研究》，《汽车工程师》2010年第10期，第15~18页。
② B60K、B60L、F01N、F02B等是与绿色环保专利技术有关的IPC分类号，主要分类号包括B01D（一般物理/化学方法或装置分类中的分离）、B60K（车辆动力装置或传动装置布置或安装；两个以上不同原动机的布置或安装；辅助驱动装置；车辆用仪表或仪表板；驱动装置的联合控制；车辆动力装置与冷却，进气，排气或燃料供给结合的布置）、B60L（电动车辆的电力装备或动力装置；用于车辆的磁力悬置或悬浮；一般车用电力制动系统）、F01N（一般机器或发动机的气流消音器或排气装置；内燃机的气流消音器或排气装置）、F02B（活塞式内燃机；一般燃烧发动机）、F02D（燃烧发动机的控制）、F02M（一般燃烧发动机可燃混合物的供给或其他组成部分）、H01M（用于直接转变化学能为电能的方法或装置，例如电池组）、H02J（供电或配电的电路装置或系统；电能存储系统）、H02K（电机）。

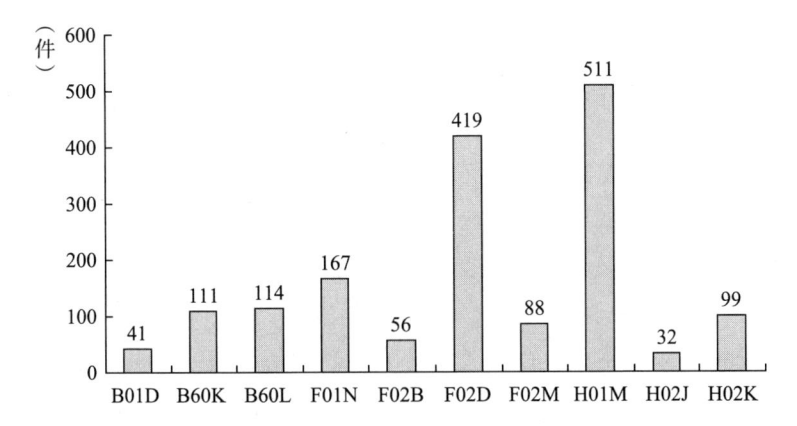

图 5-2　1990~2008 年丰田汽车绿色环保专利技术申请量

资料来源：周莹、邱洪华：《日美汽车企业绿色技术专利比较研究及其启示》，《情报杂志》2010 年第 2 期，第 21~26 页。

而三星电子是以数字技术为中心进行知识产权创造的。表 5-2 显示，三星电子在数字技术领域的重点为电信，计算机技术，光学以及半导体等。

（三）建立完备的保障体系

在知识产权创造过程中，丰田汽车和三星电子的研发资金投入非常充裕，知识产权人才队伍规模大、实力强，知识产权创新激励制度规范科学，知识产权管理机构合理完善，知识产权创新文化深厚雄浑。资金是知识产权创造的物质基础，没有充裕的资金投入，企业知识产权创造就犹如无米之炊。每一年，三星电子和丰田汽车都要投入数十亿美元，用于知识产权创造所需要的技术研发、专利申请、专利维持。人才是知识产权创造的根本，"有资金无人才"，企业知识产权创造之树就不会开花结果。丰田汽车和三星电子，在知识产权上之所以能够硕果累累，最为紧要的就是这两家企业通过外引内育方式，建立了适合自己的知识产权人才队伍。丰田汽车的传帮带制度和轮岗制度、三星电子的员工培训制度，都是极富特色的人才培育方式。在全球知识产权竞争异常激烈情形下，企业知识产权创造，不仅需要耐力，而且需要速度。因此，知识产权创造效率非常关键。为了提高企业知识产权创造效率，丰田汽车和三星电子都非常重视创新激励，并建立了相应的制度和机构，加强对创新的管理。要保证企业在全球知识产权竞争中胜出，除了要激励创新、建立相应的机构并加强创新管理外，瞄准前沿技术进行创新也非常重要。要在前沿技术上进行原始创新，肯定会碰到很多困难。因而内在的信念和知难而上的勇气，是战胜困难的关键。而这种观念和勇气，要靠企业文化建设来培育。丰田汽车和三星电子的企业文化建设，有效地培育出了员工的创新信念和创新魄力。以上这些方面，是企业知识产权创造所必需的资金保障、人才保障、制度保障、组织保障和观念保障。它们相互作用、相互融合，共同组成一个完备的保障体系，使企业知识产权创造这个复杂的系统工程得以顺利展开。

（四）推进企业专利技术创新与国际标准相结合

从完备的保障体系来看，丰田汽车和三星电子进行知识产权创造，尤其是核心技术或前沿技术之知识产权创造，不仅投入了大量的资源，而且承担了很大的风险。这一点，再加上专利超过法定期限，就不再具有专有属性，而是成为公共资源，任何人都可使用的规定，使丰田汽车和三星电子想方设法地使专利技术效益最大化。专利技术利益最大化要求，自然而然地促使丰田汽车和三星电子将专利与技术标准相结合。通过专利技术标准化，丰田汽车和三星电子作为专利权人和标准制定者，一方面可以收取专利使用费，获取巨大经济价值；另一方面，也可以控制专利许可证发放数量或者拒绝许可以阻止竞争对手闯入自己的市场范围，还可以基于自身专利技术引领国际技术标准的发展潮流。这样，丰田汽车和三星电子，既实现了专利的经济价值，又实现了专利的战略价值。丰田汽车和三星电子推进专利与国际标准相结合，其主要形式有以下两方面。一是基于自身专利实力促进国际标准形成，比如 2005 年丰田汽车就成功影响了我国电动汽车技术标准的制定。二是构建专利联盟，比如 2011 年 3 月，丰田汽车牵手日产、三菱、富士重工和东京电动车动力公司，组建电动车集团，以推动日本电动汽车技术成为全球技术标准；2011 年 8 月，三星电子与松下、索尼、XPAND 3D 等公司，制定了民用主动式 3D 眼镜技术标准。[1] 丰田汽车和三星电子组建专利联盟以促进专利技术标准化的实例很多，在此不过多例证，仅透过以上两则事例，就可窥一斑而知全豹。

专利技术标准化，能够使丰田汽车和三星电子获得巨大收益，也使二者在技术研究开发阶段就糅入了标准化战略。其主要表现形式是：或以现

---

[1] 向阳：《三星等四公司共推主动式 3D 眼镜标准化》，《科技日报》2011 年 8 月 17 日，第 12 版。

行国际技术标准为指引,来确立技术研发主题、方向和项目;或以弥补现行国际技术标准缺陷为目的,设立技术研发项目;或是率先进行技术创新,形成企业标准,再推广至国家标准直至全球标准。这样一来,丰田汽车和三星电子就实现了知识产权创新的良性循环:技术创新成果专利化—专利标准化—标准市场化—专利技术创新持续化。

(五) 注重企业自主知识产权与品牌协同发展

丰田汽车和三星电子,在品牌建设过程中,没有单一地进行广告宣传、体育赞助、社会捐赠等品牌营销活动,而是将企业知识产权战略与品牌战略有机结合起来,注重企业自主知识产权与品牌协同发展。之所以这样做,是因为企业品牌与知识产权,虽有区别,但彼此紧密相连。

从区别来看,企业知识产权与品牌两个概念的性质不同。企业品牌,核心是强调企业要与消费者建立起良好的关系,并要维持与发展这种关系,因而是个市场概念;企业知识产权,旨在说明企业对智力创新成果拥有所有权,这种所有权经法律确认,受法律保护,因而属于法律范畴。

从联系来看,一方面,企业知识产权与品牌在内容上有交叉。企业创建品牌,必须要进行商标设计与注册,而商标设计与商标注册本身就是一种企业知识产权行为;企业知识产权活动,如商标保护、技术创新成果专利化、对技术秘密严加保护等,主要目的是防止侵权,以此营造、维护企业品牌的声誉。另一方面,企业知识产权与品牌相互作用、携手共进。企业知识产权是品牌的重要支撑,不以自主知识产权为后盾,企业品牌好似天上流星,一眨眼就会陨落。如果企业没有自己的品牌,而是贴牌生产,其知识产权就会因没有着落点而难以成长。因为贴牌企业,被别人牵着鼻子走,自己的知识产权没有他人同意不能用于生产,即使用上了,也是为他人品牌做嫁衣。

第二节 国外政府支持本国企业培育自主知识产权的主要经验

一 国外政府支持本国企业培育自主知识产权的情况介绍

(一) 日本政府支持本国企业培育自主知识产权的经验做法

进入21世纪,日本政府发现以前那种经济发展模式——引进欧美基本发明专利，进行消化、吸收、改进，创造出许多小专利，进而构建专利网，以之阻挡欧美企业的专利进攻——已不能有效提高本国产业竞争力。与劳动力成本低和生产技术日益提高的其他亚洲国家相比，日本制造组装业的优势在丧失；与欧美等知识产权强国相比，日本专利数量虽多，但大部分是国内专利，国际专利不多，获益相对少。这反映了日本知识产权整体质量相对不高的状况。在这种情况下，日本政府决定改变以往技术立国的发展战略，确立知识产权立国的新发展战略。为了实现知识产权立国目标，为了帮助本国企业战胜知识产权实力占优的欧美企业，日本政府非常注重对本国企业自主知识产权培育的支持。日本政府对本国企业培育自主知识产权的支持，主要是从以下几个方面展开的。

1. 颁发国家知识产权战略大纲，对日本企业知识产权培育工作加以战略性引导

日本知识产权战略大纲要求日本企业，必须迅速采取措施获取战略性知识产权资源，以改变尖端技术领域内专利数量不够、层次不高的现实；必须树立起知识产权全球竞争意识，积极促进知识产权国际化，扭转国际知识产权不足的形势；必须在技术研发阶段引入企业知识产权战略，避免无的放矢；必须对获得的知识产权加以战略性应用、保护和管理，以使企业知识产权创造实现良性循环。为了确保这些战略要求得以有效实现，日本政府成立了以首相为首，由内阁大臣、企业家、教授、律师共同组成的战略本部，并建立了战略执行机构。这些执行机构各司其职，比如，产经省专门负责职务发明制度是否要修改以及如何修改；特许厅专门负责企业知识产权人员培训、知识产权咨询、服务等事宜；制造业产业局负责日本企业海外知识产权保护，促进国外法律修改，以符合日本企业的知识产权利益等。

2. 完善知识产权法律体系，优化企业培育自主知识产权的法律环境

自国家知识产权战略大纲制定之后，日本政府就开始着手完善本国的知识产权法律体系，以对本国企业的知识产权培育工作提供法律支持。日本知识产权战略大纲制定不久，日本国会就在2002年年底，通过了知识产权基本法。根据学者研究，2002~2007年，日本政府制定了很多新法律，其中有16部是知识产权专门法，涉及专利、版权、商标、植物新品种、外观设计等；有21部是与知识产权相关的法律，主要涉及民事诉讼、关税、信托、金融等方面。除了制定新法外，日本国会还根据知识产权国际条约

或知识产权双边、多边协议,对原有的发明专利、外观设计、实用新型等知识产权法律进行了修改,以适应全球知识产权新发展。① 通过制定新法和修改旧法,日本政府改革了职务发明制度、专利审查制度和复审制度、诉讼制度,由此对企业取得、应用、保护知识产权在一定程度上提供了有力支持。比如,为减轻企业负担,日本政府降低了专利、商标等知识产权申请费和维持费,其中重点减少了第10年以后的专利年费,幅度达12%。② 在知识产权战略推动下,日本政府还专门成立了知识产权高等法院,召纳既懂技术又懂法律的专业法官,迅速处理日益增多的企业知识产权纠纷。

3. 出台针对性措施,推动企业知识产权发展

为有效实施国家知识产权战略大纲,日本政府每年都会出台年度知识产权推进计划,以促进本国知识产权的进步。在这些年度知识产权推进计划中,有许多涉及推动企业知识产权发展的措施。概言之,这些措施主要有以下几个方面。其一,通过强化大学、研究机构的技术转化功能,以及促使企业与大学和研究机构的合作创新,日本政府有效克服了企业基础性创新研究能力的不足,并促使企业获得了大量基础专利,进而提高了企业的知识产权水平。其二,改革职务发明制度,激励企业员工积极进行发明创造。日本政府出台的政策规定:企业员工不仅有权对职务发明成果申请专利,而且可以享有专利权;对于员工职务发明专利,企业有权无偿使用,但应根据劳务合同或相关规则支付报酬。其三,对国家委托研究项目的知识产权,企业作为受委托人,可以无偿拥有。其四,利用网络数字设备,向全社会提供方便快捷的知识产权信息服务,使企业研究人员可以及时了解最新专利技术发展趋势,提高企业专利技术创新效率。其五,加强知识产权对外合作与交流,对知识产权国际条约展开针对性研究,以支持本国企业在自己优势领域参与国际标准制定,从而获取国际标准话语权。

4. 加强知识产权教育,为企业知识产权工作提供人才支持

日本政府认为,基本发明专利是技术水平高和国际竞争力强的重要标志,是日本产业振兴和经济社会可持续发展的动力之源,而人才是基本发

---

① 杨和义:《论日本实施知识财产立国战略后知识产权法律变化的主要特征》,《宁夏社会科学》2008年第2期,第24~27页。
② 闻雷:《适应国际知识产权发展新形势——日本内阁会议通过知识产权相关法律修改草案》,《中国发明与专利》2008年第5期,第78~79页。

明涌现的基础。为了能使颠覆原有技术格局和市场格局的基础专利不断产生,日本政府强化了知识产权教育。知识产权战略大纲颁布以后,日本政府要求在中小学阶段就开始对学生进行知识产权启蒙教育,以提高中小学生的知识产权意识;而到了大学以后,知识产权课程必须得到全面推行。由于只有能够"独立思考、自由创造"的研发人员,才能够胜任战略性知识产权创新,因此日本政府在知识产权教育中,特别注重创造能力的培养。为了能给自由创造营造出一种良好的文化氛围,日本政府还积极地引导崇尚创新、尊重个性的社会环境。

(二) 韩国政府支持本国企业培育自主知识产权的经验做法

曾几何时,韩国只是个依靠引进专利技术进行模仿生产的知识产权小国。1980年,在韩国国内发明专利中,属于韩国自己的专利只有186项,所占比例仅为11.4%;而非韩国专利比例高达88.6%,数量为1446项。[①]如今,韩国在知识产权上已不是昔日的"吴下阿蒙",而成为名副其实的知识产权大国。1982年,韩国在美国申请的专利只有7项,而到了2004年,韩国在美国申请的专利数量猛增到9730件。[②] 2010年,韩国PCT国际专利申请量达到9686件,世界排名第5位,较2009年增长了20.5%。[③]韩国在知识产权上的迅速崛起,主要得益于像三星电子、LG电子、现代汽车等企业发展自主知识产权。2008年,LG电子公司的PCT国际专利数为992件,世界排名第8位;2009年,LG电子公司PCT国际专利数较2008年增加了98件,达到1090件,居世界第7位;2010年,LG电子公司PCT国际专利世界排名虽仍为第7位,但较上一年增加了208件,总量达到1298件。[④]虽然韩国企业,尤其是大企业,发展自主知识产权有力地促进了韩国知识产权迅速崛起,但韩国企业发展自主知识产权同样离不开

[①] 殷钟鹤、吴贵生:《发展中国家的专利战略:韩国的启示》,《科研管理》2003年第4期,第1~5页。

[②] 刘昌明:《韩国的专利战略及其启示》,《科学学与科学技术管理》2007年第4期,第10~15页。

[③] 国家知识产权局规划发展司:《2010年PCT国际专利世界发展态势及中国特点分析》,《专利统计简报》2011年第3期。

[④] 参见王正志著《中国知识产权指数报告2009》,知识产权出版社,2010,第134页;国家知识产权局规划发展司编《2010年PCT国际专利世界发展态势及中国特点分析》,《专利统计简报》2011年第3期。

第五章 中国跨国公司自主知识产权培育的国际经验借鉴

韩国政府的鼎力支持。

韩国政府大力支持企业发展自主知识产权,是在国家自主创新的战略引导下,并辅之以法律制度、行政措施进行的。相比于欧美日本等发达国家企业,韩国企业的技术实力和自主创新能力都很弱。这就决定了韩国企业必须要引进技术。但在20世纪七八十年代以后,欧美企业在其政府支持下,不断对韩国及韩国企业举起知识产权大棒。此时,韩国政府猛然发现,以往那种以技术引进和廉价劳动力为基础的价格竞争模式,已不能有效提高韩国的国际竞争力。于是韩国政府开始注重自主开发,严禁企业实行拿来主义,要求企业必须对引进技术进行消化吸收。为促进企业消化、吸收引进技术进而提高自主创新能力,韩国政府颁布了一系列法律法规,如《产业技术基础实施促进法》《发明促进法》《科学技术创新特别法》《科学技术基本法》等。除此之外,韩国政府还通过财政、税收政策促进企业自主开发专利技术。比如韩国政府规定:企业的研发费用在50%~90%的范围内可以得到政府的无偿支援;企业技术研发项目,可以得到低息贷款;如果中小企业技术开发项目经韩国科学技术研究院价值评估后合格,则企业无须提供固定资产担保就可获得金融贷款;企业必须从其收入总额中提取技术开发准备金,额度从3%至5%不等;企业因开发新技术需要进口相关物品的,可以减免税收;企业转让自主专利技术所得,可以免征或减征50%所得税等。财政、金融等激励措施给韩国企业开发自主专利技术提供了强有力的资金支持。另一种资金支持形式是技术开发基金,韩国政府针对不同技术部门设立了不同的开发基金。[①]

在政府的系列支持之下,韩国企业知识产权得到了长足发展。然而美中不足的是:(1)韩国企业专利技术质量不高,缺乏原创核心技术知识产权;(2)韩国企业知识产权发展极不平衡,九成以上专利由少数大企业申请,而中小企业(其比例在企业总数中高达99%)专利申请不到一成。为改变这种状况,进而使韩国成为21世纪知识产权强国,韩国政府于2004年颁发了《韩国知识产权管理的目标与愿景》,从创新知识产权管理、强化知识产权保护、促进知识产权应用、扩大知识产权创造基础、加强知识

---

① 李薇薇:《韩国促进企业自主创新的政策法律研究》,《华中科技大学学报》2008年第3期,第40~46页。

产权国际合作等方面，支持企业培育高质量的自主知识产权。具体做法主要包括但不限于：利用税收、财政等政策促进企业补偿其员工的职务发明，以激励职工进行发明创造；减免中小企业的知识产权费用，为中小企业提供专利分析和开发等知识产权服务；改进专利审查制度，使企业能够快速、及时地获得新技术知识产权；建立、健全知识产权市场，促进科研机构的知识产权向企业转移并加以利用，促进企业间的知识产权交流与应用，以此加速知识产权商业化和产业化；加强知识产权国际、多边、双边合作，保护韩国企业海外知识产权。

自金融危机之后，越来越多的国家开始注重利用知识产权来促进经济增长，因而企业知识产权发展中的政府之手也日益明显。韩国亦不例外。2009年，韩国政府制定了《知识产权强国实现战略》，并颁布实施《知识产权基本法》。针对本国企业知识产权之创造、法律体系和基础设施仍存在不足等问题，韩国政府采取了一系列支持措施，主要表现在以下几方面。一是成立知识产权管理公司，帮助韩国企业挖掘未来创新型知识产权，以免国外专利强盗骚扰。二是降低技术股份公司成立门槛，促进企业利用知识产权进行创业，鼓励企业和大学、研究机构开展知识产权创业合作；以"创意资本"、公私联合融资、基金和丰富抵押担保、增加政府财政预算等形式，为企业基于知识产权进行创业提供资金支援。三是改进司法体系，通过诉讼管辖制度改革，提高知识产权诉讼专业水平和效率；通过专利申请制度和审查制度改革，促使韩国企业快速获取海外知识产权；通过知识产权预警、知识产权诉讼保险等体制机制的建立，加强对韩国企业海外知识产权保护。四是加强知识产权教育、培养知识产权人才、进行知识产权信息化建设等，使企业的知识产权发展有坚实的基础。

（三）美国政府支持本国企业培育自主知识产权的经验做法

毋庸讳言，美国是自由主义经济主义的信奉者，强烈反对国家干预经济发展，但在支持本国企业培育自主知识产权方面，美国政府却不遗余力，不仅制定了一系列知识产权激励政策，而且直接为企业的利益参与国际知识产权谈判，其角色远非传统"守夜人"所能概括的。美国政府对本国企业知识产权培育的支持，具有以下几个特点。

1. **以政策法律形式鼓励企业创新知识产权**

自20世纪80年代起，为有效应对德日经济的挑战，美国政府颁发了一系列法律法规和行政措施，以促进本国企业进行知识产权创新。1980年，美国政府制定了《拜杜法案》（Bayh-Dole Act）。《拜杜法案》规定，受委托单位可以享有政府经费资助的发明专利。这一规定大大激起了企业创造知识产权的热情，对企业知识产权培育工作产生了广泛而深远的影响。同样是在1980年制定的《斯蒂文森—威德勒技术创新法案》（Stevenson-Wydler Technology Innovation Act）要求，属于联邦政府的技术研究成果要向企业转移。技术成果向企业转移，有利于企业发展知识产权。进入20世纪90年代，美国政府除对原有技术转移法案进行修改外，还制定了新法，以进一步促进企业的知识产权发展。1999年，克林顿政府签署了《美国发明人保护法》，对以往的知识产权制度进行了一系列改革，其中包括将专利由不公开审查改为早期公开延期审查等，它有利于企业将创新成果知识产权化。

随着21世纪来临，重视知识产权成为一种世界性潮流。美国专利商标局也于2003年出台了《21世纪战略计划》，该计划强调要提高知识产权质量，要利用数字技术对知识产权实施信息化自动管理，并调整知识产权收费制度，以减少企业知识产权申请、维持成本。全球金融危机爆发以后，各国知识产权角逐日益激烈，美国政府在企业知识产权创新中的身影更加明显。在2009年和2011年这两年，时任美国总统奥巴马分别发布了《美国创新战略：推动可持续增长和高质量就业》和《美国创新战略：确保我们的经济增长与繁荣》两份创新战略报告。在这两份报告中，有大量内容是阐述知识产权政策的，其中主要涉及改进知识产权审查制度、严格知识产权执法、参与国际知识产权合作等内容，重点突出了知识产权制度在构建美国创新生态系统中的作用。2010年，美国专利商标局制定了《2010~2015战略计划》，提出制定21世纪美国国家知识产权战略，强调以知识产权引导创新、鼓励新技术研发等。2011年6月，美国众议院通过了《美国发明法》，对原有美国专利制度进行了全面改革，以便更好地促进发明者进行创造，并以最快速度使新发明专利产权化。

美国在21世纪出台的这些相关法律和政策措施，为美国企业培育知识产权提供了许多帮助，主要包括但不限于以下几个方面：（1）由发明在先原则改为申请在先原则，有利于企业保护自己的发明创造；（2）缩短了企业的专利确权时间，以前美国企业获得专利大概需要耗时3年，改革后企业专利申请时间缩短了三分之二;(3)改革专利审查计件制度,采用高质检标准,以促使美国企业提高知识产权申请质量;(4)使美国的知识产权制度逐渐与其他国家的知识产权制度趋同,以便于美国企业降低在其他国家创造知识产权的成本,从而提高美国企业知识产权国际化的能力。

2. 支持企业在重点领域获取知识产权

在美国政府创新战略报告中,蕴含着这样一种思想——重点领域内企业知识产权的发展,单靠无形之手很难产生令人满意的结果;有形之手的介入,是解决市场失灵的有效办法。基于这种认识,美国政府近年来十分关注专利技术的发展趋势,并对能源、生物、纳米、太空、绿色技术、计算机等重点技术领域企业知识产权的发展进行引导和扶持。比如美国专利商标局宣布对绿色技术专利申请实施加速审查,使之有利于企业发展;同时美国专利商标局还以联邦最高法院的判例规则——"商业方法在特定条件下属于可专利主题"——作为专利审查指南,以使美国技术类企业更容易获得软件专利和商业方法专利。[1] 为了帮助新兴企业获得国立卫生研究院或食品与药物署内部研究人员开发出的生物医学发明使用权,国立卫生研究院技术转化办公室出台了有针对性的新许可证协议。[2]

3. 利用贸易政策维护美国企业的海外知识产权利益

利用贸易政策对企业知识产权发展提供支援,是美国知识产权政策的一大特点。通过《与贸易有关的知识产权协议》(TRIPs)、"特别301条款"和"337条款"等,美国政府有力地支持了企业海外知识产权的发展。《与贸易有关的知识产权协议》(TRIPs)很大程度上是在美国政府的力推下得以通过的。TRIPs使像强生、辉瑞、微软等诸多美国大公司的企业知识产权利益得到保障。"特别301条款"专指美国《1988年综合贸易与竞争法》第1303节;由于它是对1974年美国贸易法301条款的修改和补充,所以称为"特别301条款"。该条款是美国国内单边贸易立法,主要涉及知识产权保护问题,专门针对那些美国认为没有对其知识产权提供充分有效保护的国家和地区。只要某一国家或地区的知识产权法律规范或

---

[1] 李丽娜:《美国知识产权政策调整动作频频》,《中国发明专利》2010年第10期,第92~93页。
[2] 王丹红:《以最快速度将新发明带入市场——美国出台〈发明法〉等一系列举措提升国家创新力》,《科学时报》2011年9月22日第4版。

行政执法不符合美国利益，不能使美国企业的知识产权利益得到最大保护，就会被美国政府列入观察名单。之后，这些被列入观察名单的国家和地区，会受到美国政府的知识产权调查，进而会受到美国的制裁或贸易报复威胁。"337条款"是美国1994年关税法第337条的简称，主要是针对侵犯美国知识产权利益的外国企业，目的是阻止其产品进入美国市场。"337条款"也是美国政府和企业时常抡起知识产权大棒的有力工具，它经常被用来对抗国外企业。

二 国外政府支持本国企业培育自主知识产权的经验启示

（一）优化企业自主知识产权创造的环境

综合美、日、韩三国政府支持本国企业培育自主知识产权的实践做法，可知三国均非常注重优化企业创造自主知识产权的环境。通过制定知识产权基本法或修改原有知识产权法律、法规，美、日、韩三国政府为企业培育知识产权营造了一个良好的法律环境。2002年与2010年下半年，日本国会和韩国国会分别通过了各自国家的知识产权基本法；2011年6月，《美国发明法》得以出台。在这些法律中，有大量有关促进企业创造知识产权方面的规定。在制定新法的同时，三国均对涉及企业专利申请、审查和职务发明等内容的相关法律制度进行了改革，一方面是为了促进企业提高知识产权创造效率，另一方面是为了促进企业提高知识产权质量。通过对研究实验实行税收减免、设立专利基金、加大研发投入和政府采购、政府对知识产权发展战略规划进行引导以及其他相关措施，美国、日本、韩国营造了有利于企业知识产权成长的政策环境。通过政府加强知识产权保护、强化知识产权文化建设和宣传、建立健全知识产权市场等，美、日、韩三国企业培育知识产权有了良好的社会文化环境。

（二）夯实企业自主知识产权创造的基础

知识产权是创造性知识的产权化，而知识的主要载体是人才，所以人才是企业创造知识产权的决定性因素，是创造性知识的源泉。没有人才，企业的创新之河便会干涸；人才源于教育，没有好的教育，人才就会凋零。从这个意义上说，教育是企业创造自主知识产权的基础。从知识产权创造实践来看，美、日、韩三国对教育都非常重视。为了培养创造性人才，美国着手实施教育改革，一方面促使中小学提高教育质量，另一方面降低高等教育费用，并积极提升科学学、技术学、工程学和数学等学科的教育水平。与此同时，美国政府还着力加强教育基础设施建设，通过普及网络宽带、信息数字技术、软件以及云计算等方式，促使教育技术加快发展。2011年美国创新战略的目标，就是要使美国在创新能力、教育等方面保持全球竞争力和世界领先水平。为此，奥巴马政府宣布要下大力气提高学生的理工科技能，到2020年使理工科教师新培训数量达到10万名左右。为了培养知识产权人才，日本从国家战略高度强调重视知识产权教育。在政府积极作为下，日本已形成了一个较为完备的知识产权教育体系，主要包括知识产权启蒙教育（为中小学生开设）、知识产权普及教育（分两个层次：一是大学生和研究生，二是一般国民）、知识产权专业教育（主要目的是培养知识产权专业人才）。在知识产权教育中，日本非常注重培养学生的创新能力。韩国政府同样重视教育，以支持企业培育知识产权。在韩国知识产权局的支持下，韩国很多学校都设有发明实验室，以便于学生创造潜能的挖掘。此外，韩国知识产权局还对发明的后起之秀，进行全方位的知识产权教育。在2005年韩国《大力培养科技人才，实现创新人才强国战略》中，政府十分强调和强化这一点——培养企业所需的知识产权人才。[①]

（三）促进企业知识产权质量的提高

在支持本国企业培育知识产权的过程中，美、日、韩三国政府均秉承着质优于量的观念，非常注重促进企业提高知识产权质量，其所采取的措施主要是在知识产权审查过程中，加强质量管理。日本在加强知识产权质量审查方面，实行的是全员、全过程控制。对于包括企业在内的知识产权申请，先由相应技术领域的审查部门依据《审查指南》和实施计划进行质量审核，这种审核必须经过两个环节，即审查员的协商及管理层的核定；部门质量审查之后，再由质量管理办公室对审查进行评价分析，并给出指导意见。在美国，因待审专利积压、专利审批期限过长或其他因素拖延，企业经常面临发明创造过时和知识产权诉讼的烦恼，这不仅使企业遭受巨大的经济损失，也使企业在发明创新上的平衡遭到破坏，进而在一定程度

---

① 黎运智、孟奇勋：《经验与启示：韩国知识产权政策的运行绩效》，《中国科技论坛》2008年第8期，第140~144页。

上阻挠了企业知识产权质量的进一步提升。为了消除这种不利的影响，美国政府增加了对美国专利商标局的经费投入。利用新增加的经费投入，美国专利商标局不仅雇用新的审查员，而且采取了其他一系列强化质量管理的措施，其中主要包括改革审查员绩效考核标准、改进专利审查方法等。为了使企业获得原创的核心技术的知识产权，韩国政府对专利制度和专利政策进行了改革、优化，主要是简化专利申请形式与手续，改进专利再审请求制度、实施专利资助政策、丰富专利审查途径等。韩国政府对企业的知识产权支持工作，有很多是由韩国发明振兴会（即韩国发明促进协会）来完成的。韩国发明振兴会采取的主要措施是专利申请资助、专利价值评估、专利技术市场建立、知识产权人员培训等。[①]

（四）积极为企业提供涉外知识产权援助

为企业提供涉外知识产权援助，是美、日、韩三国政府非常重要的工作内容。在这三个国家，有很多企业进行国际化经营活动。在知识产权已成为国家、企业竞争力核心要素的前提下，在国际知识产权保护水平日益强化的情形下，在全球知识产权竞争越来越激烈的背景下，企业进行国际化经营活动时，很容易发生知识产权侵权、知识产权诉讼等令人头疼的问题。因此，三国政府都把为企业提供涉外知识产权支持作为一项重要的任务。

从援助内容来看，三国政府对本国企业的涉外知识产权支持主要是：对企业的国际知识产权申请提供资助；帮助企业收集海外知识产权信息，包括专利数据、知识产权法律与政策、知识产权发展趋势等；为本国企业海外知识产权提供保护；促进本国企业知识产权发展成为国际技术标准；为本国企业争取国际知识产权话语权等。将知识产权的垄断性与技术的标准化结合起来，以获取竞争优势，是知识经济和经济全球化深入发展进程中，各个主要发达国家的一种普遍做法。比如，美国国家标准协会名义上是民间非营利性组织，但实际上它已成为美国国家标准化中心。英国标准协会早在2004年就制定了关于企业如何处理标准与专利关系的实用指南——

---

① 孟海燕：《日韩知识产权战略实施考察报告》，国家知识产权局网，2011年5月26日，http://www.sipo.gov.cn/dtxx/zlgzdt/2011/201105/t20110526_605554.html，最后访问日期：2019年3月7日。

《标准与专利——企业创新指南》，鼓励企业将专利与标准结合起来。日本工业标准调查委员会制定的日本工业标准是日本最具权威的国家级标准。在专利与标准相结合上，各个国家的做法并不相同。美国比较强调市场驱动和多方参与，以产业优势促使国际标准体现出美国技术的身影；英国则是对专利标准化的过程进行全方位的指导；日本只是在战略上引导企业专利的标准化。虽然这些国家促使专利标准化的方式有所不同，但都是为了将本国的专利技术转变成国际标准。①

---

① 参见朱翔华《发达国家标准与知识产权相结合现状及启示》，《信息技术与标准化》2009年第1~2期。

第六章
中国跨国公司自主知识产权培育的重点

中国跨国公司培育自主知识产权，必须有所选择，抓住重点，不能四面出击。这首先是因为自主知识产权包含的对象繁多——既有发明专利、高科技产品外观设计和实用新型，也有科技成果中的专有技术与计算机软件，还有自主品牌、集成电路芯片设计图、遗传资源等；涉及的技术领域广泛，根据世界知识产权组织最新分类标准，知识产权涉及6个技术大类、39个技术小类，每个技术小类又包含更小的子类别。比如化工技术领域，有11个IPC技术小类，C07有机化学是其中一种，而C07有机化学本身又有9个小类，它们是C07B（有机化学的一般方法及所用的装置）、C07C（无环或碳化合物）、C07D（杂环化合物）、C07F（含除碳、氢、卤素、氧、氮、硫、硒或碲以外的其他元素的无环、碳环或杂环化合物）、C07G（未知结构的化合物）、C07H（糖类及其衍生物；核苷；核苷酸；核酸）、C07J（甾族化合物）、C07K（肽）、C07M（与C07B至K类相关的、涉及有机化合物特殊性质的引得表）。这9个小类中的每一类别又包含数十个更小的IPC分类。① 其次是因为现阶段知识产权竞赛——以获取知识产权为目的的技术创新过程——非常激烈，而"赢者通吃"是知识产权竞赛的显著特点，谁要是在知识产权申请中落后，谁就是失败者，未经胜利者的许可，新技术就不可以商业化使用，即使自己花过钱、出过力。最后是因为企业的资源、能力有限。基于中国跨国公司缺乏核心技术知识产权的事实、国外自主知识产权培育经验以及世界专利技术的发展趋势，笔者认为，中国跨国公司

---

① 详细分类参见国家知识产权局网，http://search.sipo.gov.cn/sipo/zljs/ipc/ipc.jsp?parentid=108。

自主知识产权培育的重点，应该立足于高新技术领域世界级开创性发明专利、国际竞争力强的自主品牌和战略性新兴产业的国际专利。

第一节　高新技术领域世界级开创性发明专利

选择高新技术领域世界级开创性发明专利作为培育对象，首先必须弄清楚的是何谓开创性发明专利。

一　开创性发明专利的内涵

开创性发明专利的上位概念是专利，而专利具有丰富的含义，既可指法律赋予的专有权，也可指一种技术方案，还可以指专利证书或者专利文献，再加上"开创性"一词具有一定的相对性，因此难以对开创性发明专利下一个简单而精准的定义。笔者认为要理解开创性发明专利的丰富内涵，应从以下几个方面入手。

（一）开创性发明专利必须具有法律效力

如上所述，专利是开创性发明专利的属概念，属于专利范畴。而专利最基本的含义是法律所赋予的专利权，即国家专利机关依据专利法，授予某项技术的发明人或申请人在一定期限内对其发明创造所享有的一种独占权或专有权。因此在揭示开创性发明专利的内涵时，必须要从专利权这一视角入手。从权利角度来看，开创性发明专利中的专利，不能是失效或者无效的专利权，而必须是受到专利法保护的具有法律效力的专利权。为此它必须要满足法律规定的地域性要求和时间性要求。

1. 开创性发明专利的地域性要求

专利权作为一种专有权，其效力在空间上并不是无限的，而是受到地域的严格限制。也就是说，专利权的法律效力，是以一定的疆域为限的，超过特定的国家疆域，专利权便不具法律效力，即A国没有义务对B国的专利提供法律保护。发明人或申请人要取得A国的专利保护，必须向A国提出专利申请，并获其授权。这一点对开创性发明专利同样是适用的。如果某一开创性发明创造，没有履行特定国家的法律申请程序，根本谈不上所谓的专利权。比如，青蒿素是20世纪后半期最伟大的一项医学创举，发明创造人是我国科学家。由于缺乏知识产权意识，我国科学家当时没有在任何国家申请专利,而是以论文形式向全世界公布研究成果,致使国外医药公司利用这一研究成果,率先获得青蒿素药物的相关专利权。没有专利权保护,我国青蒿药生产企业,在国际抗疟药市场上只是原料的供应者,处于全球抗疟药产业链底端,不能享受青蒿素发明创造所带来的巨大利益。相反,国外抗疟药生产企业,尽管都要向我国进口青蒿原料药,但它们在全球每年 15 亿美元的抗疟药销售额中,能获得多于 99%的份额。[①] 因此,在谈论开创性发明专利权时,一定要明了其地域性效力。

2. 开创性发明专利的时间性要求

这一要求实际上指的是,开创性发明专利必须要处于法律有效保护期内。开创性发明取得专利法保护,并不是没有时间限制的。开创性发明专利受法律保护的最长时间是 20 年。超过 20 年法定期限,其法律效力自动失效,与开创性发明相关的知识产品,就不再是专有,而是共有。即使是在 20 年内,开创性发明专利要取得专利法保护,也必须要缴纳年费;不缴纳年费,其法律效力便不能维持。因法律有效保护期届满或因故提前终止而不具备法律效力的发明专利,都不是本书所讲的开创性发明专利。谈论开创性发明专利,必须要抓住这点,否则便没有意义。

(二) 开创性发明专利必须具有技术突破力

要揭示开创性发明专利的丰富内涵,除了从专有权这一角度入手外,还必须坚持专利的技术属性。无论是发明专利,还是实用新型专利与外观设计专利,都是以一定的技术方案为客体的。没有技术方案,也就没有专利权。赋予发明人或申请人专利权,根本原因就在于其技术的先进性,目的是促进更多、更先进的技术在社会上涌现。从这个意义上说,技术属性是专利的根本属性。各国专利法对授予专利所提出的创造性、实用性、新颖性要求,实际上也就是专利对技术水平最起码的要求。

虽然技术属性是专利的基本属性,但不同专利所具有的技术水平并不一样。即使是同一类型专利,技术水平也会不同。就此而言,开创性发明专利在技术上应比一般性发明专利更先进。也就是说,开创性发明专利应该具有技术上的突破力。具体来说就是,开创性发明专利中的技术,应该是建立在不同的科学技术原理的基础上,是技术史上未曾有过的,能够突

[①] 戴吾三:《影响世界的发明专利》,清华大学出版社,2010,第 565~567 页。

破现有技术的束缚,或使现有技术产生脱胎换骨式的变化。就犹如瓦特蒸汽机代替纽可门蒸汽机,或者说汽油发动机代替蒸汽机一样。

(三) 开创性发明专利必须具有市场开拓力

激烈的市场竞争,使商品生产者和经营者不停地进行技术革新。由于新技术发明能够带来巨大的超额利润,因而当新技术产品被推向市场时,模仿、剽窃也就接踵而至。为防止技术创新活动因模仿或侵权而受到抑制,专利权作为一种精巧的工具便应运而生。从实质意义上来讲,专利权"是对某项专利技术商品化的垄断权",[①] 主要是阻止任何非专利权人在未取得专利权人许可的条件下,对专利权人的专利进行商业化使用——以生产经营为目的而在市场上制造、销售或许诺销售、进口专利产品,或者使用专利方法以及使用、销售、进口依据专利方法直接获得的产品。由此可见,专利具有控制市场的功能,是参与市场竞争的利器。正因为如此,全球专利竞争才会异常激烈,各种大小专利层出不穷,一层层专利网纵横交错,绵延不断。利用专利网,企业既可防止国内市场被蚕食,又可鲸吞国外市场。既然专利是市场竞争的产物,也是市场竞争的有效手段,那么开创性发明专利就应该具有市场开拓力。这里的市场开拓力,一是指开创性发明专利能够开辟新的市场,并形成新的产业,犹如尼龙发明专利之于长筒女袜一样;二是指开创性发明专利能够突破现有专利之网对市场的控制,重塑市场格局,就好比电子管的市场格局被晶体管发明专利彻底改变了一样。

综上可知,开创性发明专利,是一个以法律效力为基础、以突破性技术为载体、以开拓市场为己任的综合性概念。理解时不应该将其割裂,同时还应注意它的动态性和相对性。原来属于开创性的发明专利,会随着技术变革或专利时效的终止而成为一般性专利技术。对于不同技术领域而言,开创性发明专利也具有不同的含义和重点。

二 中国跨国公司选择高新技术领域世界级开创性发明专利的必要性

开创性发明专利所具有的技术突破力和市场开拓力,使中国跨国公司

---

① 李兆阳:《高新技术知识产权的保护和产业化》,华夏出版社,2002,第10页。

有理由选择其作为重点培育对象。就开创性发明专利本身的影响力而言，中国跨国公司所培育的开创性发明专利应聚焦于世界级的；就开创性发明专利所属的技术领域而言，中国跨国公司所培育的开创性发明专利应重点瞄准高新技术领域。

（一）为什么要聚焦"世界级的"

之所以聚焦于"世界级的"，主要原因在于以下几个方面：首先，在全球经济一体化形势下，中国跨国公司必须以全球性眼光、以世界为舞台来思考培育什么样的发明专利，而不能仅仅从本国和住在国范围来进行思考和决策；全球经营的理念、思维模式和决策方式必然使中国跨国公司将世界级开创性发明专利作为自己培育自主知识产权的一个战略选择。其次，在知识产权成为竞争力核心要素的时代，只有以世界级开创性发明专利作为支撑，中国跨国公司才有可能具有全球影响力和世界话语权，而打造全球范围内的影响力、话语权和引领能力是中国跨国公司海外发展的最终目的。最后，与全球经济一体化相伴生的知识产权全球化，给中国跨国公司带来两方面的挑战：一是中国跨国公司如何通过专利布局全球市场且向其他企业发出挑战；二是中国跨国公司如何应对相对于自己具有知识产权优势且积极在全球市场展开专利布局的其他企业的挑战。无论是主动的专利进攻，还是被动的专利应战，中国跨国公司都必须基于全球市场实施专利战略，以形成并提升自己的专利优势。

（二）为什么主要瞄准高新技术领域

之所以主要瞄准高新技术领域，是出于以下几方面的考量。第一，当前是知识经济时代，而知识经济是由高新技术催生的，"高新技术产业是知识经济的第一支柱"。[①] 第二，开创性发明专利与高新技术具有天然的联系。开创性发明专利必须以突破性技术为主体，而突破性技术是属于高新技术范畴的。高新技术一般是指建立在最新科学成就之上的、知识密集型的尖端前沿技术。这种尖端前沿技术不仅要在技术上具备先进性，而且要在产品或者是产业上具备广阔的应用前景，也就是说能够产品化、产业化，从而带来良好的市场效益。良好的市场效益，会使高新技术寻求专利保护，专利保护可以促进高新技术的迅猛发展，而高新技术的迅猛发展又

---

① 谷兴荣：《高新技术产业与发展中地区跨越式发展》，经济科学出版社，2005，第76页。

会促进开创性发明专利的诞生和发展。第三，随着全球经济的发展，高新技术产品越来越受到专利许可贸易的主导。

（三）培育高新技术领域世界级开创性发明专利对中国跨国公司的意义

1. 实现跨国经营优势的增创

跨国经营优势，概而言之，是指企业在海外投资经营时相对于其他企业所具有的优势，既可以是资本、资源禀赋、规模等有形优势，也可以是技术、管理等以知识为主要形态的无形优势。从本书第三章可知，中国跨国公司的主要分布行业是中医药，食品饮料，纺织服装，家用电器，汽车、摩托车及配件，钢铁等。从跨国经营实践来看，这些中国跨国公司所具有的优势主要是价格优势、政策优势、比较优势（日本经济学家小岛清认为，企业进行跨国经营活动所具有的优势，是建立在本国产业的比较优势基础之上的。在这里，比较优势是相对于比中国更不发达的国家和地区而言的）。随着消费者需求越来越多样化和个性化，中国跨国公司基于同质化产品的价格优势日益难以为继；随着越来越多的国家采取各种措施鼓励本国企业"走出去"参与全球竞争，中国跨国公司发挥政策优势的空间越来越小；随着全球资源的日益枯竭和绿色环保观念的兴起以及中国劳动力成本的提高，中国跨国公司所具的比较优势也一步步受到侵蚀。在这种情况之下，中国跨国公司培育世界级开创性发明专利，既可以生产新的产品，也可以对原有产品进行改造、升级，还可以直接进行专利许可证贸易，在维持原有跨国经营优势的同时，增创新的跨国经营的竞争优势。

2. 扭转企业核心技术上的知识产权劣势，实现跨越式发展

国内外各企业之间的知识产权发展水平是不同的。中国跨国公司在知识产权上面临的最大问题，是普遍缺乏核心技术的知识产权。即使是像华为、中兴等这样具有一定知识产权实力的中国跨国公司，在核心技术知识产权上与国外跨国巨头相比，仍有很大的差距。高新技术具有高智力、高效益、高潜能（对政治、经济、军事、文化和社会的巨大影响力、渗透力）等特点，是各国竞相争夺的焦点，无疑属于核心技术。通过在高新技术领域培育开创性发明专利，中国跨国公司不但可以实现在核心知识产权上的"弯道赶超"，而且可以打造自己的全球产业链和价值链，像国外知名跨国公司那样，以全球资源参与全球竞争。

3. 打造并提升企业的低碳竞争力

这些现象——低碳经济、低碳产品、低碳生活等概念为人们耳熟能详，与碳减排相关法律的修改和制定，碳税、碳关税、碳足迹、碳交易等制度的实施——标志着市场竞争步入了低碳时代。在低碳时代，如果中国跨国公司不实施低碳排放，其产品就会面临欧美等国家的碳关税壁垒，就不会被消费者所青睐，就不能得到政府的财政补贴和税收优惠，甚至企业本身也会因被贴上"不履行社会责任的标签"而处于不利的道德境地。从这个意义上说，低碳就是中国跨国公司的竞争力。具体地说，中国跨国公司的低碳竞争力是指，中国跨国公司在国内外市场上，能够持续地比其竞争对手向消费者提供更多的低碳产品或低碳服务，并赢利和获得发展的能力。对于这样的低碳竞争力，中国跨国公司自然不能忽视。中国跨国公司树立低碳竞争力的方法不少，但最关键的还是要在技术上拥有自主知识产权。因为碳减排无论是通过提高能效的途径，还是通过开发新能源的途径，都必须要有新技术。对于这样关乎企业未来几十年竞争优势的低碳排放技术或是新能源技术，发达国家跨国公司是不会自断手足而转让出去的。通过培育高新技术领域世界级开创性发明专利，中国跨国公司可以为打造并提升自己的低碳竞争力奠定坚实的技术基础：第一，发展低碳经济最佳的选择，就是能开发出经济、安全、环保的新能源，而新能源技术是高新技术的固有内容；第二，即使有了新能源，也必须要有新工艺、新设计和新产品，而新工艺设计、新产品开发属于高新技术研究的范围；第三，除了新能源技术外，高新技术一般都具有节约能源的特点。高新技术领域世界级开创性发明专利，除了给中国跨国公司的低碳竞争力以技术基础外，还能给予其权利保障。通过专利的法定垄断权，中国跨国公司可以对自己的低碳技术创新予以市场控制，获得创新收益。

三 中国跨国公司在高新技术领域创造世界级开创性发明专利的可行性

中国跨国公司培育高新技术领域开创性发明专利，不仅是必要的，而且也是可行的。首先，科学技术革命带来了技术突破的机会。自20世纪下半期以来，高新技术领域内的科技变革如火如荼，新发现、新发明层出不穷。从能源领域内的太阳能和燃料电池到机械领域内的数控机床和机器人,从材料领域内的液晶和导电塑料到计算机领域内的微处理器和软件,从医学领域内的伽马刀和生物芯片到光电领域内的集成电路和发光二极管,无一不是明证。科学技术上的新发现或新发明,催生了一大批新技术、新产业,不仅改变了原有的技术范式,而且改变了原有的经济范式。在这种范式转换变革时期,中国跨国公司有机会在技术上取得重大突破。其次,中国跨国公司致力于在高新技术领域获得自主知识产权可以得到我国政府强有力的支持。这种支持既有战略上的引导,也有制度上的保障,还有财税政策上的激励。国务院于2008年颁发了《国家知识产权战略纲要》(以下简称《纲要》)。《纲要》要求"在生物和医药、信息、新材料、先进制造、先进能源、海洋、资源环境、现代农业、现代交通、航空航天等技术领域超前部署,掌握一批核心技术的专利"。[①] 根据《纲要》精神,企业(包括中国跨国公司)是创造专利的主体。同年,科技部、财政部和国家税务总局联合下发了《高新技术企业认证管理工作指引》,对掌握高新技术知识产权的企业进行财政补贴和税收减免。与此同时,新修订的专利法、商标法和著作权法也加大了对企业自主知识产权保护的力度。国家知识产权局和地方各级知识产权局,也积极采取措施对企业的专利检索、专利申请、专利咨询等活动提供服务。再次,中国跨国公司的知识产权创新意识和能力有大幅度的提高。从前文可以看出,近几年来中国跨国公司的专利申请量和授权量日益增多,海外知识产权布局步伐也在加快。企业的研发投入日趋增多。最后,在开放经济条件下,中国跨国公司一方面可以通过知识扩散、知识溢出或反求工程的途径,获取专利创新所需要的先进知识。现今,国外知名跨国公司到中国设立的研发中心越来越多,尽管独资趋势明显,但无论如何都会有知识滴漏出来。另一方面,中国跨国公司也越来越多地到海外建立了自己的研发中心,近距离地接触了各类先进技术创新中心,在一定程度上可以近水楼台先得月。

[①] 《国务院关于印发国家知识产权战略纲要的通知》,中华人民共和国中央人民政府网,2008年6月10日,http://www.gov.cn/zwgk/2008-06/10/content_1012269.htm,最后访问日期:2019年4月15日。

第二节　国际知名自主品牌

一　国际知名自主品牌及其构成要素

讨论国际知名自主品牌，首先应当搞清楚什么是自主品牌。对何谓自主品牌，学界有不同认识。代表性看法有两种，一是自主品牌是由中资公司或中资控股公司自创的具有知识产权的中国品牌；[1] 二是用来生产和销售产品的品牌，如果其所有权归企业，那么就是自主品牌，即企业自有品牌，既可以由企业自创，也可以由企业购买或兼并而来。[2] 第一种观点其实指的是本土品牌，针对的是外国品牌或合资品牌，这是由于中国本土企业没有因为合资或市场开放而获得技术上的提升，反而因知识产权问题在市场竞争中处于被动境地，因此特别强调自主创新、知识产权和民族性。第二种观点是从所有权角度来认识自主品牌的，针对的是那些没有自己品牌的代工企业或者贴牌企业。由于这些企业在产品生产、销售和利益分配中受制于品牌所有者，所以特别强调所有权而不太关注品牌形成的具体途径。在笔者看来，这两种观点虽然定义的角度、概念的宽泛度不同，但是在自主创新和品牌控制权上认识还是一致的。本书更多的是在第一种意义上来使用自主品牌这一概念。在此基础上，本书所指的国际知名自主品牌，是在全球消费者心目中知名度、信任度和美誉度高的中国品牌。

从国际知名品牌的构成要件来看，中国品牌要受到消费者的喜欢、信任和赞誉，必须具有以下几方面的品质。

第一，提供高品质的产品和服务。高品质的产品首先是质量过硬的产品，产品质量不过硬，品牌就没有生命力。三星品牌之所以能迅速崛起，与其将质量不过关的产品付之一炬有莫大的关系。创新产品也是高品质产品的范畴，产品不创新，就跟不上时代的步伐，就不会受消费者欢迎，品质就难以有保障。产品创新，不是指产品的标新立异，而是指产品能给顾

---

[1] 乌家培：《论我国自主品牌的培育、管理和发展》，《学术研究》2007年第4期，第15~17页。
[2] 汪涛：《影响中国企业自主品牌决策的因素分析》，《中国软科学》2006年第10期，第141~149页。

客带来新的消费价值。有了高品质的产品，还要有高品质的服务。星巴克咖啡之好不仅在于它的极品咖啡豆及由精湛工艺确保的高品质咖啡，而且在于它提供的高品质服务。"IBM 就是服务"指明了国内的自主品牌走向世界所应具备的因素。

第二，具备一定的销售规模，从而获取规模效益。不能说销售规模大的自主品牌就一定是国际知名品牌，但自主品牌要有国际知名度，在市场销售规模上一定要达到相当的水准。2005 年进入国际知名品牌评价体系的企业，其平均销售规模为 23.59 亿美元，而我国国内 60 个知名品牌，其平均销售规模仅有 3 亿元人民币。[①] 按 1 美元兑 8 元人民币的汇率进行计算，2005 年我国国内 60 个知名品牌的平均销售规模只有 0.375 亿美元，连入门级的水平都没达到。市场销售规模大小，反映了消费者覆盖面的大小，由此决定了品牌知名度的大小。中国自主品牌要成为国际知名品牌，除了销售规模要达到国际水准外，销售收入的来源地也要多元化，也就是说，销售收入不能集中来源于国内市场，也不能只集中来源于欧洲市场或美国市场或日本市场或非洲市场或拉美市场，而应该是来自全球各主要市场。

第三，具有拥有自主知识产权的核心技术并且自主创新能力要强。通常说，市场竞争产品是关键，产品竞争技术是关键。无疑，没有全球领先的技术，就没有全球领先的产品，品牌的全球竞争力也就不强。但在知识产权全球化时代，技术创新、产品创新如果没有知识产权保护，创新产品很容易被"山寨版"产品淹没。如此一来，非但创新成本收不回，就连品牌名称也会被仿牌的潮水冲刷得一干二净。当所有产品的品牌都一样时，也就无所谓知名不知名了，所以知识产权对于知名品牌非常重要。2010 年的全球最佳品牌，如 IBM、微软、通用、丰田、苹果、三星等，无不是知识产权上的巨擘。中国自主品牌与这些品牌的差距，不在于厂房、设备等有形资产，而在于缺乏拥有自主知识产权的核心技术等无形资产。据统计，"进入《金融世界》最有价值排行榜的品牌，其品牌价值中的科技含量平均超过 78%"。[②] IBM、微软、丰田等国外知名跨国公司，其品牌价值

---

① 熊胜绪：《中国为什么没有国际知名的企业品牌》，《宏观经济研究》2006 年第 2 期，第 39～42 页。
② 熊胜绪：《中国为什么没有国际知名的企业品牌》，《宏观经济研究》2006 年第 2 期，第 39～42 页。

不会因为飓风或大火将厂房吞噬而下降，但会因为没有技术创新或因模仿而遭受重创。这就是国外知名企业为什么一方面积极进行技术创新，另一方面又加强知识产权保护的原因。因此中国自主品牌必须要具有自主创新能力，必须要取得核心技术知识产权，方能从国外专利丛林中杀出一条血路，走向世界。

第四，国际营销能力。国际知名自主品牌除了需要技术研发、知识产权保护、提高产品品质外，国际营销能力也是必备的。国际营销既可以树立品牌在国际市场上的良好形象，赢得消费者的青睐，也可以抓住国际市场上稍纵即逝的获利机会。国际营销能力是诸如国外市场行情、语言、风俗、文化、消费习惯、国际定价、渠道等不一而足的相关知识的积累。国际营销能力是一流的国际化实务运作与执行能力的结合，包括但不限于国际市场调研能力，国际化决策能力，文化融入能力，跨国产品快速推广能力，当地化管理能力，与当地政府、媒体、社会团体的沟通能力等。

第五，搭载文化价值的能力。国际知名品牌既是一个经济范畴，又是一个文化范畴。任何国际知名品牌都是全球市场激烈竞争的结果，具有资本、技术、产品质量等经济属性。但任何国际知名品牌又是科技文化、管理文化、创新文化、竞争文化、艺术文化等一系列文化的综合产物，其本身也代表着特定的文化，如可口可乐代表的是自由与欢乐的文化。因此，国际知名的自主品牌也必须凝聚相应的文化价值。当前，经济文化化和文化经济化日益发展。由此一来，企业文化建设日益受到重视，商品中的文化内涵也日益丰富。而那些文化气息浓、文化品位高的商品，也越来越受到消费者的青睐。这一点也要求国际知名自主品牌要有搭载文化价值的能力。国际知名自主品牌搭载的文化价值，既要有中国文化的元素，也要有世界优秀文化的元素，是民族文化与世界文化相融的结晶体。

二　国际知名自主品牌之于中国跨国公司的重要意义

（一）有利于中国跨国公司提升全球竞争力

毫无疑问，中国跨国公司已走出了国内市场，但在国外市场上，中国跨国公司还没有"走上去"。所谓没有"走上去"指的是中国跨国公司生产的产品，较多的还只是占据国外中低端市场，占领高端市场的很少。这主要是因为中国跨国公司参与全球竞争，主要凭借的还是低成本的价格优势。产品质量虽然不错，但因品牌不响亮，总体竞争力不强。市场竞争从本质上来讲就是争夺消费者的竞争。真正成为国际知名品牌之后，中国自主品牌产品就可以凭借质量高、有特色、文化内涵丰富、科技含量高的综合作用而赢得消费者的信任、忠诚和赞誉。忠诚使消费者对价格上升的敏感性下降，这使中国跨国公司可以在提高价格的基础上获得利润，从而避开低成本竞争。消费者的忠诚相对于竞争对手来说也是一种进入壁垒，凭借这种壁垒中国跨国公司可以有效降低替代产品的威胁。消费者的忠诚也可以使中国跨国公司在一定程度上进行产品扩张和多元化经营，从而取得规模收益和范围经济效益。从这种意义上来说，品牌就是市场，品牌就是竞争力。随着科学技术转化为直接生产力的速度加快，产品的生命周期越来越短，品牌竞争优势日益显现。

（二）有利于增强中国跨公司整合全球资源的能力

整合全球资源是跨国公司参与现代市场竞争的客观要求。随着经济全球化和知识经济的深入发展，产品内不同工序、不同环节之间的分工形式日益兴盛。跨国公司的现代市场竞争已经从原来企业间一对一的竞争发展为价值链的竞争。在价值链竞争形式下，跨国公司自身不仅需要积累很多资源，而且需要整合更多的外部资源。全球资源有限，谁整合就归谁所用。具有国际知名品牌的跨国公司，可以利用自己在研发、设计、品牌经营和国际营销渠道等方面的优势，通过价值环节外包途径有效利用其他企业和国家的自然资源（土地、水等）、资本、技术、劳动力、知识等资源。目前中国跨国公司还不能在全球范围内有效整合资源。当成功培育国际知名自主品牌之后，中国跨国公司在控制战略价值环节的前提下，也可以把价值链的次要环节进行外包，从而整合世界资源为我所用。

（三）有利于中国跨国公司进一步凝聚和优化企业资产

企业资产指的是企业拥有或控制并能在市场中进行运营的资源，[①]既包括有形资产，也包括无形资产。随着知识经济的发展，无形资产的企业财产地位和作用越来越重要。因此对于企业来说，其不仅需要增进、提升自己的有形资产，而且需要增进、提升自己的无形资产。更为重要的是，企业还必须使有形资产充分凝聚和增加无形资产，而无形资产也必须积累

---

① 张炜：《核心竞争力辨析》，《经济管理》2002年第2期，第10~17页。

发展有形资产。促使有形资产和无形资产相互促进、相互转化，是现代市场竞争的需要。如若不然，企业就会败得很惨。企业通过什么方法才能使有形资产与无形资产共融、共荣、交相辉映呢？答案是创造知名品牌。知名品牌的创立需要企业有形资产的支撑，没有一点有形资产，企业要想创建知名品牌，犹如无米之炊。通过有形资产，企业可以展现自己的资本、技术、形象和文化，积攒自己的商誉，俘获消费者的"芳心"，提升品牌的知名度和美誉度。知名品牌创立以后，凭借知名品牌的吸引力、感召力，企业既可以进行产品延伸和产业扩展，也可以兼并、收购或联合其他企业，还可以进行品牌特许，收取特权使用费，或者将品牌作价参股，获取资本收益。[①] 这种道理对于中国跨国公司来说同样适用。当中国跨国公司在全球市场创立了自主知名品牌以后，就可以做到有形资产和无形资产之间的良性循环。最为重要的是凭借国际知名自主品牌，中国跨国公司可以不断积聚自己在全球市场上所创下的商誉、知识产权等无形资产，避免合资品牌或贴牌生产企业的现象——商誉、知识产权尽记在别人名下，用自己创造性的劳动去照亮别人，自己却黯然失色。

三 中国跨国公司打造国际知名自主品牌的长期性

中国跨国公司培育国际知名自主品牌，前途一片光明，但赢得这种光明却并非可以一蹴而就的，它需要长期不懈的努力。首先，任何国际知名品牌的形成，都非一日之功。国际知名品牌不是企业自封的，需要经过国际市场的检验，需要世界范围内消费者的认可。要经历这种大范围的市场洗礼和消费者评价，需要的时间自然很长。其次，中国跨国公司提升国际知名自主品牌的建设能力需要一个过程。打造国际知名自主品牌，需要多方面的能力，主要包括核心技术创新能力、知识产权创造和保护能力、产品开发能力、国际市场开发能力、品牌国际营销能力、跨文化管理能力等。中国跨国公司在这些方面的能力，与已经是国际知名品牌的外国企业相比，还存在很大的差距。以技术创新为例，目前中国跨国公司的技术创新投入还普遍偏低，除华为能以销售收入的 10% 作为研发投入外，其他中

[①] 有关名牌之于企业无形资产和有形资产的作用，可参见艾丰《名牌论——市场竞争中的法宝》，经济日报出版社，2001，第 66~110 页。

国跨国公司均低于这一比例,而国际知名品牌企业,如美国孟山都（22%）、微软（17%）、爱立信（15%）等,其研发投入占销售收入的比例都超过了这个数字。① 中国跨国公司要弥补这些差距,不是一朝一夕的事。国外一位曾在中国工作的广告界高层管理人士曾说,"距离成功创建全球品牌,中国公司还有光年之遥"。② 当然这是一句极其夸张的话,但它确实反映了中国跨国公司的自主品牌距离国际知名品牌还有一段很长的路要走。再次,中国跨国公司还需要时间来提升自己的国际知名品牌意识。阿里巴巴创始人马云曾说过,要使阿里巴巴成为全球最好的一家公司。这话固然没错,也反映了中国企业家的信心。但是这话在一定程度上也反映了中国企业国际名牌意识的不足。因为全球性的好企业不一定是全球性的名牌企业,而全球性的名牌企业一定是全球性的好企业。比如中国跨国公司华为确实是一家好企业,它是令爱立信、思科等世界知名企业头痛和生畏的对手。2008年华为与苹果、沃尔玛等公司一道被美国《商业周刊》评为全球十大最有影响力的公司,但华为却是这些公司当中最没有名气的企业。2009年美国《新闻周刊》视华为是一个普通巨人。③ 意识是行为的先导。从这个意义上来说,中国跨国公司提升国际知名品牌意识比提升国际知名品牌建设能力更为重要。中国跨国公司提升国际知名自主品牌意识,不是企业家振臂一呼就可水到渠成的,它需要企业文化建设,需要全公司员工将名牌文化内化;而公司员工名牌文化的内省,需要时间。最后,形成中国跨国公司打造国际知名品牌的良好生态,是长年累月的结果,不是白驹过隙。培育国际知名自主品牌是个复杂的系统工程,是企业—政府—社会良性互动的结果。没有政府提供的政策支持和知识产权法律的保护,中国跨国公司要想实现自主品牌的崛起,几乎是不可能的。如果社会上没有形成尊重知识产权的氛围,而是新产品甫一出来,假冒产品便蜂拥而至,中国跨国公司所欲打造的国际知名自主品牌便没有合适的土壤。无论是政府支持政策及知识产权法律、法规的完善和落实,还是社会土壤的培育,都需要一个过程。

---

① 熊胜绪:《中国为什么没有国际知名的企业品牌》,《宏观经济研究》2006年第2期,第39~42页。
② 〔美〕凯文·莱恩·凯勒:《战略品牌管理》,卢泰宏、吴水龙译,中国人民大学出版社,2009,第562页。
③ 夏清华:《中国企业自主知识产权能力建设研究》,武汉大学出版社,2010,第109页。

第三节　战略性新兴产业国际专利

一　我国战略性新兴产业的概念和发展重点

在我国，各界对于战略性新兴产业这一概念的理解和认识，存在一定的分歧。比如，《国务院关于加快培育和发展战略性新兴产业的决定》（以下简称《决定》）中提道："战略性新兴产业以重大技术突破和重大发展需求为基础，对经济社会全局和长远发展具有重大引领带动作用，知识技术密集、物质资源消耗少、成长潜力大、综合效益好的产业。"① 科技部原部长万钢认为战略性新兴产业，是在国民经济中居战略地位、深切关涉国家安全并必须具有成长为国家未来经济发展支柱产业可能性的产业。② 李金华教授认为战略性新兴产业是战略性产业和新兴产业相互交织的产业，其含义因时代背景不同而有差别。③ 贺正楚教授认为战略性新兴产业是在一定时期内，基于科学技术重大突破和新兴科技与新兴产业的深度融合，对于社会新需求的引导、产业结构调整的带动、经济发展方式转变的促进、国家（或地区）综合实力的提高以及社会的进步具有重大作用的主导产业或支柱产业。④ 这种认识差异，往往是人们研究视角不同造成的。有的人侧重研究战略性新兴产业与其他产业之间的联动关系，有的人侧重强调战略性新兴产业对国家经济安全和未来发展空间的重大保障作用，有的人将战略性新兴产业与传统产业相比较，重点研究战略性新兴产业的"新兴"内涵，还有的人则注重将以上几个方面综合起来进行理解。笔者认为，应该从战略性新兴产业这一概念提出的背景和目的来理解其科学内涵。我国是在国际金融危机爆发后以美国、日本、韩国和欧盟为主要代表的发达国

---

① 《国务院关于加快培育和发展战略性新兴产业的决定》，中华人民共和国中央人民政府网，2010年10月18日，http://www.gov.cn/zwgk/2010-10/18/content_1724848.htm，最后访问日期：2019年4月19日。
② 陈磊：《抓住机遇培育和发展战略性新兴产业——访科技部部长万钢》，《科技日报》2009年11月27日，第1版。
③ 李金华：《中国战略性新兴产业发展的若干思辨》，《财经问题研究》2011年第5期，第3~10页。
④ 贺正楚：《战略性新兴产业的评价指标体系研究——基于几类产业内涵和特征比较的视角》，《学海》2011年第6期，第70~75页。

家和地区为化危为机并抢占未来经济发展制高点而纷纷制定新兴产业发展战略规划的背景下，① 是在我国经济社会正处于加速发展的重要时期而又面临资源环境瓶颈和技术瓶颈的形势下，是在不同学科、技术相互交融，新一轮科技革命蓄势待发和全球产业正向智能、绿色、融合方向发展的时机下提出战略性新兴产业概念的，其目的是既要实现科技的大发展，又要实现经济结构和产业结构的优化调整，既要根本转变经济发展方式，又要提高国家和企业的国际竞争力。从这点看，《决定》的定义言简意赅、准确到位、综合性强，清晰地勾勒出了战略性新兴产业的形成、作用及特点。本书所指的战略性新兴产业概念是《决定》中的定义。理解战略性新兴产业的内涵，要抓住"战略性"和"新兴"这两个重点。战略性新兴产业的"战略性"，一是指产业影响到国家的生死存亡和兴衰荣辱；二是指产业具有先导性，能够为其他产业的发展奠定良好的基础，可以带来巨大的效益。战略性新兴产业的"新兴"，体现在时间和技术创新两方面。从时间上说，指的是刚刚兴起的产业；就技术创新而言，是指产业的兴起是由技术创新导致的。所以在理解战略性新兴产业的内涵时，要克服将重大技术仅仅局限于高新技术领域的思维定式，传统技术领域内的核心技术也应属于战略性新兴产业中的重大技术范畴，在传统技术领域内的核心技术取得根本性的新突破，也可以在我国催生出一个新兴行业。

根据国际国内经济发展形势，我国政府将现阶段战略性新兴产业发展的重点归为七类，它们分别是节能环保产业、新一代信息技术产业、生物产业、高端装备制造业、新能源产业、新材料产业以及新能源汽车产业。大力加强技术创新是发展这七大战略性新兴产业的中心工作。这些技术但不限于这些技术——煤炭清洁高效利用技术、云计算、物联网、集成电路、低碳技术、先进医疗设备、先进生物制造、绿色制造技术、智能制造技术、服务机器人、生物技能技术、高效太阳能技术、智能电网、高性能纤维及复合材料技术、新能源汽车技术——将成为我国技术创新中的重点。

---

① 2008年10月《美国：国家生物燃料行动计划》发布后，美国政府于2009年和2010年分别出台了《重整美国制造业政策框架》《连接美国：国家宽带计划》；日本2009年颁布了《未来开拓战略》，2010年又颁布了《下一代汽车战略》；韩国在2009年和2010年分别制定了《新增长动力规划及发展战略》和《绿色增长的国家战略》；2010年3月，《欧盟2020战略》发布。

二 发展战略性新兴产业需要创造和运用国际专利

创造和运用国际专利是战略性新兴产业发展的内在需求。发展战略性新兴产业，从其实质上来说，是以市场为导向开发、应用新技术并取得规模化效益的过程，其基础是重大技术突破，它需要的是技术上的原始创新，其水平高、难度大、不确定性强。再加上技术创新及其产品推广需要投入大量的人力、物力、财力，因此如果不能使技术创新主体的预期收益大于其预期成本，技术创新活动几乎是不可能发生的。这就需要专利权的保护。专利的这些功能——禁止竞争对手模仿新技术、阻止侵权行为的发生、对新产品市场的垄断等——激励、保护了技术创新主体的积极性，加快了技术创新成果产品化、市场化和产业化的速度。由此可见，专利保护是发展战略性新兴产业的基础。发展战略性新兴产业不仅需要专利保护，其本身也会导致大量的专利产生。一方面是因为战略性新兴产业是知识密集性产业；另一方面是因为新技术市场化、产业化的巨大收益，会激励创新主体积极地将创新成果专利化，同时又诱致出新的专利。所以，战略性新兴产业是一个需要专利权保护的产业，同时又是一个专利密集和专利迭出的产业。

不仅如此，战略性新兴产业还是一个深度国际化的产业。战略性新兴产业的技术特点是不仅密集度高，而且各种技术之间勾连镶嵌、交叉融合。因此战略性新兴产业的发展，仅仅依靠单项技术的突破无法取得令人满意的效果，它需要交叉相连的技术在整体上取得突破。这种技术链的创新突破需要在研发上加强国际合作，需要利用全球创新资源和国际创新人才，而不能脱离全球创新体系。浩大、持续的技术创新工程，决定了战略性新兴产业的发展需要巨额投资。虽然战略性新兴产业技术及其产品市场潜力大，前景十分诱人，但能否成功实现"惊险一跃"毕竟是未知的，故这种巨额投资存在极大风险。为此需要加强国际联合投资，以降低投资风险。战略性新兴产业的特点就是"新"。"新"不仅指技术领先、产品时尚新颖，而且指技术、产品还不成熟，市场规模小，产业还处于幼稚阶段。发展这种世界领先的新兴产业，单纯依靠狭小的国内市场，而没有国际大市场作为依托是不行的。由此可见，国际化发展是战略性新兴产业成长的必要途径。

上述两个方面的共同作用，使发展战略性新兴产业必须遵循国际通行的知识产权规则。在这种前提下，创造和运用国际专利就成为必然。因为没有国际专利，在国际知识产权保护强化背景下，就不可能有效避免知识产权纠纷，也不可能突破知识产权壁垒，产品要开拓国际市场只能是望洋兴叹；没有国际专利资源优势所囊括的巨大利益作为合作纽带，战略性新兴产业技术合作创新活动就不易顺利展开，效率也不会高；没有国际专利，在技术专利化、专利标准化的情形下，企业就失去了与人联盟的筹码，更没有参与制定战略性新兴产业技术标准的资格，就会在战略性新兴产业发展中丧失自主和主动。

三 中国跨国公司致力于培育战略性新兴产业国际专利的意义

正是因为国际专利是战略性新兴产业发展的内在需求，所以在2011年9月8日发布的《商务部、发展改革委、科技部、工业和信息化部、财政部、环境保护部、海关总署、税务总局、质检总局、知识产权局关于促进战略性新兴产业国际化发展的指导意见》（商产发〔2011〕310号，以下简称《意见》）中，尤为强调要培育我国的国际化领军企业和大型跨国经营集团，鼓励它们对外申请专利，注册商标，参与制定国际标准。《意见》的颁发，反映了中国跨国公司致力于培育战略性新兴产业国际专利的必然性。它是中国跨国公司着眼于未来、实现可持续发展之需，也是中国跨国公司应对全球知识产权新竞争形势之需，更是中国跨国公司提升参与国际分工能力之需。

（一）着眼于未来，实现可持续发展

一个不想当将军的士兵不是一个好士兵，同样一家不着眼于未来的企业不是一家好企业。企业是一个生命有机体，在激烈的市场竞争中，有生有死，有盛有衰。但不同企业所表现出来的生死盛衰的周期是不同的。有的企业长盛不衰，永葆青春；有的企业长衰不盛，枯竭凋零；有的企业由盛而衰，江河日下；有的企业由衰而盛，蒸蒸日上。这些不同取决于很多因素，其中之一便是企业能否对产业发展态势做出有远见的预测并迅速、果敢地采取战略行动。著名竞争力问题研究专家波特教授认为，那些具有战略眼光，大胆、抢先进入有吸引力产业的企业，可以构建很多竞争优势，其中包括规模、品牌、客户、营销等。抢先行动的企业布局一旦完

成，挑战者所剩的机会便寥寥无几。① 据此，中国跨国公司应该乘着全球产业调整刚刚兴起之机，将新能源、信息通信、生物、医药、低碳环保、新材料、新能源汽车等朝阳产业纳入自己的战略规划之中，积极行动，获得领先一步的竞争优势。如果说抢先进入战略性新兴产业，是中国跨国公司构建自己可持续竞争优势的战略行动，那么致力于培育战略性新兴产业国际专利，则是中国跨国公司战略行动中的战略行动。因为产品未动、专利先行既是跨国公司抢占国际市场的通行做法，也是跨国公司遏制竞争对手的有效手段。专利权作为一种法定的市场垄断权，是竞争者进入的壁垒。竞争者即使从专利权人那里获得许可，其本身的生产成本也会增加，从而处于不利境地。在全球市场被瓜分之前，中国跨国公司应该着手进行战略性新兴产业技术的研究开发工作，加快专利布局步伐，为未来赢得发展空间，否则其发展便不可持续。

（二）应对全球知识产权新竞争形势

在金融危机的深入影响下，主要发达国家及其跨国公司纷纷致力于发展战略性新兴产业，以期化危为机。比如，美国向新能源、节能产业、电动汽车等行业，分别投入了189亿美元、218亿美元、200亿美元。② 业界巨头英特尔于2009年宣布，在未来两年内将投入70亿美元对生产技术进行升级改造，以实现32纳米制造工艺。2010年，英特尔与24家风险投资公司组成美国投资联盟，计划两年内向美国科技公司注入35亿美元，其中英特尔自己的风投部门将投入2亿美元。该计划的主要投资目标是信息技术部门、生物技术部门和绿色技术部门。③

由于战略性新兴产业的发展，实质上是一个将能源、信息、生物、医药、新能源汽车等创新技术转化成知识产权并加以产业化的过程；因此发展战略性新兴产业，就必然要对知识产权进行创造、应用、管理和保护，由此也必然会在战略性新兴产业领域内引发激烈的知识产权竞争。从表

---

① 〔美〕迈克尔·波特：《国家竞争优势》，李明轩、邱如美译，华夏出版社，2002，第44～45页。
② 万钢：《把握全球产业调整机遇培育和发展战略性新兴产业》，《求是》2010年第1期，第28～30页。
③ 于新东、牛少凤、于洋：《培育发展战略性新兴产业的背景分析、国际比较与对策研究》，《经济研究参考》2011年第16期，第2～51页。

6-1可以看出，1995~2005年，作为战略性新兴产业之一的高端装备制造业的专利申请量的增长比较平缓，从2006年开始专利申请的增长速度明显加快。之所以会出现这种快速增长的态势，其中一个重要的原因就是，战略性新兴产业技术领域内的知识产权竞争非常激烈。它不仅体现在国家与国家之间，也体现在企业与企业之间。从表6-2可以看出，一些发达国家的跨国公司为了在战略性新兴产业领域内的知识产权竞争中胜出，已经开始在华进行知识产权布局。它们每年在华申请的战略性新兴产业的专利数量都是数以百计。即使在自己国家的知识产权申请系统内，中国跨国公司在战略性新兴产业知识产权竞争中整体上也还处于劣势。虽然在2012年和2013年华为和中兴在国内战略性新兴产业发明专利的申请方面名列前茅，但在数以万计的中国跨国公司当中，能够进入国内战略性新兴产业发明专利授权量前十的企业却只有3家。目前，七大战略性新兴产业的国际专利主要申请人是发达国家的跨国巨头（见表6-3）。

表6-1 高端装备制造产业主要原创国家/地区全球专利申请趋势

单位：件

年份	美国	日本	中国	德国	俄罗斯	韩国	法国	英国	欧洲
1995	1705	4254	106	699	307	263	276	201	280
1996	1860	4258	108	1001	386	275	302	209	423
1997	1985	4386	172	1052	347	326	319	223	552
1998	2379	4531	183	1100	392	218	326	264	628
1999	2800	4415	231	1211	531	353	298	323	725
2000	3852	5068	334	1206	574	411	328	333	718
2001	4295	5181	466	1250	557	510	407	344	626
2002	4416	5103	549	1190	604	528	426	359	570
2003	4753	4944	849	1298	645	636	507	419	718
2004	4772	4626	968	1394	680	727	635	441	664
2005	4911	4356	1578	1424	660	980	740	418	612
2006	5344	4216	3365	1536	668	1296	888	532	586
2007	5311	4219	4348	1815	690	1646	1025	506	560
2008	5433	4513	6053	1886	881	1908	1039	600	602
2009	5375	4211	8262	1779	750	2476	1068	590	582

续表

年份	美国	日本	中国	德国	俄罗斯	韩国	法国	英国	欧洲
2010	5428	4070	9206	1842	1010	2809	1130	579	645
2011	6078	4129	12168	1676	1061	3220	1190	681	720
2012	7367	4321	16244	1623	1256	3711	1188	551	886
2013	6887	4106	19282	1519	1162	3555	1223	585	929
2014	1200	866	18882	463	533	925	246	117	191
2015	17	19	3099	61	2	86	1	0	0

资料来源：国家知识产权局规划发展司编《战略性新兴产业专利技术动向分析报告——高端装备制造产业（上）》，《专利统计简报》2016年第5期。

表6-2　2012年、2013年战略性新兴产业发明专利授权量的申请人排名（前20位）

单位：件

排名	2012年 申请人名称	申请量	2013年 申请人名称	申请量
1	中兴通讯股份有限公司	1228	华为技术有限公司	918
2	华为技术有限公司	1203	中国石油化工有限公司	732
3	索尼株式会社	801	浙江大学	613
4	三星电子株式会社	741	中兴通讯股份有限公司	593
5	浙江大学	724	清华大学	585
6	松下电器产业株式会社	667	三星电子株式会社	533
7	清华大学	626	丰田自动车株式会社	499
8	丰田自动车株式会社	593	松下电器产业株式会社	463
9	夏普株式会社	516	鸿海精密工业股份有限公司	460
10	鸿富锦精密工业（深圳）有限公司	488	高通股份有限公司	438
11	佳能株式会社	483	索尼公司	420
12	皇家飞利浦电子股份有限公司	470	鸿富锦精密工业（深圳）有限公司	400
13	鸿海精密工业股份有限公司	454	通用汽车环球科技运作公司	395
14	上海交通大学	371	微软公司	386
15	LG电子株式会社	365	佳能株式会社	377
16	微软公司	357	夏普株式会社	367
17	东芝株式会社	352	北京航空航天大学	357
18	国际商业机器公司	351	鸿海精密工业股份有限公司	352
19	北京航空航天大学	345	上海交通大学	351
20	中国石油化工有限公司	336	索尼株式会社	347

资料来源：国家知识产权局规划发展司编《2014年战略性新兴产业发明专利统计分析总报告》。

表6-3 七大战略性新兴产业全球专利的主要申请人

产业类别	主要申请人
节能环保产业	松下、丰田、东芝、日立制作所、三菱、LG、三星
新一代信息产业	三星、LG、IBM、高通、微软、诺基亚、爱立信、松下、日立、阿尔卡特朗讯
生物产业	飞利浦、默克、三星
高端装备制造产业	通用电气、空中客车集团、联合技术
新能源产业	三菱、东芝、松下、日立、富士、三星、西门子、半导体能量研究所、夏普、通用电气
新材料产业	住友、三菱、日立、东丽、巴斯夫
新能源汽车产业	丰田自动车、日产、本田、电装、现代、松下

资料来源：国家知识产权局规划发展司编《战略性新兴产业专利技术动向分析总体报告》，《专利统计简报》2016年第4期。

与以往单项核心知识产权间点对点的竞争不同，战略性新兴产业领域表现出来的更多的是知识产权簇的竞争。所谓知识产权簇是指若干在技术上具有内在逻辑结构的知识产权共同体。从权利上看，每个知识产权都是独立的；但从技术结构上看，各知识产权又必须结合在一起，是不能分开的。这是由战略性新兴产业是"多学科、多技术领域的高度交叉和深度融合"和需要研究大量共性关键技术的特点，[①]以及任何一个企业都无法掌握不同领域内的核心技术知识产权这两个原因所决定的。正因为在国际市场上生产和销售战略性新兴产业领域内的产品，需要来自不同领域的核心知识产权技术，而这些技术又掌握在不同企业手中，所以各跨国公司需要将彼此不同的知识产权资源结合起来使用，以便共同生产和销售战略性新兴产业领域的产品。中国跨国公司要在国际上形成自己的知识产权共同体，首先必须拥有自己的国际专利。

[①] 于新东、牛少凤、于洋：《培育发展战略性新兴产业的背景分析、国际比较与对策研究》，《经济研究参考》2011年第16期，第2~51页。

第七章
当前进一步推动中国跨国公司自主知识产权培育的对策与建议

前述章节分析表明：中国跨国公司培育自主知识产权，既是化解海外知识产权纠纷、穿越知识产权壁垒使然，也是参与全球知识产权竞赛使然，更是提升自身发展水平使然。现阶段，中国跨国公司培育自主知识产权，既受先天知识产权创新能力、创新基础薄弱的影响，也受后天知识产权创新体制、管理体制不够健全的影响；既受旧的知识产权意识和工作惯性的影响，也受现有的工作思路和方法跟不上知识产权发展的影响。虽然中国跨国公司在自主知识产权培育上取得了一定的成绩，但在 TRIPs 这个紧箍之下在全球知识产权"战火四起"之下，面对国外竞争对手的知识产权"地雷战""麻雀战"，面对以知识产权为核心的无形资产日益快速增值，中国跨国公司的自主知识产权资源总是显得捉襟见肘，无可奈何，因此，应当采取若干相应的对策和措施，以进一步推动中国跨国公司培育自主知识产权，提升其自主发展能力和核心竞争力。

第一节 中国跨国公司自主知识产权培育的基本原则

一 坚持自主知识产权数量和质量并进

近几年来，中国跨国公司自主知识产权在数量上增速喜人。以中兴公司为例，2010 年中兴公司的 PCT 国际专利数量达到 1863 件，全球排名第 2 位；而在 2009 年中兴公司的 PCT 国际专利数量仅有 518 件，全球排名第 23

位,一年之内增加了 1345 件。① 同时本书第四章表明,中国跨国公司苦于缺乏拥有自主知识产权的核心技术。一方面是数量上的迅速增长,另一方面是质量上的徘徊不前。在这种形势之下,我们自然会认为:现在,中国跨国公司培育自主知识产权的重心应由数量转向质量。乍一看,的确如此,仔细一想,却不尽然。笔者认为,中国跨国公司应该坚持自主知识产权数量和质量并进的原则。之所以在数量上不能放松,是因为中国跨国公司自主知识产权数量虽然增长很快,但累积量仍然不多,还无法与国外知识产权优势企业相比。即使是中国跨国公司在自主知识产权数量上,可以与国外知识产权优势企业一较高下,从策略性角度来看,也需要拥有一定的规模。首先,当中国跨国公司需要某一拥有知识产权的核心技术而这一知识产权却又掌握在竞争对手手中时,中国跨国公司就需有针对性地围绕这一知识产权开发一些小的、互补性的知识产权,争取以"多"博"一"。其次,如果中国跨国公司不需要以"多"博"一",而是掌握了拥有核心技术的知识产权,这时就需要以"多"护"一",也就是说,中国跨国公司需要在核心知识产权周围设置许多"小"的知识产权,以形成一张无漏洞的网来保护它。最后,中国跨国公司避免不了生产复杂性的高科技产品,这类产品都是知识产权密集型产品,需要大量的知识产权,为此,中国跨国公司就要以"多"生"一",即以多种知识产权生产一种产品。无论是以"多"博"一",还是以"多"护"一",抑或是以"多"生"一",都需要坚持知识产权数量原则。

　　量有量的好处,质也有质的妙用。中国跨国公司在坚持数量不放松的同时,也必须牢牢扭住知识产权的质量,"咬定青山不放松,任尔东西南北风"。与量不同,高品质的知识产权既可以"以一敌多",也可以"一点突破、多渠道获益"。所谓"以一敌多"是指,某一高品质的知识产权,如世界级开创性基本发明专利,具有"核弹"般的威力,可以突破若干由小专利所织成的专利网,可以自由行走在不同小专利所形成的专利丛林之中,可以避免无数垃圾专利的袭扰。所谓"一点突破、多渠道获益"指的是,高品质知识产权是企业的优质资产,凭借它,企业可以自己生产产品,可以进行许可,收取许可使用费,还可以进行战略交易,获取自己所

---

① 国家知识产权局规划发展司:《2010 年 PCT 国际专利世界发展态势及中国特点分析》,《专利统计简报》2011 年第 3 期。

需要的关键资源,也可以入股投资等。从实践上看,高质量的知识产权造就了许多世界级的优秀企业。如果没有在芯片的核心技术上拥有知识产权,也就没有英特尔这样的跨国巨头;如果没有掌握操作系统的核心基本发明专利,也就没有今天的微软;实例无数,不胜枚举。由此可见,高质量自主知识产权之于企业而言,如甘霖,如阳光,如助禾苗成长的肥料。就此而言,高质量的自主知识产权有助于中国跨国公司的崛起。

二 坚持自主专利技术和自主品牌并重

技术创新、知识产权和品牌建设三者之间关系紧密。技术创新是知识产权形成的本源。企业知识产权的形成是其技术创新成果的知识产权化。没有技术创新这一源头活水,企业的知识产权之渠就不会"清如许"。技术创新也是品牌创建、维护和发展的基础。高品质产品和社会责任是企业创建品牌的关键点。提高产品品质,使消费者对产品感到安全,或者使其更高层次的个性化需求和审美要求得到满足,需要以技术为手段;践行社会责任——低碳排放、应对气候变化,做一个企业公民,更需要倚仗技术创新。随着产品更新换代速度加快以及消费者需求日益多元化、个性化,品牌也必须吸纳最新科技成果,才能得到维护和发展。一方面,知识产权不但保护了企业技术创新的成果及其创新收益,也提升了品牌的价值;另一方面,品牌是技术创新和知识产权资源的最终依托。随着产品技术密集度的增加以及同类技术在水平上存在差异,技术本身也需要品牌化,以相互区别。比如,一说到CPU芯片,人们自然会想到英特尔。借助品牌,企业可以将每一次技术创新所取得的产权化成果,及其赢得的信誉、名声积攒起来。对于自主专利技术、商誉、技术秘密等无形资产而言,自主品牌犹如一个长期有效的银行账户,不但可以积蓄它们,而且可以提升它们的价值,给它们以"利息"。除此之外,品牌的马太效应还可以给技术创新和知识产权创造提供更好的发展条件。其中包括但不限于:人才、机会(投资机会、融资机会、合作研发机会、技术联盟机会等)、研发投入、促进创新产品迅速进入市场。[①]

[①] 赵远亮、周寄中:《高技术企业自主创新、知识产权与自主品牌的联动关系及启示》,《科学学与科学技术管理》2008年第1期,第58~63页。

技术创新、知识产权和品牌建设之间的紧密关系，要求中国跨国公司在自主知识产权培育过程中，必须坚持自主专利技术和自主品牌并重的原则。从实践来看，中国跨国公司这一原则坚持得并不是很好。有的中国跨国公司，借着国外品牌进行跨国经营，对自主专利技术重视度不够，如TCL和联想。有的非常注重自主专利技术研发和创新，但在品牌建设方面着力不够，如华为。从表7-1中可以看出，2007年，华为专利拥有数全球排名第四；然而华为并没有进入2007年全球最佳品牌排名前20企业，甚至都没有进入榜单。

表7-1 2007年全球专利排名前20企业的专利数和
全球最佳品牌排名前20企业的品牌价值

单位：件，百万美元

排名	2007年全球专利排名前20企业		2007年全球最佳品牌排名前20企业	
	企业	专利数	企业	品牌价值
1	松下	2100	可口可乐	65324
2	皇家飞利浦	2041	微软	58709
3	西门子	1644	IBM	57090
4	华为	1365	通用	51569
5	罗伯特·博世	1146	诺基亚	33696
6	丰田	997	丰田	32070
7	高通	974	英特尔	30954
8	微软	845	麦当劳	29398
9	摩托罗拉	824	迪士尼	29210
10	诺基亚	822	奔驰	23568
11	巴夫斯	810	花旗银行	23442
12	3M创新有限公司	769	惠普	22197
13	LG电子	719	宝马	21612
14	富士通	708	万宝路	21282
15	夏普	702	美国运通	20827
16	NEC	626	吉列	20415
17	英特尔	623	路易斯-威登	20321
18	先锋	611	思科	19099
19	IBM	606	本田	17998

第七章　当前进一步推动中国跨国公司自主知识产权培育的对策与建议

续表

排名	2007年全球专利排名前20企业		2007年全球最佳品牌排名前20企业	
	企业	专利数	企业	品牌价值
20	三星电子	528	谷歌	17837

资料来源：李明星《品牌创新与企业知识产权协同战略》，知识产权出版社，2010，第41页；《全球最佳品牌》，http://www.interbrand.com/zh-CHT/best-global-brands/best-global-brands-2008/best-global-brands-2007.aspx，最后访问日期：2011年11月18日。

三　坚持自主知识产权创造和运用并举

古人云：求木之长者，必固其根本；欲流之远者，必浚其泉源。就中国跨国公司自主知识产权培育而言，其根本和泉源就在于创造。不固创造之本、不浚创造之源，中国跨国公司自主知识产权成长，就成了无源之水、无本之木。然而单纯的知识产权创造，并不能形成中国跨国公司之自主知识产权优势，因为只有"创造"而无"运用"，企业知识产权就会没有生命力。知识产权是权利、财产、技术、制度、信息等多重属性的统一体。权利主体对知识产权诸多属性之一、部分或全部加以利用，就是知识产权运用。生命在于运动，知识产权也不例外。在运用中，知识产权之技术上的缺陷可以弥补；在运用中，知识产权之资产价值可以提升；在运用中，知识产权之权利维持费用可以有着落；在运用中，知识产权之创造主体对于创新的自信心可以增强；在运用中，知识产权之创造主体的比较优势可以形成；如此等等，不一而足。所有这些，都将为新一轮的知识产权创造提供充分的保证。由此可见，中国跨国公司构建自主知识产权优势的阳光大道，在于将"自主知识产权创造"与"自主知识产权运用"结合起来。自主知识产权的运用，可以保证中国跨国公司自主知识产权创造的良性循环。

权利人运用知识产权的目的就是实现利益最大化。最大化利益必然要求最大化利用方式。知识产权的利用方式很多，就专利来说，包括仅自行实施、仅许可他人实施、自行实施也许可他人实施、权利转让、技术储备、战略交易等主要方式。在这些方式中，哪种属于最大化利用方式，权利人要根据自己的实际情况加以分析，关键是要用活知识产权。发达国家跨国公司在知识产权运用上，可谓炉火纯青。包括中国跨国公司在内的中国企业的知识产权运用方式还非常单一，主要是企业自行实施。研究表明，在企业已运用专利中，仅自行实施方式就占 96.1%；自行实施也许可他人实施占 2.7%；许可他人实施和权利转让占 1.2%。[①] 单一的运用方式反映了中国跨国公司对自主知识产权运用的认识还处于比较低的水平。当然这从一个侧面也反映了中国跨国公司自主知识产权的质量还不高，因此，无论是从理论来看，还是从实践来看，中国跨国公司都必须坚持自主知识产权创造和运用并举的原则。

四　坚持自主知识产权创造中公司与政府并力

随着经济全球化和知识化的深入发展，知识产权竞争已成为跨国企业间最核心、最高级别的竞争。在跨国企业间激烈的知识产权竞争中，自主知识产权数量的多少、质量的高低、能力的大小，关乎中国跨国公司的命运和发展空间，因此，中国跨国公司培育自主知识产权，自然应积极发力。通过积极培育自主知识产权，中国跨国公司不仅可以使自身的自主知识产权意识得以增强，而且可以使自身的自主知识产权魄力得以体现，还可以使自身的自主知识产权能力得以提升。普拉哈拉德和哈默认为，企业核心竞争力"是组织中的积累性学识，特别是关于如何协调不同的生产技能和有机结合多种技术的学识"[②]。在知识产权成为企业竞争力最核心要素的时代，在企业知识产权竞争白热化的今天，中国跨国公司只有既有自主知识产权意识，又有自主知识产权魄力，还有自主知识产权能力，才有可能形成自己的核心竞争力。对于中国跨国公司来说，培育自主知识产权需要：完善的知识产权法律法规，严格的知识产权执法，成熟的知识产权市场，浓厚的社会知识产权文化，以及充裕的知识产权人才储备。而这些非中国跨国公司之力所能为也，因此中国跨国公司培育自主知识产权需要政府积极作为。除此之外，中国跨国公司培育自主知识产权既需要与政府合力，还需要更深刻的理论依据，当然这也是现实的必然要求。

从理论上说，知识产权是一种私权，属于民事法律关系的范畴，保护

---

① 张勤：《全国企业专利状况调查报告》，载国家知识产权局办公室政策研究处编《优秀专利调查研究报告》（Ⅴ），知识产权出版社，2008，第 63 页。
② C. K. Prahalad, Gary Hamel, "The Competence of The Corporation", *Harvard Business Review*, May-June, 66, (1990): 79 – 91.

第七章　当前进一步推动中国跨国公司自主知识产权培育的对策与建议

的是知识财产所有人的私益。随着政府的不断介入，知识产权呈现公权化的趋向，成为政府公共政策的制度选择。作为公共政策，知识产权维护的是社会公共利益。①从知识产权这种公私兼顾的特性来看，中国跨国公司在培育自主知识产权时应与中国政府共同发力。一方面，中国跨国公司培育自主知识产权利在其中；另一方面，中国政府积极科学有为是社会对其作为公共利益代表的必然要求。

从现实来说，中国跨国公司要想基于知识产权参与国际竞争，打造全球产业链，制定技术的国际标准，离不开中国政府的支持。各发达国家跨国公司在知识产权上掌握着国际话语权，无不得到了其本国政府的支持。当前美国、欧盟、日本、韩国等都在积极地制定新的知识产权政策，以支持企业知识产权的发展及其国际化。在这种情形之下，中国政府运用自身力量，支持帮助中国跨国公司培育自主知识产权也就成为必然。当然，中国跨国公司培育自主知识产权，既有利于创新型国家建设，也有利于我国产业结构调整，又有利于提高我国的国际分工地位和对外开放水平，有利于改善中国的国际形象（如一说到丰田和松下，人们自然就会想到日本），有利于提高中国的国际竞争力和影响力。

在中国跨国公司培育自主知识产权过程中，中国政府发力、帮助并不是政府直接出面创造、运用或管理知识产权，而是为中国跨国公司提供市场环境、法治环境、政策支持和涉外知识产权服务等，也就是做到企业和政府两种力量互补。

第二节　中国跨国公司自主知识产权培育的路径选择

中国跨国公司自主知识产权培育的基本原则是中国跨国公司开展自主知识产权培育活动的基本准则，具有重要的指导功能，然而由于其内容不够具体，往往还不能够形成确定的指引规范，因此对于中国跨国公司如何培育自主知识产权，需要做进一步的分析，其中就包括中国跨国公司自主知识产权培育的路径选择问题。由于知识产权具有多元属性，既属于私人的财产权，也是国家公共政策的重要组成部分和权利人的无形财产。作为

---

① 吴汉东：《知识产权本质的多维度解读》，《中国法学》2006年第5期，第97~106页。

一种私权，不管是以产品外观设计、软件、集成电路布图等工业产品为客体的工业版权，还是以技术或技术秘密为主要客体的专利权，抑或是以商标、商号、产地名称等经营标志和商业信誉为客体的商标权，其产生无不与创新有关，而作为一种公共政策工具的知识产权法律和知识产权政策，其目的也是鼓励创新以便社会出现更多由创新带来的技术、产品、品牌等；又由于作为中国跨国公司主要竞争对手的发达国家跨国公司，一方面越来越加大创新投入以期获得、积蓄更多的专利技术、技术秘密、经营诀窍、商标等知识产权资源，另一方面又利用手中掌握的资源对中国跨国公司进行知识产权打压；再加上经济知识化和全球化的深入发展，有利于知识创新资源日趋分散化、多样化和全球化，而且任何一个创新主体都不可能拥有自主创新所需要的全部资源，因此，以下对于中国跨国公司自主知识产权培育路径之选择问题的探讨，主要从创新和并购两个方面展开。除此以外，本章还从激励和保护相结合的角度探讨了中国跨国公司自主知识产权培育的路径选择问题。由于包括制造业跨国公司在内的中国跨国公司是一个庞大的群体，虽然从总体上看其处于知识产权弱势者和后来者的地位，但每个企业所拥有的知识产权数量与结构、知识产权创新能力及其在各自领域内所处的知识产权竞争地位（或属于跟随者，或属于挑战者，或属于领先者）都不一样，因此每个中国跨国公司培育自主知识产权所选择的具体路径肯定不同，而且随着企业自身以及外部情况的不断变化，每个中国跨国公司在不同发展阶段所选择的"培育路径"也存在不同程度的差异，另外在同一阶段针对不同技术领域或不同情况或出于不同的策略性考虑或需要，企业也往往会选择不同的"培育路径"。但为了研究的方便，笔者还是将中国跨国公司自主知识产权培育的路径归纳为以下几种类型。

一 以市场为导向的突破性自主创新

（一）关于突破性自主创新

自主创新，从词义上来理解就是以我为主，即不受他人制约或左右的创新。在"中国"语境下，这个概念指的就是中国人自己主导的创新，无论是在创新过程中还是在对创新结果的支配上，都是自我意志的反映。由于中国比较缺乏拥有自主知识产权的核心技术而常常受制于人，也有人把自主创新理解为：能够拥有自主知识产权的创新。在中国，最为流行的关

第七章　当前进一步推动中国跨国公司自主知识产权培育的对策与建议

于自主创新的观点是：自主创新可以分为原始创新，集成创新和消化、吸收再创新。① 虽然这种观点清楚地区分了创新主体的技术创新活动方式——是首创，还是进行技术集成，抑或是进行二次创新，但它还存在不足之处。无论是原始创新，还是集成创新都需要进行知识的消化、吸收，然后再产出新的知识。如果消化、吸收、再创新只是针对从外国引进的专利技术，那么集成创新也有可能需要引进国外先进专利技术，而且也不能说从国外引进专利技术得到类似于牛顿看到苹果从树上掉下来的启发，然后创作出《自然哲学的数学原理》，这样的成果就不是原始创新。从这个方面来考虑，似乎这三者之间的界限不是很清楚。另外，集成创新和"二次创新"也可能产生原始创新那样的后果——开启一个全新的市场或带来产业重新洗牌的机会。例如，深圳朗科公司发明的 U 盘就是对 USB 和 flash 芯片两项技术的集成，但造就了一个全新的行业，并促使软驱彻底退出了市场。MP3 是德国卡尔海因茨·布兰登堡在原来 MP2 方案基础上加入新的设计思想开发出来的。MP3 技术是音乐史上的一次伟大变革，对传统的基于磁带的随身听产业带来了冲击，这种冲击是毁灭性的。② 当然，并不是所有的集成创新和消化、吸收、再创新，都能具有 U 盘和 MP3 这样的影响力和冲击力。绝大多数集成创新和消化、吸收、再创新都不能与原始创新同日而语，也就是说，这种观点在区分不同自主创新模式的时候，存在一定的模糊区。从后果上看，这种模糊区不利于在企业或国家层面开展自主创新行为。

在综合前人研究成果的基础上，笔者将自主创新划分为突破性自主创新和非突破性自主创新。所谓突破性自主创新，对于企业而言指的是，由企业自己主导的能够改变既有技术范式或者使产品发生质的变化，对现有的市场格局、产业格局具有重大深远影响，甚至直接催生一个新的产业的创新活动。这样的创新活动往往建立在新的科学技术原理之上，能够将现有的领先企业挑落于马下，使企业实现跨越式发展。非突破性自主创新，或称渐进式自主创新，是由企业主导的在现有技术轨道或主导设计之内的非质变性的创新活动。由于它不改变现有技术范式或主导设计，而是对其

---

① 徐冠华：《关于自主创新的几个重大问题》，《中国软科学》2006 年第 4 期，第 1~7 页。
② 戴吾三：《影响世界的发明专利》，清华大学出版社，2010，第 603~606 页。

进行完善、巩固、充实、提高或者开发利用，因而不会对现有领先企业、市场规则和产业版图产生实质性影响。

（二）突破性自主创新是中国跨国公司自主知识产权培育的雄关大道

第一，中国跨国公司选择突破性自主创新路径培育自主知识产权，是总结自身知识产权、培育经验和展望未来知识产权发展趋势的结果。自21世纪初期以来，包括中国跨国公司在内的中国企业，为培育自主知识产权、积极开展研发投入了大量的资金。比如，2010年，华为技术有限公司、海尔集团、中兴通讯股份有限公司、武汉钢铁公司、海信集团有限公司、TCL集团股份有限公司的研发费用（按人民币计算）分别达到133.4023亿元、76.194亿元、57.8158亿元、56.625亿元、22.6875亿元、17亿元。在这一年，中国500强企业的平均研发投入也达到了7.7522亿元人民币。[①] 然而在集成电路、数控机床、航空及汽车发动机、半导体芯片、空调及洗衣机压缩机等关键技术上，中国企业（包括中国跨国公司在内）的专利引进费用依然很高。为什么研发投入的增加却没有扭转在核心知识产权上的引进依赖呢？原因固然很多，但其中的重要一点就是，迄今为止，包括中国跨国公司在内的中国企业培育自主知识产权更多的是选择现有技术轨道内的非突破性自主创新。非突破性自主创新虽然使中国跨国公司自主知识产权数量的增速很快，但大多数层次较低，突出表现就是本书第四章所显示的专利结构比例失衡，由此也就使中国跨国公司虽然在利基市场上表现良好，但在主流市场上鲜有作为。

然而国际上却经常上演小公司凭借突破性自主创新一举扭转知识产权劣势的事例。19世纪，许多德国公司，如克虏伯、西门子－舒克尔特、拜尔等，凭借当时的突破性技术——钢铁技术、煤化学技术，战胜了在知识产权上领先自己的英、法企业。20世纪中下叶，在真空管方面拥有大量知识产权的西尔瓦尼亚，被掌握突破性技术——晶体管——的体斯、飞歌等企业打败。凭借集成电路这一突破性技术，摩托罗拉、英特尔、松下等企业从曾经名不见经传的小企业迅速发展成为拥有大量核心知识产权的跨国巨头，尤其是三星电子基于突破性自主创新，拥有了具有知识产权的核心技术——亚微米，从而跻身知识产权的新贵之列。日本精工也是利用突破

[①] 中国企业联合会：《2010年中国500强企业发展报告》，企业管理出版社，2010，第170页。

性创新成果石英钟技术,而在知识产权有效发明专利拥有量排名中名列前茅的。这从表7-2中可略见一斑。

表7-2 在华有效发明专利量前十位的国外专利权人的有效发明专利拥有量

单位:件

专利权人	有效发明专利拥有量
松下电器产业株式会社	10772
三星电子株式会社	8989
佳能株式会社	5571
精工爱普生株式会社	4769
国际商业机器公司	4559
索尼株式会社	4216
LG电子株式会社	3645
东芝株式会社	3279
三菱电机株式会社	3278
三洋电机株式会社	2857

资料来源:国家知识产权局规划发展司编《2010年中国有效专利年度报告(一)》,《专利统计简报》2011年第6期。

随着知识产权保护的强化以及人们对知识产权资源的重视,从技术发明到技术创新的周期越来越短。从发明到创新日光灯花了79年(1859~1938年),指南针花了56年(1852~1908年),采棉机花了53年(1889~1942年),喷气发动机花了14年(1929~1943年),复印机花了13年(1937~1950年),壳模铸造花了3年(1941~1944年)。[1] 技术周期的缩短意味着专利产出及产业化的速度加快。进入20世纪以后,技术的生命周期已不按年计算,而按月甚至按周计算。在这种情况下,技术创新的方式"由原来的以渐进性变化为主演变为以技术的非连续性、断层性变化为主"。[2] 这种变化意味着中国跨国公司也必须要选择突破性自主创新路径来培育自主知

---

[1] 付玉秀、张洪石:《突破性创新:概念界定与比较》,《数量经济技术经济研究》2004年第3期,第73~83页。

[2] 赵明剑、司春林:《突破性技术创新与技术发展的制度主导战略》,《科技导报》2003年第6期,第25~28页。

识产权。

回顾过去，中国跨国公司应选择突破性自主创新路径来培育自主知识产权；展望未来，中国跨国公司更需如此。为在金融危机中寻得生机和先机，美国、日本、欧盟等更加注重知识产权的创新。2009年9月，奥巴马政府出台了"美国创新战略"，加强了对清洁能源、电动汽车、信息网络和基础研究等领域的研发投入；日本出台了"数字日本创新计划"，力争在绿色、智能专利方面展示拳脚；欧盟成立了欧洲创新基金，支持并促进组织内企业在绿色、环保方面的知识产权创新。各发达国家跨国公司为占领未来竞争的制高点，也积极投身知识产权创新，以赢得未来。如美国微软投入的研发经费高达95亿美元，比金融危机前还要多，主要用于未来云计算、智能终端等技术的研发。[1] 这意味着当前及今后全球知识产权竞争将更加激烈。为未来着想，中国跨国公司必须选择突破性自主创新，培育能源、信息、材料和生物等高新技术领域内的自主知识产权。

第二，中国跨国公司选择突破性自主创新路径培育自主知识产权，也是对知识产权创新机会的把握和自主创新能力增强的结果。

目前，电动汽车技术、清洁能源技术、物联网技术、艾级（1018）超级计算技术、绿色低碳技术等方面的知识产权还只处于发展的初期阶段，并不存在占主导地位的专利技术范式，各国家和企业面临的是同等的机会。这对于中国跨国公司来说，是一个千载难逢的好机会。此时如果不抓住，那么等其他国家的企业在这些技术领域内的知识产权布局完成之后，中国跨国公司将再次陷入在高新技术领域内没有核心知识产权的窘境。另外，中国跨国公司也有在这些技术领域培育自主核心知识产权的能力。现今，中国跨国公司的自主创新能力比以前有大幅提升，不仅有能力投入更多的研发经费——2009年，我国工业企业研发投入达到3775.7亿元人民币，7.7倍于2000年，平均每年增长25.5%，[2] 而且拥有独立的研发机构，比如中兴、华为、海尔、联想等中国跨国公司，既在国内设立研发机构，也在国外设立了研发机构（见表7-3）。

---

[1] 王志乐：《2011跨国公司中国报告》，中国经济出版社，2011，第9页。
[2] 关晓静：《我国工业企业自主创新能力进一步提升》，《中国统计》2011年第5期，第53~54页。

第七章 当前进一步推动中国跨国公司自主知识产权培育的对策与建议

表7-3 部分中国跨国公司海外研发机构一览

企业名称	海外研发机构地点
中兴	美国新泽西州、圣地亚哥、硅谷
华为	美国硅谷、达拉斯,印度班加罗尔,瑞典斯德哥尔摩,俄罗斯莫斯科
康佳	美国硅谷
创维	美国硅谷
联想	美国北卡罗来纳州
首信	新美国泽西州
海尔	11个信息站、7个设计中心在美国、加拿大、法国、荷兰、日本、韩国
海信	美国硅谷
TCL	通过收购汤姆逊获得其在法国、美国和新加坡的研发中心,收购阿尔卡特手机获得其移动通信研发中心
格兰仕	美国西雅图
长虹	美国硅谷、捷克
上汽	英国伦敦

资料来源:杨震宁、李东红:《中国企业研发国际化:动因、结构和趋势》,《南开管理评论》2010年第4期,第44~55页。

更为重要的是,部分中国跨国公司的自主创新能力具有国际竞争力。2010年华为和比亚迪被美国知名媒体Fast Company列入"全球50家最具创新力公司",其中华为排名第8,比亚迪排名第16。[①]

(三) 中国跨国公司选择突破性自主创新路径培育自主知识产权应以市场为导向

很显然,就知识产权是权利人对其创造性智力成果商业化运用的专有权而言,基于突破性创新路径的自主知识产权培育活动,本身是与中国跨国公司的其他经济活动连为一体的,是中国跨国公司的一种有意识的市场化的创造性生产,本质上是中国跨国公司开拓市场的营利性活动,其动力产生于中国跨国公司参与市场竞争和促进自我发展的内在需要,以及中国跨国公司对最大化市场利益的追求。这种动力机制促使中国跨国公司,对突破性技术创新成果的权利保护模式进行相应的选择——或专利权保护,或技术秘密保护,或版权保护,或技术标准保护,或这几者的不同组合,

---

[①] 中国创新型企业发展报告编委会编《2010中国创新型企业发展报告》,经济管理出版社,2010,第2~21页。

由此中国跨国公司也就拥有了不同的并且可以自主处置和运用的核心知识产权资源。这些可以自主处置和运用的核心知识产权资源，可促进中国跨国公司的发展或助其赢得市场竞争，并由此获得大量的利润，其关键在于：如果中国跨国公司自主实施这些知识产权，则中国跨国公司拥有的自主知识产权产品必须能够满足市场需求；如果中国跨国公司不自主实施，而是将专利技术或技术秘密等知识形态的产品直接当作商品出售，则中国跨国公司拥有自主知识产权的技术商品必须是专利技术市场所需要的。也就是说，中国跨国公司基于突破性创新的自主知识产权培育活动，并不是公司的科学家、工程师完全凭借自己的好奇心而研究、开发出来的，必须是企业深入把握市场脉搏的结果。市场竞争与需求，既是迫使中国跨国公司寻求自主知识产权培育的一个重要的原动力，也是中国跨国公司自主知识产权形成与发展的重要契机。

综上可知，中国跨国公司基于突破性创新路径的自主知识产权培育活动，必须是以市场为导向的。这里的以市场为导向指的是这样一个过程，中国跨国公司在此过程中获取、处理并在企业内部传播各类有关突破性知识产权的市场信息，并基于这些信息有针对性地采取培育自主知识产权的行动，当中国跨国公司将自己产权化的突破性创新成果运用于生产之后，或可开辟一个新的产品市场，或可使原有的某种市场产品的生产率得到巨大的提升或者使其生产成本大幅降低。在这个过程中，中国跨国公司所应秉承的理念是：企业基于突破性创新路径进行自主知识产权培育，其目的是要建立并维持与顾客的长期关系，"培育行为"既要具有顾客导向，又要具有竞争导向，而且企业各职能间还应相互协调一致，在做出决策时应关注长期并注重利润。所谓顾客导向，是指中国跨国公司培育自主知识产权应关注目标购买者的需求。所谓竞争导向是指中国跨国公司培育自主知识产权不仅要了解现有和潜在知识产权竞争者短期内的优劣势，而且要了解它们的长期知识产权能力和企业知识产权战略规划，由此确定屏蔽竞争者的关键因素，培育区别于竞争对手的自主知识产权优势。由顾客导向和竞争导向构成的市场导向，使中国跨国公司基于突破性创新路径的自主知识产权培育活动有两个侧重点——市场驱动与驱动市场。当顾客了解自身需求并能清晰表达时，中国跨国公司只需跟踪顾客需求并重视竞争，培育出有竞争力的拥有自主知识产权的新产品，以取代原有产品，从而消除竞争者的知识产权威胁。当顾客不了解自身需求时，中国跨国公司必须挖掘顾客的潜在和隐性需求，并密切关注领先顾客需求的动态发展，培育竞争对手所没有的并能够引领未来的战略知识产权，占据知识产权竞争的制高点。

二 赶超导向下的模仿创新

（一）模仿创新的含义及其特点

模仿，从其字面意思来看，是照着某种现成的样式学着做。创新是对旧事物的变革和对新事物的创立。模仿创新是模仿和创新的有机融合，既指仿效、模拟，又指在仿效、模拟活动中包含创造性的成分，可称为模仿式创新或创造性模仿。其含义一般是指：模仿创造者通过专有技术的购买或专利技术的许可或创新产品的技术反求等手段，破译率先创新者的技术方案或技术秘密，并在学习、借鉴其创新思路和消化、吸收其创新经验及教训的基础上，对原有的创新技术或产品进行改进、完善的一种创新形式。从这可以看出，模仿创新不等于原样仿制，不是对既成样式的简单复制与克隆，而是在继承的基础上推陈出新。模仿创新一般具有这样几个特点。首先，模仿创新的成本通常比率先创新的成本低，模仿创新者不仅不需要投入与率先创新者一样多的研究与开发费用，而且可以节省一定的劳动耗费、原材料耗费、工厂投资等中的一个或几个方面，享有低成本创新优势。其次，模仿创新者吸收了率先创新者的经验和教训，具有较高的创新效率，并在创新管理方面具有一定优势。最后，模仿创新者在原有技术轨道内对率先创新者的技术方案或产品进行二次创新，不仅可以降低创新的不确定性或风险，而且可以使模仿创新者的产品更好地针对特定市场并满足该类市场的需求。

（二）模仿创新是中国跨国公司培育自主知识产权并实现后来居上的必由之路

模仿创新具有模仿和创新的双重属性。虽然模仿创新有可能产生知识产权纠纷，但知识产权法并不排斥在正当模仿基础上的创新。知识产权法一方面通过赋予知识产权人以排他性的商业化使用创新成果的权利以鼓励创新热情，另一方面又规定知识产权人必须向公众公布其创新成果以实现社会公共利益。对已披露的创新成果的模仿使用进而创新是社会公共利益得以实现的一种表现形式。模仿创新是促进技术进步的一种重要手段，一旦新的基于模仿创新而产生的性能更先进、结构更完善、功能更强的专利技术诞生，原有专利技术就会贬值，甚至有可能毫无价值，知识产权人只有通过不断的技术创新并使之知识产权化才能维持自己在技术和市场上的垄断地位与领先地位，这样就会形成一种你追我赶、相互竞逐的技术创新格局，推动社会整体技术水平更上一层楼。也正是基于这样的原因，TRIPs和各国的司法实践对模仿创新均不持否定态度。

相对于国外成熟跨国公司而言，中国跨国公司是知识产权的后来者，面对的是既定的知识产权规则和日趋激烈的知识产权竞争形势。在知识产权成为企业核心竞争力的关键要素和战略资源的情况下，中国跨国公司必须在知识产权上迎头赶上并实现"弯道超车"。培育自主知识产权并有效超越、领先于自己的国外竞争对手，中国跨国公司不仅要在知识产权质量上实现赶超，而且要在知识产权数量上实现赶超。中国跨国公司无论是实现知识产权质量的赶超，还是实现知识产权数量的赶超，模仿创新都是必经之路。

第一，实现知识产权质量的赶超，中国跨国公司要靠突破性自主创新，而模仿创新是突破性自主创新的前奏曲。

中国跨国公司的知识产权之困，关键是困在缺乏"中国芯"——缺乏拥有自主知识产权的核心技术，即知识产权质量低。金融危机后，随着发达国家跨国公司实施"归核化"战略和产业转型，这种现象格外突出。一方面，发达国家跨国公司在传统行业关键技术领域加强对华专利布局。以家电行业为例，日本索尼公司在华申请的专利集中在记录或重现方法的信号处理或电路、电视系统及其零部件等方面，这些技术是家电行业的核心技术，既可以被运用于电视，也可以被运用于移动电话、计算机等。① 另一方面，在高新技术领域，如电信、电机、电气装置、电能、计算机、半导体、光学等，发达国家在华专利布局步伐加快（见表7-4）。

如前所述，要消除这种现象并确立自主知识产权质量优势，中国跨国公司必须选择突破性自主创新路径。然而中国跨国公司的任何突破性自主创新活动都有一个量的积累过程，都毫不例外地是量的积累的结果，而模仿创新是中国跨国公司突破性自主创新活动的量变的表现形式之一。中国

---

① 胡佐超：《跨国公司产业转型动态及在华专利布局对策研究》，国家知识产权局办公室政策研究处编《优秀专利调查研究报告》（Ⅵ），知识产权出版社，2010，第434~435页。

第七章 当前进一步推动中国跨国公司自主知识产权培育的对策与建议

表7-4 截至2010年底部分高新技术领域国外专利权人在华有效发明专利量

单位：件

技术领域	国外专利权人	有效发明专利量
电信	艾利森电话股份有限公司	986
电信	高通股份有限公司	871
电信	摩托罗拉公司	690
电信	LG电子株式会社	633
电机、电气装置、电能	松下电器产业株式会社	1801
电机、电气装置、电能	三星SDI株式会社	768
电机、电气装置、电能	三菱电机株式会社	638
电机、电气装置、电能	西门子公司	467
计算机技术	国际商业机器公司	2296
计算机技术	三星电子株式会社	1064
计算机技术	松下电器产业株式会社	807
计算机技术	英特尔公司	784
计算机技术	微软公司	948
半导体	国际商业机器公司	925
半导体	松下电器产业株式会社	807
半导体	株式会社半导体能源研究所	784
光学	佳能株式会社	1859
光学	精工爱普生株式会社	1156
光学	三星电子株式会社	1154
光学	夏普株式会社	1034

资料来源：国家知识产权局规划发展司编《2010年中国有效专利年度报告（一）》，《专利统计简报》2011年第6期。

跨国公司不仅现有的技术知识存量较贫乏，而且技术创新能力与发达国家跨国公司相比也还有巨大的差距，因此模仿创新是中国跨国公司，尤其是许多仍处于知识产权落后状态的中国跨国公司，进行突破性自主创新的必经之路。模仿创新伴随着企业员工对新技术的学习，不仅可以提高中国跨国公司的技术存量水平，而且可以提高中国跨国公司技术的创新能力，它积累了新技术研发及其市场开发方面的经验和知识，可以有效促进中国跨国公司的突破性自主创新。由此可见，模仿创新是中国跨国公司实现知识产权质量赶超的必然举措。

第二，模仿创新是中国跨国公司实现知识产权数量赶超的有效途径。

中国跨国公司不仅缺乏高质量的知识产权，而且在知识产权数量上也不足。突破性自主创新虽然可以实现中国跨国公司在知识产权质量上的赶超，但对于实现知识产权数量的赶超并不是很有效。因为突破性自主创新的知识产权成果——基础性的发明专利，并不是随处可得的，它除了在研发上具有高风险性和不确定性外，还需要巨额研发资金和长时间的研发努力，而且任何一项重大发明专利基本上都需要经过多年的改进才能在技术上日臻完善，才能转化为市场上成熟的产品。也就是说，受基础性发明专利自身发展规律的影响，中国跨国公司通过研发所能得到发明专利的数量是有限的。但是随着知识产权在企业发展中地位的日益提高和各国知识产权政策对专利产出的不断强化，一般专利的申请数和授权数都在不断增长。根据世界知识产权组织发布的数据，全球专利申请数已由20世纪80年代初的80万件上升到2009年的180万件。1993~2009年，以实值计算的全球研发费用几近翻一番，其中高收入国家研发支出在全球总支出中所占的比重高达70%，而高收入国家企业的研发支出又占了高收入国家研发总支出的70%。[①] 与突破性自主创新能够形成核心技术或关键技术上的"大"知识产权不同，模仿创新形成的往往是一般技术上的"小"知识产权或者是同一技术层次上相对于发明专利的实用新型或外观设计等类型的知识产权。培育小的知识产权，风险较小，难度不是很大，投入也不是很多，对于处于知识产权追赶道路上的中国跨国公司来说，是非常必要的。它不仅可以弥补中国跨国公司在知识产权数量上的不足，而且可以给中国跨国公司的知识产权追赶带来速度上的优势。更为重要的是，专门针对发达国家跨国公司所掌握的基本发明专利技术而培育一些互补性的或钳制性的外围小专利，以形成对它们的包围圈，可以在一定程度上迫使发达国家跨国公司低价出售基本发明专利技术，或者与中国跨国公司进行知识产权交叉许可。这样中国跨国公司就可以以较低的代价得到较多数量的基本发明专利技术的使用权，从而弥补自己在基本发明专利技术上的不足。世界知识产权发展经验表明，知识产权后进企业在赶超知识产权先进企业时，开始采取的知识产权培育路径都是模仿创新。无论是当年美国的国际商业

[①] 任晓玲：《世界知识产权组织发布〈2011年世界知识产权报告〉》，《中国发明与专利》2011年第12期，第106~107页。

机器公司，还是后来居上的日本松下、丰田和夏普以及韩国的三星和LG等，都无一例外。这正是知识产权创新的后发优势所在。如今，世界各大跨国公司在培育知识产权时仍然在采用模仿创新的路径。

中国跨国公司基于突破性自主创新路径而培育的知识产权，无疑是自主的，因为它是首创，里面没有包含其他任何知识产权。而中国跨国公司基于模仿创新路径，无论是通过消化、吸收再创新还是通过集成创新，其所培育的知识产权往往都是在原先知识产权基础之上形成的，与原先知识产权存在从属关系或交叉关系。所谓从属关系是指中国跨国公司的新的知识产权化的技术是对原有知识产权化的基础技术的延伸发明，中国跨国公司在使用它时必须得到原知识产权人的许可并支付许可费。所谓交叉关系，指的是中国跨国公司新得的知识产权化的技术与原有知识产权化的基础技术在功能上是互补的，中国跨国公司新技术的使用虽然需与原有基础技术产权持有者进行协商，但原有基础技术为了发挥更好的功能也需要中国跨国公司新技术的支撑，因而作为新技术的知识产权所有者，中国跨国公司与原有基础技术的知识产权所有者，会在协商一致的前提下进行知识产权交叉许可。虽然中国跨国公司的模仿创新技术中含有他人的知识产权，其使用也必须得到其他知识产权人的许可和同意，但这并不妨碍中国跨国公司模仿创新技术本身获得知识产权保护，这项新的知识产权是属于中国跨国公司自己的知识产权，因而是一项新的自主知识产权。

三 企业主导型产学研合作创新

（一）产学研合作创新的含义及其主要形式

产学研合作创新是指产业（或企业）、高等院校和研究机构基于各自资源，秉持利益共享和风险共担精神，在优势互补基础上，为实现特定的技术或知识创新，按照约定或法定规则而联合起来共同行动的创新模式。随着创新在企业生产经营中的作用日益凸显，产学研合作创新由最初的偶发行为变得越来越有组织。在产学研合作创新发展初期，由于技术创新内容相对简单，产学研合作创新往往是在企业与学研一方的某个科室甚至个人之间进行的，稳定性较差，合作水平不高，产学研结合不紧密。随着创新任务内容复杂程度的提高，仅凭学研一方的单个科室和研究人员已无法完成企业提交的创新项目，于是，某个大学或研究机构开始作为一个整体成为企业合作创新的伙伴，大学或研究机构会调动旗下的不同部门与企业一道开展联合创新活动。随着不同学科之间的交叉融合以及企业生产的产品越来越复杂，企业需要在同一时间内与不同的科研院校就技术创新进行合作，于是，同一个企业开始在同一时间内与不同科研院校进行技术合作创新；另外，有的科研院校在与企业进行合作创新的过程中，不断提升创新的市场意识和能力，能够在同一时间内为不同企业提供研发服务，由此一个大学或研究机构同时与不同企业进行技术合作创新活动便开始出现；这时产学研合作创新便由原来单个法人间的点对点合作模式发展为多个法人间的点对面或面对点合作模式，战略性、持续性和深度的产学研合作创新日渐显现。科学技术一体化发展，使国家或地区的经济发展越来越依赖于创新驱动。为了使本国或本地区的经济持续稳定发展，政府（中央或地方）开始力促本国或本地区的大学、研究机构、有研究能力的企业联合起来展开重大或关键技术的创新，并利用财政、税收、金融等手段为这种合作创新活动提供支持，在制度层面进行改革。在这种情况下，产学研合作创新的含义便由狭义发展到广义。广义的产学研合作创新是指企业、高等院校、研究机构基于各自的优势资源，在政府、金融机构、经贸机构和相关中介服务机构的协同支持下，携手完成技术创新活动。这种产学研合作创新，也可以称为产学研合作创新体系。

经济合作与发展组织根据各国的实际做法，将产学研合作创新的形式归纳为七类：（1）一般性研究支持，指企业向大学或科研机构提供研究所需的资金或仪器设备；（2）非正式合作研究，主要表现为科研机构中的研究人员在业务时间内以个人名义与企业就个别科研课题展开合作研究；（3）委托研究，是科研机构根据企业的委托合同完成特定的研究项目；（4）知识转移和训练计划，一方面是企业聘请科研院所的研究人员担任顾问，或就研发计划、技术难题、人才培养和在职培训向科研院校咨询意见并寻求帮助，另一方面是企业为大学的课程设置、人才培养方向等提供建议或帮助；（5）参与由政府专项资金支持的研究项目，企业和科研机构、高等院校共同进行研发；（6）企业和科研院所组成研发联盟，联合攻关政府特殊领域的大型研发项目；（7）企业和科研院所共建研发中心。[①]

---

① 朱建设：《海峡两岸产学研合作的方式比较》，《中国科技成果》2003年第19期，第2页。

（二）产学研合作创新中企业自主知识产权的形成

在产学研合作创新中，企业可以形成自主知识产权。企业参与产学研合作创新的根本目的在于，向企业外部寻求互补性知识资产，将它转移到企业内部与原有知识进行融合以生成新知识，并将产权化后的知识创新成果变为新产品，进而实现创新收益。而企业培育自主知识产权，是企业在市场需求的导向下，提出一个新的创意或设计构想，运用现有知识资源创造或开发出新的知识成果，并将创造性智力成果知识产权化、商品化和产业化的一系列活动的过程。由此可见，企业参与产学研合作创新与企业形成自主知识产权是相契合的，并行不悖。在产学研合作创新过程中，也会产生新的企业和大学或研究机构共同的知识创新成果，只要这种新的共同的知识创新成果符合知识产权授予的条件和要求，并且履行了相关手续，毫无疑问就可获知识产权。对于这种知识产权，根据事先签订的有关产权归属的完备协议，企业是完全可以自主使用的。一般而言，企业会在产学研合作创新活动真正开展之前签订有关新知识产权的产权归属协议，因为产学研合作创新需要企业、大学或研究机构投入各自的知识资产，而知识资产又具有极高价值，因而各参与主体也就有较强烈的知识产权保护需求，而且知识产权是技术创新的法律表现形式之一，是现代技术研究开发、生产与转让的基本内容，这就会促使各参与主体将预先签订知识产权协议作为一项必备的前期工作，以防未来可能发生的知识产权纠纷。产学研合作创新不仅可以形成企业自主知识产权，而且可以加速企业自主知识产权的形成。知识创新是企业自主知识产权形成过程当中最为根本的环节。企业知识创新实际上也就是企业用知识生产知识的过程。它需要企业把已经积累的一定数量的知识作为前提。知识积累的累积性决定了企业自身的知识积累是个缓慢的过程。通过产学研合作创新可使企业较快地促进知识积累，因为产学研合作创新强调的是资源共享和跨组织间的知识流动。产学研合作创新还可以分担企业自主知识产权创新所需要投入的研发资金，并分散由自主知识产权创造所具有的不确定性带来的风险。在产学研合作创新过程中，企业会因为知识外溢的存在，持续保持对自主知识产权创造的热情。与高等院校和研究机构建立合作创新伙伴关系，也有利于实现企业自主知识产权创造中的内部规模经济。因为只有企业创造自主知识产权的持续投入超过某一临界值以后，才能使企业的自主知识产权创造呈现规模报酬递增的特点，与大学或研究机构联合可以使企业较早地达到企业自主知识产权产出大于企业自主知识产权投入的状态。

（三）企业主导型产学研合作创新是中国跨国公司自主知识产权培育的重要途径

既然在产学研合作创新中企业不仅可以形成自主知识产权，而且可以加速形成自主知识产权，那么中国跨国公司就没有理由不选择产学研合作创新的路径来培育自主知识产权。选择产学研合作创新路径培育自主知识产权，对于中国跨国公司来说显得尤为重要。众所周知，中国跨国公司缺乏核心技术知识产权。对于拥有核心技术的知识产权，中国跨国公司不仅买不起而且根本买不到，唯有自主创新，方能破解没有中国"芯"的困境。但是，随着科学技术日益交叉融合，核心技术所包含的技术节点成千上万，而且每个技术节点所要集成的要素也日趋多样化和多量化，核心技术中的专利组合越来越多，使拥有核心技术的知识产权呈现"你中有我、我中有你"的状态，对手间的知识产权关系已由单纯的竞争变成既竞争又合作，竞争对手在拥有核心技术的知识产权上相互交叉许可以形成产业标准的做法日渐盛行。知识产权组合竞赛告诉中国跨国公司，要想单凭一己之力来赢得拥有核心技术的知识产权激烈竞争的胜利，几乎是不可能的。而中国跨国公司通过与高等院校、研究机构"抱团创新"，借助学、研的科技创新能力制定国家标准，再推动国家技术标准成为国际标准，进而取得国际标准的话语权和主导权，不失为一条好途径。发达国家跨国公司也将产学研合作创新作为自己培育知识产权的一个重要战略选择。在科学技术大发展的时代，技术周期越来越短，企业仅凭一项或两三项技术就能长期将对手甩在身后的时代已一去不复返了，企业需要持续进行创新方能摆脱"核心刚性"；而与此同时，创造拥有核心技术的知识产权所需要的资源已经不是一个企业或企业集团的知识积累所能胜任的。这种形势迫使中国跨国公司必须竭尽全力向外部寻找能够创造拥有核心技术的知识产权的资源，因为绝大部分中国跨国公司的核心创新能力不强（这可以从本书第四章看出来），有的甚至没有自己的研发机构。而通过产学研合作创新，中国跨国公司既可以充分利用高等院校和研究机构丰富的科技创新资源以弥补自身资源的不足，也可以在合作过程中充分挖掘、吸收和整合高校或科研机构差异化的知识资源，提高自身的知识创新能力。

第七章　当前进一步推动中国跨国公司自主知识产权培育的对策与建议

但是能够提升中国跨国公司自主创新能力，进而促进中国跨国公司自主知识产权培育的产学研合作创新，必须由企业主导。根据各参与主体在合作创新中的不同作用和地位，可以将产学研合作创新分成不同类型。如果是企业左右着产学研合作创新的进程而科研院校只起协同作用，那么产学研合作创新就是企业主导型的；相反，如果高等院校、科研机构或政府是产学研合作创新中的主角而企业只是配角，那么产学研合作创新要么是科研院校主导型的，要么是政府主导型的，总之是非企业主导型的。在企业主导型产学研合作中，企业可以主动出击，寻找与自己有互补性资产的高校、研究机构进行合作，以弥补自己在创新方面的不足并成为合作创新中的主体。在非企业主导型产学研合作创新中，企业不以自我为主，没有成为创新主体，而只是协同的主体。能够有力促进中国跨国公司自主知识产权培育的产学研合作创新必须是企业主导型的，其原因在于以下两个方面。

第一，它是我国产学研合作创新历史经验总结的结果。我国提倡产学研合作创新最根本的目的，就是要努力促进科学技术和经济的互促共融。由于计划经济条块分割体制，我国的科学技术与经济相互脱节、各成体系，以至于科学研究，技术创新，产品研发、生产、销售等环节不能形成一个相互衔接的链条。为了使科学技术这个小循环能够有效地与经济这个大循环相对接，我国早在1985年就鼓励企业、高等院校和研究机构要联合与协作，其主要形式是通过产学研联合进行科技攻关，并以法令的形式来彰显国家对促进产学研联合的重视和决心。国家教委、中国科学院以及原国家经贸委也特地在1992年推出产学研联合开发工程，但这一系列动作和措施并没有取得实质性效果。为了能使科学技术切实转化为生产力，1995年，我国政府继续推动产学研合作创新，并鼓励高等院校、研究机构走进企业，以不同形式与企业展开合作，走产学研相结合的道路。在政府的倡导下，由高等院校或研究机构与企业联合创办的高新技术企业、实验室或研发中心便应运而生。但这种以校企联合企业或以校企实验室为主要形式的产学研结合，也没有改变大量的科技成果不能被转化的局面。其主要原因在于企业不是创新主体，缺乏创新要素和资源。于是在《国家中长期科学和技术发展规划纲要（2006—2020）》中，我国政府特别强调要建立以企业为主体的产学研合作创新模式。2007年，我国政府进一步提出产学研合作创新要以企业为主体，以市场为导向，把创新要素集聚于企业。然而当企业利用新技术生产出新产品以后，用户更喜欢并更多选择的是国外同类产品，以至于整个链条出现断裂。因此，在2009年，时任国务院总理温家宝强调产学研合作创新不仅要以企业为主体，而且还要产学研用紧密结合。尽管通过产学研合作创新的途径来促进科学技术与经济有效结合在我国备受重视，但时至今日，我国科学技术与经济"两张皮"的问题仍然没有得到真正解决，有限的科技资源没有得到科学合理的配置，紧缺、浪费与闲置并存。① 究其原因固然很多，但其中之一是企业没有参与研发或者参与深度不够，企业在产学研合作创新中的主导地位没有确立起来。在我国，产学研合作创新仍然主要采用"交钥匙工程"，它导致企业在研发阶段缺位。而在国际上，市场竞争在最终产品形成前的技术创新或研发阶段就已经开始了。我国企业在产学研合作创新中没有主导技术创新，因而也就没有使技术创新充分地了解市场，了解用户，也就进一步导致利用新技术生产的国内产品在市场竞争力上逊于国外同类产品。这也是我国现阶段产学研合作创新尤为强调以企业为主体、以市场为导向、产学研紧密结合的主要原因。我国企业缺位于技术创新阶段的另一个后果是，企业技术创新能力和工艺创新能力不强，进一步导致中国企业很难在核心技术上拥有自主知识产权，因此，中国跨国公司在选择产学研合作创新路径培育自主知识产权时，应使自己主导技术研发创新工作。

第二，它是知识产权创造的内在要求。创新，从经济学上来讲，是创新成果的商业化应用。知识产权，作为创新成果的法律表现形式，是权利主体在特定时间内对创新成果商业化应用的专有权，因其是市场竞争不可或缺的工具，也成为创新主体极其重要的资产。也正因如此，人们才积极地创造属于自己的知识产权。这种逻辑使市场化、商品化进而产业化成为知识产权创造的内在要求。对于那些没有市场化应用前景的知识产权来说，权利主体是不会花钱去维持的，它也就因此成为人人都可使用的公共财富。知识产权创造的内在要求使中国跨国公司在选择产学研合作创新路径培育自主知识产权时，应该居主导地位，即主导产学研技术合作创新。只有如此，才能保证有中国跨国公司参与的产学研合作创新联盟创造出市场化、商品化、产业化的知识产权。中国跨国公司是市场上的知识产权竞

---

① 温家宝：《关于科技工作的几个问题》，《求是》2011年第14期，第9页。

争者和知识产权压力的感受者，对知识产权创新最为敏感。由中国跨国公司来主导产学研合作创新，既能保证在选题阶段准确把握市场脉搏，也能保证创造市场化知识产权所需要的资金，更能保证创新成果通过对采用专利或商业秘密进行选择确定最为有利的保护方式。在经济进入创新驱动阶段时，完整的创新链包括前端的基础研究、中间环节的技术研发和新产品生产、后端的品牌营销和商业方法等。这个链条当中的不同环节会诞生不同类型的知识产权，其中两类重要的知识产权是发明专利和知名品牌。中国跨国公司主导产学研合作创新，不仅可以创造发明专利，而且可以创建知名品牌，更可以让发明专利和品牌协同发展。如果中国跨国公司不主导产学研合作创新，而是由高等院校或研究机构发挥主导作用，中国跨国公司也许可以获得发明专利，但不能创建知名品牌（知名品牌和专利技术相互促进、共同发展）。因为高等院校和研究机构远离市场，是科学技术研究主体，而不是市场竞争主体，不用去创建产品品牌。也正由于高等院校和研究机构的主要活动是进行科学技术研究，因此它们不能充分掌握市场信息，这也极有可能使由它们主导创造的知识产权不能加以市场化、商品化和产业化。

四 基于创新资源的跨国并购

（一）创新资源的内涵及特征

对于何谓创新资源，学术界有广义和狭义两种理解。广义论认为，创新资源是创新主体开展创新活动所需要的资源总和，既包括无形的知识、信息和专利等，也包括有形的研究开发人员、一线工人、企业家、管理人员、科研经费、科研仪器设备和与创新活动有关的机器厂房等。狭义论认为，创新资源是与传统自然资源和不可再生的物质资源不同的一种全新的战略性资源形态，主要包括新技术、新知识和创新人才等。创新资源是创新活动的核心要素，来源于后天习得的知识并以知识为核心，以创新的社会环境——分为创新硬环境和创新软环境两部分，创新硬环境由基础设施和工作条件组成，创新软环境由相关政策、法律法规、文化氛围、市场等组成——为依托，以创新型人才为载体。[1] 本书是在狭义层面上来理解创

---

[1] 晋胜国：《创新资源论》，《上海市经济学会年刊》，2004，第122~130页。

新资源的内涵的。创新资源除了一般的无形性、可复制性等特征以外所具有的最大特点就在于它的创造性。创新人才是创新资源的重要载体。创造力是创新人才的标志性特征，它是一种能够产生新构想的能力。创新人才之所以能够称为创新人才，就在于其具有非凡的创造力，能够将现有的各种形态的知识别出心裁地加以不断变化、组合，从而产生一般人意想不到的全新的构想或创意，创造出新的知识或使原有知识具有新的功效。此外，创新资源还具有稀缺性、难以模仿性和整体性。整体性是指包括新技术、创新人才、经验、能力等形态在内的创新资源，是长期累积的结果，是一个有机的整体，并不是各部分的胡乱堆积。

（二）创新资源是中国跨国公司自主知识产权培育的源头活水

同发达国家跨国公司一样，中国跨国公司培育自主知识产权的本源在于创新，需要企业自己开展充分、有效的知识创新活动。一项知识产品要获得知识产权的保护，其首要前提就是必须要有所创新。以发明专利为例，一种技术方案，只有当其符合专利法所规定的"三性"——新颖性、创造性和实用性——标准时，才能被列入专利权的保护之列。新颖性是指这种技术方案是以前所没有的，不仅在本国没有出现过，在本国以外的地方也没有出现过。创造性是要求这种技术方案，比以往的技术方案具有突出的实质性特点和显著的进步。换一种说法就是，这种技术方案对于其所属技术领域的一般技术人员来说，是非常显而易见的，并且从效果上看它或解决了一个长期以来悬而未决的技术难题，或提出了一种新的技术范式，或使原有技术产生了一个新的意想不到的功能，或大幅度降低了原有产品的资源消耗量，使其成本得到巨大的削减，等等。实用性是指这种技术方案能够被用于社会实践中。由此可见，没有知识创新活动，在一定程度上说，也就没有中国跨国公司自主知识产权的培育活动。

然而知识创新活动并不是人们的观念活动或臆想活动，而是人们通过社会实践获得新知识的活动，它不仅包括通过科学研究获得新基础科学和技术科学知识的过程，而且包括通过运用科学技术知识找到解决生产、生活实践中所碰到的各种问题，从而获得技能、技艺、诀窍等经验类知识的过程，需要把大量的资源作为物质基础。虽然研发资金、科研设备及实验室等硬性资源在知识创新活动中起着重要的作用，但它们并不是知识创新活动的核心和关键。科学技术发明史上的DNA双螺旋结构、杂交水稻等事例可充分证明这一点。经验表明：知识创新活动当中最为重要的关键资源是知识、技术开发信息、创新型人才等软性创新资源。如果将知识分为显性知识和隐性知识，则知识创新过程实际上就是隐性知识和显性知识不断转化和组合的过程。在这个过程当中，知识的传播、转移与共享，高素质的科研人员及其相互之间的沟通与交流，创新氛围，信息收集，创意，组织的创新能力及经验、良好的法律政策环境等，都是不可缺少的重要因素，重中之重是创新型人才。知识创新过程，从一定意义上说，实际上就是创新型人才不断用其他创新资源生产知识或者说用新知识去更新旧知识的过程，没有创新型人才，这个过程就会中断。也就是说，在某种程度上，创新型人才是知识创新过程的枢纽，是专利、技术秘密等知识产品产生的中枢神经。在这个过程中所积累的创新经验、对创新机会的辨别能力和把握能力等创新资源也凝聚在创新型人才身上。正是因为创新型人才在知识创新过程中具有如此重要的作用，各发达国家及其跨国公司才非常注重对创新型人才的培养和挖掘。

由于知识创新是中国跨国公司自主知识产权培育的本源，而知识创新活动的泉源又在于创新资源，因此可以说创新资源是中国跨国公司自主知识产权培育的活水源头。中国跨国公司要源源不断地培育自主知识产权，就必须不停地开凿创新资源这一泉眼。

（三）跨国并购：中国跨国公司快速整体获取创新资源的重要途径

由上可知，中国跨国公司要培育自主知识产权，必须采取各种方法增加自己的创新资源。创新资源的多寡决定了中国跨国公司自主知识产权培育的速度和质量。从创新资源获取来看，中国跨国公司一般有三种可供选择的路径。一是内部培育，二是要素市场交易，三是跨国并购。内部培育无疑是中国跨国公司增加创新资源的正道，但它需要的时间长，速度较慢。首先，因为创新资源是由技术开发信息、各类知识、高素质人才、知识创新环境等各种东西组成的一个非常复杂的结构体系，培育这种复杂的体系需要大量的时间，正所谓十年树木，百年树人，创新资源除了需要造就具有创造力的人才以外，还需要创造适宜人才发挥作用的配套的内容。其次，创新资源具有累积性，其形成是培育主体大浪淘沙的结果。最后，培育创新资源需要中国跨国公司具有相当数量的知识资源和知识创新能力，而这恰恰是大多数中国跨国公司，尤其是靠嵌入发达国家跨国公司全球生产网络而成长起来的中国制造业跨国公司所欠缺的。总之，一句话：中国跨国公司通过内部培育方式增加创新资源不是能够一蹴而就的。由此可见，中国跨国公司要有效应对日益激烈的专利竞赛并迅速缩小与发达国家跨国公司在创新资源上的差距，就必须找到另外可以弥补内部培育在增加创新资源上不足的途径。

比较而言，在快速增加创新资源存量方面，跨国并购无疑要优于要素市场交易。其一，创新资源是一个有机的综合体，具有难分解性，是根植于特定的场景之中的，比如离开了原来所镶嵌的创新网络，好的创新型人才也会创造力枯竭，从而导致"橘生淮北则为枳"的结果。其二，创新资源是以知识为核心的，而内嵌在创新资源中的不同类型的专业知识和专项技能，其市场是不完全的。由于知识产品的品质具有不确定性，再加上卖方的信息压缩，因此在市场交易中难以确定一个合理而真实的价格。知识产品具有垄断性，它使买卖双方的谈判地位是不平等的，买者处于不利地位，而且知识产品具有公共物品在使用上的非排他性，使卖者在将知识产品卖给买者时，还可以偷偷地卖给别人，而买者很难对这种行为进行有效监督，从而面临很大的机会主义威胁。创新资源市场获取的这两个缺点可以通过并购途径得到克服。并购使创新资源可以以整体的形式随同目标企业一起转入中国跨国公司手里，而不用将其一一拆解，各自交易，这样中国跨国公司既可以得到目标企业的创新型人才，也可以得到目标企业所在地的能保证创新活动得以顺利进行的各种创新开发信息、创新基础设施和法律政策等良好的创新环境。并购通过内部化的形式也可以化解定价难和机会主义的问题。由于创新资源在我国普遍比较缺乏，因此对发达国家企业的跨国并购，就成为中国跨国公司获得创新资源的重要途径。通过对国外目标企业的并购，中国跨国公司可以将企业外部的创新资源纳入公司内部，并对其进行整合，可以较快地增加公司创新资源的积累，并由此提高中国跨国公司自主知识产权的培育能力。也正是跨国并购可以快速整体获得海外创新资源，包括中国跨国公司在内的许多后发企业积极地通过并购的形式，获取海外创新资源。比如，2005～2009年，印度企业在信息技术、生物技术、医药等领域，共进行了近1500次跨国并购。[①] 包括制造业跨国公

---

① 中国创新型企业发展报告编委会编《2010中国创新型企业发展报告》，经济管理出版社，2010，第170页。

司在内的中国跨国公司也积极进行了多起跨国并购，比如，2003年TCL并购汤姆逊公司，获取了它的研发中心；2005年联想并购IBM的个人电脑业务，获得了IBM在笔记本电脑方面的研发能力及技术；2010年，吉利通过并购沃尔沃获得了大量的创新资源。随着信息技术的迅猛发展、国际分工日益加深和各国外资政策的不断调整，中国跨国公司基于创新资源的跨国并购将进入一个快速发展阶段。

五　强化企业自主知识产权激励和保护

（一）强化企业自主知识产权激励

企业培育自主知识产权是企业为提升市场竞争力和竞争优势而从事的以知识创新为中心的包括构思、设计、技术研发和创新成果知识产权化、商品化、市场化、产业化等环节的一系列活动的总称。企业应用产权化的知识和产权化的新技术、新工艺，采用新的组织、经营方式以提高原有产品的质量或开发新的产品，提供新的服务，从而开拓新的市场并实现产品或服务的市场价值，是企业自主知识产权培育活动的基本内容。这就是说，企业培育自主知识产权，既是一项知识创新活动，也是一项经济活动，是一种从新知识的创造到将其商业化应用的复杂的系统工程。而高风险性、高投入性和收益的不确定性是这项工程的基本特征，它们贯穿这个工程的始终。由此可见，企业自主知识产权培育的活动，既需要激励的驱动，也需要激励的加速。激励，一般说来，是激励主体利用某种诱因使激励客体的积极性和创造性受到激发与鼓励，并促使激励客体增强行为的努力程度而实现既定目标的过程。在这一过程中，激励主体发出的激励信息会内化为激励客体的自觉行动，使激励客体完成目标的行为处于高度的受鼓舞状态，从而最大限度地发掘激励客体的潜能。根据激励的这一内涵可知：企业自主知识产权激励指的是特定激励主体利用某种诱因使企业的积极性和创造性受到激发与鼓励，并促使企业增强行为的努力程度而实现既定自主知识产权培育目标的过程。在这一过程中，特定激励主体发出的激励信息内化为企业的自觉行动，使企业完成自主知识产权培育目标的行为处于高度的受鼓舞状态，从而最大限度地发掘企业的潜能。有效的激励是企业自主知识产权培育的动力保证，它有利于企业实现构建自主知识产权优势的组织目标。

对于中国跨国公司而言，激励是其自主知识产权培育动力的有力保证，更是其在构建自主知识产权优势过程中不可或缺的因素。这么说的主要原因如下。其一，在当代，科学技术的发展越来越呈现大型化、复杂化和多学科化的特点，技术创新所需要集成的技术节点数倍、数十倍甚至数百倍地增加，因而企业培育自主知识产权的难度在增大，风险也越来越大，而如本书第四章所述，中国跨国公司自主知识产权培育，不仅面临创新能力和创新基础薄弱的障碍，而且面临创新主体分散化的障碍，这就使中国跨国公司在培育自主知识产权时必须受到更大的激励，才会有足够的动力开展风险高、投入高、竞争高和不确定性高的自主知识产权培育行动。其二，知识产权是一种私权，彰显的是个人产权和个人利益。而中国文化强调集体产权和集体利益，提倡的是"君子喻于义，小人喻于利"和"正其谊不谋其利，明其道不计其功"的重义轻利思想，由此也就使中国跨国公司缺乏知识产权文化的滋养，缺少知识产权危机意识，即缺少知识产权创新意识和知识产权保护意识。前文所述的中国跨国公司知识产权创新人才缺乏、知识产权创新投入不足、知识产权战略缺失等便是这种现象的典型体现。正所谓行为以意识为先导，受知识产权危机意识薄弱的制约，许多中国跨国公司的自主知识产权培育行为动力不足。这也就使与长期浸润于知识产权文化之中的发达国家跨国公司相比，中国跨国公司在培育自主知识产权时需要更大的激励力度。其三，中国跨国公司没有自主知识产权传统，是依靠专利技术引进，沿着"低成本、低档次、低附加值"的道路成长起来的。惯性的力量是很强的，目前仍有许多中国跨国公司不重视在核心技术上拥有自主知识产权，不重视自主品牌建设，因此它们也缺乏拥有核心技术的自主知识产权和国际知名品牌。而这种情况又不利于我国产业结构的优化、升级，不利于我国国际分工地位的提升，因此加大中国跨国公司自主知识产权的培育力度是非常必要的。

影响中国跨国公司培育自主知识产权的因素是有效激励中国跨国公司培育自主知识产权的必要途径。中国跨国公司培育自主知识产权主要受四种因素的影响。一是企业产权制度。企业产权制度是否合理对中国跨国公司的自主知识产权培育起着不可忽视的作用。中国跨国公司愿不愿意培育自主知识产权，既与公司所有者是否存在创新知识产权以提高资本效益的压力有关，也与公司员工能在知识产权创新中获得什么样的收益和收益多

第七章 当前进一步推动中国跨国公司自主知识产权培育的对策与建议

少有关。二是政府的宏观政策。政府在中国跨国公司自主知识产权培育中起着调控和引导的作用，政府的财政政策、采购政策、税收政策等极大地影响着中国跨国公司是否培育自主知识产权以及培育什么样的自主知识产权。三是公司自身的实力，主要包括公司的资金实力、技术实力、人才实力、科研实力和风险承受力等。一般而言，中国跨国公司的这些实力强，就会更积极地培育自主知识产权。四是市场环境因素。市场体系是否成熟，市场结构是否合理，市场竞争是否公平，对中国跨国自主知识产权培育的影响很大。这四方面的因素，以中国跨国公司为分类依据，可分为内部因素和外部因素。

与此分类相对应，中国跨国公司自主知识产权激励有企业内部激励和企业外部激励两种激励模式。企业内部激励指的是中国跨国公司通过企业自身发出的诱因来激发和鼓励员工积极培育自主知识产权。在知识产权已作为生产要素参与收入分配的前提下，中国跨国公司应对本企业的知识产权创造者给予相应的薪酬、股权或期权，以激励他们积极地培育企业自主知识产权。企业外部激励指的是中国跨国公司在企业外部诱因的激励和鼓励下积极培育自主知识产权。其主要方式包括政府自主知识产权政策激励和市场环境激励两种。中国跨国公司自主知识产权培育活动不仅是企业的自利行为，而且在一定程度上也是一种有利于社会进步和国家发展的行为。而中国跨国公司培育自主知识产权充满了很大的不确定性，需要支出高额的成本，因此政府的自主知识产权政策激励，是激发中国跨国公司自主知识产权培育活动不可缺少的一环。政府的自主知识产权激励政策可以减少中国跨国公司自主知识产权培育的障碍，并可营造有利于中国跨国公司自主知识产权培育的制度和文化氛围。政府的自主知识产权激励政策是不同政府机构制定和实施各类政策的组合体，其激励效用的大小取决于各项政策之间的衔接度。成熟的市场体系、合理的市场结构和公平的市场竞争既可以使中国跨国公司形成合理的有关创造自主知识产权收益的预期，也可以减少创造自主知识产权之不确定性带来的消极影响，还可以通过市场竞争迫使中国跨国公司不断创造自主知识产权。从这个意义上说，市场形成了中国跨国公司对知识产权创新进行自组织的机制，市场过程就是中国跨国公司对知识产权创新进行自组织的过程。换句话说，对于中国跨国公司自主知识产权培育而言，市场本身就是一种激励。

(二) 强化企业自主知识产权保护

强化自主知识产权保护，是中国跨国公司自主知识产权培育的基本要求。

其一，强化自主知识产权保护是中国跨国公司自主知识产权培育的内生需求。由上可知，中国跨国公司培育自主知识产权，既是一种知识创新活动，也是一种经济活动，而无论作为知识创新活动，还是作为经济活动，都是在一定的专利制度、商标制度、版权制度背景下展开的。也就是说，中国跨国公司自主知识产权培育行为的发生是以一定的知识产权制度为前提的。而不论哪一国度的知识产权法，都没有不强调对知识产权人的创新成果加以保护的，因此，强化知识产权保护是内生于中国跨国公司自主知识产权培育的。也只有强化知识产权保护，中国跨国公司才可能实现培育自主知识产权的创新收益。

其二，强化自主知识产权保护是中国跨国公司积累自主知识产权资源的根本保障。从培育的基本含义（使培养对象发育成长）来看，中国跨国公司自主知识产权培育，就是要促使中国跨国公司"幼小"的自主知识产权资源（表现为总量不足，缺乏核心知识产权和国际知名品牌等）不断地发展壮大。而要使中国跨国公司自主知识产权资源发展壮大，就必须不断地将中国跨国公司自主创造的点滴知识产权资源积累起来。正所谓"不积跬步，无以至千里；不积小流，无以成江海"，这种点滴积累以成江海的累积过程，少不了知识产权保护的强化。因为知识产权与有形物的所有权不同，知识产权的客体——知识产品——在使用和消费上不具有排他性，从而具有公共品的性质。知识产品的这种共享性使它极容易遭到模仿和侵权，特别是随着数字技术和互联网的迅猛发展，冒牌、盗版、侵权变得越来越容易。在这种情况下，如果中国跨国公司只是创造知识产品而不强化保护，那么中国跨国公司就犹如将自主知识产权资源放在了一个会漏的口袋中。不可能实现自主知识产权资源发展壮大的目标。

其三，强化自主知识产权保护是中国跨国公司形成自主知识产权创造良性循环的必然要求。创造是中国跨国公司培育自主知识产权的基础，只有使中国跨国公司源源不断地进行自主知识产权创造，才有利于中国跨国公司自主知识产权资源的快速成长。为此，必须建立起中国跨国公司自主知识产权创造的良性循环。对于建立中国跨国公司自主知识产权创造的良性循环来说,强化自主知识产权保护是尤为重要的。这是因为:中国跨国公司创造自主知识产权需要投入的成本高、风险大;如果中国跨国公司不加强自主知识产权保护,则其自身所投入的大量人力、物力和财力将难以收回,要想获取创新收益更是谈不上。这不仅会影响中国跨国公司自主知识产权创造的积极性,甚至还有可能使中国跨国公司停止自主知识产权创造。而通过构筑基于知识产品之特性的细致的知识产权保护体系,中国跨国公司形成自主知识产权创造的良性循环是可能的。

其四,强化自主知识产权保护是中国跨国公司借鉴发达国家跨国公司培育知识产权经验的自然结果。在知识经济和经济全球化深入发展的进程中,知识产权像有形的产品一样被开发、生产和销售,并给企业带来大量的利润。比如2012年4月,美国在线将自己的800件专利和相关申请以10.6亿美元的价格卖给了微软公司,平均每件专利的价格高达130万美元。根据专利交易经纪公司IP Offerings所统计的数据,2012年专利交易总量为6985件,交易价格总额达2949666000美元,平均每件价格为422286美元。[1] 也正是因为知识产权商品价格如此之高,发达国家跨国公司对其企业自身的知识产权加强了保护,这种保护反过来又为发达国家跨国公司的知识产权创造奠定了良好的物质基础。从一些学者对发达国家跨国公司的知识产权保护策略的研究来看,发达国家跨国公司对知识产权的保护是一种制度化、体系化的保护。想在一个与狼共舞的世界中生存下来,人们必须学习狼的做法。面对越来越多的海外竞争对手利用知识产权机制阻止自己进入其所在的市场,中国跨国公司必须要解决的一个问题是:如何有效地利用国际知识产权制度,在化解海外经营的知识产权风险的同时,保护自身知识产权免受侵犯。

(三)"激励"和"保护"同时并用

以上理论分析表明,强化自主知识产权激励与加大自主知识产权保护二者可以从各自不同的方面促进中国跨国公司培育自主知识产权。但从实际运用来看,中国跨国公司在培育自主知识产权时,应该将"激励"

---

[1] 参见北京大学国际知识产权研究中心研究报告《近年全球专利交易的统计和趋势分析》,国家知识产权局网,2015年7月23日,http://www.sipo.gov.cn/zlssbgs/zlyj/2015/201507/t20150723_1148810.html,最后访问日期:2019年3月11日。

和"保护"同时并用。原因是它们存在既相互依存，又相互促进的紧密关系。一方面，知识产权保护使中国跨国公司可以充分享有由自主知识产权创造产生的权益，维护并提升自身的竞争优势，从而获得自主知识产权的货币收益和资本收益，并进一步激励中国跨国公司培育自主知识产权。从这个意义上说，中国跨国公司自主知识产权保护也就是中国跨国公司自主知识产权激励。另一方面，中国跨国公司自主知识产权激励措施的出台必然需要强化中国跨国公司自主知识产权的保护。没有中国跨国公司自主知识产权保护，中国跨国公司自主知识产权激励措施也难以发挥其应有的作用。

以上是笔者认为中国跨国公司在培育自主知识产权时所应选择的几种路径。这几种路径的选择是将中国跨国公司作为一个整体来论述的。从本书第三、四、五章等章节可知：中国跨国公司作为一个整体，面临的知识产权形势可谓内外交困。就内部而言，既无数量优势，更无质量优势；既受知识产权生态不良的影响，更受知识产权意识水平不高的制约。就外部而言，既有单个知识产权诉讼的阻击，也有知识产权联盟的阻挡；既受沉睡专利的羁绊，又受绵密专利网的围困；既有专利海盗的侵袭，也有专利巨头的打压。尽管近些年来中国跨国公司自主知识产权相对增长速度和创新水平提升很快，但知识产权的绝对数量和创新高度仍然无法与发达国家的跨国公司相抗衡。这种总体状况使中国跨国公司在培育自主知识产权时，既要重视突破性自主创新的路径，又不能忽视模仿创新的路径，更不能不采用企业主导的产学研合作创新和跨国并购创新资源。然而在现实中，每个中国跨国公司所属的技术领域、所处的发展阶段、拥有的创新资源和能力、具有的优势和面临的劣势等都不相同，这就使各个中国跨国公司在培育自主知识产权时，首先应根据自身特点选择差异化的路径，而不应千篇一律；其次应从有利于公司总体自主知识产权优势提升的原则出发，选择多样化的培育路径；再次是在选择自主知识产权培育路径时应注意减少并规避风险；最后就是自主知识产权培育路径的选择并不是一成不变的，而是随企业自主知识产权发展水平及其在世界知识产权竞争总格局中的地位的变化而不断调整的，过分突出或强调任何一种路径而忽略其他路径都是不明智的选择。

第三节 中国跨国公司自主知识产权培育的促进措施

一 中国跨国公司的企业促进措施

(一) 加强企业的组织学习

如前所述,知识创新是知识产权培育过程中最为关键的一环。日本学者野中郁次郎认为,一个组织的知识创新过程,也就是它的组织学习过程。组织知识创新是三个层次——SECI、巴、知识资产——相互作用的螺旋上升运动。SECI 是模糊知识与明晰知识的社会化、外在化、组合化、内在化四个相互转化过程。社会化是个体间经验知识的分享,比如徒弟通过观察、模仿途径学习师父的技艺,企业员工在非正式聚会上彼此间交流心得体会等。外在化是模糊知识的明晰化、具体化、概念化。组合化是通过系统化方式将分散、孤立的明晰知识组成一个知识体系。内在化是明晰知识被吸收并内化为个人模糊知识的过程。知识转化的四个过程是在特定的背景环境下进行的,这个背景环境就是巴,它也是个人间以及个人与环境间相互作用的空间。知识资产是知识创新过程的基础。知识资产分为经验性知识资产、概念性知识资产、系统性知识资产和常规性知识资产,分别与知识的社会化、外在化、组织化和内在化相联系。其中经验性知识资产是通过传递而共享的模糊知识,如个人技术诀窍与技能等。概念性知识资产是通过意象、语言和符号清晰表达出来的明晰化知识,也即编码化知识,品牌价值、产品概念或设计等是其典型形式。系统性知识资产是经过整理的系统化明晰知识,如技术、专利、产品说明书、客户信息等。常规性知识资产是凝聚在组织行为之中的模糊知识,如组织惯例、组织文化等。[①] 发生在组织知识创新过程中的学习类型,不仅有成员间模糊知识共享的经验学习,还有对新科学、新技术吸收的科学学习;不仅有成员的个人学习,还有团队的集体学习;不仅有对新技术方案、新操作规则等的适

[①] 〔日〕野中郁次郎、远山亮子、菲利普·比奥西埃尔:《组织知识创新的理论:了解知识创新的能动过程》,〔德〕迈诺尔夫·迪尔克斯、〔德〕阿里安娜·贝图安·安托尔等编《组织学习与知识创新》,上海社会科学院知识与信息课题组译,上海人民出版社,2001,第 380~420 页。

应性学习,还有对旧有技术突破的探索式学习;不仅有组织内学习,还有组织间学习;等等。野中郁次郎等的知识创新模型显示,知识创新中伴有组织学习,组织学习中也伴有知识创新。组织学习有利于知识转换,从而会促进知识创新。在知识创新过程中,会产生产品设计、品牌价值、数据库、专利、商业秘密等一系列知识产权。从野中的组织知识创新理论来看,中国跨国公司要培育自主知识产权,必须加强公司的组织学习。

中国跨国公司培育自主知识产权,需要加强公司的组织学习,这不仅是理论的逻辑推导,也是企业实际需求的结果。中国跨国公司自主知识产权的培育涉及技术、法律、管理、人才、资金、战略等诸多方面,需要提高公司管理层、技术研发人员以及整个组织的素质与能力。从系统论的角度来说,整体并不是各个部分的简单相加,要达到整体功能大于部分功能之和的效果,必须使中国跨国公司的知识获取能力以及组织内部的知识传递、管理能力不断提升。但从调查的实际结果来看,中国跨国公司这些方面的能力并没有达到自主知识产权创造要求达到的水平。从表7-5可以看出,包括中国跨国公司在内的中国企业的组织学习能力处于中等水平,而其中的获取知识能力、传递知识能力、知识管理能力处在列表中其他能力的后面,而这些能力又恰恰与企业自主知识产权的培育有着尤为紧密的联系。

表7-5 2005年中国企业组织学习能力情况

单位:%

能力	非常弱 (1分)	弱 (2分)	较弱 (3分)	一般 (4分)	较强 (5分)	强 (6分)	非常强 (7分)	平均值
发现能力		1.0	5.3	30.2	36.8	24.7	2.0	5.18
发明能力	0.1	0.8	4.5	30.0	36.7	24.4	3.5	5.19
选择能力	0.1	0.5	5.5	25.9	39.3	25.7	3.0	5.29
执行能力	0.0	0.5	3.1	22.6	38.7	31.1	4.0	5.34
推广能力		0.5	3.2	25.3	45.1	23.7	2.2	5.30
反思能力		0.6	3.5	23.3	38.4	30.6	3.6	5.33
获取知识能力	0.0	0.9	5.6	29.7	37.5	23.9	2.4	5.15
传递知识能力	1.1	6.6	19.3	35.3	22.9	13.1	1.7	4.47
知识管理能力	0.7	4.6	15.1	33.2	28.1	15.9	2.4	4.71

第七章 当前进一步推动中国跨国公司自主知识产权培育的对策与建议

续表

能力	非常弱（1分）	弱（2分）	较弱（3分）	一般（4分）	较强（5分）	强（6分）	非常强（7分）	平均值
综合学习能力	0.0	0.3	5.0	35.4	47.3	11.4	0.6	5.15

注：(1) 综合学习能力是由9个学习能力加权平均计算得出的。(2) 各学习能力得分为1~7分，具体为1分"非常弱"代表得分≥1且<2，2分"弱"代表得分≥2且<3，3分"较弱"代表得分≥3且<4，4分"一般"代表得分≥4且<5，5分"较强"代表得分≥5且<6，6分"强"代表得分≥6且<7，7分"非常强"代表得分=7。(3) 空白处表示答题者未选择此项，0.0表示答题选了此项，但百分比小于0.05。

资料来源：中国企业家调查系统：《企业学习：现状、问题及其对创新和竞争优势的影响——2006年中国企业经营者成长与发展专题调查报告》，《管理世界》2006年第6期。

将公司的组织学习能力与公司的企业家个人进行比较，可以发现：包括中国跨国公司在内的中国企业的组织学习能力与公司企业家个人的学习能力有很大的差距。这从另一个侧面说明，中国跨国公司必须提升企业的组织学习能力，因为公司自主知识产权的培育并不取决于企业家个人学习能力的高低。从表7-6可以发现，企业组织的综合学习能力低于企业家个人的综合学习能力，其差值为0.33。进一步观察还可以发现，传递知识能力的差距最大，二者比较相差0.72。获取知识能力和发明能力的差距也很大，分别达到0.46和0.44。表7-6所列的企业家个人和企业组织之间的学习能力差距说明包括中国跨国公司在内的中国企业应该大力提高企业的组织学习能力。

表7-6 企业家个人学习能力与企业组织学习能力的差异比较

能力	企业家个人	企业组织	差值（企业家个人－企业组织）
发现能力	5.50	5.18	0.32***
发明能力	5.63	5.19	0.44***
选择能力	5.57	5.29	0.28***
执行能力	5.55	5.34	0.21***
推广能力	5.54	5.30	0.24***
反思能力	5.69	5.33	0.36***
获取知识能力	5.61	5.15	0.46***
传递知识能力	5.19	4.47	0.72***
知识管理能力	4.59	4.47	-0.12***

续表

能力	企业家个人	企业组织	差值（企业家个人－企业组织）
综合学习能力	5.48	5.15	0.33***

注：(1) 综合学习能力是由9个学习分能力加权平均计算得出的。(2) 各学习能力得分为1~7分，具体为：1分表示"非常弱"，7分表示"非常强"。(3) "*"代表$P\leq 0.1$；"**"代表$P\leq 0.05$；"***"代表$P\leq 0.01$。

资料来源：中国企业家调查系统：《中国企业家成长20年：能力、责任与精神——2013·中国企业家队伍成长20年调查综合报告》，《管理世界》2014年第6期。

具体而言，通过组织学习能力的加强，中国跨国公司一方面可以有效促进企业内部的知识共享，提高企业的知识编码水平和知识集成能力，又可以增强企业搜寻外部知识和吸取外部知识的能力，从而为中国跨国公司自主知识产权的培育奠定坚实的知识创新基础；另一方面，通过加强组织学习能力，中国跨国公司可以改变企业以前不注重自主知识产权培育或者在一定程度上不培育自主知识产权的组织惯性。众所周知，知识产权对于中国跨国公司来说，是个舶来品。曾几何时，对于知识产权，中国跨国公司不知其用。随着TRIPs的实施，日益强化的国际知识产权保护和不断的海外知识产权纠纷使中国跨国公司必须使用知识产权来参与市场竞争。空前高涨的知识产权竞争以及国外企业从知识产权资源所获得的巨大收益，使中国跨国公司意识到，要让知识产权为我所用。然而中国跨国公司要从知识产权不知其用到知识产权逼我所用再到以我为主主动运用知识产权，说起来容易，做起来难。因为任何一家企业延续过去的成功战略是很容易的，但制定并实施新的能够获得成功的战略是非常难的。历史不仅会禁锢人们的视野，而且会阻挠人们的行动。中国跨国公司大多是在以标准化技术和低价格参与市场竞争的路径上成长起来的，是在市场换技术的氛围中长大的，再加上培育自主知识产权是一个不断试错的过程，存在极大的不确定性，因此过去的成功模式对大多数中国跨国公司来说还是非常具有吸引力的。中国跨国公司的组织学习能力虽然与企业成员的个人学习能力紧密相关，但它更重视的是整个企业组织对集体性模糊知识的获得，而这种集体性模糊知识是中国跨国公司运行的深层次因素。中国跨国公司在知识创新过程中，通过对知识产权相关理念、法规、政策等知识的组织学习可以形成新的基于知识产权的组织常规和组织文化，有效地从过去不重视知

第七章　当前进一步推动中国跨国公司自主知识产权培育的对策与建议

识产权培育的历史惯性中走出来。这对于促进中国跨国公司自主知识产权的培育是非常有意义的。

(二) 提升企业自主知识产权战略规划水平

组织学习通过夯实中国跨国公司的知识创新能力并改变其不重视自主知识产权培育的历史惯性和惰性，可以有力地促进中国跨国公司对自主知识产权的培育。然而中国跨国公司培育自主知识产权，不仅与其组织学习有关，而且与它的企业自主知识产权战略密切相关。所谓中国跨国公司之企业自主知识产权战略指的是，中国跨国公司运用现行之国际知识产权规则以及本国和他国国内的知识产权规则，获取并维系自主知识产权优势，进而谋求市场实力和经济效益的一种整体性计划和措施。它具有宏观性，是中国跨国公司对培育自主知识产权的顶层设计和长远规划，同时它还具有全局性，是中国跨国公司在培育自主知识产权过程中，协调各部门、合理配置各种创新资源的总体性方案，此外，它还具有前瞻性，是中国跨国公司自主知识产权培育的未来设计蓝图。正如古语云："不谋万世者，不足谋一时；不谋全局者，不足谋一域。"中国跨国公司要想在全球知识产权竞争空前激烈以及科技革命不断促使知识产权变迁的情形下，有效培育自主知识产权，就必须实施这种具有宏观性、全局性和前瞻性的自主知识产权战略规划并对其进行管理、升级。中国跨国公司不断提升企业自主知识产权战略规划的水平，对于自主知识产权的培育具有极其重要的意义。首先是有利于中国跨国公司提高自主知识产权培育的效率。通过对现有专利文献的检索、分析、归纳、整合发现，中国跨国公司可以掌握现行专利的基本态势，避免知识产权培育上的无用功，找到知识产权培育的方向和路径，弄清楚同类知识产权培育者的基本情况，做到"知己知彼，百战不殆"。其次是有利于中国跨国公司合理安排科研资金、设备、仪器等资源，以及有效配置科研人才、知识、信息等创新资源，有效促进自主知识产权的培育。再次是有利于中国跨国公司在知识产权培育中实现合理的专利布局。专利战略是企业知识产权战略的重要组成部分。而产品未动、专利先行的布局战略又是专利战略的题中应有之义。通过分析目标市场的发展趋势以及目标市场上的技术发展趋势，中国跨国公司有针对性地将知识创新成果在目标国积极申请专利，可以有效控制目标市场，提高专利布局的有效性。又次是有利于中国跨国公司将自主知识产权上升为国内标准，甚至国际标准，乃至全球标准。通过积极推广属于自己的知识产权，中国跨国公司可以提高自主知识产权的市场影响力，从而为其标准化奠定基础。最后是通过知识产权经营战略和资本化战略，中国跨国公司可以有效实现自主知识产权的最大化利益，促进自主知识产权培育的良性循环。

自主知识产权战略是在近几年才开始被更多致力于提升自身全球竞争力的中国跨国公司所了解、重视的，因此，中国跨国公司自主知识产权的战略规划水平不高，突出表现就是本书第四章所表现出来的：自主知识产权在数量与质量上失衡——自主知识产权数量增速快于质量提升的速度；自主商标在海外流失；PCT国际专利申请布局失衡——PCT集中在数字通信技术领域；专利结构比例失衡等。正所谓"凡事预则立，不预则废"，中国跨国公司要有效促进自主知识产权的培育，必须提升自主知识产权战略规划水平。

（三）大力培养公司企业家，弘扬企业家精神

使企业内部的创新资源得到有效配置，以加快企业自主知识产权的创造，离不开企业负责人的积极性和主动性。同时，企业负责人的战略眼光、魄力、经营能力和组织能力对于解决企业知识产权创新中的问题是大有益处的。国内外企业的知识产权实践表明，任何企业要想又好又快地培育自主知识产权，需要企业家的引领。如本书第五章叙述的，如果没有李健熙对知识产权培育的重视，就不会有三星公司在知识产权上由落后到领先的凤凰涅槃；如果没有丰田佐吉所创立的传统——致力于培育公司所需要的知识产权，就不会有丰田公司今天的知识产权成就。同样，如果没有张瑞敏，海尔也就不会走在知识产权培育的快车道上；如果不是公司总裁任正非的坚持，华为也就不会每年将销售收入的10%用于研发，那么华为今天也就不会培育出如此多的自主知识产权。因此，中国跨国公司要想培育出高新技术的核心自主知识产权，并实现自主知识产权的跨越式大发展，就必须大力培养公司企业家并弘扬企业家精神。

1. 关于企业家与企业家精神

对于何为企业家这一问题，学者们的回答历来是各不相同的。最早将企业家引入经济活动分析的法国经济学家J. B. 萨伊认为，能够将经济资源由低生产率、低产量领域带入生产率较高、产量更大的领域的人就是企业

第七章 当前进一步推动中国跨国公司自主知识产权培育的对策与建议

家,"企业家的职能在于把各种生产要素结合成为一个进行生产的有机体"。[①] 而美国经济学家黑尔斯则从价值创造和经济关系改变的角度来理解企业家的内涵。他认为,企业家是以创新为手段对经济生活中出现的机遇做出敏锐的反应,为自己和社会创造更多价值,并使整个经济体系发生改变的人。第一个系统地提出企业家理论的美国经济学家奈特,从风险处理的角度,将企业家界定为不确定性条件下的企业决策者。这种界定,强调的是企业家决策责任的承担。从决策角度的思路来理解企业家的还包括经济学家卡森,不过与奈特不同的是,卡森认为企业家是专门对稀缺资源的配置做出判断性决策的人。美籍奥地利经济学家熊彼特理解企业家的视角比较独特,在《经济发展理论》中,他认为,"企业是实现新的生产要素组合的经营单位,而企业家是组合生产要素的人。这种组合,是一种创新的组合,通过这种创新的组合,可建立新的企业生产函数,从而导致社会经济的持续变化,推动社会的发展"。[②] 由此看来,实现创新、进行新的组合是熊彼特界定企业家的关键,如果不能做到这点,就不是企业家,而只是一名管理者而已。管理大师彼得·德鲁克则把企业家看成有能力利用资源进行财富生产的人。科兹纳认为,企业家是市场机会的把握者。科斯认为,企业家是企业生产的指挥者。莱宾斯坦认为,企业家是低效率的克服者。这些观点只是众多企业家概念当中的一部分。如果简要地概括,以往有关企业家的定义包括但不限于以下几类:(1)不确定性的风险承担者;(2)创新者;(3)生产指挥者;(4)决策者;(5)企业所有者;(6)新企业的创立者;(7)生产要素的雇佣者;(8)产业领导者;(9)资源在不同用途之间的配置者;(10)套利者。

以上这些不同的有关企业家的概念表明,企业家的内涵非常丰富,单一的角度无法展现其多方面的特质。另外,这些不同的企业家概念又共同表明,企业家的本质是从企业家的职能中体现出来的。研究者无论是将其概括为创新、生产指挥、风险承担,还是将其理解为决策、管理、雇佣,作为企业家,最重要的是,必须敢于创新,敢于承担风险,敢于承担责任并使企业得到发展。由此可以说,企业家是企业的经营者,但企业的经营

[①] 〔法〕萨伊:《政治经济学概论》,陈福生、陈振骅译,商务印书馆,1963,第524页。
[②] 〔美〕熊彼特:《经济发展理论》,何畏等译,商务印书馆,1990,第167页。

者并不一定是企业家。墨守成规的经营者,无论身处大企业还是小企业都不是企业家。企业家与企业一般经营者不同,企业家是出类拔萃的企业经营者,具有独特的精神气质,即企业家精神。企业家是企业家精神的承载者,企业家精神是对企业家群体所具有的共同特质的抽象概括。由于人们对企业家的界定不同,因此关于企业家群体具有哪些精神气质,也是仁者见仁、智者见智。概括地说,国内外有关企业家精神的界定有三种代表性意见,一是创新精神,二是风险承担精神,三是捕捉市场机会的能力。我国学者汪丁丁认为,企业家精神是创新精神、合作精神和敬业精神的三合一。综合国内外学者的意见,笔者认为,企业家是敢想、敢为、敢闯并能使企业持续成长的经营决策者。企业家精神是以创新精神为基础的果断、坚毅、进取、机敏、勇于担当等心理品质与经营、管理、组织、合作等才能的有机统一。具体地说就是,企业家精神,一方面要求企业家必须具有这样几种品质:(1)要有不甘平庸、追求卓越的品质;(2)要有不怕失败、咬定青山不放松的坚毅品质;(3)要有当机会来临时"该出手时就出手"的果敢品质;(4)要有敢为天下先、谁与争锋的大气度;(5)要有勇于承担风险和在不确定性条件下果断决策的品质。另一方面要求企业家必须具有深刻的洞察力、非凡的判断力、杰出的创造力,以及卓越的协调能力、组织能力、管理能力和资源整合能力等。这两个方面是相互关联、相互依存、相互促进的,统一于创新实践之中。

2. 培养并提升企业家精神有利于中国跨国公司自主知识产权的培育

之所以这么说,是因为以下几个方面。

第一,企业家深刻的洞察力有利于中国跨国公司选定自主知识产权培育的主攻方向。中国跨国公司作为知识产权的后来者,处于国外企业知识产权绵密的包围之中。如何突围需要选定正确的培育自主知识产权的主攻方向和路径,企业家因其具有深刻的洞察力,能发现别人不能发现的机会,能够看清未来的发展趋势,因而可以使中国跨国公司在培育方向上不犯错误。违背知识产权的发展趋势,不利于中国跨国公司自主知识产权的培育。

第二,中国跨国公司培育自主知识产权并确立自主知识产权的质量优势,需要采取突破性自主创新的培育路径。而突破性自主创新的培育路径,不仅具有技术上的不确定性,而且具有市场上的不确定性;不仅具有资金上的不确定性,而且具有在专利竞赛中有可能失利的不确定性。企业家所具有的风险承受精神以及化解不确定性的能力，可使中国跨国公司能够在突破性自主创新培育路径上取得成功。

第三，中国跨国公司培育自主知识产权，既需要组建公司内部的创新网络，也需要搭建公司外部的创新网络——与国内外研究机构、企业、高等院校建立创新合作关系；既需整合内部的创新资源，也需要吸纳外部的创新资源。企业家所具有的出色沟通协调能力和组织合作能力，使中国跨国公司在自主知识产权培育中，可以很好地建立起内外创新合作关系，并不断促进新知识的产生及知识的产权化。

第四，企业家所具有的主动进取、不故步自封的精神，可以使中国跨国公司在自主知识产权培育取得阶段性成就时，不被眼前的光环遮住眼睛，而是继续孜孜不倦地走在培育自主知识产权的大道上。

3. 进一步提升中国跨国公司的企业家精神

企业家精神是一种理论界定。要把这种理论上的定性分析变成可操作性的具体建议，将其运用到企业经营的实际中去，必须与定量分析相结合。一些专家学者根据实际可获得的数据，对企业家精神进行了量化测度。从以往研究来看，这种测度，一般来说，是从两个方面入手的：一是"新进入"，包括新企业的建立或运营，它所体现的是企业家的创业精神；二是创新，具体地说，就是在企业的经营中运用新的发明创造或新的创意，或者是利用新发明专利或创意创立新的企业，此外，还包括新产品的生产、产品新特性的开发、新生产方法的应用、新市场的开辟、新原料的利用、新组织方式的实施等，这里所体现的是企业家的创新精神。不过大部分学者主要采用发明专利的数量来衡量企业家的创新精神。国际上通用的企业家创新精神的测度指标是：自我雇佣率、企业的进入和退出比率、企业的所有权比率等。所谓自我雇佣，指的是个体业主或公司合伙人等经济主体自己决定企业的经营方针并对企业的福利负责，而其自己的报酬依赖于企业的盈利状况。自我雇佣者（不包括农业劳动力）数量/社会总劳动力就是自我雇佣率。企业的进入和退出比率反映的是，某一产业或地区企业的进入和退出的频繁度，这个数值越高，说明该产业或地区的企业家精神越丰富。企业的所有权比率是指，拥有企业所有权的人数在企业所有劳动力当中的比重。也有一些研究者利用心理学的量表来测量企业家精神。比如，罗宾森用创新、成就感、自我激励和个人控制四个指标反映企业家精神。米勒用创新性、冒险性和先动性三个指标来衡量企业家精神。

上述前人研究成果在一定程度上对中国跨国公司企业家精神的测度是有意义的。它启示我们可以从一些方面入手来考察中国跨国公司的企业家精神。在以上研究成果的启示下，本书利用中国企业家调查系统①中有关企业家精神调查报告的比较权威的数据来分析中国跨国公司企业家精神的大致状况。2009年中国企业家精神调查报告显示，中国企业家"对创新意识和机会敏锐性的自我评价较高，对冒险意识和挑战意识的自我评价较低"，其中机会敏锐性（4.29）>创新意识（4.28）>冒险意识（3.27）>挑战意识（2.28）。② 结合图7-1中的数据可知，中国企业家已经认识到创新这一企业家精神的重要性。比如，在1997年，31.1%的企业家认为勇于创新是重要的，排在第四位；而选择追求最大利润的企业家的比例却为35.4%，高居第一位。到了2007年，认为勇于创新重要的企业家的比重已达40.1%，居于第一位。但如果进一步分析可以发现，包括中国跨国公司在内的大多数企业家，虽然比较重视创新，具有较高的创新意识，创新动力也比较强，比如，2013年与2012年相比，企业家的创新动力有所增强的比例为54.2%，明显增强的比例为8.8%，基本不变的比例是28.1%，有所减弱和明显减弱的比例分别只有7.3%和1.6%（见图7-2），但由于担当风险的魄力不大，敢于挑战的积极性不高，中国跨国公司的企业家精神还需要进一步提升，这也可以在决策能力和创新与应变能力上得以体现。

决策能力和创新与应变能力是体现企业家精神的重要方面，如果决策能力不强、创新与应变能力低，即使创新意识很强，也不会有成功的创新。从调查数据来看，决策能力和创新与应变能力是中国跨国公司的企业家的软肋（见表7-7和表7-8）。众所周知，随着改革开放步伐的加快、世界产业格局的大调整和技术变革的突飞猛进，包括中国跨国公司在内的

---

① 中国企业家调查系统是由国务院发展研究中心公共管理与资源研究所、国务院研究室工交贸易研究司、国务院国有资产监督管理委员会企业分配局、国家统计局国民经济综合统计司、中国企业联合研究部、全国工商联研究室作为主办单位共同发起成立，由国务院发展研究中心批准成立的联合课题组。课题组自1993年成立以来，对中国企业家进行跟踪调查，其中包括企业家精神的调查内容。

② 中国企业家调查系统：《企业经营者对企业家精神的认识与评价——2009年中国企业经营者成长与发展专题调查报告》，《管理世界》2009年第6期，第91~101页。

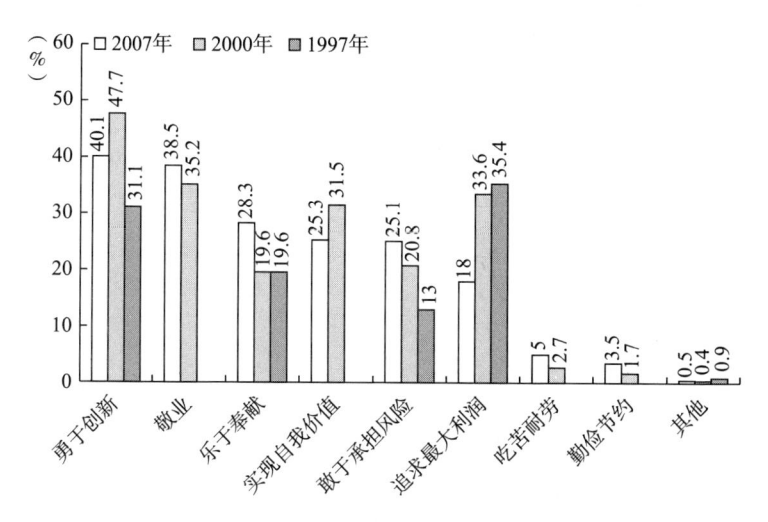

第七章 当前进一步推动中国跨国公司自主知识产权培育的对策与建议

图 7-1 中国企业家对企业家精神的理解

资料来源：中国企业家调查系统：《中国企业家成长 20 年：能力、责任与精神——2013·中国企业家队伍成长 20 年调查综合报告》，《管理世界》2014 年第 6 期。

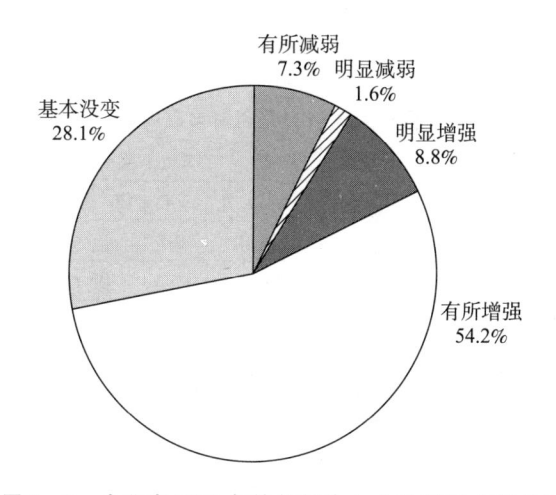

图 7-2 企业家 2013 年的创新动力（与 2012 年相比）

资料来源：中国企业家调查系统：《中国企业家成长 20 年：能力、责任与精神——2013·中国企业家队伍成长 20 年调查综合报告》，《管理世界》2014 年第 6 期。

中国企业面临的外部环境日益复杂，企业家决策时需要考虑的因素越来越多，而且不同因素是相互勾连在一起并不断变动的，这对企业家的科学决策提出了更高的要求。从表 7-7 可以看出，决策失误在中国企业家最容易出现问题的比例当中高居榜首，而且与 2012 年相比，决策失误的比重在上

289

升。表7-8是中国企业调查系统在2012年对中国企业创新与应对优势所做的调查。从调查结果来看，中国企业家对自身创新与应变能力的评价是比较低的。

表7-7 企业家最容易出现的问题的比例

单位:%

问题	2013年	2012年
决策失误	64.5	59.1
用人不当	49.2	52.0
经济问题	26.4	33.5
独断专行	21.1	21.5
生活腐败	14.0	11.3
弄虚作假	11.1	10.6
政治问题	2.9	1.1
其他	0.5	0.5

资料来源：中国企业家调查系统：《中国企业家成长20年：能力、责任与精神——2013·中国企业家队伍成长20年调查综合报告》，《管理世界》2014年第6期。

表7-8 中国企业家对自身创新与应变能力的评价

单位:%

能力	明显劣势	较小劣势	一般	较小优势	明显优势	评价值
强大的研发能力	7.0	18.9	38.2	26.4	9.6	3.13
国际市场的竞争力	14.8	20.3	38.2	19.7	7.0	2.84
对"网络经济"环境下新商业模式的把握	10.6	24.6	43.0	17.0	4.7	2.81

注：评价值是以5分制［（"明显优势"×5+"较小优势"×4+"一般"×3+"较小劣势"×2+"明显劣势"）/100］计算得出的，分值越高，表示企业在该项上的竞争优势越明显，反之则表示劣势越明显。

资料来源：中国企业家调查系统：《中国企业家成长20年：能力、责任与精神——2013·中国企业家队伍成长20年调查综合报告》，《管理世界》2014年第6期。

考察中国跨国公司的企业家精神，除去上述这些分析之外，还应从国际化经营的角度加以展开，因为国际化经营是中国跨国公司必须进行的业务，没有国际化经营也就不能将其称为中国跨国公司，而跨国经营是在陌生的文化环境下进行的，这就要求作为公司领导者的企业家必须具备较强的跨文化公关能力和市场营销能力，而在跨国经营环境中考察中国企业家制定的公司战略和愿景等指标可以更加清晰地把握中国跨国公司的企业家精神。在学术史上,将企业家精神与跨国经营结合起来进行研究大约出现于20世纪末期。国际企业家精神的概念是这种结合研究的一个重要学术成果。虽然各研究者对国际企业家精神的界定并不相同,①但国际企业家精神的基本含义可以通过一系列指标反映出来,如企业的国际化意识和能力、国外市场的营销能力、国外市场机会的把握能力、企业国际化战略的层次等。

从表7-9可以看出,中国企业家自认为比较强的能力是组织协调能力和决策能力,而公关能力、市场营销能力、创新能力、学习能力和表达能力比较弱。由于组织协调能力和决策能力与企业内部管理更为密切,而公关能力、市场营销能力、创新能力、学习能力和表达能力与市场的开拓和企业品牌形象的树立关系更为密切,因此,可以这么说,中国跨国公司的国际企业家精神比较弱。

表7-9 企业家认为自己较强的能力和较弱的能力的比重

单位:%

能力	较强的能力			较弱的能力		
	2009年	2002年	1997年	2009年	2002年	1997年
市场营销能力	29.4	25.5	22.9	40.0	32.4	34.5
组织协调能力	54.1	61.6	54.9	11.7	6.7	10.8
决策能力	60.5	61.7	79.6	7.0	4.5	2.7
预见能力	35.3	29.5	31.5	34.2	25.7	20.5
公关能力	12.4	8.9	10.4	65.6	61.2	61.4
创新能力	26.8	33.0	23.9	35.9	28.9	31.3
知人善任能力	32.6	31.5	40.2	17.8	18.1	15.3
表达能力	9.9	11.9	15.0	35.5	31.4	31.3

---

① 比如,McDougall和Qviatt认为,国际企业家精神是,"为了在组织中创造价值而跨越国界进行的、创新的、进取的和风险承担的行为的结合"。Zahra和Garvis认为,国际企业家精神是为了创造未来的产品和服务而跨越国界进行机会的识别、评价、开发和利用。Naushad和Wield认为,国际企业家精神可以通过国际化愿景、国际市场承诺以及主动进取的战略规划等形式表现出来。参见韩中和《中国企业品牌国际化实证研究》,复旦大学出版社,2014,第185~186页。

续表

能力	较强的能力			较弱的能力		
	2009 年	2002 年	1997 年	2009 年	2002 年	1997 年
学习能力	35.0	19.8	13.8	19.3	22.4	20.7

资料来源：中国企业家调查系统：《中国企业家成长 20 年：能力、责任与精神——2013·中国企业家队伍成长 20 年调查综合报告》，《管理世界》2014 年第 6 期。

也正因为中国跨国公司的企业家精神不强，中国跨国公司在培育自主知识产权时创新水平较低，大多属于外围创新——这可以从本书第四章中国跨国公司发明专利较少，实用新型和外观设计专利较多反映出来。由此可知，中国跨国公司要想培育核心技术及战略技术的自主知识产权，必须进一步提升公司的企业家精神，因为为掌握核心技术及战略技术的自主知识产权而采用的突破自主创新路径具有很大的风险性，企业经营者必须具备挑战的勇气。提升公司企业家精神既需要在公司内部营造出一种宽容失败的氛围，也需要企业家本人的自我修炼。

（四）从创新人才、创新投入、创新激励和知识产权保护等方面夯实企业自主知识产权培育的基础

中国跨国公司要培育出核心技术或关键技术的自主知识产权，就必须想别的企业没有想到过或根本想不到的东西，进行别的企业没有进行过的知识创新，而且中国跨国公司所想到的创意、所进行的知识创新要比别的企业高出一大截，才能赢得全球企业间激烈的知识产权培育大战。中国跨国公司要想别的企业想不到的技术方案，创新别的企业创新不了的技术，必须有属于企业自己的高水平的创新人才。没有高精尖的创新人才，中国跨国公司根本不可能进行突破性自主创新，只能在创新上随大流，跟着别人走。有了属于自己的高水平创新人才，中国跨国公司还必须给人才营造良好的创新环境，既要加大以研发资金为主的创新投入，为人才的创新活动奠定良好的物质基础，又要优化创新管理体制，充分激励人才的创造激情，发挥他们的创造才能。在当今科技创新越来越复杂、涉及领域越来越广的情况下，创新活动没有相应的物质条件，纵使爱迪生再世，也会巧妇难为无米之炊。但仅有良好的物质条件，不辅以科学合理的创新管理体制，没有充分的激励体系，人才的创造力源泉也不会喷涌而出。实践证明，发达国家跨国公司能在知识产权培育上傲视群雄，与其优异的创新环

第七章 当前进一步推动中国跨国公司自主知识产权培育的对策与建议

境不无关系。发达国家跨国公司创新投入多,拥有世界一流的科研设备,能为企业科研人员提供许多学习深造的机会,研发人员的创新努力都会被计入其绩效报酬之中。容忍失败的创新文化以及鼓励研发人员的挑战精神使创新氛围浓烈。优异的软硬件创新环境使其他企业的创新人才心驰神往。为了争夺全球最短缺的创新人才资源,发达国家跨国公司还大力促进研发的国际化。哪里有自己培育知识产权所需要的创新资源,就在哪里设立研发中心。来自商务部的统计数据显示,2010年,国外跨国公司在我国设立了1200多家研发中心,其中仅摩托罗拉就有18家。[①] 相比之下,中国跨国公司无论在自主知识产权培育所需要的创新硬环境上,还是在创新软环境上,都与国外跨国公司存在很大差距。前文对此已有阐述,在此不再赘述。为了促进自身自主知识产权的培育,中国跨国公司应积极地培养或引进高水平的创新人才,应当加大创新投入,应当通过产权激励、事业激励、营造有利于创新的文化等途径促进本企业创新人才的创造活动,应当将知识产权工作列入企业管理人员、研发人员的绩效考核之中,并作为职称评定、职位晋升、工资晋级等的重要指标之一。

由于自主知识产权具有创新性和知识密集性等特点,中国跨国公司在培育自主知识产权的过程中,应当加大知识产权型人力资本的投入。根据美国经济学家西奥多·W.舒尔茨的人力资本理论,人力资本用劳动者的数量和质量,即劳动者的受教育程度、技术水平、工作能力以及健康状况来表示,是这些方面价值的总和[②]。中国跨国公司在培育自主知识产权的

[①] 章文光:《跨国公司在华研发人才本土化战略的人力资源效应》,《山东社会科学》2011年第8期,第128~131页。

[②] 1960年,西奥多·W.舒尔茨在就任美国经济学会主席时发表的题为"人力资本投资"的演说指出:人的知识、能力、健康等人力资本的提高对经济增长的贡献远比物质、劳动力数量的增加要重得多。为了证明人力资本是经济增长的源泉,舒尔茨运用自己创造的"经济增长余数分析法",估计、测算了美国1929~1957年的国民经济增长额,其中约有33%是由教育形成的人力资本做出的贡献。人力资本比物质资本重要,在舒尔茨看来,一是人力资本投资收益率超过物质资本投资的收益率;二是人力资本在各种生产要素之间发挥替代和补充作用。舒尔茨认为,现代经济发展已经不能单纯依靠自然资源和人的体力劳动,必须在生产中提高体力劳动者的智力水平,增加脑力劳动者的成分,以此来代替原有的生产要素,因此,由教育形成的人力资本在经济增长中会更多地代替其他生产要素。例如,在农业生产中,对农民的教育和农业科学研究成果的推广、应用,可以代替部分土地的作用,促进经济增长。

过程中，需要充分发挥凝聚在知识产权类企业员工身上的知识、技能及其在研发工作中体现出来的能力的功能，即发挥知识产权型人力资本的积极作用。随着知识产权创造过程中所需要的知识量和知识类型越来越多以及知识创新的要求越来越高，知识产权型人力资本成为中国跨国公司自主知识产权培育过程当中最重要的因素。由于与货币资本相比，人力资本是一种主动性资本，而且其资本能力潜伏在人体当中，只有人力资本所有者本人才可能充分发挥其功能，因此，要提高人力资本的产出绩效，就不能采取压榨的方式，而应通过激励的手段。既然人力资本是作为资本存在的，是通过投资形成的，也就必须获得作为资本的收益，所以，从这个角度来说，知识产权型人力资本激励的方式之一就是充分实现知识产权型人力资本投资的收益和增值。要做到这一点的一个有效方法是让知识产权人力资本的所有者（即在知识产权培育过程中的劳动者）分享企业的剩余索取权。

剩余索取权的概念来自英国经济学家阿尔钦和德姆塞茨，是指对企业总收益扣除所有固定合约支付后的剩余额的要求权。按照阿尔钦和德姆塞茨等人的看法，企业从本质上来说是把一组联合投入要素组织起来投入团队生产的一种特殊合约。由于要素所有者投入要素追求的是要素的增值，因此要素使用权交易合约的一个重要内容就是确定要素的未来收益在要素所有人之间如何进行分配。然而，由于不完全理性，签订的合约往往是不完备的，再加上合约执行过程中的不确定性，因此，企业未来的收益是不确定的。这样，每个要素所有者的增值收益都是不固定的，其中，就必须有一部分要素所有者承担一个可能是正也可能是负的剩余增值额。阿尔钦和德姆塞茨强调的重点是：（1）所有权是索取权的基础；（2）合约的不完备性。如果沿着阿尔钦和德姆塞茨的这种思路，就可以这么认为：第一，既然所有权是剩余索取权的基础，那么人力资本较多的人就应该相应地获得合同中的部分剩余；第二，既然所有的合约都是不完备的，那么人力资本的合约也是不完备的，因而，企业对于具有重要地位的人力资本的使用只能采取激励的方式，而不能采用压制的手段。因此，如果中国跨国公司在企业内部让知识产权型人力资本分享企业剩余索取权，就可以激励团队成员创造自主知识产权的积极性。具体地说，增加中国跨国公司知识产权型员工的专用性人力资本投资，有助于增强其知识产权培育前投资增值的

第七章　当前进一步推动中国跨国公司自主知识产权培育的对策与建议

动机和知识产权培育成功后激励。这种激励将剩余收益的量的多少和自主知识产权培育人员的努力程度、贡献程度和风险承担程度直接联系起来，可以极大地激发中国跨国公司自主知识产权培育人员创造自主知识产权的积极性。

按照生产要素分配原则，核心人力资本应该获得份额更多的企业剩余。和一般人力资本相比，知识产权型人力资本导向激励的制度安排，除了一般的员工持股、利润分享以外，还可以有以下几种方式。

其一是知识产权型人力资本入股制度，即让知识产权型人力资本的所有权人用自己的知识和技术能力的运用价值入股，就是自主知识产权培育人员将存在于自己身上的人力资本未来的贡献价值作价入股。知识产权型人力资本的实质，就是自主知识产权培育人员人力资本投资未来收益的股权化，也就是自主知识产权培育人员依据自己人力资本的未来收益持有公司股份。在我国，有很多有关技术股份化的政策。但须明白的是，技术创新成果如果没有取得相应的知识产权，无法进行商业化应用。在技术创新成果的商业化运用与专利和品牌日益紧密联系在一起的情况下，在屡屡遭受外国政府及其跨国公司的知识产权伏击的情况下，中国跨国公司要在知识产权上迎头赶上，就应该让知识产权型人力资本分享企业的剩余索取权。一方面，中国跨国公司自主知识产权的培育在很大程度上依赖知识产权人员的创造性劳动，这种创造性劳动同员工主体性的发挥密切地联系在一起，因此，对知识产权型人力资本有效地进行股权激励成为中国跨国公司培育自主知识产权的一个重要因素。另一方面，在中国跨国公司内部，绝大多数知识产权培育人员都属于高素质的综合性人才，他们具有强烈的资本收益获取欲望，在人才竞争激烈的前提下，如果不实现他们获取人力资本收益的愿望，他们就有可能被竞争对手挖走。

其二是自主知识产权培育人员贡献报酬制度，即对于有突出贡献的骨干自主知识产权培育人员，可以将他们的报酬与其贡献大小直接联系起来，这是生产要素参与分配的一种方式，可以采取短期激励和长期激励相结合的方式。凡是对企业的重大自主知识产权发展做出贡献的人，都可根据其贡献大小，使其像合伙人那样享受中国跨国公司的企业股权。从分配思路来说，自主知识产权贡献报酬制可以采取以下几种形式：一是广泛使用的利润分享；二是所有权分享；三是管理权分享。自主知识产权培育人员贡献报酬制的实质是知识产权型人力资本获得与货币资本相同的分配地位和权利。

其三是实行知识产权股本期权制度，这是一种长期激励方法，可以有效解决中国跨国公司自主知识产权培育过程中激励与约束不对称的问题。中国跨国公司培育自主知识产权，需要在激励与约束上实现统一，如若不然，中国跨国公司要么无法促使自主知识产权快速发展，要么会造成在专利技术创新与自主品牌创建方面耗费巨额投资，与自主知识产权相关的资产却白白流失的后果。知识产权股票期权的激励作用体现在两方面：一是可以形成知识产权型人力资本的所有者对中国跨国公司的认同，增强中国跨国公司的向心力与凝聚力，这有利于知识在企业内部的有效转移和共享，提高企业自主知识产权创造的产出水平；二是可产生一定的财富效应，并由此激励中国跨国公司自主知识产权培育人员更加努力地投入企业自主知识产权的培育工作中去。由于以知识产权为核心的无形资产已成为知识经济时代各大跨国企业资产的主体部分，因此对知识产权创新人员的激励具有与对企业经营者的激励同样的功能，甚至在特定条件下，从一定意义上说，其还具有超过企业经营者的趋势。在这种情况下，可以在原来的经营者股票期权制度的基础上，将其扩大到知识产权型人力资本激励制度安排上，即通过知识产权型人力资本的股票期权安排，最终实现知识产权型人力资本参与企业剩余分享的目标。企业剩余索取权的分享对于自主知识产权人员的机会主义行为也是一种有力的约束。这种约束一方面体现在长期的获利预期上，自主知识产权培育人员如果随意跳槽，就会损失很大部分的未来收益，反过来讲，这也有助于中国跨国公司对自主知识产权人员的贡献做出准确的评价；另一方面，它使自主知识产权培育人员真正感觉到自己也是企业的主人之一，有责任为企业自主知识产权的发展做出贡献。

在激励创新的同时，中国跨国公司还应根据企业自身的经营状况和创新实力采取相应的知识产权保护措施。从本书第四章可知，不少中国跨国公司因自身知识产权保护意识不强，或是没有建立专门的知识产权管理机构，或是专职的知识产权人员比较缺乏，或是知识产权保护手段比较乏力，没有获得创新成果的知识产权，或者流失了企业已有的知识产权资源。针对这种情况，中国跨国公司可采取以下几种主要保护措施。

第七章 当前进一步推动中国跨国公司自主知识产权培育的对策与建议

第一,进一步健全公司内部的知识产权管理机构。企业知识产权管理机构的主要职责之一就是对企业已有的知识产权资源进行有效的保护。从各国跨国企业的实践来看,如果不设立合理的企业知识产权管理机构,那么企业的知识产权资源很难得到有效保护,这样企业自主知识产权的培育活动也就不能进入良性循环状态。如果这种情况发生在处于知识产权劣势的中国跨国公司身上,其就不能很好地进行自主知识产权的培育,因此,设立并健全企业的知识产权管理机构在中国跨国公司培育自主知识产权的过程中具有重要的意义。从历史的发展来看,企业知识产权管理机构的职能已由原先简单的专利申请和商标注册逐渐演变为知识产权情报信息的收集与分析、知识产权价值的评估以及效用最大化的运用等。企业知识产权管理机构的设置方式一般有集中管理模式、分散管理模式和类别管理模式三种基本类型。集中管理模式也就是企业的知识产权资产由企业专门的知识产权管理机构按照统一的知识产权规则进行管理,它涉及企业自主知识产权创造、管理、保护和应用等各个环节,可以从整体上最大限度地发挥企业知识产权资源的功效,效率也比较高。分散管理模式是企业内部与知识产权相关的各个分支部门在总部的授权下决定各自领域的知识产权措施。也就是说,企业知识产权各个部门处于统一领导下,知识产权的申请、知识产权纠纷的解决、知识产权战略的制定、知识产权态势的分析、知识产权的许可或知识产权联盟的组建等问题,由各个具体机构负责处理。这种模式的最大特点就是可以充分发挥各个部门的特长和积极性。类别管理模式也可称为行列式管理模式,其特点是根据产品和技术领域分门别类地对企业知识产权进行管理。它的最大优点是可以避免在同一技术领域就同一技术进行重复研究,减少企业创新资源的浪费。中国跨国公司可以根据自身的不同特点从这三种基本模式中选择符合自己实际的机构设置方式,或者设立独立的专门的知识产权管理部门,或者把企业知识产权机构设置在企业法律部门下面,或者让研发部门统领企业知识产权的工作,或者法律部门和研发部门联合负责企业知识产权事务,如此等等,不一而足,总之,最终目的在于充分发挥自身的优势,促进中国跨国公司自主知识产权发展。

第二,进一步完善公司有关知识产权保护的规章制度,针对不同知识产权类型,采取不同的保护策略。企业知识产权管理机制是企业知识产保护体系有效的基础和骨骼，但要使企业知识产权管理机构发挥有效的保护作用，还必须制定科学合理的规章制度。对于企业知识产权管理机构而言，良好的保护机制犹如电脑正常运行的软件系统。依照管理制度的层级，可以将企业知识产权保护的规章制度分为总制度和分制度，这犹如法律体系当中的宪法和各基本法的关系。在完善保护制度的前提下，可根据实际需要，针对不同的知识产权资源，采取不同的保护策略。比如，如果中国跨国公司确定自己在研的技术是独一无二的，即没有第二家公司或科研单位在进行相同的技术研究，那么其就可以不以专利的形式保护，而采取技术秘密的形式加以保护。如果也有其他公司在进行类似的研究，就可以视对手研发的进展程度决定专利申请的时间、地点和范围等。还比如，对于核心专利技术的保护，中国跨国公司也可以采取专利网的策略，即在核心专利技术周围申请数量众多的小专利，采用"地雷战"的形式保护自己的专利资产。

第三，加强企业知识产权文化建设，重视对员工的知识产权保护培训。企业知识产权保护不仅是企业知识产权管理机构的事情，作为企业的一分子，每一位员工也都有保护的责任。而中国跨国公司要在企业内部营造这样一种氛围，就必须增强企业知识产权文化建设。这么说主要是由企业知识产权文化的地位和作用决定的。企业知识产权文化是企业文化的一个重要组成部分。企业文化是由企业历史凝聚而成的生存方式，是企业在长期的经营活动中自觉或不自觉地积淀或凝聚的结果。作为企业稳定的生存方式的企业文化一旦生成，一方面对于企业当中的个体具有决定性制约作用，就像血脉一样构成企业个体的灵魂；另一方面，它构成了企业经营活动的内在机理。作为企业文化的一个分支，企业知识产权文化是企业在知识产权活动中凝聚而成的，是有关企业知识产权方面的意识和行为的总和。从观念是行为的先导这个角度来说，企业知识产权文化的核心是企业有关知识产权的价值观、信念、情感、态度、心理和习惯等综合而成的意识整体。这种意识整体影响和制约企业员工的知识产权行为，久而久之就演变成企业的一种习惯、一种传统。借用法国思想家卢梭的名言："一切法律之中最重要的法律，既不是刻在大理石上，也不是刻在铜表上，而是铭刻在公民的内心里。"可以这么说，对于企业知识产权保护活动有决定性意义的因素，不是形成文件的企业知识产权战略、企业知识产权制度，

第七章 当前进一步推动中国跨国公司自主知识产权培育的对策与建议

也不是挂在墙上的企业知识产权标语,而是企业员工内心中的知识产权观念和态度。企业知识产权文化的这种重要地位使企业知识产权文化在企业知识产权保护活动当中具有导向作用、推动作用和凝聚作用。由于知识产权是一个舶来品,中国跨国公司必须加大企业知识产权文化建设的力度,提升企业员工的知识产权保护意识,这样才能使宝贵的自主知识产权资源不至于流失。在加强企业知识产权文化建设方面,中国跨国公司要避免发生只重形式、不重实用的现象。从企业知识产权文化构建的原则来说,中国跨国公司可以遵循以下几个基本原则:一是服务于自主知识产权培育这一中心工作良性发展的原则;二是构建企业知识产权文化建设的长效机制;三是根据不同层次区别要求,即针对公司领导、一般员工、监管对象提出不同的要求;四是可亲近性原则,即以企业员工喜闻乐见的艺术形式使企业知识产权文化以不知不觉的方式影响员工的内心。

第四,根据公司发展的总体规划和实际发展需求,综合采用法律保护、司法保护、合同保护等不同形式的知识产权保护手段。中国跨国公司的业务活动可能涉及不同形式的知识产权,如专利权、商标权、著作权、计算机软件版权、商业秘密、域名等,因此,中国跨国公司有必要对所涉及的知识产权类别进行规划和管理。在实际过程中,中国跨国公司可对知识产权按其实际可创造价值、对公司发展的重要程度、维护成本等进行分级。在此基础上,中国跨国公司应建立起企业知识产权数据平台,并在分析成本与预期收益的基础上,对于可能对公司产生重大影响的知识产权,如商标权、专利权、著作权等采用多种手段重点保护。在与其他单位或个人合作的过程中,中国跨国公司一定要对所涉及的知识产权的权属、使用范围、期限、后续研发成果的分配等做详细规定,签署相关法律文件。为了更好地保护公司计算机软件的版权,中国跨国公司应该将自主开发的计算机软件向软件登记管理机构办理软件著作权的登记,避免在产生纠纷时因无法提供有力证据而处于被动地位。在保护专利技术时,中国跨国公司应在研发中与技术人员签订保密协议,建立档案,保证对技术上的进展有完整记录。在与其他单位合作过程中,中国跨国公司根据合作内容的不同,对所涉及的专利技术的使用及收费,应及时签订《专利实施许可合同》《技术开发合同》《技术转让合同》《技术咨询合同》《技术服务合同》等。

然而从实际情况来看,对于夯实创新基础以获取量更多、质更优的自主知识产权来说，大部分中国跨国公司并没有认真对待。以研发投入为例，2010年，欧盟利用研发投入记分牌的方式，对全球企业的研发投入进行了排名。在2009年全球企业研发投入1400强排行榜中，美国企业有504家，占比为36%；欧盟有400家，占比为28.6%；日本有259家，占比为18.5%；而中国只有21家，仅占1.5%（见表7-10）。

表7-10 2009年中国进入全球研发投入1400强排行榜的企业名单

企业	排名
华为技术有限公司	70
中国石油天然气集团公司	80
中兴通讯股份有限公司	131
中国铁路建设股份有限公司	155
中国石油化工集团公司	205
中国交通建设股份有限公司	364
中国南车股份有限公司	372
中国冶金科工股份有限公司	408
上海汽车集团股份有限公司	420
中国中煤能源股份有限公司	485
比亚迪汽车销售有限公司	519
中芯国际集成电路制造有限公司	528
深圳市腾讯计算机系统有限公司	583
中国中铁股份有限公司	788
中国东方电气集团有限公司	803
中国电信集团公司	900
哈尔滨动力设备股份有限公司	1019
中国中材股份有限公司	1037
潍柴动力股份有限公司	1041
中国民航信息网络股份有限公司	1363
中国第一拖拉机股份有限公司	1389

资料来源：陈敬全等：《全球企业研发投入趋势分析》，《科技导报》2011年第6期，第15~16页。

从表7-10可知，只有四家中国跨国公司在研发投入上能进入全球前200名。而且在替代能源、生物技术等战略性新兴产业领域，中国跨国公

第七章　当前进一步推动中国跨国公司自主知识产权培育的对策与建议

司的研发投入明显不足。这种状况若不加改变，中国跨国公司就很难在自主知识产权培育上取得根本性突破。

二　中国政府的促进措施

（一）优化中国跨国公司自主知识产权培育的环境

培育自主知识产权，企业是主体，政府是环境。从国内外实践来看，中国跨国公司培育自主知识产权需要一个良好的外部知识产权环境——既包括公平公正的知识产权法治环境，又包括规范守信的知识产权市场环境，还包括健康的知识产权文化环境。没有一个优良的知识产权生态环境，中国跨国公司培育自主知识产权，就犹如南方的农民在北方干旱的土地上种水稻。然而，就中国跨国公司知识产权培育的环境来看，形势并不乐观。从表7-11可以看出，在2014年中国知识产权侵权纠纷中，侵权人侵犯的大多是包括中国跨国公司在内的中国国内知识产权人的专有权；而且经济比较发达的浙江、广东和江苏等地区的知识产权侵权现象较为严重，分别达到2952起、1445起和458起。这样严重的知识产权侵权现象，大大挫伤了包括中国跨国公司在内的知识产权所有者的积极性。

表7-11　2014年全国各地区侵权纠纷专利执法统计情况

单位：起

地区	类别	合计	专利权人国别或地区							
			中国	美国	日本	英国	德国	韩国	中国香港	中国台湾	其他
合计	受理	7671	7157	62	58	18	109	7	11	13	236
	结案	7640	7128	63	77	17	93	4	5	13	240
北京	受理	80	68	3	0	0	9	0	0	0	0
	结案	66	51	0	0	0	5	0	0	0	10
天津	受理	42	40	0	0	0	2	0	0	0	0
	结案	41	39	0	0	0	2	0	0	0	0
河北	受理	189	189	0	0	0	0	0	0	0	0
	结案	212	212	0	0	0	0	0	0	0	0
山西	受理	6	6	0	0	0	0	0	0	0	0
	结案	0	0	0	0	0	0	0	0	0	0

续表

地区	类别	合计	专利权人国别或地区							
			中国	美国	日本	英国	德国	韩国	中国香港	中国台湾	其他
内蒙古	受理	8	8	0	0	0	0	0	0	0	0
	结案	8	8	0	0	0	0	0	0	0	0
辽宁	受理	17	17	0	0	0	0	0	0	0	0
	结案	15	15	0	0	0	0	0	0	0	0
吉林	受理	39	39	0	0	0	0	0	0	0	0
	结案	79	79	0	0	0	0	0	0	0	0
黑龙江	受理	63	63	0	0	0	0	0	0	0	0
	结案	59	59	0	0	0	0	0	0	0	0
上海	受理	108	31	20	14	0	9	0	0	0	34
	结案	104	27	20	15	0	9	0	0	0	33
江苏	受理	477	458	0	1	0	18	0	0	0	0
	结案	484	445	0	12	0	19	0	0	0	8
浙江	受理	2963	2952	1	0	7	0	0	2	0	1
	结案	3008	2996	1	0	7	0	1	2	0	1
安徽	受理	136	134	0	0	0	0	2	0	0	0
	结案	113	111	0	0	0	0	2	0	0	0
福建	受理	113	100	0	0	0	0	2	0	10	1
	结案	65	55	0	0	0	0	0	0	10	0
江西	受理	77	77	0	0	0	0	0	0	0	0
	结案	80	80	0	0	0	0	0	0	0	0
山东	受理	347	343	0	0	0	0	0	0	0	4
	结案	296	292	0	0	0	0	0	0	0	4
河南	受理	243	238	0	0	0	2	0	0	0	3
	结案	353	351	0	0	0	2	0	0	0	0
湖北	受理	156	155	0	0	0	0	0	0	0	1
	结案	128	128	0	0	0	0	0	0	0	0
湖南	受理	156	155	0	0	0	0	0	0	0	1
	结案	138	138	0	0	0	0	0	0	0	0

续表

地区	类别	合计	专利权人国别或地区							
			中国	美国	日本	英国	德国	韩国	中国香港	中国台湾	其他
广东	受理	1811	1445	38	43	11	69	3	9	3	190
	结案	1796	1454	42	44	10	56	1	3	3	183
广西	受理	11	11	0	0	0	0	0	0	0	0
	结案	11	11	0	0	0	0	0	0	0	0
海南	受理	4	4	0	0	0	0	0	0	0	0
	结案	0	0	0	0	0	0	0	0	0	0
重庆	受理	147	146	0	0	0	0	0	0	0	1
	结案	176	169	0	6	0	0	0	0	0	1
四川	受理	140	140	0	0	0	0	0	0	0	0
	结案	156	156	0	0	0	0	0	0	0	0
贵州	受理	37	37	0	0	0	0	0	0	0	0
	结案	31	31	0	0	0	0	0	0	0	0
云南	受理	48	48	0	0	0	0	0	0	0	0
	结案	58	58	0	0	0	0	0	0	0	0
西藏	受理	0	0	0	0	0	0	0	0	0	0
	结案	0	0	0	0	0	0	0	0	0	0
陕西	受理	79	79	0	0	0	0	0	0	0	0
	结案	31	31	0	0	0	0	0	0	0	0
甘肃	受理	35	35	0	0	0	0	0	0	0	0
	结案	18	18	0	0	0	0	0	0	0	0
青海	受理	7	7	0	0	0	0	0	0	0	0
	结案	6	6	0	0	0	0	0	0	0	0
宁夏	受理	6	6	0	0	0	0	0	0	0	0
	结案	6	6	0	0	0	0	0	0	0	0
新疆	受理	126	126	0	0	0	0	0	0	0	0
	结案	102	102	0	0	0	0	0	0	0	0

资料来源：国家知识产权局规划发展司编《2014年专利统计年报》。

要使中国跨国公司自主知识产权培育有一个适宜、肥沃的土壤，中国政府必须科学有为。

第一，中国政府要从立法上，进一步完善知识产权法律法规。毋庸置疑，我国在商标、专利、计算机软件保护、集成电路布图设计等专门知识产权立法上已取得很大成就，以至于有学者认为这是一个奇迹。[①] 然而奇迹背后也存在知识产权法律法规不完善的问题。至今我国还没有颁布商业秘密法，而它对企业知识产权培育活动至关重要。比如，我国在制定现有的知识产权专门法或相关法律法规时，非常注重对知识产权的保护，但不重视对知识产权滥用的规制，以至于我国对国外跨国公司在华知识产权滥用显得几乎没有什么有效的法律办法。又比如，知识产权侵权获赔额整体偏少。按照我国著作权法、专利法和商标法等法律的规定，知识产权的损害赔偿是按照被侵权人的实际损失和侵权人的违法所得来进行计算的；如果实际损失或违法所得难以确定或不能确定，则按照法定赔偿标准进行赔偿，商标法和著作权法规定的标准是50万元（人民币）以下，专利法第65条规定："权利人的损失、侵权人获得的利益和专利许可使用费均难以确定的，人民法院可以根据专利权的类型、侵权行为的性质和情节等因素，确定给予一万元以上一百万元以下的赔偿。"但是，在司法实践中，大多数知识产权侵权案件采用"法定赔偿"的方式。事实上，在知识产权侵权案件中，原告大多数按照实际损失或侵权人违法所得主张赔偿金额，然而法院在判决时往往以提供的证据不充分为由，采用法定赔偿标准计算赔偿金额。根据中南财经政法大学知识产权研究中心的统计数据，2008年6月至2013年4月，在全国各级法院审理的4768件知识产权侵权有效司法判例中，专利权案、商标权案和著作权案采用"法定赔偿"判赔标准的比例分别为97.25%、97.63%、78.54%。[②] 适用法定赔偿的结果之一就是，知识产权侵权的代价低。据统计，我国专利侵权实际赔偿额平均只有8万多元，商标侵权赔偿只有7万元，著作权侵权赔偿只有1.5万元，远远低于一些发达国家的标准。[③]

知识产权实际侵权赔偿标准过低会严重影响企业自主知识产权培育的

---

① 谢晓尧、陈贤凯：《知识的产权革命——知识产权立法的"中国奇迹"》，《法学评论》2010年第3期，第37~48页。
② 参见张维《知识产权侵权获赔额整体偏低》，《法制日报》2013年4月18日第6版。
③ 参见宋河发《科技成果转化与知识产权运用》，《光明日报》2015年2月6日第10版。

第七章 当前进一步推动中国跨国公司自主知识产权培育的对策与建议

积极性。中国政府必须采取实际法律措施，解决知识产权维权成本高而侵权成本低的问题。从国外知识产权审判实践看，解决举证难和损害数额计算问题，应当突破有形财产民事侵权诉讼所采用的"谁主张谁举证"的原则的桎梏，使用市场占有率标准计算知识产权赔偿数额。所谓市场占有率标准是指，知识产权权利人因侵权而损失的市场占有率，或者知识产权侵权人因侵权所获得的市场占有率。比如，在被称为世纪专利大战的美国苹果公司诉韩国三星公司专利侵权案中，虽然涉案专利只有三件外观设计专利，但法院按照市场占有率的标准来计算，韩国三星公司应当赔偿的金额为10.5亿美元。此外，可以尝试性地采用处罚性的赔偿机制来遏制知识产权侵权行为。知识产权处罚性赔偿是指当知识产权侵权人的侵权行为是恶意、欺诈时，其所承担的赔偿金额应超过其实际所得或者实际所造成的损害。实行知识产权处罚性赔偿制度的目的，就是要通过处罚知识产权侵权者以对其他潜在的知识产权侵犯者产生威慑作用。知识产权惩罚性赔偿是以经济制裁的方式打击知识产权侵权行为的模式，它针对的是可能要发生的知识产权侵权行为。如果知识产权侵权要付出高昂的成本和代价，那么人们会因恐惧而避免知识产权侵权行为的发生，将知识产权侵权扼杀在萌芽状态。对知识产权侵权行为以经济方式进行惩罚是发达国家和地区的一种普遍做法。如《美国统一商业秘密法案》规定：如果侵权人存在故意和恶意侵占他人商业秘密的行为，则法庭可对侵权人判决不超过两倍的惩罚性赔偿。

我国虽然建立了与世界一致的知识产权法律制度，但在知识产权司法实践中，我国的知识产权保护缺乏统一的标准，经常出现审判标准和赔偿标准不一的问题。为了解决这个问题，中国政府必须进行相应的知识产权司法改革以实现法律适用的统一。从具体思路来说，一方面是推进知识产权司法裁判标准的统一；另一方面是提高知识产权法官的素质和业务能力，加大对知识产权案件的协调、指导和执行力度。

第二，中国政府必须健全知识产权执法和管理体制。在我国对于知识产权的保护中，司法机关发挥主导作用。不可否认，让司法主导知识产权的保护是司法的本质属性，是依法进行判断和法治时代需以规则意识保护知识产权的内在要求。然而，一方面，知识产权司法具有消极被动的特点，即知识产权司法因知识产权纠纷而生，没有与保护产权相关的起诉也就没有知识产权审判，知识产权审判的对象和范围也只能由与知识产权相关的起诉决定，知识产权审判不能擅自扩大自己的范围；另一方面，在很多领域，知识产权侵权行为，不仅损害权利人的私人利益，而且危害公共利益。如果这种问题得不到有效解决，那么保护知识产权的目的就得不到实现。此外，在我国的知识产权司法实践中，存在裁判尺度不够统一的问题。知识产权司法判决标准不统一的后果之一就是，极有可能造成同一类甚至同一知识产权案件在判决结果上千差万别，使公民或法人对知识产权法产生无所适从之感，这不仅有损知识产权司法的公平性，而且不利于知识产权法治意识的形成。加大知识产权行政执法力度，完善知识产权行政管理体制，是有效制止知识产权侵权行为或违法行为的必然要求。它具有知识产权司法行为所不具有的主动性、灵活性以及制止侵害的有效性。在我国，根据知识产权客体的不同，设有不同的知识产权行政管理机关。如国家知识产权局负责专利和集成电路布图相关管理事宜；原国家工商管理总局和国家版权局分别是商标、版权的管理机关；原国家质量监督检验检疫总局享有管理地理标志方面事务的权限；国务院信息化工作领导小组办公室是互联网域名的行政管理者。[①] 根据2018年我国颁布的《深化党和国家机构改革方案》，原国家工商行政管理总局、国家质量监督检验检疫总局的职责和国家食品药品监督管理总局的职责被整合进新组建的国家市场监督管理总局。国家市场监督管理总局负责管理国家知识产权局。国家知识产权局的主要职责是：对商标专利执法工作的业务进行指导，制定并指导实施商标权、专利权确权和侵权判断标准，制定商标专利执法的检验、鉴定和其他相关标准，建立机制，做好政策标准衔接和信息通报等工作。而国家市场监督管理总局负责组织指导商标专利执法工作。由于不同类型的知识产权侵权行为往往是犬牙交错的，这种"多龙治水"式的行政管理体制会提高知识产权行政执法的成本，降低知识产权行政执法的效率，甚至导致多龙治水反而治不了水的结局。

有效解决这种局面的一个可行方法就是，进一步促进行政执法和司法保护两条途径的互补与衔接，提高知识产权保护的法治化水平。发挥知识

[①] 丛雪莲：《中国知识产权行政管理机构之设置与职能重构》，《首都师范大学学报》（社会科学版）2011年第5期，第137~142页。

第七章 当前进一步推动中国跨国公司自主知识产权培育的对策与建议

产权行政执法和司法保护的各自优势,首先,必须整合行政和司法资源,形成知识产权保护合力。就整合的具体方法来说,司法机关可以对知识产权纠纷行政调解协议进行确认,使其具有司法判决的效力;这样一来,一方面可以给予知识产权行政调解以坚实的支持,另一方面也可以使法院在履行知识产权监督和制约职能时,扩大知识产权司法保护的影响力,实现知识产权行政执法和知识产权司法保护的"优势互补"。其次,为了能使知识产权行政执法和司法保护有机衔接起来,还必须协调好知识产权行政执法机关和司法机构,在处理同一知识产权纠纷时,应避免发生重复处理或矛盾处理的现象。为此,知识产权行政执法机关和司法机关应当统一知识产权执法标准和证据收集程序、认证标准、证明力的认定要求,实现知识产权民事证据、行政证据之间的有机衔接。

第三,加大对知识产权犯罪尤其是网络知识产权犯罪的打击力度。侵犯知识产权罪是指违反知识产权保护法规,未经知识产权所有人许可,非法利用其知识产权,侵犯国家对知识产权的管理秩序和知识产权所有人的合法权益,违法所得数额较大或者情节严重的行为。与一般知识产权侵权相比,知识产权犯罪对社会创新发展所造成的危害更加严重,会极大地削弱市场主体的创新活力,扰乱市场秩序,而这不利于中国跨国公司自主知识产权的培育,因而必须依法严厉打击知识产权犯罪。知识产权犯罪是一种组织化、专业化和科技化水平比较高的犯罪。知识产权犯罪是一种有组织的犯罪,犯罪分子在制假售假上具有严格的等级,并在产、供、销等环节上组织严密。知识产权犯罪分子往往都具有相应的专业知识和技能,作案手段非常隐蔽,涉及范围非常广。知识产权犯罪的这种特点使司法机关查处起来难度较大,再加上司法机关有时发生执法不严、以罚代刑的行为,因而知识产权犯罪屡禁不止。根据最高人民检察院公布的数据,2013年全国检察机关共批准逮捕涉及侵犯知识产权犯罪案件3272件、5081人,提起公诉4975件、8232人,其中假冒注册商标案件1542件,占30.99%;销售假冒注册商标商品案件1649件,占33.15%;非法制造、销售非法制造的注册商标标识案件361件,占7.26%;侵犯著作权案件1365件,占27.44%;销售侵权复制品案件15件,占0.30%;侵犯商业秘密案件43件,占0.86%。最高检对921件重大案件进行了挂牌督办,其中大部分是侵权假冒案件。① 2014 年，全国检察机关共批准逮捕涉及侵犯知识产权犯罪案件 2924 件、4859 人，提起公诉 5156 件、8834 人。全国公安机关共破获侵犯知识产权和制售假冒伪劣商品犯罪案件 2.8 万起，抓获犯罪嫌疑人 3.3 万人，涉案总价值 177.9 亿元。② 在这种情况下，有必要加大打击知识产权犯罪的力度，特别是对那种链条式、产业化的知识产权犯罪，更应该加大刑事打击力度。针对知识产权犯罪的组织化、专业化的特点，在运用刑事手段打击知识产权犯罪时，应当在行政执法机关和公安、检察及审判机关之间建立起一个共同的工作平台，实现信息共享、相互监督，同时，也要与农业部门、文化部门、广电部门、药品监管部门、工商部门等合作，解决侵犯知识产权犯罪技术认证方面的难题。

随着互联网技术和新商业模式的迅猛发展，侵犯知识产权犯罪已经从现实空间发展到了网络虚拟空间。毋庸置疑，网络空间中侵犯知识产权的行为给知识产权人带来了巨大损害，然而，网络信息技术使侵犯知识产权的行为不仅简单方便，而且成本很低，网络空间的虚拟性和便捷性又使知识产权人和知识产权侵权执法机关，面对知识产权犯罪行为，虽痛恨却没有有效根除的方法。这反过来又造成知识产权犯罪数量增加和整体危害性迅速扩大。比如，据上海市徐汇区检察院统计，2012~2014 年，该院共办理知识产权犯罪案件 63 件，其中"以网络作为犯罪工具""以运行于网络上的计算机软件作为犯罪对象"以及二者兼而有之的三种案件类型，分别占当年案件的 50%、56%、58.3%。③ 由此可见，网络知识产权犯罪占了整个知识产权犯罪的半壁江山，且比例有逐年提高的趋势。网络知识产权犯罪造成的社会危害性也是传统侵权犯罪所无法比拟的。这种危害可以从 2014 年公安部通报的一个利用网络侵犯知识产权的典型案例中窥见一斑。2014 年 5 月 27 日，江苏、天津、上海、浙江、安徽、广东 6 省市公安机关联合打掉一跨地域制售假冒名牌化妆品犯罪网络，查获假冒"欧莱雅"

---

① 参见《知识产权保护：为创新驱动发展护航》，国家知识产权战略网，2014 年 5 月 29 日，http://www.nispo.cn/onews.asp?id=21431，最后访问日期：2019 年 6 月 6 日。
② 参见《2014 年全国侵犯知识产权制假售假案涉案总值 177.9 亿》，人民网，2015 年 4 月 16 日，http://politics.people.com.cn/n/2015/0416/c1001-26855830.html，最后访问日期：2019 年 6 月 6 日。
③ 林中明、屈灵玲：《半数以上侵犯知识产权犯罪涉及网络》，《检察日报》2015 年 10 月 8 日第 4 版。

第七章　当前进一步推动中国跨国公司自主知识产权培育的对策与建议

"迪奥""香奈儿"等品牌化妆品62.9万余件（支），包装瓶（盒）等15万件，涉案价值3000万元。经查，2013年以来，犯罪嫌疑人陈某等人在广州设立制假窝点，低价购进劣质香精、矿物油、色素等原料，生产假冒"欧莱雅""迪奥""香奈儿"等品牌化妆品。该团伙在互联网上发布商品信息，通过花某等人开设的网店、美容店等销往全国各地。①

利用网络实施知识产权犯罪的现象迅速增加，虽与新技术催生的新模式以及网络虚拟世界监管和查证不易有关，但与知识产权刑法保护范围过窄也存在一定联系。众所周知，刑法是打击知识产权犯罪的重要法律基础。然而，面对形形色色的网络知识产权犯罪事实，刑法有关网络知识产权犯罪的规定显得十分有限。比如，在知识产权司法实践中，很多时候只能依赖非法经营罪和销售伪劣商品罪对大面积的生产未取得商标许可的产品行为进行定罪量刑。而无论是非法经营罪，还是销售伪劣商品罪，都无法准确定性知识产权侵权产品的生产行为，原因之一就是现在很多知识产权侵权产品是假冒但并不伪劣。再如，在"互联网+"的新形势下，互联网与传统产业之间的融合程度不断加深。在这种情况下，商业模式的创新和应用，一方面可以有力推动产业转型升级，另一方面也可以使企业进行虚拟化运营，实现软性化的生产。但是，根据我国法律规定，商业模式不能被授予专利，而这又使很多包括中国跨国公司在内的中国企业，因商业模式被模仿，自己的核心智力成果被侵犯，而影响品牌的市场竞争力，因此，在"互联网+"的大背景下，如何实现有效的知识产权刑法保护就成为目前亟待解决的一个重要问题。以上两个例子在一定程度上反映了利用网络实施知识产权犯罪的行为给传统的知识产权刑法保护带来的严峻挑战。打击网络知识产权犯罪需要加大刑事制裁力度。可以从两个方面入手：一是适当降低侵犯知识产权行为入刑的门槛，根据我国经济社会发展的实际需要，设立新的知识产权犯罪的情形及罪名；二是规范刑事处罚的程序和标准，从法律层面对知识产权刑事案件做出明确规定，其主要内容包括确定案件移送过程中的证据保存、案件移送的时间、与案件相关的手续和材料等。只有这样，才能确保涉嫌犯罪的知识产权侵权案件被及时移

---

① 参见《2014年10起侵犯知识产权犯罪典型案例》，中国警察网，2014年9月19日，http：//news.cpd.com.cn/n3559/c25215884/content.html，最后访问日期：2019年6月6日。

送到相关的知识产权司法机关手中,才能做到严明的知识产权执法和公正有效的知识产权审判,进而实现对侵犯知识产权犯罪行为的严惩。

第四,推进知识产权文化建设。知识产权文化,要求自然人或法人在生产经营实践、科学活动和日常生活中,有尊重知识产权、崇尚知识产权创新、保护知识产权等诚信守法的意识和行为;在涉及知识产权创新活动时,既要尊重他人的知识产权成果及其主体的合法权益,又要对自己创造性的智力成果积极进行知识产权化和商品化。由此可见,知识产权文化既是一种尊重知识产权、尊重知识产权人才、遵守知识产权法律的文化,也是一种强调知识产权商品化的文化,更是一种推崇知识产权创新的文化。受历史和现实诸多因素的制约,我国社会的知识产权意识普遍不高,各种知识产权侵权行为往往呈集体涌现之势。由此也造成我国虽然在知识产权立法上成绩斐然,但大量的知识产权法律法规仅仅停留在纸上、图书馆的书架上,没有进入社会生产、生活实践,没有走入人们的心田,缺乏春意盎然的勃勃生机。这其中的原因之一就是,我国的知识产权文化建设没有跟上高歌猛进的知识产权立法步伐。我国知识产权的快速立法,是在外在压力(主要是美国的强压)下被动进行的结果。由于行为主体没有接受知识产权文化的熏陶和滋润,自然就不会将知识产权规则内化。而推进知识产权文化建设,使市场行为主体树立起知识产权文化的观念,有利于我国知识产权制度的实施,进而有利于实现我国实施知识产权战略的目标,即可以促使企业重视自主知识产权并大幅增加其自主知识产权投入,从而使企业的自主知识产权能力和基于自主知识产权参与市场竞争的能力得到显著提升,进而形成一大批拥有世界知名品牌和自主知识产权核心技术并能娴熟运用知识产权规则的中国跨国公司。我国知识产权文化建设的推进,既需要发挥政府的主导作用,还需要发挥新闻媒体的号召作用,更需要发挥公众的主体作用。当前我国应进一步加大知识产权的宣传力度,强化知识产权教育。

在知识产权文化建设中,必须以文化手段自觉地推动知识产权制度的大众化。在中国创新驱动发展的关键时期,面对不断增长的群体性、反复性知识产权侵权行为和庞大的侵权假冒产品的消费群体,推动当代中国的知识产权制度大众化,是新常态下经济转型升级的必然选择。知识产权制度是在西方文化的氛围中诞生的,推动知识产权制度在当代中国的大众化,本质上是跨地域的文化认同。因中西方文化关于知识是否可以成为产权化的私人财产以及这种财产权利值不值得尊重、有无保护必要的观念不同,知识产权制度与当代中国大众有一定的文化距离,诸如"君子著述不为稻粱谋""盗版者是劫富济贫的现代罗宾汉"等文化观念,犹如一道厚厚的幕墙,阻挠了大众对知识产权保护的合理性、合法性的认同,以至于知识产权制度在大众心目中的形象往往是"异化""没有用""富人的游戏"等。从这个意义上说,需要从文化自觉的高度来审视知识产权制度的大众化。

从"化"的改变、变化的本义来说,知识产权制度的大众化是一个动态的过程,具体地分析,是由以下三个彼此不同但又紧密联系的方面组成的:一是从知识产权制度的传播范围来看,大众化指的是对知识产权制度的认识和理解由精英普及走向社会普及的过程;二是从知识产权制度的话语表述来看,大众化指的是知识产权制度的相关概念和理论由专业术语走向通俗话语的过程;三是从知识产权制度的维持力量来看,大众化指的是知识产权制度由法律强制走向公众自觉的过程。

"化"不仅具有过程的指向,还具有结果——转变为某种性质或状态——的旨归,比如,化俗就有化民成俗、改善风俗两重含义。从这方面来看,知识产权制度的大众化,是"大众化"和"化大众"两种状态的有机结合。"大众化"指的是让知识产权制度掌握于大众,让大众体验到知识产权制度为其带来的切身利益和社会福利,从而积极主动地去认识、理解、把握和运用知识产权制度;"化大众"指的是大众已经真正理解和把握了知识产权制度的要旨,内化了知识产权制度的法律精神,形成了正确的知识产权观念和思维,并使之成为规范自身行为的现实力量。

需要指出的是,知识产权制度大众化,在不同国家或同一国家的不同历史时期会有不同的特征。就当代中国而言,至关重要的是要把握住它的文化自觉的特点。知识产权制度是在西方理性文化、权利文化、财产文化等基础上产生的,本身亦属于文化范畴,因此,知识产权制度在中国的大众化,实际上是通过中西方文化的接触、交流与融合,实现大众对知识产权制度的文化认同。要实现这种认同,首先要认识清楚中国文化与知识产权制度的"母文化"及知识产权文化本身的不同特色,其次要分析它们之间的"相通"与"相斥"之处,最后要通过文化形态的转化实现二者的融合。

以上三个方面，正是费孝通先生所说的"文化自觉"在知识产权制度大众化过程中的特殊表现。文化自觉，按照费先生的说法是："生活在一定文化中的人对其文化有'自知之明'，明白它的来历、形成的过程，所具的特色和它的发展的趋向，自知之明是为了加强对文化转型的自主能力，取得决定适应新环境、新时代文化选择的自主地位。"[①] 从费先生的这个定义可知，文化自觉包含了自我文化的反思、自我文化对他者文化的认识以及自我文化对自己与他者文化之间关系的认识，而这正是知识产权制度大众化的必然要求：不认识清楚作为他者文化的知识产权制度，就不可能认识到它是一种先进的文化，是打开工业革命的一把金钥匙，是加快科学技术创新并迅速向生产力转化的一种制度设计，是任何国家摆脱狭隘的地方史走向世界历史的必然选择。对于自我文化，我们无法割断，但不走出"自我中心"的圈子，并在回顾历史、立足现实和展望未来的意识之镜中审视自身，我们便无法实事求是地与他者文化——知识产权制度——对接，会像钟摆一样在"文化回归"和"文化他化"两端晃来晃去，这样大众也会茫然不知所措。

费先生的文化自觉概念还揭示了，文化自觉的目的是提升自我文化适应时代文化发展的自主能力，取得引领时代文化发展的自主地位，使自我文化的美与时代文化的美能美美与共，这与知识产权制度大众化也是相契合的。知识产权制度虽是源自域外的他者文化，但它与改革创新的时代精神是内在统一的。受自我文化的影响而在大众中广泛存在的免费使用他人创造性劳动成果的观念，与知识创新成果产权化和商业化，使用权专有化的世界大潮是不相融的，知识产权制度大众化就是要使社会公众认识到：盗取他人的知识财产与盗窃物质财产一样，不仅是法律所不允许的，而且是不道德的，必须要尊重他人的知识产权。当今时代，因基因技术、网络技术等一系列新技术的变革，知识产权制度面临新的变革，中国能否适应知识产权制度的变革呢？能否自主地引领知识产权制度变革呢？如何回答这两个"能否"，取决于知识产权制度大众化的成功与否。对于任何一个已经处在全球知识产权制度体系中的国家来说，如果其治下的公众普遍不

---

① 费孝通：《关于文化自觉的一些自白》，《学术研究》2003年第7期，第5~8页。

第七章 当前进一步推动中国跨国公司自主知识产权培育的对策与建议

保护知识产权,那么它怎么能拥有引领知识产权制度变革的话语权呢?又怎么能使知识产权制度"为我所用"呢?

总之,打造既有世界眼光又有中国特色的知识产权制度,需要知识产权制度大众化的"文化自觉",就是说,需要生活在一定文化之中的当代中国人对知识产权制度的大众化有"文化上的自知之明",明白:知识产权制度也是一种文化,它具有与传统文化和时代精神相契合的特质;知识产权制度大众化过程是大众对先进文化的认同过程,它不是简单的文化复制过程,而是文化交往、文化比较、文化反思、文化磨合和文化创新的过程;推进这一过程不仅需要采取法律手段、行政手段、经济手段,也需要采取文化手段;以文化手段推进"大众化"的目的是使知识产权法价值成为大众共享的价值,激发文化创意和促进文化创造,最终实现中国的文化大发展和文化大繁荣。

知识产权制度大众化过程中的文化自觉具体体现在时空自觉、理论自觉和德性自觉三个方面。

时空自觉是知识产权制度大众化的重要前提。文化自觉,是生活在一定文化之中的人,当其文化在文化接触中陷入发展困境的时候,对其文化的过去、现在和未来展开思考,以做出有利于其文化发展的抉择。在省思中,文化的过去、现在和未来不是依次出现的,而是以浓缩的形式展现出来的,即以文化的现实需求审视文化的发展历史,以文化未来应有的样态来改造文化的现状,所以,文化自觉,作为一种历史的、社会的实践活动,是在一定的时空下发生的,必须要体现时代精神,保持自我特色。对时空背景的把握、时代发展要求的契合、地方特色的凸显体现为文化自觉当中的时空自觉。当代中国知识产权制度的大众化必须首先要有这种自觉。其内容具体有以下几方面。

其一,明了知识产权制度在全球范围内发展的历史和时代必然,知晓中国实施知识产权制度的特殊历史方位——中国实施知识产权制度与西方发达国家实施知识产权制度有一个很大的历史时代落差,即中国不是在工业文明之初而是在工业文明已经高度发达并已经向后工业文明转型之际才开始实施知识产权制度的,而发达国家及其跨国公司已可娴熟地运用知识产权制度,它们强化知识产权国际保护,以便在现有国际体系下继续维持其竞争优势。

其二，知识产权制度的发展从历史角度看有两个方面：一是知识产权制度通过与国际贸易结合突破了民族地域限制走向了全球；二是发达国家主导下的知识产权制度的全球化塑造了一个等级化的发展空间。在这个空间中，中国处于底层。为扩大自己的发展空间，中国必须采取积极措施，以突破这个等级化空间格局的钳制。明白这一点至关重要，但同时也必须明白：对于知识产权国际规则，我们必须遵守。

其三，对于知识产权制度与中国传统文化之间的关系要有正确的认识。中国传统文化与知识产权制度的文化要求有相接之处，比如，对诚实守信、革故鼎新的强调等；也有相冲突的地方，如知识产权制度是以个人主义文化为哲学基础的，而中国文化具有整体主义的哲学传统，小人喻于利的观念对于以君子为道德偶像的文人的影响之一是：以书画论价是一种有辱人格的行为。因此，关键的是，要在知识产权制度大众化过程中，对中国传统文化进行创造性的转化，这点必须明白。

理论自觉是知识产权制度大众化的必要条件。理论是文化的子概念，是对文化发展成果的凝练和升华，因此，理论自觉是文化自觉必然包含的内容。理论又是由概念、范畴和原理所组成的认知事物的思维工具，没有这个工具，要做到文化的"自知之明"很难，所以，理论自觉又是文化自觉的路径。

由于理论自觉包含文化自觉，因此，知识产权制度大众化的文化自觉，需要解决的一个问题是：通过什么样的理论话语促进大众对知识产权的觉醒。毋庸置疑，知识产权已经进入大众生活的各个方面，但是由于知识产权制度对于中国而言是跨文化、跨国家的法律移植，受传统文化观念以及计划体制的科技研发所形成的思维定式的影响，中国普通民众或者对这种"舶来品"茫然无知，或虽已知晓但还没有领会其精神而自觉内化。究其原因，不可忽视的一点是：没有实现话语体系的转换，即没有实现从西方话语向中国大众话语的转移。一般来说，语言是制度的构成要素，而制度的价值内容是由语言建构的，但制度价值的实现并不取决于语言，而取决于语言背后的使用者——现实的人——的集体意向性，即公众能否共同意识到制度的价值指向并努力与其相向而行。当代中国的知识产权制度在基本概念、条款用语和正当性的学理论证上，采用的都是西方的话语表达方式；相对于没有受过专门知识产权教育和不从事知识产权相关工作的

第七章 当前进一步推动中国跨国公司自主知识产权培育的对策与建议

中国大众而言，这些话语虽然有所耳闻，但因思维方式、语言习惯和价值观念的差异又是陌生的；其所构建的意义即知识产权法价值，也进入不了大众的心灵，在大众看来，"山寨""盗链""滥载"或其他知识产权侵权行为，并不像盗窃有形财物那样是一件令人羞耻的事情，相反可以引以为傲；但是，知识产权制度要吸引大众、紧紧抓住大众，又必须依靠由话语体系建构起来的意义的世界，而不是由法律条文堆砌起来的规则的世界，所以，从这个意义上说，必须建构一种具有中国特色的，契合大众生产、生活实践的知识产权话语体系，以促进并提升大众的知识产权自觉。

由于理论自觉是文化自觉的路径，因此，知识产权制度大众化的文化自觉还必须进一步思考：通过什么样的途径建构中国特色的大众化知识产权话语体系。

首先，对"思想疑惑"做出大众的理论解释。知识产权制度大众化的根本旨趣是，使知识产权制度在大众的物质生产和文化生活中发挥社会功能，成为活的生命力旺盛的制度。但是，在实施的过程中，知识产权制度受到了一些批评和指责，比如，阻碍了公开信息的共享、与健康权等基本人权相冲突、造成了权利人对知识产权的滥用、引起了国别利益的失衡等。这些质疑声使大众对知识产权制度的正当性产生了认识上的困惑。对此，必须从理论上做出彻底的解释，唯有如此，知识产权制度的思想闪电才能击中朴素的大众，大众才会成为知识产权制度的拥护者。

其次，对"民族文化"做出大众的理论开发。民族文化因其与大众的天然联系，可以成为知识产权制度大众化的情感桥梁和认知基础，但是，中国的民族文化与知识产权制度并不是无缝对接的，其中有相通的部分，也有相抵牾的部分，对此需要进行认真的甄别，对于相通的内容要进行科学合理的理论诠释，对于相冲突的内容则要进行理论的批判，这样才能够发挥民族文化对大众情感的牵引作用，但又不使民族文化妨碍大众对知识产权制度的认同。

再次，对"大众语言"进行艺术性的理论提升。知识产权制度在当代中国的大众化的生机和活力在于面向大众实践，解决大众的现实问题，这就不仅需要运用既有中国化的知识产权话语体系来把握大众问题，而且需从大众生活和大众实践中寻找新的话语予以提炼，使之成为中国知识产权话语体系中最具生命力的部分。

最后，对"抽象理论"进行大众化的转化。不言而喻，抽象的知识产权理论吸引不了大众，大众对知识产权理论的兴趣往往源于感性的具体实践，也是在具体的感性的实践中体认知识产权的理念，因此，必须善于将抽象的知识产权理论同大众的具体感性实践结合起来，使理论形态的知识产权具体化。理论形态的知识产权具体化，一方面是指将抽象性知识产权理论话语转化成贴近大众实践的知识产权政策话语；另一方面是用大众化的生动语言表达知识产权理论的深刻道理。

德性自觉是知识产权制度大众化的根本保证。德性的当今含义是道德方面的好的品质，在人的不同活动领域具有不同的维度，比如，善良、诚实、守信、宽容，如此等等，不一而足。德性是获得性的道德品质，就是说，德性并不是人天生所具有的，而是文化养成的结果，需经历"人化"和"化人"这两个相互结合的环节。没有作为个体的人对一定文化中的道德的"学而时习之"和"反躬自省"的自觉，也就没有凸显个体性的德性伦理。德性源于个体在实践中对文化中的道德的亲知、体知说明，德性自觉属于文化自觉的范畴，是涉及大众的道德和品质的文化自觉。

从德性自觉视角来考察，知识产权制度大众化的最终目的并不是对规则性知识的把握，就是说，即使大众掌握了大量有关知识产权制度的规则、条文、学说等知识，甚至能将这些知识倒背如流，但不能依据不同的境况做出符合知识产权制度要求的行为，或者其行为虽没有违背知识产权法律规则但其自身只是知识产权法律规则的被动奴隶，那么知识产权制度仍然没有实现大众化；只有当大众将知识产权制度的要求与自己的心理因素结合起来，使之由"自在之物"变成"为我之物"，并形成诚实、守信、创新光荣，假冒、剽窃、欺骗可耻的良好人格观念时，知识产权制度才实现了大众化。因为，唯有此时，大众对知识产权制度才会"从心所欲而不逾矩"，才能成为自由的有意识的创造主体，知识产权制度也才能完全实现其价值，社会的创新热情也才能被激发出来，中国也才能从根本上加快科学文化进步的进程，提升公民的思想道德素质和法律素质，实现国家富强、民族振兴、人民幸福。因此，可以说，加强知识产权道德建设，促进"尊重知识、崇尚创造、诚实守信、合法经营"的知识产权观念的形成，体现了知识产权制度大众化的根本目的。从这个意义上说，知识产权制度的大众化需要德性自觉的促进。具体而言，这种必要性体现在以下几个方面。

第七章 当前进一步推动中国跨国公司自主知识产权培育的对策与建议

一是在当代中国出现规模性的知识产权不诚信行为，并不是因为当代中国的知识产权制度不健全，而是由于大众缺乏与知识产权制度要求相适应的精神品质，换言之，就是大众不理解知识产权制度所蕴含的道德意义和精神价值，只是片面地将其视为束缚自己的外在规则，因而总是想方设法地摆脱其约束。但是，德性自觉可以促使大众用精神观照知识产权制度的道德要求，并自觉地体认它。因为，一方面，德性是主体内在的好的精神性品质，它的自觉既体现了主体道德意识的觉醒，又是主体道德践行的无声的力量；另一方面，知识产权制度所要求的在诚信基础上的品牌经营、技术创新等内容是其所有者及所属共同体，在知识产权成为核心竞争力的关键要素的形势下，更好地生存、发展的必然道德选择；两方面的结合是"天下兴亡，匹夫有责"的自然要求。

二是知识产权制度的道德要求是社会共同意志的集中体现，相对抽象，如果没有道德自觉性的社会成员个体，即其不具体化为社会成员个体的自由的道德意志，那它始终是一个抽象的存在，而不是现实的存在，就是说，知识产权制度的道德要求的实现过程，是知识产权道德观念主体化、个体化的过程，这一过程没有社会成员个体的德性自觉，很难顺利进行下去。

三是从关系的角度看，知识产权制度的道德要求实际上是一种交往伦理，即在知识产权创造、运用、保护、管理中调整权利人和利益相关者的利益关系的伦理要求；它往往需要个体在具体的境况下做出义或利的抉择——是践行之而不获不义之利，还是无视它而获即时的现实利益；而德性自觉，可以通过个体德性修养的激活和对善恶的分辨，促使个体在具体的事件中，依据事件本身的不同情况，做出正确的选择。

从历史唯物主义的立场来看，知识产权制度大众化文化自觉的主体意识不是某个个体的主体意识，也不是某类群体的主体意识，而是由一个个分属不同类的具体的个体所组成的整体主体的意识。这个整体主体意识中的个体成员身份：或许是正在田间地头播撒某一品牌种子的农民，或许是正在厂房里利用专利技术生产新产品的工人，或许是坐在办公桌前开发程序的技术人员，或许是正在实验室里进行技术研发的工程师，或许是正在书房著书立说的专家学者，或许是正在市场上购买自己喜爱的商品的消费者，等等。也就是说，知识产权制度大众化的文化自觉是不同主体意识的和声，而不是某一或某类主体意识的独唱。出于理论认识的需要，我们可以把个体主体自觉组成在实践中不可分割的整体主体自觉。

政府作为知识产权制度建构的主体，应该认识到：知识产权制度既有规则的层面，也有文化的层面，规则是知识产权制度的显性结构，其背后所隐藏的是有关知识创新成果产权化、商品化、产业化的一系列道德、价值观念，比如，赋予知识产权人以法定专有权是尊重劳动的自然要求，是给天才之火加上利益的油等；知识产权制度在当代中国的大众化，也就是大众文化观念更新的过程，其促进需要"润物细无声"的文化化育，不能一味靠提高行政执法强度或以刑罚相威胁的手段，因为跟在表面的强制后面的是心理的抵制。

政府要采取有效的文化手段，来推动知识分子对知识产权话语体系中国化的自觉，使知识分子作为知识产权制度理论研究的主体明白：知识产权制度是一种反映现代生存方式的西方话语体系，要使其为还未完成现代化的中国的大众所理解、接受和力行，必须首先使其中国化；推进知识产权话语体系的中国化，需要文化间的平等对话与交流，需要文化主体意识的觉醒，需要建构知识产权大众话语；知识产权大众话语建构的关键，在于把握大众丰富的多层次的理论需求。与此同时，政府也要促使大众自觉认同知识产权文化的价值观，并将其转化为自身的思想观念，以指导自己的知识产权行为。

（二）强化对中国跨国公司的海外知识产权援助

中国跨国公司有效培育自主知识产权，有利条件之一就是企业需要走向海外。然而在海外市场上，中国跨国公司遭遇最多并且风险最大的就是知识产权纠纷。只要中国跨国公司的产品在海外市场取得相应的份额对原有市场领先者产生一定威胁时，知识产权诉讼便会接踵而至。这方面最典型的代表当属浙江通领科技集团（以下简称通领）。凭借自身永磁式漏电保护自主专利技术，通领进军美国市场并在美国进行直接投资。2004年，当通领在美国的市场份额达到10%时，遭到来自美国电器巨头莱伏顿公司的强烈抵制。虽然莱伏顿明知通领产品没有专利侵权，但仍向美国法院起诉通领产品侵犯了自己的专利。在此后的六年时间里，莱伏顿及其同盟者轮番上阵，先后对通领提起了五场诉讼，其中包括美国著名的"337调查"。莱伏顿及其同盟者此举的用意就是试图将通领赶出美国市场。尽管

第七章 当前进一步推动中国跨国公司自主知识产权培育的对策与建议

通领赢得了连续五场诉讼的胜利,但也付出了惨重的代价。仅律师费就花去了1080万美元,[①] 更不用说发展产品的大好时机被断送,正所谓"赢得了官司,输掉了市场"。中国跨国公司在海外所碰到的这种知识产权侵权指控,非常不利于其对自主知识产权的培育。因为:自己明明没有知识产权侵权行为,却因竞争对手滥用知识产权制度,而坐在被告席上。应对这种无端且被动的知识产权诉讼耗时长、费用多,不仅会挤占中国跨国公司用于培育自主知识产权的宝贵资源,而且会因知识产权侵权嫌疑人的身份而降低自己的品牌价值,不利于自己品牌国际竞争力的提升;如果不积极应对,中国跨国公司就必须退出目标市场,自己专门针对目标市场所研发的专利技术方案就会因为无用武之地而毫无价值,这种结局不利于中国跨国公司自主知识产权的持续培育;即使赢得了官司,也可能会连续好几年时间被拒于目标市场门外,而竞争对手早已开发出了新的专利技术及其相关产品,这样中国跨国公司的原有专利也同样变得没有什么竞争价值了。由此可见,中国跨国公司是输也输不起,赢也是惨胜,完全处于一种两难境地。这种困境如不加以解决,就会动摇中国跨国公司培育自主知识产权的信心,并有可能使其走上放弃自主知识产权培育的道路。如果中国跨国公司真的不培育或者不积极培育自主知识产权,则不仅不利于其自身的长远发展和全球竞争力的提升,而且不利于我国产业结构的调整和国际分工地位的提升。就此,中国政府应积极运用自己的影响力,维护中国跨国公司的海外知识产权利益。在通领应诉的过程中,我国政府始终没有伸出援助之手。通领是以一己之力,与已经是世界500强的莱伏顿和美国政府进行较量的。这也是通领惨胜的原因之一。中国跨国公司在海外知识产权冲突中,单兵作战并不是个案现象,而是一种较普遍的现象。比如在2011年华为诉摩托罗拉以及爱立信诉中兴公司的海外知识产权纠纷中,中国跨国公司都是独自作战的。如果是发达国家的企业遇到这种情况,政府早就通过各种途径为自己企业撑腰、打气了,因此,今后我国政府应强化对中国跨国公司的海外知识产权援助,以帮助其培育自主知识产权。政府可以从以下几个方面开展企业的海外知识产权援助工作。

[①] 范炜:《"走出去"企业海外维权问题——对浙江通领科技集团知识产权海外维权的深度调查》,《浙江经济》2011年第10期,第23~25页。

首先，积极开展知识外交。一是在涉及知识产权的谈判中，要表明中国的立场，防止国外企业利用知识产权国际规则对中国企业进行权利滥用；二是强化知识产权的国际协调，组织知识产权领域相关专家，对知识产权国际规则进行深入研究，推动知识产权国际规则的变革，尽可能使知识产权国际规则有利于中国企业的跨国经营；四是建立中国企业的海外知识产权预警网，分行业、分地区梳理与中国企业海外经营活动有关的知识产权情况；五是建立起中国的涉嫌侵犯中国权利人的知识产权调查制度。

其次，积极开展海外知识产权保护工作。一是与民间知识产权机构合作开展涉外知识产权执法活动；二是分类发布海外知识产权维权指南，对中国企业的海外知识产权纠纷进行调查研究，制订出符合规律的切实有效的援助方案；三是在海外建立知识产权援助机构，为中国企业的海外知识产权诉讼提供担保等。

最后，开展企业海外知识产权培训，为跨国经营的企业培训专门的知识产权检索人才，提高跨国经营企业的知识产权检索能力和对知识产权的分析能力；同时设立企业海外知识产权援助基金，指导中国跨国公司进行海外知识产权维权；当中国跨国公司发生海外知识产权纠纷时，积极提供各种必要的帮助；发布世界各主要国家有关知识产权申请的信息；建立健全促进中国跨国公司申请国外专利的配套审查机制，支持中国跨国公司获得海外专利授权；支持中国跨国公司获取国际标准等。

（三）大力支持中国跨国公司培养高层次知识产权人才

中国跨国公司培育自主专利技术及自主品牌，需要知识产权战略、制度、机构、政策和文化等多方面的保障，而知识产权人才队伍建设是基础和关键。从实际情况来看，中国跨国公司的知识产权人才队伍建设取得了一定成绩，像华为、中兴等中国跨国公司的知识产权专业人才队伍在国际上已具有较强的实力。但总体来说，目前大多数中国跨国公司的知识产权专业人才普遍较为匮乏。也正是因为这一点，中国跨国公司自主知识产权培育的水平和能力大大不如发达国家的跨国公司。与发达国家跨国公司在知识产权培育上的擅长相比，中国跨国公司还没有登入知识产权培育的"大雅之堂"。虽然知识产权专业人才紧缺，但中国跨国公司所需要的知识产权人才也不是那种能登记造册、统计企业拥有多少知识产权资源并对知识产权的相关权利证书进行管理的一般性知识产权人才，而是"精通知识产权法律、管理等理论和知识，拥有丰富的知识产权实践经验和较高的知识产权实务技能，熟悉知识产权国际规则和国际事务，能够胜任知识产权行政管理、经营管理或服务等工作"的高层次知识产权人才。[1] 这类知识产权人才不仅要具有厚德载物的品格，而且要拥有深厚广博的知识产权法律知识、科学技术知识、知识产权经济学知识和知识产权管理学知识等，还要拥有较强的知识产权创新能力和有效组织知识产权活动的才能。从类型学角度来说，高层次知识产权人才可分为知识产权技术管理型人才、知识产权经营型人才、知识产权服务型人才以及从事理论研究和制度设计的知识产权理论研究型人才这几类。高层次知识产权人才既可以对知识产权信息展开有效分析，进而挖掘出自主知识产权的培育点、制定合理的知识产权培育战略规划，也可以对知识产权价值进行深入的分析与评估，并最大化实现知识产权利益，还可以有效化解海外知识产权纠纷。高层次知识产权人才这些作用的任何一种或几种的组合，都可以充分有效地促进中国跨国公司自主知识产权培育。可以说，高层次知识产权人才兴，则中国跨国公司自主知识产权培育就会快速发展；高层次知识产权人才强，则中国跨国公司自主知识产权培育步伐就会加快。

综上可知，中国跨国公司一方面急需高层次知识产权人才，另一方面大多数中国跨国公司又极缺高层次知识产权人才。在这种情况之下，就必须加大对目前企业尤其是中国跨国企业的高层次知识产权人才的培养力度。培养这种高层次知识产权人才，需要中国跨国公司自身的积极有为，也需要中国政府的鼎力相助。因为有些事情需要中国政府亲力亲为才能完成。比如说，培养高层次知识产权人才，离不开知识产权教育。而我国现阶段的知识产权教育制度，难以培养出高层次知识产权人才。具体而言，现阶段我国知识产权人才培育和教育体系的主要组成部分是：（1）高校专利事务所；（2）高校知识产权研究中心；（3）高校知识产权学院；（4）知识产权研究基地；（5）知识产权培训；（6）知识产权远程教育；（7）知识产权自学考试。[2] 由于高层次知识产权人才是复合型人才（既要懂知识产权法，

---

[1] 《知识产权局解读〈知识产权人才"十二五"规划〉》，中华人民共和国中央人民政府网，2011年11月18日，http://www.gov.cn/gzdt/2011-11/18/content_1997363.htm，最后访问日期：2019年6月6日。

[2] 陈美章：《我国知识产权人才培养现状》，《知识产权报》2005年7月1日，第4版。

又要懂科学技术，还要懂知识产权的经营和管理），是应用型人才和国际型人才，因此培育高层次知识产权人才不仅理论要求高，而且实践性强。而我国现行的不论以理论教学为主的高校知识产权教育系列，还是以培养学生实践技能为主的知识产权培训教育，抑或是知识产权自学考试，都难以培养出高层次知识产权人才。由此可见，必须推动我国现行的知识产权教育制度改革，而这种事情的大部分工作要由中国政府来完成。古语说："见一叶落而知岁之将暮。"（《淮南子·说山训》）笔者认为，从知识产权教育制度需要政府牵头进行改革这一点上可以看出，中国政府需要大力支持中国跨国公司对高层次知识产权人才的培养。

（四）支持中国跨国公司开展产学研合作创新

如前所述，中国跨国公司通过产学研合作创新路径，可以获取互补性知识资产，也可以提高自主创新能力，有利于自主知识产权培育；而科技经济的一体化发展、技术周期的不断变短和知识产权竞争的日趋激烈，也使中国跨国公司不得不开展产学研合作创新，以提高自主知识产权培育的有效性。但从实践来看，大多数中国跨国公司的产学研合作创新的开展，还不是很有效。制约中国跨国公司产学研合作创新有效开展的因素很多，其中既有中国跨国公司自身对产学研合作创新的认识不够、参与产学研合作创新的资源匮乏和能力不足的羁绊，也有高等院校和研究机构合作创新的动力不强、信息不畅、研究方向与中国跨国公司的需求不吻合的困扰，还有中国跨国公司与高等院校、研究机构开展合作创新的外部环境不优的影响。这些问题的解决，仅仅靠中国跨国公司和高等院校、研究机构是远远不够的，需要政府的大力支持和积极引导。而支持中国跨国公司开展产学研合作创新也是中国政府的职责所在。之所以这么说，是因为以下三点。

其一，产学研合作创新的目的是促进科技与经济的结合，实质是科技资源优化配置。而受计划经济影响，我国科技资源大量集中在高等学校和研究机构，企业创新资源明显不足，企业界和学研界在各自的轨道上独自运行，没有相互结合。这就造成一方面大量科技成果没有得到很好的利用，另一方面企业自主创新能力不足，屡屡在知识产权上受制于人。因此，支持中国跨国公司和高等学校与研究机构合作创新是中国政府合理配置科技资源的一项重要职能。

第七章 当前进一步推动中国跨国公司自主知识产权培育的对策与建议

其二,产学研合作创新涉及的,不仅仅是企业高等学校和研究机构,还有政府。产学研合作创新发挥有效作用,需要各方互动合作,形成合力。在产学研合作创新的各方关系中,政府的职责是制度创新,负责体制、机制的完善和配套政策的制定,以形成一个良好的外部环境。中国跨国公司开展产学研合作创新,恰恰十分需要政府营造一个良好的舆论环境、制度环境和政策环境。

其三,积极支持本国企业和科研机构有效开展合作创新,是科学技术和经济日益相互融合背景下,各发达国家的普遍做法。以美国为例,在20世纪50年代以前,美国的产业界和学研界各自为政。面对日本和西欧的急起直追,美国政府强化了自身的职能,大力支持本国企业和大学、研究机构之间的合作创新。其支持方式既包括颁布促进产学研合作创新的法律,也包括制定支持产学研合作创新的综合或专项科技计划。比如,1986年美国的《联邦技术转让法》规定,技术发明创新者可获得专利许可、专利转让收入的15%。自1971年起,美国政府陆续制订大学工业合作研究计划、工程研究中心计划、先进技术计划、小企业技术转移研究计划等一系列科技支持计划。这些综合的或专项的科技支持计划促使基础研究和应用研究有机联系,缩短了技术由实验室到产品市场的时间。这些法律法规和科技计划对美国的产学研合作创新起到了有力的促进作用。[①]

中国政府不仅应该支持中国跨国公司开展产学研合作创新,而且在中国跨国公司产学研合作创新过程中可以发挥积极作用。对于中国跨国公司产学研合作创新的开展,中国政府主要发挥的是引导、保障和沟通三个作用。在中国跨国公司开展产学研合作创新的筹备阶段,通过对产学研合作创新的意义、作用和成果进行广泛宣传,通过对企业、高等院校和研究机构参与产学研合作创新绩效考核指标体系的设立,通过对产学研合作创新学研参与主体的有效协调,通过税收优惠、财政补贴、优先采购和规划等措施的出台,中国政府可以充分发挥自己的引导作用。在中国跨国公司产学研合作创新发展阶段,通过项目倾斜,创新活动的金融政策支持、有利于科技创新人才就业的政策支持、教育体制的改革,提供产学研合作创新

[①] 北京智成高科技产业发展研究所:《国际产学研合作经验借鉴》,《科学时报》2010年4月10日,第6版。

中有关知识产权归属、分享和使用的完善的法律规则，提高知识产权执法水平，技术信息交流网络的建立与完善以及产学研合作创新基金的设立等措施，中国政府可以有效发挥自己的保障作用。在中国跨国公司产学研合作创新的运行阶段，通过为产学研合作创新出谋划策，通过对产学研合作创新活动的有效组织与协调，通过生产力促进中心和科技评估咨询中心等渠道，中国政府可以有力发挥自己的沟通作用。

发挥自己的积极作用，支持中国跨国公司开展产学研合作创新，中国政府应以满足产业需求为目标，力促中国跨国公司在产学研合作创新过程中加强基础研究，使其与高等学校和研究机构一道攻克重大关键技术、共性技术和通用技术，取得产业核心技术上的突破。这样做，一方面是因为中国跨国公司普遍缺乏核心技术知识产权，也常常因此而受制于人。统计数据显示，外国企业所掌握的我国信息技术、计算机、医药、生物和通信技术领域的发明专利分别占90％、70％、60.5％、87.3％和92.2％。[①] 造成这种现象的原因之一就是，迄今为止，包括中国跨国公司在内的中国企业对以产业需求为导向的基础研究不够重视。这可从图7-3中企业基础研究支出占全国基础研究经费比例的数据中反映出来。另一方面是因为在长期以来我国形成的政府主导的以高等院校和科研机构为重大科学技术研究

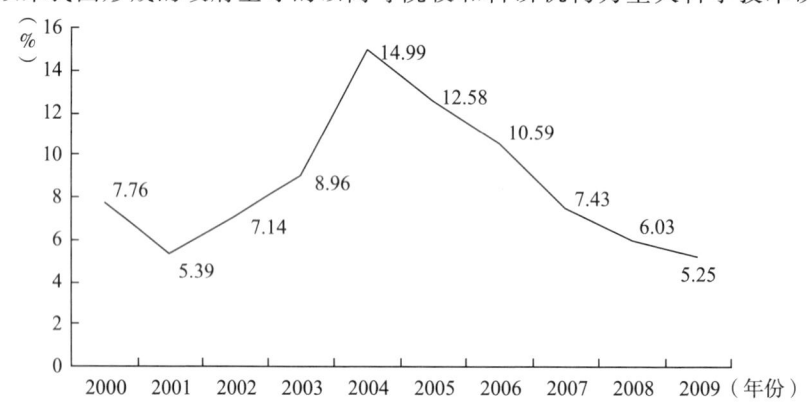

图7-3 2000~2009年中国企业基础研究支出占全国基础研究经费的比例

资料来源：柳御林、何郁冰《基础研究是中国产业核心技术创新的源泉》，《中国软科学》2011年第4期，第10页。

[①] 柳御林、何郁冰：《基础研究是中国产业技术创新的源泉》，《中国软科学》2011年第4期，第112页。

第七章　当前进一步推动中国跨国公司自主知识产权培育的对策与建议

主体的体制下，企业往往没有参与或参与不够，结果是科技成果与产业需求脱节，能够支撑产业升级的重大技术、共性技术缺乏，也使我国产业结构升级和经济结构优化的目标迟迟不能实现。

目前我国虽然涌现出了像华为、中兴、中石化等以核心技术提升竞争力的企业，很多高校及研究院所的专利，被引用率虽然较高，但被运用率却比较低，没有充分体现核心技术专利的价值属性（见表7-12）。

表7-12　2014年国内被引用率较高的专利申请人

单位：件

（企业名称）申请人	被引专利数
中国石油化工股份有限公司	178
中兴通讯股份有限公司	148
清华大学	146
浙江大学	129
华为技术有限公司	93
北京航空航天大学	91
上海交通大学	79
华南理工大学	77
东南大学	73
哈尔滨工业大学	66
东华大学	64
天津大学	63
中国石油化工股份有限公司石油化工科学研究院	57
江南大学	49
中国石油化工股份有限公司上海石油化工研究院	42
上海大学	42
北京大学	42
同济大学	41
北京工业大学	41
西安电子科技大学	40
华中科技大学	40
西安交通大学	39
宝山钢铁股份有限公司	39
比亚迪股份有限公司	38

续表

企业名称	被引专利数
北京科技大学	38
中国石油化工股份有限公司抚顺石油化工研究院	37
中南大学	35
南京大学	35
江苏大学	34
重庆大学	33
华东理工大学	33
复旦大学	33
南开大学	31
北京化工大学	31
南京航空航天大学	30
昆明理工大学	30
南京工业大学	29
北京邮电大学	29
中国石油天然气股份有限公司	28
中国科学院化学研究所	27
浙江工业大学	27
山东大学	27

资料来源：国家知识产权局2014年专利文献引证分析报告。

（五）完善中国跨国公司自主知识产权政策激励体系

所谓中国跨国公司自主知识产权政策激励，即我国政府为激励中国跨国公司培育自主知识产权而以国家名义出台的各项公共政策（包括法令、条例、规划和措施等）的统称。政府之所以要以国家名义出台这样的激励政策，是因为中国跨国公司的自主知识产权培育不仅关涉国家整体创新能力的提升，而且关涉国家的发展及其国际竞争力的提升。然而中国跨国公司培育自主知识产权需要成本，涉及其所投入的时间与精力、必要的科研设备和资金等。在市场经济体系下，作为一个"理性的经济人"，中国跨国公司必然将培育成本与培育的预期收益进行比较，除非培育收益大于培育成本，否则中国跨国公司极有可能因为不能获益而放弃自主知识产权培育，转而引进专利技术或贴牌生产，并最终造成知识产权引进现象盛行，形成不利于自主知识产权培育的生态环境，因此足够的激励对于中国跨国

第七章 当前进一步推动中国跨国公司自主知识产权培育的对策与建议

公司自主知识产权培育来说非常重要。虽然市场本身能够激励中国跨国公司去培育自主知识产权，但单一的市场激励并不能使中国跨国公司在培育自主知识产权上受到高度鼓舞。这主要是因为中国跨国公司在培育自主知识产权时面临很大的不确定性。首先是培育投入的不确定性。中国跨国公司无法在培育某项自主知识产权的初期准确预测所需要投入的成本，培育项目的技术水平越高，投入的不确定性也就越大。其次是自主创新成果知识产权化的不确定性。一项自主创新活动始于构思或设想，中国跨国公司要把设想形成概念并将概念变为现实的知识产权成果，面临的制约因素很多，除了中国跨国公司自身的努力外，还受到同类知识产权竞争者的影响，特别是囿于自身创新能力较低，中国跨国公司在培育高、精、尖等前沿技术的自主知识产权时，面临的不确定性更大。再次是自主知识产权市场化的不确定性。即使是中国跨国公司成功实现了自主创新成果的知识产权化，其自主知识产权市场化也还是个未知数。最后是自主知识产权创新收益的不确定性。中国跨国公司培育自主知识产权是为了获得收益，然而中国跨国公司能否从其自主知识产权产品受益、受益多大，仍然要受到许多因素的影响，比如自主知识产权产品成本的大小、生命周期的长短、市场需求量的大小和其他竞争性新产品的影响等。政府通过制定可以有效降低中国跨国公司自主知识产权培育过程中的不确定性的政策，减少或共同分担其自主知识产权培育的风险，将培育风险控制在中国跨国公司能够承受的范围之内，可以使中国跨国公司的自主知识产权培育行为具有很大的活力和动力。

也正是因为政府政策激励在自主知识产权培育中具有重要作用，自进入 21 世纪以来，我国政府先后通过一系列法律条文和政策文件，建立起了包括中国跨国公司在内的企业自主知识产权政策激励体系。这个激励体系主要涉及财政科技投入、税收、政府采购等方面。这套激励体系在促进包括中国跨国公司在内的我国企业进行自主知识产权培育方面发挥了极其重要的作用。但是从实际来看，这套激励体系还存在不少问题。财政科技投入激励存在的主要问题是：(1) 我国研发经费投入在国民生产总值中占的比例（即研发投入强度）较低。2009 年，我国研发投入强度为 1.7%，而世界领先国家的研发投入强度为 3%。(2) 我国科学研究投入占比偏低。基础研究和应用研究支出在我国 R&D 经费支出中的比重，远低于发达国家10%以上（2008年美国占17%，2005年日本占12.7%）的基础研究支出占比和20%以上（2008年美国占22%，2005年日本占22.2%）的应用研究支出占比。[①] 税收激励存在的主要问题是：（1）许多税收优惠的规定以政府规章的形式出现，缺乏法律的保障，因而稳定性和规范性较差；（2）税收优惠的主要方式是税率降低和税额减免，其他优惠方式（如加速折旧、投资抵免、技术创新基金等）很少；（3）税收优惠的选择性强，受惠面比较窄，不利于自主创新。政府采购激励存在的问题是：（1）与政府采购相关的法律制定的出发点，不是为了鼓励自主知识产权创新，而是为了节约资金，并且有关政府采购的法律条文原则性较强，缺乏实施细则；（2）列入采购对象的本国产品多为低端的日常生活用品，对高新技术的自主知识产权产品没有坚持"同等优先"的采购原则。因此，政府有必要采取措施进一步完善中国跨国公司自主知识产权政策激励体系。从财政政策激励来说，主要应该是：大幅提高科技投入强度，使之达到创新型国家建设的要求；整合政府资金，引导并支持中国跨国公司培育重大关键技术和战略性技术方面的自主知识产权。从税收政策激励来说，政府应加大对中国跨国公司自主知识产权培育投入的所得税前抵扣力度，允许中国跨国公司加速科研仪器设备的折旧，支持中国跨国公司提取自主知识产权准备金。从政府采购政策激励来说，政府主要应支持中国跨国公司发展高新技术领域内的自主知识产权产品，优先采购这些产品。

[①] 《第二次全国科学研究与试验发展（R&D）资源清查公报展示了我国科技发展的实力和水平》，中华人民共和国国家统计局网，2010月11日23日，http://www.stats.gov.cn/ztjc/zdtjgz/decqgzyqc/ywjl/201011/t20101123_68914.htm，最后访问日期：2019年6月6日。

附录一

复旦大学和 IBM 联合发布的 60 家中国跨国公司 *

序号	公司名	注册地	领导人及职务	成立时间	主业	员工数（万人）	资产规模（百万美元）	销售额（百万美元）	利润（百万美元）
1	中国石油化工集团公司	北京	陈同海董事长	2000 年	能源	112	4600.8	6442.8	535.4
2	中国石油天然气集团公司	北京	陈耕总经理	1998 年	能源	41.7	9137	5804.4	1038.4
3	中国移动通信集团公司	北京	王建宙总裁	2000 年 4 月	通信	12.08	4000	1923.8	420.0
4	中国电信集团公司	北京	王晓初总经理	2002 年	通信	4.4	未公布	1612.1	280.2
5	中国中化集团公司	北京	刘德树总裁	1950 年	化工	未公布	517.4	1711.9	19.32
6	上海宝钢集团公司	上海	谢企华董事长	1998 年	钢铁	11.0	1144.0	1646.4	131.4
7	中国第一汽车集团公司	长春	竺延风总经理	1953 年 7 月	汽车	12.9	1167	1175	45.8
8	中国五矿集团公司	北京	周中枢总裁	1950 年 3 月	贸易	未公布	230.4	1100.0	9.7
9	海尔集团公司	青岛	张瑞敏董事长	1984 年	家用电器	5	328	1024.8	18.2

---

* IBM、复旦大学：《中国企业走向全球——实践、挑战与对策》，2006。根据该白皮书，中国只有 60 家企业可以国际化。

续表

序号	公司名	注册地	领导人及职务	成立时间	主业	员工数（万人）	资产规模（百万美元）	销售额（百万美元）	利润（百万美元）
10	上海汽车工业（集团）总公司	上海	胡茂元总裁	2004年	汽车	6	1068	1016.4	12
11	中国远洋运输（集团）总公司	北京	魏家福总裁	1993年	物流	8.5	1500	949.2	200
12	中国海洋石油总公司	北京	傅成玉总经理	1982年	能源	3	1985	722.4	376（2005年）
13	中国网络通信集团公司	北京	张春江董事长	2002年5月	通信	23	2200	805	92.5
14	首钢集团	北京	朱继民董事长	1919年	钢铁	13.5	626（2003年）	629.2	10.3（2003年）
15	中国华源集团有限公司	上海	周玉成董事长	1992年7月	医药	6	572.0	493.1	13.7
16	京东方科技集团股份有限公司	北京	王东升董事长	1993年	电子	0.56	145	462.0	13.1
17	上海广电（集团）有限公司	上海	徐为熜董事长	1995年	电子	2.5	323	439.3	16
18	武汉钢铁（集团）有限公司	武汉	邓崎琳董事长	1955年10月	钢铁	9	466.9	430.1	未公布
19	TCL集团股份有限公司	惠州	李东生董事长	1981年	家用电器	4	144	427.6	3
20	联想控股有限公司	北京	柳传志总裁	1984年	计算机	3	224	425.0	14.8
21	上海电气（集团）总公司	上海	彭建勋总裁	1996年	电气	未公布	700	400.7	未公布
22	攀枝花钢铁（集团）公司	攀枝花	洪及鄙董事长	1965年	钢铁	未公布	418	345.2	11.5
23	熊猫电子集团有限公司	南京	李安建董事长	1936年	电子	0.9	204.2	284.7	5.7
24	济南钢铁集团总公司	济南	李长顺总经理	1958年	钢铁	3.2	322	278.0	20.5
25	海信集团有限公司	青岛	周厚健董事长	1969年	家用电器	1	158	277.2	3.1

续表

序号	公司名	注册地	领导人及职务	成立时间	主业	员工数（万人）	资产规模（百万美元）	销售额（百万美元）	利润（百万美元）
26	中国机械工业集团公司	北京	任洪斌总裁	1997年1月	机械	3.8	291	273.0	未公布
27	中国国际海运集装箱（集团）总公司	深圳	麦伯良总裁	1980年7月	物流	1.8	175.4	265.6	28.0
28	湖南华菱钢铁集团有限责任公司	长沙	陈运兴董事长	1997年	钢铁	5.7	373	264.6	23.3
29	上海纺织控股（集团）公司	上海	肖贵玉董事长	1995年5月	纺织	6.95	360	252.8	未公布
30	中国重型汽车集团有限公司	济南	马纯济董事长	1983年	汽车	2	100	237.7	1.5
31	华晨汽车集团控股有限公司	沈阳	祁玉民董事长	2002年9月	汽车	3.4	300	230.2	0.5
32	中国对外贸易运输（集团）总公司	北京	苗耕书董事长	1950年	物流	6.7	265.7	222.6	未公布
33	中兴通讯股份有限公司	深圳	侯为贵董事长	1985年	电信设备	1.5	208.5	218.4	14.2
34	春兰集团公司	南京	陶建幸首席执行官	1995年	家用电器	1.2	4.8	164.6	0.3
35	中国医药集团总公司	北京	郑鸿董事长	1998年	医药	2	9.9	179.9	0.2
36	广东丝绸集团公司	广州	蔡高声董事长	1982年	纺织	1.3	30	164.6	1.3
37	四川长虹	绵阳	赵勇董事长	1958年	家用电器	3.5	217.6	141.1	2.8
38	珠海格力电器股份有限公司	珠海	朱江洪董事长	1991年	家用电器	1.8	20	140.3	5.1
39	康佳集团股份有限公司	深圳	侯松容总裁	1980年5月	家用电器	2.1	96.0	136.1	1.7
40	天津医药集团有限公司	天津	刘振武董事长	1997年	医药	2.3	114.46	122.6	10.1
41	南京汽车集团有限公司	南京	黄小平董事长	1947年	汽车	1.46	120	113.4	未公布

续表

序号	公司名	注册地	领导人及职务	成立时间	主业	员工数（万人）	资产规模（百万美元）	销售额（百万美元）	利润（百万美元）
42	广西玉柴机器集团有限公司	玉林	晏平 董事长	1951年	机械	1	105	108.7	未公布
43	中国东方电气集团有限公司	成都	王计 董事长	1984年	电气	2.8	400	108.6	11.7
44	宁波波导股份有限公司	宁波	徐立华 董事长	1992年10月	移动通信	2.0	51.0	104.2	0.2
45	大连大显集团	大连	刘秉强 董事长	1995年末	电气	1.2	20.7	94.1	0.5
46	青岛啤酒股份有限公司	青岛	李桂荣 董事长	1903年	食品/饮料	2.5	99.5	87.4	1.6
47	奇瑞汽车有限公司	芜湖	尹同耀 董事长	1997年	汽车	0.8	110	49.6	1.9
48	广东美的集团	顺德	何享健 董事局主席	1968年	家用电器	2.1	109.6	327.6	3.3
49	华为技术有限公司	深圳	任正非 总裁	1988年	电信设备	3	360	319.2	50.0
50	万向集团公司	杭州	鲁冠球 董事局主席	1969年	汽车零部件	3	100	210	2.3
51	南京斯威特集团有限公司	南京	严晓群 董事长	1992年	电子	2	80	193.2	未公布
52	雅戈尔集团股份有限公司	宁波	李如成 董事长	1979年	服装	2	41	142.8	未公布
53	正泰集团有限公司	温州	南存辉 董事长	1984年	电子	1.4	31	117.6	未公布
54	杭州娃哈哈集团有限公司	杭州	宗庆后 董事长	1987年	食品饮料	1.5	66	117.6	未公布
55	广东格兰仕集团有限公司	顺德	梁庆德 董事长	1978年	家用电器	1.5	90	109.2	未公布

续表

序号	公司名	注册地	领导人及职务	成立时间	主业	员工数（万人）	资产规模（百万美元）	销售额（百万美元）	利润（百万美元）
56	深圳创维RGB电子有限公司	深圳	王殿甫董事局主席	1988年	家用电器	1.6	60	109.2	4.4
57	人民电器集团有限公司	乐清	郑元豹董事长	1996年	电子	0.23	14.8	100.8	未公布
58	奥克斯集团有限公司	宁波	郑坚江董事长	1987年	家用电器	1	45	100.8	未公布
59	力帆集团	重庆	尹明善董事长	1992年	摩托车	0.5	40	67.2	未公布
60	浙江吉利控股集团有限公司	杭州	李书福董事长	1986年	汽车	0.8	50	42.0	未公布

附录二

深入实施国家知识产权战略行动计划（2014—2020年）

《国家知识产权战略纲要》颁布实施以来，各地区、各有关部门认真贯彻党中央、国务院决策部署，推动知识产权战略实施工作取得新的进展和成效，基本实现了《国家知识产权战略纲要》确定的第一阶段五年目标，对促进经济社会发展发挥了重要支撑作用。随着知识经济和经济全球化深入发展，知识产权日益成为国家发展的战略性资源和国际竞争力的核心要素。深入实施知识产权战略是全面深化改革的重要支撑和保障，是推动经济结构优化升级的重要举措。为进一步贯彻落实《国家知识产权战略纲要》，全面提升知识产权综合能力，实现创新驱动发展，推动经济提质增效升级，特制定本行动计划。

一 总体要求

（一）指导思想

以邓小平理论、"三个代表"重要思想、科学发展观为指导，全面贯彻党的十八大和十八届二中、三中、四中全会精神，全面落实党中央、国务院各项决策部署，实施创新驱动发展战略，按照激励创造、有效运用、依法保护、科学管理的方针，坚持中国特色知识产权发展道路，着力加强知识产权运用和保护，积极营造良好的知识产权法治环境、市场环境、文化环境，认真谋划我国建设知识产权强国的发展路径，努力建设知识产权强国，为建设创新型国家和全面建成小康社会提供有力支撑。

（二）主要目标

到 2020 年，知识产权法治环境更加完善，创造、运用、保护和管理知识产权的能力显著增强，知识产权意识深入人心，知识产权制度对经济发展、文化繁荣和社会建设的促进作用充分显现。

——知识产权创造水平显著提高。知识产权拥有量进一步提高，结构明显优化，核心专利、知名品牌、版权精品和优良植物新品种大幅增加。形成一批拥有国外专利布局和全球知名品牌的知识产权优势企业。

——知识产权运用效果显著增强。市场主体运用知识产权参与市场竞争的能力明显提升，知识产权投融资额明显增加，知识产权市场价值充分显现。知识产权密集型产业增加值占国内生产总值的比重显著提高，知识产权服务业快速发展，服务能力基本满足市场需要，对产业结构优化升级的支撑作用明显提高。

——知识产权保护状况显著改善。知识产权保护体系更加完善，司法保护主导作用充分发挥，行政执法效能和市场监管水平明显提升。反复侵权、群体侵权、恶意侵权等行为受到有效制裁，知识产权犯罪分子受到有力震慑，知识产权权利人的合法权益得到有力保障，知识产权保护社会满意度进一步提高。

——知识产权管理能力显著增强。知识产权行政管理水平明显提高，审查能力达到国际先进水平，国家科技重大专项和科技计划实现知识产权全过程管理。重点院校和科研院所普遍建立知识产权管理制度。企业知识产权管理水平大幅提升。

——知识产权基础能力全面提升。构建国家知识产权基础信息公共服务平台。知识产权人才队伍规模充足、结构优化、布局合理、素质优良。全民知识产权意识显著增强，尊重知识、崇尚创新、诚信守法的知识产权文化理念深入人心。

2013—2020 年知识产权战略实施工作主要预期指标

指标	2013 年	2015 年	2020 年
每万人口专利拥有量（件）	4	6	14
通过《专利合作条约》途径提交的专利申请量（万件）	2.2	3.0	7.5
国内发明专利平均维持年限（年）	5.8	6.4	9.0

续表

指标	2013 年	2015 年	2020 年
作品著作权登记量（万件）	84.5	90	100
计算机软件著作权登记量（万件）	16.4	17.2	20
全国技术市场登记的技术合同交易总额（万亿元）	0.8	1.0	2.0
知识产权质押融资年度金额（亿元）	687.5	750	1800
专有权利使用费和特许费出口收入（亿美元）	13.6	20	80
知识产权服务业营业收入年均增长率（%）	18	20	20
知识产权保护社会满意度（分）	65	70	80
发明专利申请平均实质审查周期（月）	22.3	21.7	20.2
商标注册平均审查周期（月）	10	9	9

二　主要行动

（一）促进知识产权创造运用，支撑产业转型升级

——推动知识产权密集型产业发展。更加注重知识产权质量和效益，优化产业布局，引导产业创新，促进产业提质增效升级。面向产业集聚区、行业和企业，实施专利导航试点项目，开展专利布局，在关键技术领域形成一批专利组合，构建支撑产业发展和提升企业竞争力的专利储备。加强专利协同运用，推动专利联盟建设，建立具有产业特色的全国专利运营与产业化服务平台。建立运行高效、支撑有力的专利导航产业发展工作机制。完善企业主导、多方参与的专利协同运用体系，形成资源集聚、流转活跃的专利交易市场体系，促进专利运营业态健康发展。发布战略性新兴产业专利发展态势报告。鼓励有条件的地区发展区域特色知识产权密集型产业，构建优势互补的产业协调发展格局。建设一批知识产权密集型产业集聚区，在产业集聚区推行知识产权集群管理，构筑产业竞争优势。鼓励文化领域商业模式创新，加强文化品牌开发和建设，建立一批版权交易平台，活跃文化创意产品传播，增强文化创意产业核心竞争力。

——服务现代农业发展。加强植物新品种、农业技术专利、地理标志和农产品商标创造运用，促进农业向技术装备先进、综合效益明显的现代化方向发展。扶持新品种培育，推动育种创新成果转化为植物新品种权。以知识产权利益分享为纽带，加强种子企业与高校、科研院所的协作创新，建立品种权转让交易公共平台，提高农产品知识产权附加值。增加农

业科技评价中知识产权指标权重。提高农业机械研发水平，加强农业机械专利布局，组建一批产业技术创新战略联盟。大力推进农业标准化，加快健全农业标准体系。建立地理标志联合认定机制。推广农户、基地、龙头企业、地理标志和农产品商标紧密结合的农产品经营模式。

——促进现代服务业发展。大力发展知识产权服务业，扩大服务规模、完善服务标准、提高服务质量，推动服务业向高端发展。培育知识产权服务市场，形成一批知识产权服务业集聚区。建立健全知识产权服务标准规范，加强对服务机构和从业人员的监管。发挥行业协会作用，加强知识产权服务行业自律。支持银行、证券、保险、信托等机构广泛参与知识产权金融服务，鼓励商业银行开发知识产权融资服务产品。完善知识产权投融资服务平台，引导企业拓展知识产权质押融资范围。引导和鼓励地方人民政府建立小微企业信贷风险补偿基金，对知识产权质押贷款提供重点支持。通过国家科技成果转化引导基金对科技成果转化贷款给予风险补偿。增加知识产权保险品种，扩大知识产权保险试点范围，加快培育并规范知识产权保险市场。

（二）加强知识产权保护，营造良好市场环境

——加强知识产权行政执法信息公开。贯彻落实《国务院批转全国打击侵犯知识产权和制售假冒伪劣商品工作领导小组〈关于依法公开制售假冒伪劣商品和侵犯知识产权行政处罚案件信息的意见（试行）〉的通知》（国发〔2014〕6号），扎实推进侵犯知识产权行政处罚案件信息公开，震慑违法者，同时促进执法者规范公正文明执法。将案件信息公开情况纳入打击侵权假冒工作统计通报范围并加强考核。探索建立与知识产权保护有关的信用标准，将恶意侵权行为纳入社会信用评价体系，向征信机构公开相关信息，提高知识产权保护社会信用水平。

——加强重点领域知识产权行政执法。积极开展执法专项行动，重点查办跨区域、大规模和社会反响强烈的侵权案件，加大对民生、重大项目和优势产业等领域侵犯知识产权行为的打击力度。加强执法协作、侵权判定咨询与纠纷快速调解工作。加强大型商业场所、展会知识产权保护。督促电子商务平台企业落实相关责任，督促邮政、快递企业完善并执行收寄验视制度，探索加强跨境贸易电子商务服务的知识产权监管。加强对视听节目、文学、游戏网站和网络交易平台的版权监管，规范网络作品使用，

严厉打击网络侵权盗版，优化网络监管技术手段。开展国内自由贸易区知识产权保护状况调查，探索在货物生产、加工、转运中加强知识产权监管，创新并适时推广知识产权海关保护模式，依法加强国内自由贸易区知识产权执法。依法严厉打击进出口货物侵权行为。

——推进软件正版化工作。贯彻落实《国务院办公厅关于印发政府机关使用正版软件管理办法的通知》（国办发〔2013〕88号），巩固政府机关软件正版化工作成果，进一步推进国有企业软件正版化。完善软件正版化工作长效机制，推动软件资产管理、经费预算、审计监督、年度检查报告、考核和责任追究等制度落到实处，确保软件正版化工作常态化、规范化。

——加强知识产权刑事执法和司法保护。加大对侵犯知识产权犯罪案件的侦办力度，对重点案件挂牌督办。坚持打防结合，将专项打击逐步纳入常态化执法轨道。加强知识产权行政执法与刑事司法衔接，加大涉嫌犯罪案件移交工作力度。依法加强对侵犯知识产权刑事案件的审判工作，加大罚金刑适用力度，剥夺侵权人再犯罪能力和条件。加强知识产权民事和行政审判工作，营造良好的创新环境。按照关于设立知识产权法院的方案，为知识产权法院的组建与运行提供人财物等方面的保障和支持。

——推进知识产权纠纷社会预防与调解工作。探索以公证的方式保管知识产权证据及相关证明材料，加强对证明知识产权在先使用、侵权等行为的保全证据公证工作。开展知识产权纠纷诉讼与调解对接工作，依法规范知识产权纠纷调解工作，完善知识产权纠纷行业调解机制，培育一批社会调解组织，培养一批专业调解员。

（三）强化知识产权管理，提升管理效能

——强化科技创新知识产权管理。加强国家科技重大专项和科技计划知识产权管理，促进高校和科研院所知识产权转移转化。落实国家科技重大专项和科技计划项目管理部门、项目承担单位等知识产权管理职责，明确责任主体。将知识产权管理纳入国家科技重大专项和科技计划全过程管理，建立国家科技重大专项和科技计划完成后的知识产权目标评估制度。探索建立科技重大专项承担单位和各参与单位知识产权利益分享机制。开展中央级事业单位科技成果使用、处置和收益管理改革试点，促进知识产权转化运用。完善高校和科研院所知识产权管理规范，鼓励高校和科研院所建立知识产权转移转化机构。

——加强知识产权审查。完善审查制度、加强审查管理、优化审查方式，提高知识产权审查质量和效率。完善知识产权申请与审查制度，完善专利审查快速通道，建立商标审查绿色通道和软件著作权快速登记通道。在有关考核评价中突出专利质量导向，加大专利质量指标评价权重。加强专利审查质量管理，完善专利审查标准。加强专利申请质量监测，加大对低质量专利申请的查处力度。优化专利审查方式，稳步推进专利审查协作中心建设，提升专利审查能力。优化商标审查体系，建立健全便捷高效的商标审查协作机制，完善商标审查标准，提高商标审查质量和效率。提高植物新品种测试能力，完善植物新品种权审查制度。

——实施重大经济活动知识产权评议。针对重大产业规划、政府重大投资活动等开展知识产权评议。加强知识产权主管部门和产业主管部门间的沟通协作，制定发布重大经济活动知识产权评议指导手册，提高知识产权服务机构评议服务能力。推动建立重大经济活动知识产权评议制度，明确评议内容，规范评议程序。引导企业自主开展知识产权评议工作，规避知识产权风险。

——引导企业加强知识产权管理。引导企业提高知识产权规范化管理水平，加强知识产权资产管理，促进企业提升竞争力。建立知识产权管理标准认证制度，引导企业贯彻知识产权管理规范。建立健全知识产权价值分析标准和评估方法，完善会计准则及其相关资产管理制度，推动企业在并购、股权流转、对外投资等活动中加强知识产权资产管理。制定知识产权委托管理服务规范，引导和支持知识产权服务机构为中小微企业提供知识产权委托管理服务。

——加强国防知识产权管理。强化国防知识产权战略实施组织管理，加快国防知识产权政策法规体系建设，推动知识产权管理融入国防科研生产和装备采购各环节。规范国防知识产权权利归属与利益分配，促进形成军民结合高新技术领域自主知识产权。完善国防知识产权解密制度，引导优势民用知识产权进入军品科研生产领域，促进知识产权军民双向转化实施。

（四）拓展知识产权国际合作，推动国际竞争力提升

——加强涉外知识产权工作。公平公正保护知识产权，对国内外企业和个人的知识产权一视同仁、同等保护。加强与国际组织合作，巩固和发展与主要国家和地区的多双边知识产权交流。提高专利审查国际业务承接能力，建设专利审查高速路，加强专利审查国际合作，提升我国专利审查业务国际影响力。加强驻外使领馆知识产权工作力度，跟踪研究有关国家的知识产权法规政策，加强知识产权涉外信息交流，做好涉外知识产权应对工作。建立完善多双边执法合作机制，推进国际海关间知识产权执法合作。

——完善与对外贸易有关的知识产权规则。追踪各类贸易区知识产权谈判进程，推动形成有利于公平贸易的知识产权规则。落实对外贸易法中知识产权保护相关规定，研究针对进口贸易建立知识产权境内保护制度，对进口产品侵犯中国知识产权的行为和进口贸易中其他不公平竞争行为开展调查。

——支持企业"走出去"。及时收集发布主要贸易目的地、对外投资目的地知识产权相关信息。加强知识产权培训，支持企业在国外布局知识产权。加强政府、企业和社会资本的协作，在信息技术等重点领域探索建立公益性和市场化运作的专利运营公司。加大海外知识产权维权援助机制建设，鼓励企业建立知识产权海外维权联盟，帮助企业在当地及时获得知识产权保护。引导知识产权服务机构提高海外知识产权事务处理能力，为企业"走出去"提供专业服务。

三 基础工程

（一）知识产权信息服务工程。推动专利、商标、版权、植物新品种、地理标志、民间文艺、遗传资源及相关传统知识等各类知识产权基础信息公共服务平台互联互通，逐步实现基础信息共享。知识产权基础信息资源免费或低成本向社会开放，基本检索工具免费供社会公众使用，提高知识产权信息利用便利度。指导有关行业建设知识产权专业信息库，鼓励社会机构对知识产权信息进行深加工，提供专业化、市场化的知识产权信息服务，满足社会多层次需求。

（二）知识产权调查统计工程。开展知识产权统计监测，全面反映知识产权的发展状况。逐步建立知识产权产业统计制度，完善知识产权服务业统计制度，明确统计范围，统一指标口径，在新修订的国民经济核算体系中体现知识产权内容。

（三）知识产权人才队伍建设工程。建设若干国家知识产权人才培养基地，推动建设知识产权协同创新中心。开展以党政领导干部、公务员、企事业单位管理人员、专业技术人员、文学艺术创作人员、教师等为重点的知识产权培训。将知识产权内容纳入学校教育课程体系，建立若干知识产权宣传教育示范学校。将知识产权内容全面纳入国家普法教育和全民科学素养提升工作。依托海外高层次人才引进计划引进急需的知识产权高端人才。深入开展百千万知识产权人才工程，建立面向社会的知识产权人才库。完善知识产权专业技术人才评价制度。

四　保障措施

（一）加强组织实施。国家知识产权战略实施工作部际联席会议（以下简称联席会议）负责组织实施本行动计划，并加强对地方知识产权战略实施的指导和支持。知识产权局要发挥牵头作用，认真履行联席会议办公室职责，建立完善相互支持、密切协作、运转顺畅的工作机制，推进知识产权战略实施工作开展，并组织相关部门开展知识产权强国建设研究，提出知识产权强国建设的战略目标、思路和举措，积极推进知识产权强国建设。联席会议各成员单位要各负其责并尽快制定具体实施方案。地方各级政府要将知识产权战略实施工作纳入当地国民经济和社会发展总体规划，将本行动计划落实工作纳入重要议事日程和考核范围。

（二）加强督促检查。联席会议要加强对战略实施状况的监测评估，对各项任务落实情况组织开展监督检查，重要情况及时报告国务院。知识产权局要会同联席会议各成员单位及相关部门加强对地方知识产权战略实施工作的监督指导。

（三）加强财政支持。中央财政通过相关部门的部门预算渠道安排资金支持知识产权战略实施工作。引导支持国家产业发展的财政资金和基金向促进科技成果产权化、知识产权产业化方向倾斜。完善知识产权资助政策，适当降低中小微企业知识产权申请和维持费用，加大对中小微企业知识产权创造和运用的支持力度。

（四）完善法律法规。推动专利法、著作权法及配套法规修订工作，建立健全知识产权保护长效机制，加大对侵权行为的惩处力度。适时做好遗传资源、传统知识、民间文艺和地理标志等方面的立法工作。研究修订反不正当竞争法、知识产权海关保护条例、植物新品种保护条例等法律法规。研究制定防止知识产权滥用的规范性文件。

参考文献

[1] 《资本论》第 1~3 卷，人民出版社，1975。

[2] 《马克思恩格斯全集》第 1、35、46 卷，人民出版社，1980。

[3] 《列宁全集》第 30、38、40 卷，人民出版社，1986。

[4] 《毛泽东文集》第 2、6、8 卷，人民出版社，1999。

[5] 《邓小平文选》第 3 卷，人民出版社，1993。

[6] 陈征：《劳动和劳动价值论的运用与发展》，高等教育出版社，2005。

[7] 陈征：《技术商品价值论》，《东南学术》2004 年第 5 期。

[8] 吴宣恭：《产权理论比较：马克思主义与西方现代产权学派》，经济科学出版社，2000。

[9] 吴宣恭：《论法人财产权》，《中国社会科学》1995 年第 2 期。

[10] 胡培兆：《〈资本论〉研究之研究》，四川人民出版社，1985。

[11] 李建平：《〈资本论〉第一卷辩证法探索》，社会科学文献出版社，2006。

[12] 李建平：《划分和研究两种经济形态的劳动价值论》，《人民日报》2002 年 8 月 8 日，第 11 版。

[13] 李建平：《〈资本论〉第一卷辩证法探索》，社会科学文献出版社，2006。

[14] 郭铁民：《中国企业跨国经营》，中国发展出版社，2002。

[15] 林子华：《产权一体化新探》，《福建师范大学学报》2009 年第 1 期。

[16] 林子华：《企业虚拟化运营》，社会科学文献出版社，2008。

[17] 林子华：《跨国公司虚拟化运营探析》，《福建论坛》2004 年第 7 期。

[18] 刘义圣、李建建：《发展经济学与中国经济发展策论》，社会科学文献出版社，2008。

[19] 滕维藻：《跨国公司概论》，人民出版社，1991。
[20] 王志乐：《2011 跨国公司中国报告》，中国经济出版社，2011。
[21] 国家知识产权局办公政策室研究处：《优秀专利调查研究报告集》（Ⅵ），知识产权出版社，2010。
[22] 谈萧：《中国"走出去"发展战略》，中国社会科学出版社，2003。
[23] 杨清：《中国跨国公司成长研究》，人民出版社，2009。
[24] 陈小强：《中国跨国公司经营论》，中国财政经济出版社，2005。
[25] 李雪欣：《中国跨国公司论》，辽宁大学出版社，2002。
[26] 陈昌柏：《自主知识产权管理》，知识产权出版社，2006。
[27] 陈昌柏：《知识产权经济学》，北京大学出版社，2003。
[28] 冯晓青：《企业知识产权战略》，知识产权出版社，2005。
[29] 王正志：《中国知识产权指数报告》，知识产权出版社，2010。
[30] 杨晨：《用知识产权管理赢得竞争优势——知识产权管理理论与实务》，科学出版社，2008。
[31] 夏清华：《中国企业自主知识产权能力建设研究》，武汉大学出版社，2010。
[32] 王志乐：《2007 走向世界的中国跨国公司》，中国经济出版社，2007。
[33] 〔美〕道格拉斯·C. 诺思：《经济史中的结构与变迁》，陈郁、罗华平等译，上海三联书店，1994。
[34] 樊纲：《市场机制与经济效率》，上海三联书店，1992。
[35] 刘伟、平新乔：《经济体制改革三论：产权论、均衡论、市场论》，北京大学出版社，1990。
[36] 程恩富：《西方产权理论评析》，当代中国出版社，1997。
[37] 〔美〕迈克尔·波特：《国家竞争优势》，李明轩、邱如美译，华夏出版社，2002。
[38] 〔美〕迈克尔·波特：《竞争战略》，陈小悦译，华夏出版社，2005。
[39] 〔美〕丹尼尔·贝尔：《后工业社会的来临——对社会预测的一项探索》，高铦等译，新华出版社，1997。
[40] 〔法〕让－雅克·赛尔旺－施赖贝尔：《世界面临挑战》，朱邦造等译，人民出版社，1982。
[41] 〔美〕约翰·奈斯比特：《大趋势：改变我们生活的十个新方向》，

梅艳译，中国社会科学出版社，1984。

[42] 〔日〕堺屋太一：《知识价值革命：工业社会的终结和知识价值社会的开始》，金泰相译，东方出版社，1982。

[43] 〔法〕拉尔松、赵纯均：《中国跨国企业研究》，机械出版社，2009。

[44] 中国企业联合会：《2010年中国500强企业发展报告》，企业管理出版社，2010。

[45] 国家知识产权局办公室政策研究处：《优秀专利调查研究报告集》，知识产权出版社，2008。

[46] 王瑜：《企业知识产权战略实务》，知识产权出版社，2009。

[47] 中国创新型企业发展报告编委会：《2010年中国创新型企业发展报告》，经济管理出版社，2010。

[48] 企业知识产权战略与工作实务编委会：《企业知识产权战略与工作实务》，经济科学出版社，2007。

[49] 邱庆剑：《世界500强企业管理法则精选》，机械工业出版社，2006。

[50] 包晓闻、刘昆山：《企业核心竞争力经典案例》，经济管理出版社，2005。

[51] 戴吾三：《影响世界的发明专利》，清华大学出版社，2010。

[52] 李兆阳：《高新技术知识产权的保护和产业化》，华夏出版社，2002。

[53] 谷兴荣：《高新技术产业与发展中地区跨越式发展》，经济科学出版社，2005。

[54] 《国务院关于印发国家知识产权战略纲要的通知》，中华人民共和国中央人民政府网，2008年6月10日，http://www.gov.cn/zhengce/content//2008-06/11/content_5559.htm，最后访问日期：2011年3月12日。

[55] 艾丰：《名牌论——市场竞争中的法宝》，经济日报出版社，2001。

[56] 〔美〕凯文·莱恩·凯勒：《战略品牌管理》，卢泰宏、吴水龙译，中国人民大学，2009。

[57] 〔德〕迈诺尔夫·迪尔克斯、阿里安娜·贝图安·安托尔：《组织学习与知识创新》，上海社会科学院知识与信息课题组译，上海人民出版社，2001。

[58] 石建勋：《战略规划中国跨国公司：理论·案例·对策·方案》，机

械工业出版社，2004。
[59] 张小蒂、王焕祥：《国际投资与跨国公司》，浙江大学出版社，2004。
[60] 张素芳：《跨国公司与跨国经营》，经济管理出版社，2009。
[61] 王蔷：《跨国公司组织结构》，上海财经大学出版社，2010。
[62] 林叶：《中国跨国公司论》，山东人民出版社，1992。
[63] 〔美〕皮尔逊（Pearson, C. S.）：《跨国公司环境和发展》，刘淑琴等译，中国环境科学出版社，1986。
[64] 林新奇：《跨国公司人力资源管理》，首都经济贸易大学出版社，2008。
[65] 苏琦：《国际贸易，市场风险，要素流动与跨国公司》，中山大学出版社，2006。
[66] 孙国辉：《跨国公司内部贸易研究》，山东人民出版社，2002。
[67] 刘研：《跨国公司与中国企业国际化》，中信出版社，1992。
[68] 孙斌艺：《跨国公司垂直约束理论研究》，上海人民出版社，2006。
[69] 谢康等：《超越国界：全球化中的跨国公司》，高等教育出版社、上海社会科学院出版社，1999。
[70] 联合国跨国公司中心编《三论世界发展中的跨国公司》，南开大学国际经济研究所译，商务印书馆，1992。
[71] 康荣平、柯银斌：《华人跨国公司成长论》，国防大学出版社，2001。
[72] 刘海云：《跨国公司经营优势变迁》，中国发展出版社，2001。
[73] 张岩贵编著《超优势竞争战略：跨国公司的全球化竞争战略与实战》，中国经济出版社，2006。
[74] 伍永刚：《跨国公司：产权重组与资源配置》，社会科学文献出版社，2002。
[75] 侯俊军：《跨国公司：参与中国标准化问题研究》，中国经济出版社，2013。
[76] 马亚明、张岩贵：《策略竞争与跨国公司的国际化经营》，中国经济出版社，2006。
[77] 邱立成：《跨国公司研究与开发的国际化》，经济科学出版社，2001。
[78] 王晶、杨宏恩、霍朋军：《开放经济下跨国公司直接投资研究》，社会科学文献出版社，2012。
[79] 王志乐：《静悄悄的革命——从跨国公司走向全球公司》，中国经济

出版社，2008。

[80] 金润圭等：《全球战略：跨国公司与中国企业国际化》，高等教育出版社、上海社会科学院出版社，1999。

[81] 肖卫国：《跨国公司海外直接投资研究兼论加入 WTO 新形势下我国利用外商直接投资的战略调整》，武汉大学出版社，2002。

[82] 〔美〕王念祖：《中国的现代化与跨国公司》，《中国的现代化与跨国公司》翻译组译，上海翻译出版公司，1988。

[83] 张耘、毕娟、吴向阳等：《跨国公司技术转移研究》，开明出版社，2008。

[84] 王钦：《跨国公司并购中国企业：动因、效应与对策研究》，中国财政经济出版社，2005。

[85] 郑敦训：《跨入世界 500 强：中国第一家跨国公司的起步》，中国青年出版社，2000。

[86] 李雪欣：《跨国公司新论》，经济管理出版社，2014。

[87] 上海财经大学投资研究所编《2009 中国投资发展报告——勇于创新的跨国公司网络组织》，上海财经大学出版社，2009。

[88] 龙伟：《跨国公司内部贸易与国际竞争优势》，湖北教育出版社，2011。

[89] 王勇：《跨国公司治理研究》，中国法制出版社，2012。

[90] 〔美〕罗伯特·吉尔平：《跨国公司与美国霸权》，钟飞腾译，东方出版社，2011。

[91] 陈洁、王方华：《跨国公司转让定价决策研究》，上海财经大学出版社，2005。

[92] 〔德〕Heinz-Joachim Simon：《品牌的奥秘》，陈兆等译，文汇出版社，2003。

[93] 汪岩桥：《"文化人"假设与企业家精神》，中国经济出版社，2005。

[94] 〔美〕柯兹纳：《竞争与企业家精神》，刘业进译，浙江大学出版社，2013。

[95] 〔美〕威廉·鲍莫尔：《企业家精神》，郭熙保等校译，武汉大学出版社，2010。

[96] 〔美〕彼得·德鲁克：《创新与企业家精神》，蔡文燕译，机械工业出版社，2009。

[97]〔美〕梅齐亚斯、〔美〕博伊尔:《创造性破坏 企业家精神与产业创建》,李亚、邓宏图译,中国劳动社会保障出版社,2005。

[98] 施培公:《后发优势——模仿创新的理论与实证研究》,清华大学出版社,1999。

[99] 孙福全等:《产学研合作创新:理论、实践与政策》,科学技术文献出版社,2013。

[100] 张继宏:《专利标准化目标的集成创新:理论、证据与对策》,华中科技大学出版社,2011。

[101] 雷宏振:《企业知识创新理论:基于吸纳能力累进的企业发展新视野》,中国社会科学出版社,2008。

[102] 陈雅兰等:《原始性创新理论与实证研究》,人民出版社,2007。

[103] 胡卫:《自主创新的理论基础与财政政策工具研究》,经济科学出版社,2008。

[104] 李湛、吴寿仁等:《走向自主创新:中国现代创新的路径》,上海人民出版社,2008。

[105] 王钦等:《中国企业自主创新战略研究》,经济管理出版社,2011。

[106] 肖文、林高榜:《跨国公司 R&D 国际化与中国自主创新》,浙江大学出版社,2011。

[107] 吴金明、彭礼红、刘炽隽、王义高:《自主创新:21世纪中国企业的战略选择》,中国经济出版社,2011。

[108] 赵大庆、强燕平:《原创技术发明方法:自主创新源泉》,华夏出版社,2006。

[109] 朱崇实、林秀芹:《自主知识产权的创造、运用与法律机制》,厦门大学出版社,2012。

[110] 赵建军:《自主创新与知识产权保护》,知识产权出版社,2011。

[111] 赵旭梅:《构建知识产权制度与自主创新效应研究》,对外经济贸易大学出版社,2013。

[112] 宋河发:《自主创新能力建设与知识产权发展:以高技术产业为视角》,知识产权出版社,2013。

[113] 张勤:《知识产权基本原理》,知识产权出版社,2012。

[114] 唐珺:《企业知识产权战略管理》,知识产权出版社,2012。

[115] 马忠法、胡传实、尚静:《知识经济与企业知识产权管理》,上海人民出版社,2011。

[116] 国家知识产权局规划发展司编《中国知识产权年鉴2008》,知识产权出版社,2008。

[117] 文豪:《基于产业差异的知识产权创新激励效应分析》,中国财政经济出版社,2009。

[118] 郑友德:《知识产权与公平竞争的博弈:以多维创新为坐标》,法律出版社,2011。

[119] 沈国兵:《与贸易有关知识产权协定下强化中国知识产权保护的经济分析》,中国财政经济出版社,2011。

[120] 杨军:《名牌战略与知识产权法律保障制度研究》,知识产权出版社,2010。

[121] 中国企业家调查系统:《企业经营者对企业家精神的认识与评价——2009年中国企业经营者成长与发展专题调查报告》,《管理世界》2009年第6期。

[122] 章文光:《跨国公司在华研发人才本土化战略的人力资源效应》,《山东社会科学》2011年第8期。

[123] 谢晓尧、陈贤凯:《知识的产权革命——知识产权立法的"中国奇迹"》,《法学评论》2010年第3期。

[124] 丛雪莲:《中国知识产权行政管理机构之设置与职能重构》,《首都师范大学学报(社会科学版)》2011年第5期。

[125] 范炜:《"走出去"企业海外维权问题——对浙江通领科技集团知识产权海外维权的深度调查》,《浙江经济》2011年第10期。

[126] 夏先良:《后危机时代中国加强海外知识产权投资与合作》,《国际贸易》2011年第3期。

[127] 程恩富:《比较优势、竞争优势与知识产权优势理论新探》,《求是学刊》2004年第6期。

[128] 程恩富:《超越世界霸权,建立全球经济政治文化新秩序》,《绿叶》2010年第1期。

[129] 郭民生:《知识产权优势理论探析》,《学术论坛》2006年第2期。

[130] 鲁桐:《"走出去":培育具有国际竞争力的中国跨国公司》,《求

是》2002 年第 10 期。

[131] 王晋：《我国跨国公司存在的问题及对策》，《理论前沿》2001 年第 3 期。

[132] 宋亚非：《我国跨国公司的发展方略》，《财经科学》2005 年第 2 期。

[133] 胡景岩：《新形势下的中国企业对外直接投资》，《宏观经济研究》2005 年第 7 期。

[134] 苗青：《国际产业转移与中国跨国公司的发展战略》，《价格月刊》2005 年第 8 期。

[135] 吴文武：《跨国公司与经济发展——兼论中中国的跨国公司战略》，《经济研究》2003 年第 6 期。

[136] 文洁：《培育中国的跨国公司必须高度重视战略管理》，《海南大学学报》2007 年第 4 期。

[137] 吴晓云、邓竹箐：《中国跨国公司"全球导向－渐进式"国际经营战略思考——以 97 家中国跨国公司营销战略的实证资料为依据》，《财经论丛》2008 年第 3 期。

[138] 叶广宇：《中国跨国公司海外经营的母国支持分析》，《改革与战略》2009 年第 2 期。

[139] 江小娟：《我国对外投资和中国跨国公司的成长》，《经济研究参考》2002 年第 73 期。

[140] 尹贤淑：《中国对外直接投资现状及其发展趋势分析》，《中央财经大学学报》2009 年第 4 期。

[141] 傅劲锋：《中国跨国公司对外直接投资动机和策略分析》，《华南农业大学学报》2008 年第 1 期。

[142] 王利华：《中国跨国公司对外直接投资区位选择研究》，博士学位论文，华东师范大学，2009。

[143] 谈萧：《中国跨国公司培育的法经济学分析及立法政策》，《国际贸易问题》2006 年第 4 期。

[144] 刘增科：《中国跨国公司差异化培育模式选择》，《学术交流》2006 年第 6 期。

[145] 周新军：《中国跨国公司治理：模式比较与路径选择》，《经济研究

参考》2006 年第 37 期。

［146］陈琪：《中国跨国公司的产权制度创新及其模式选择》，《江汉论坛》2007 年第 8 期。

［147］张宇：《中国跨国公司风险管理的内部问题分析》，《国际经济合作》2009 年第 8 期。

［148］芦琦：《论"自主知识产权"及其法律保护》，《上海市政法干部管理学院学报》2000 年第 3 期。

［149］冯晓青、刘淑华：《试论知识产权的私权属性及其公权化趋向》，《中国法学》2004 年第 1 期。

［150］李永明、吕益林：《论知识产权之公权性质——对"知识产权属于私权"的补充》，《浙江大学学报》2004 年第 4 期。

［151］吴汉东：《关于知识产权私权属性的再认识——兼评"知识产权公权化"理论》，《社会科学》2005 年第 10 期。

［152］科学技术部、国家发展和改革委员会、财政部：《国家自主创新产品认定管理办法（试行）》，2006 年 12 月 28 日，http：//www.zjzfcg.gov.cn/new/sysej/255607.html。

［153］李顺德：《正确理解和使用"自主知识产权"》，2008 年 4 月 7 日，http：//news.sciencenet.cn/html/shownews.aspx?id=205037。

［154］张勤：《论自主创新与自主知识产权》，《知识产权》2010 年第 6 期。

［155］陈昌柏：《再论自主知识产权问题——兼评龙芯购买美普思专利事》，《科技与法律》2009 年第 4 期。

［156］陈昌柏：《自主知识产权理论及其实践意义》，《科技与法律》2001 年第 2 期。

［157］林秀芹：《自主知识产权概念辨析》，《厦门大学学报》2009 年第 1 期。

［158］韩中和：《增强自主知识产权为主导的企业核心竞争力》，《国际商务研究》2005 年第 3 期。

［159］王一鸣：《关于提高企业自主创新能力的几个问题》，《中国软科学》2005 年第 7 期。

［160］黄永春、杨晨：《企业自主知识产权名牌的竞争效应的理论分析》，

《科技管理研究》2007 年第 7 期。

[161] 李以学、王君：《韩国促进自主知识产权成果产业化的经验》，《经济纵横》2007 年第 12 期。

[162] 童有好：《促进自主知识产权发展的国际经验》，《世界标准化与质量管理》2008 年第 8 期。

[163] 刘和东：《知识产权保护与企业自主创新关系的实证统计与决策》2008 年第 16 期。

[164] 顾海波：《论科技自主创新的知识产权保护》，《长白学刊》2007 年第 5 期。

[165] 白永秀：《马克思主义经典作家的经济思想对中国共产党的影响》，《兰州大学学报》2012 年第 1 期。

[166] 杨志祥：《论企业自主创新与知识产权保护》，《学术论坛》2007 年第 9 期。

[167] 韩玉雄、李怀祖：《关于中国知识产权保护水平的定量分析》，《科学学研究》2005 年第 6 期。

[168] 李军波：《促进我国企业自主知识产权开发政策研究——一个税收激励的视角》，《科学管理研究》2007 年第 6 期。

[169] 财政部财政科学研究所课题组：《促进我国自主知识产权成果产业化的财政政策研究》，《经济研究参考》2007 年第 22 期。

[170] 熊春红、肖海：《知识产权证券化的国际借鉴与路径依赖》，《改革》2009 年第 8 期。

[171] 卢进勇、张之梅：《自主知识产权与企业"走出去"战略》，《国际经济合作》2007 年第 2 期。

[172] 卢进勇、张之梅：《"走出去"过程中的知识产权问题研究》，《国际经济合作》2009 年第 7 期。

[173] 刘大生：《产权基本内容研究》，《唯实》1999 年第 8 期。

[174] 张维迎：《所有制、治理结构及委托——代理关系》，《经济研究》1996 年第 9 期。

[175] 吴易风：《马克思的产权理论与国有企业产权改革》，《中国社会科学》1995 年第 1 期。

[176] 刘伟、李风圣：《产权范畴的理论分歧及其对我国改革的特殊意义》，

《经济研究》1997年第1期。

［177］林岗、张宇：《产权分析的两种范式》，《中国社会科学》2000年第1期。

［178］胡允银：《论知识产权密集型商品的生产》，《科学学研究》2009年第8期。

［179］《江泽民在全国科学技术大会上的讲话》，《新华月报》1995年第275期。

［180］张玉瑞、周燕等：《外国大企业如何在中国实现专利价值·挥舞许可和诉讼两大利器》，《中国知识产权报》2004年6月22日。

［181］邓灵斌：《试论后TRIPS时期版权经济权利的扩张》，《图书馆杂志》2006年第4期。

［182］《知识产权竞争的两大趋势》，《科技促进发展》2010年第1期。

［183］李琳：《警惕跨国公司滥用知识产权》，《科学决策》2005年第12期。

［184］卢进勇：《跨国公司在华知识产权收费问题的研究》，《国际贸易》2010年第2期。

［185］晁毓山：《知识产权对我国发展的重要性日益凸显》，《中国高科技产业导报》2011年4月25日，第5版。

［186］成思危：《论创新型国家建设》，《中国软科学》2009年第12期。

［187］余昌淼：《加强知识产权工作走创新型国家》，《中国党政干部论坛》2006年第1期。

［188］熊建：《申请国外专利有专项资金补助（权威访谈）》，2009年11月9日，http://ip.people.com.cn/GB/10339624.html。

［189］国家知识产权局规划发展司：《我国规模以上工业企业专利活动与经济效益状况报告》，《专利统计简报》2009年第24期。

［190］国家知识产权局：《统计信息三则》，《专利统计简报》2010年第21期。

［191］国家知识产权局：《2010年中国有效专利年度报告（一）》，《专利统计简报》2011年第6期。

［192］韩中和、刘刚：《中国企业品牌国际化现状的实证分析》，《国际商务研究》2008年第6期。

[193] 国家知识产权局规划发展司：《我国知识产权服务业现状研究报告》，《专利统计简报》2010年第22期。

[194] 国家知识产权局规划发展司：《2009年我国规模以上工业企业专利活动与经济效益状况报告》，《专利统计简报》2010年第23期。

[195] 马建堂：《全面认识我国在世界经济中的地位》，《人民日报》2011年3月17日，第16版。

[196] 胡迟：《论"后金融危机时代"我国制造业的转型升级之路——以2010年中国制造业500强为例》，《经济研究参考》2010年第65期。

[197] 李丹阳：《2010年中国企业500强营收增幅放缓 企业自主创新能力亟待提高》，《中国证券报》2010年9月6日，第1版。

[198] 刘志彪：《从融入全球价值链到构建国家价值链：中国产业升级的战略思考》，《学术研究》2009年第9期。

[199] 徐强：《从跨国公司的全球角色透视中国跨国公司的国家责任》，《经济研究参考》2005年第82期。

[200] 崔新健：《世界500强在华设立研发中心的特征及其成因分析》，《武汉大学学报》2010年第2期。

[201] 国家知识产权局：《我国专利国际申请调查报告》，《专利统计简报》2010年第16期。

[202] 陈可南：《全球发明专利申请和授权量增长放缓——〈2009年世界知识产权指标报告〉概要》，《中国发明与专利》2010年第1期。

[203] 梁艳：《日本企业全面创新管理模式及其启示》，《商业时代》2007年第17期。

[204] 王贤文、刘则渊等：《基于专利共被引的企业技术发展与技术竞争分析：以世界500强中的工业企业为例》，《科研管理》2010年第4期。

[205] 张翔：《新能源汽车知识产权的研究》，《汽车工程师》2010年第10期。

[206] 向阳：《三星等四公司共推主动式3D眼镜标准化》，《科技日报》2011年8月17日，第12版。

[207] 杨和义：《论日本实施知识财产立国战略后知识产权法律变化的主

要特征》,《宁夏社会科学》2008年第2期。

[208] 闻雷:《适应国际知识产权发展新形势——日本内阁会议通过知识产权相关法律修改草案》,《中国发明与专利》2008年第5期。

[209] 殷钟鹤、吴贵生:《发展中国家的专利战略:韩国的启示》,《科研管理》2003年第4期。

[210] 刘昌明:《韩国的专利战略及其启示》,《科学学与科学技术管理》2007年第4期。

[211] 国家知识产权局:《2010年PCT国际专利世界发展态势及中国特点分析》,《专利简报》2011年第3期。

[212] 李薇薇:《韩国促进企业自主创新的政策法律研究》,《华中科技大学学报》2008年第3期。

[213] 李丽娜:《美国知识产权政策调整动作频频》,《中国发明专利》2010年第10期。

[214] 王丹红:《以最快速度将新发明带入市场——美国出台〈发明法〉等一系列举措提升国家创新力》,《科学时报》2011年9月22日,第4版。

[215] 黎运智、孟奇勋:《经验与启示:韩国知识产权政策的运行绩效》,《中国科技论坛》2008年第8期。

[216] 乌家培:《论我国自主品牌的培育、管理和发展》,《学术研究》2007年第4期。

[217] 汪涛:《影响中国企业自主品牌决策的因素分析》,《中国软科学》2006年第10期。

[218] 熊胜绪:《中国为什么没有国际知名的企业品牌》,《宏观经济研究》2006年第2期。

[219] 张炜:《核心竞争力辨析》,《经济管理》2002年第2期。

[220] 陈磊:《抓住机遇培育和发展战略性新兴产业——访科技部部长万钢》,《科技日报》2009年11月27日,第1版。

[221] 李金华:《中国战略性新兴产业发展的若干思辨》,《财经问题研究》2011年第5期。

[222] 贺正楚:《战略性新兴产业的评价指标体系研究——基于几类产业内涵和特征比较的视角》,《学海》2011年第6期。

[223] 万钢：《把握全球产业调整机遇培育和发展战略性新兴产业》，《求是》2010年第1期。

[224] 于新东、牛少凤、于洋：《培育发展战略性新兴产业的背景分析、国际比较与对策研究》，《经济研究参考》2011年第16期。

[225] 高鸿业：《科斯定律与我国所有制改革》，《经济研究》1991年第3期。

[226] 赵远亮、周寄中：《高技术企业自主创新、知识产权与自主品牌的联动关系及启示》，《科学学与科学技术管理》2008年第1期。

[227] 吴汉东：《知识产权本质的多维度解读》，《中国法学》2006年第5期。

[228] 徐冠华：《关于自主创新的几个重大问题》，《中国软科学》2006年第4期。

[229] 付玉秀、张洪石：《突破性创新：概念界定与比较》，《数量经济技术经济研究》2004年第3期。

[230] 赵明剑、司春林：《突破性技术创新与技术发展的制度主导战略》，《科技导报》2003年第6期。

[231] 关晓静：《我国工业企业自主创新能力进一步提升》，《中国统计》2011年第5期。

[232] 朱建设：《海峡两岸产学研合作的方式比较》，《中国科技成果》2003年第19期。

[233] 温家宝：《关于科技工作的几个问题》，《求是》2011年第14期。

[234] 晋胜国：《创新资源论》，《上海市经济学会年刊》，2004。

[235] 刘华新等：《中国国际申请量跃居世界第四》，《人民日报》2011年2月11日，第3版。

[236] 任晓玲：《世界知识产权组织发布〈2011年世界知识产权报告〉》，《中国发明与专利》，2011年第12期。

[237]《知识产权局解读〈知识产权人才"十二五"规划〉》，中华人民共和国中央人民政府网，2011年11月18日，http：//www.gov.cn/gzdt/2011－11/18/content_1997363.htm，最后访问日期：2019年3月12日。

[238] 陈美章：《我国知识产权人才培养现状》，《知识产权报》2005年7

月1日,第4版。

[239] H. Rui, G. S. Yip, "Foreign acquisitions by Chinese firms: A strategic intent perspective," J*ournal of World Business* 43 (2008): 213-226.

[240] Lin Cui & Fuming Jiang, "Behind ownership decision of Chinese outward-FDI: Resources and institutions," *Asia Pac J Manag* 27 (2010): 751-774DOI 10.1007/s10490-009-9136-5.

[241] P. Deng, "Outward investment by Chinese MNCs: Motivations and implications," *Business Horizons* 47/3 May-June 2004 (8-16).

[242] Wei He, Marjorie A. Lyles, "China's outward foreign direct investment," *Business Horizons* 51 (2008): 485-491.

[243] Steven Globerman&Daniel Shapiro, "Economic and strategic considerations surrounding Chinese FDI in the United," *Asia Pac J Manag* 26 (2009): 163-1 83DOI 10.1007/s10490-008-9112-5.

[244] Xiaohui Liua, Trevor Buck, "Chinese economic development, the next stage: outward FDI?" *International Business Review* 14 (2005): 97-115.

[245] Zhang J. et al., "CompletionofChineseoverseasacquisitions: Institutiona perspectivesandevidence," *International Business Review* (2010), doi: 10.1016/j.ibsrev.2010.07.003.

[246] Jay Barney, "Looking Inside for Competitive Advantage," *Academy of Management Excutive*, 1995.9. (4).

[247] Prahalad, C. K., Hamel, "G The Core Competence of the corporation," *Harvard Business Review* 66 (1990): 79-91.

[248] Karl Marx, "Property Rights School and the Process of Social Change," *Kyklos*, Vol. 35 (3), 1982, pp. 383-397. Intellectual Property, Vol. 17 (3-4), 2014, pp. 61-68.

[249] C. K. Prahalad and Gary Hamel, "The Competence of The Corporation," *Harvard Business Review*, May-June, 199.

[250] Timo Korkeamäkiand Tuomas Takalo, "Valuation of Innovation and Intellectual Property: The Case of iPhone," *Journal of Multinational Financial Management*, Vol. 23 (3), 2013, pp. 208-234.

[251] Joseph Savirimuthu, John Locke, "Natural Rights and Intellectual Property: The Legacy of an Idea," *Jnl of Intellectual Property Law and Pract*, Vol. 8 (11), 2013, pp. 892 – 894.

[252] Fan, Joseph P. H. Gillan, Stuart L., Yu, Xin, " Property rights, R&D Spillovers, and Corporate Accounting Transparency in China," *Emerging Markets Review*, Vol. 15, 2013, pp. 34 – 35.

[253] NIMAN, NEIL B. 1, "Henry George and the Intellectual Foundations of the Open Source Movement," *The American Journal of Economics and Sociology*, Vol. 70 (4), pp. 904 – 927.

[254] Christopher Heath, Delphine Marie-Vivien, "Geographical Indications and the Principles of Trade Mark Law-A Distinctly European Perspective," *IIC-International Review of Intellectual Property and Competition Law*, Vol. 46 (7), 2015, pp. 819 – 842.

[255] Brian Rapperta, Andrew Webstera and David Charlesb, "Making sense of Diversity and Reluctance: Academic-Industrial Relations and Intellectual Property," Vol. 28 (8), 1999, pp. 873 – 890.

[256] G. M. Grossman, L. C. Lai, "International Protection of Intellectual Property: Corrigendum," *American Economic Review* 65 (2013): 509 – 536.

[257] S. M. Besen, L. J. Raskind, "An Introduction to the Law and Economics of Intellectual Property," *Journal of Economic Perspectives* 5 (1991): 3 – 27.

[258] R. A. Posner, "Intellectual Property: The Law and Economics Approach," *Journal of Economic Perspectives* 19 (2005): 57 – 73.

[259] K. Bonwoo, N. Carol, P. G. Pardey, "Intellectual property, Plants and Intellectual property: an International Appraisal," *Science*, 2004, 306 (5700): 1295 – 7.

[260] S. Roy, K. Sivakumar, "Managing Intellectual Property in Global Outsourcing for Innovation Generation," *Journal of Product Innovation Management*, 28 (2011): 48 – 62.

[261] M. Brady, "World transnational corporation regulatory authority," *Jus Semper Global Alliance* (2009).

[262] N. Wrigley, N. M. Coe, "A Currah. Globalizing retail: conceptualizing the distribution-based transnational corporation (TNC)," *Progress in Human Geography* 29 (2005): 437-457.

[263] URPAG Scherer, "PG Palazzo. Global Rules and Private Actors-Towards a New Role of the Transnational Corporation in Global Governance," *Deutscher Universitätsverlag* 16 (2007): 3-39.

致　谢

此书能成镌梓，首先应该感谢我的导师、福建师范大学林子华教授。对于我而言，林子华教授不仅是一个"传道授业解惑"的师者，同时还是一个"玉壶冰心"的知心朋友。来自师者的谆谆教诲，使我懂得了"学不可以已"的道理；来自友人的关怀、勉励和帮助，使我明了了清初学者李颙的话——"学问之要，全在定心。学问得力，全在心定。"书稿从选题到提纲再到成文，无不凝聚着"师"的大量心血和"友"的无数汗水。在此，谨向恩师和师母鞠躬致谢，祝愿他们身体健康、生活快乐。

我还要衷心地感谢对于我的书稿提出很多宝贵意见的与我有缘的专家学者，他们是陈征教授、吴宣恭教授、李建平教授、胡培兆教授、郭铁民教授、李建建教授、廖福霖教授、林卿教授、陈少晖教授、蔡秀玲教授、刘义圣教授、陈俊明教授和陈佳教授等。他们渊博的知识、扎实的学术功底，开阔了我的视野，启迪了我的思路，激发了我的灵感。我也要衷心感谢在写作过程中给予我帮助的亲人和朋友。他们无私的奉献使我能够静心而免于诸事的烦恼。同时，我也要衷心感谢福建省社会科学规划项目博士文库出版基金的资助；衷心感谢社会科学文献出版社的领导和责任编辑所做的精心细致的工作。最后，我要特别感谢那些对本书的写作做出过贡献但又没有办法在此一一署名的各类文献的作者，他们独创性的观点经常使我在"山重水复疑无路"处，见到了"柳暗花明又一村"的景象。

回首写作的过往岁月，感慨颇多。时常站在江边，感慨行文为什么不能像悠悠江水那样鲜活跳动；时常坐在书桌旁，感慨文思为什么不能像学术大家那样缜密，那样鞭辟入里；时常坐在电脑前，感慨自己江郎才尽、黔驴技穷；偶有时刻，也会因为自己想到一两个"妙词"和一两行"妙句"而窃喜。而等到最终定稿的时候，却又不免在丝丝兴奋之中略有些忐忐不安，生怕因"记问之学"而贻笑大方。心中感慨，不一而足。唯愿常怀敬畏与感恩之心。谨以此文献给所有帮助过我的人。祝愿他们吉祥安康。由于本人才疏学浅，文中缺点和错误肯定不少，恳请方家不吝赐教、批评指正。

封泉明

2016年春于榕城

图书在版编目(CIP)数据

中国跨国公司自主知识产权培育研究：以制造业跨国公司为例 / 封泉明著. --北京：社会科学文献出版社，2020.5
（福建省社会科学规划项目博士文库）
ISBN 978 - 7 - 5201 - 5221 - 1

Ⅰ.①中… Ⅱ.①封… Ⅲ.①跨国公司 - 知识产权 - 研究 - 中国 Ⅳ.①D923.404

中国版本图书馆 CIP 数据核字（2019）第 150404 号

福建省社会科学规划项目博士文库
中国跨国公司自主知识产权培育研究
——以制造业跨国公司为例

著　　者 /	封泉明
出 版 人 /	谢寿光
责任编辑 /	赵慧英
文稿编辑 /	胡安义
出　　版 /	社会科学文献出版社·政法传媒分社（010）59367156
	地址：北京市北三环中路甲29号院华龙大厦　邮编：100029
	网址：www.ssap.com.cn
发　　行 /	市场营销中心（010）59367081　59367083
印　　装 /	三河市龙林印务有限公司
规　　格 /	开　本：787mm × 1092mm　1/16
	印　张：23.25　字　数：378 千字
版　　次 /	2020 年 5 月第 1 版　2020 年 5 月第 1 次印刷
书　　号 /	ISBN 978 - 7 - 5201 - 5221 - 1
定　　价 /	118.00 元

本书如有印装质量问题，请与读者服务中心（010 - 59367028）联系

▲ 版权所有 翻印必究